国家级一流本科专业建设点
辽宁省“十二五”普通高等教育本科省级规划教材
省级优秀图书
东北财经大学财政学系列教材

ACCOUNTING FOR GOVERNMENT AND NONPROFIT ENTITIES

政府与非营利组织会计

（第八版）

贺蕊莉 编著

东北财经大学出版社
Dongbei University of Finance & Economics Press
大连

图书在版编目（CIP）数据

政府与非营利组织会计 / 贺蕊莉编著. —8 版. —大连 ：东北财经大学出版社，2024.1
（东北财经大学财政学系列教材）
ISBN 978-7-5654-5096-9

Ⅰ.政… Ⅱ.贺… Ⅲ.单位预算会计 Ⅳ.F810.6

中国国家版本馆 CIP 数据核字（2024）第 009022 号

东北财经大学出版社出版
（大连市黑石礁尖山街 217 号　邮政编码　116025）
网　　址：http://www.dufep.cn
读者信箱：dufep@dufe.edu.cn
大连东泰彩印技术开发有限公司印刷　东北财经大学出版社发行

幅面尺寸：170mm×240mm　字数：568 千字　印张：27.5　插页：1
2024 年 1 月第 8 版　2024 年 1 月第 1 次印刷

责任编辑：时　博　责任校对：一　心
封面设计：潘　凯　版式设计：钟福建

定价：65.00 元

教学支持　售后服务　联系电话：（0411）84710309

如有印装质量问题，请联系营销部：（0411）84710711

东北财经大学财政学系列教材
编审委员会

第八版前言

党的二十大报告指明了中国未来发展方向，弘扬了伟大建党精神，自信自强、守正创新，踔厉奋发、勇毅前行，发出了为全面建设社会主义现代化国家、全面推进中华民族伟大复兴而团结奋斗的动员令。报告也指明了我国政府会计制度改革与发展方向，对《政府与非营利组织会计》的应用与教学提出了新的要求。为落实党的二十大精神，便于大家系统、及时地了解和掌握政府与非营利组织会计的核算要求新变化，我们组织修订了本书。

本次修订依据如下制度文件：党的二十大报告《高举中国特色社会主义伟大旗帜 为全面建设社会主义现代化国家而团结奋斗》（2022年）、《财政总会计制度》（2022年）、《政府会计制度——行政事业单位会计科目和报表》（2017年）、《民间非营利组织会计制度》（2004年）、《政府收支分类科目》（2023年）、《政府会计准则——基本准则》（2015年）、《政府会计准则第1号——存货》（2016年）、《政府会计准则第2号——投资》（2016年）、《政府会计准则第3号——固定资产》（2016年）、《政府会计准则第4号——无形资产》（2016年）、《政府会计准则第5号——公共基础设施》（2017年）、《政府会计准则第6号——政府储备物资》（2017年）、《政府会计准则第7号——会计调整》（2018年）、《政府会计准则第8号——负债》（2018年）、《政府会计准则第9号——财务报表编制和列报》（2018年）、《政府会计准则第10号——政府和社会资本合作项目合同》（2019年）、《事业单位成本核算基本指引》（2019年）、《政府会计准则制度解释第1号》（2019年）、《政府会计准则制度解释第2号》（2019年）、《政府会计准则制度解释第3号》（2020年）、《政府会计准则制度解释第4号》（2021年）、《政府会计准则制度解释第5号》（2022年）和《〈民间非营利组织会计制度〉若干问题的解释》（2020年）等。

全书共分4篇22章。第一篇是导论，介绍政府与非营利组织及会计核算简介；第二篇是财政总会计，介绍财政总会计的财务会计核算和预算会计核算；第三篇是行政事业单位会计，介绍行政事业单位会计的财务会计核算和预算会计核算；第四篇是民间非营利组织会计，介绍民间非营利组织的资产、负债、净资产、收入和支出的会计核算。

本书的主要特点有如下四点：一是形象生动，画面感强。在本书的编写过程中，作者力求语言简洁生动，并绘制了大量的图表，把复杂的会计核算、转账流程以图表的方式表现出来，简单明了，易于理解和掌握。二是核算实例多，便于理解。会计是一门实务性极强的课程，讲授实务性课程的最有效方式是案例教学。本书有意识地安排了大量的核算实例，力求类型多样、覆盖面广，与实际经济业务相契合，便于学生学习理解。三是内容新颖，紧跟实践。阅读本书，可以使读者直接掌握最新的政策和专业知识，节约学习成本。四是把内容做厚，把书做薄。本书将部分内容制作成二维码，供教师根据教学需要自行安排和学有余力的学生自学。这样在增加了内容的同时，减少了篇幅。本书适用于财政、税务、会计及其他经济类和管理类专业学生。

全书由东北财经大学贺蕊莉教授编著。在本书的修订过程中，得到了马毅华老师以及郭海彧、马萩莎、刘致静、袁铭潞等同学的帮助，他们在搜集资料、数据和案例等方面的协助，令本书的修订工作能够顺利进行，在此表示衷心的感谢！

本书自初版以来，受到广大师生的厚爱与支持，在此谨表深切的谢意，并祝大家学习愉快、工作顺利！

由于时间仓促，书中难免有不当之处，恳请读者批评指正。

编著者

2023年10月

目录

第一篇　导论

第二篇　财政总会计

第三篇　行政事业单位会计

第四篇　民间非营利组织会计

第一篇　导论

第一章 政府与非营利组织会计概述

第一节 什么是政府与非营利组织会计

一、会计体系构成

依据会计核算主体追求的目标划分，会计体系有两大组成部分：一是营利组织会计，二是非营利组织会计。前者的会计主体是以营利为目的的组织，后者的会计主体则是那些不以营利为目的而是致力于社会与经济文化事业的社会团体组织。在我国，营利组织会计又称为企业会计，是核算反映以营利为目的的各类企业组织的经济活动的专业会计；非营利组织会计又称政府与非营利组织会计，是核算反映不以营利为目的的政府与非营利组织经济活动的专业会计，参见图1-1。

非营利组织会计由政府会计和非营利部门会计组成。我国的非营利部门又有民营非营利部门和公营非营利部门，民间非营利部门通常是处理个人或公众关注的议题或事件的民间组织，不以营利为目的，以自筹费用为主，也接受政府资助；公营非营利部门是国家为了社会公益目的、由国家机关举办的事业单位，接受政府领导，因而被作为行政单位的业务延续而纳入政府会计范畴。

政府会计是围绕着政府运行活动进行核算的专业会计。财政是维持政府运行的资金保障，对政府活动的核算，也是对政府预算资金的核算。因此，早期的政府会计称为预算会计，其职能既包括财务会计又包括预算会计。改革开放以后，将政府会计分为预算会计和财务会计，并对政府会计核算的内容进行了扩展，但会计主体没有变化，两个概念会相互替代。

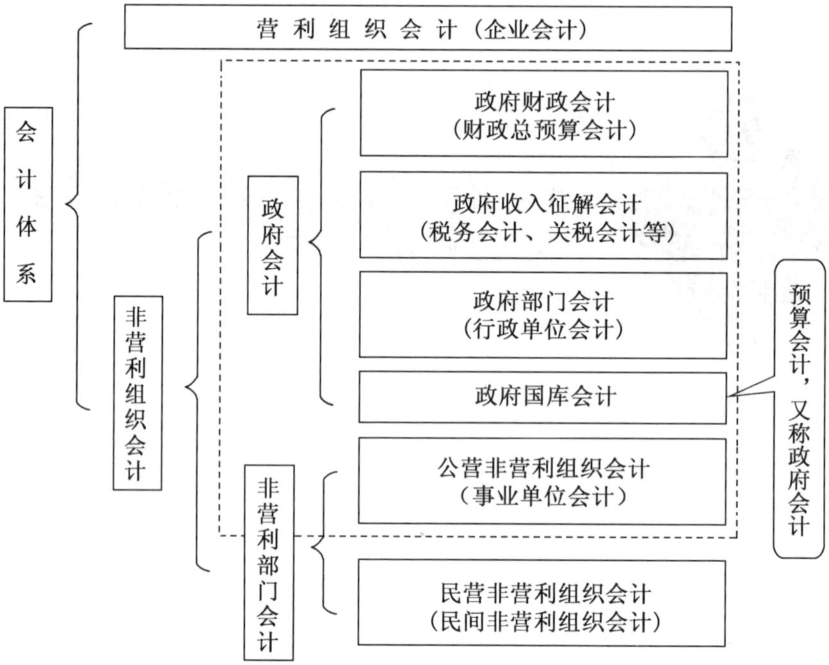

图1-1 我国会计体系概述

二、相关概念比较

与本课程相关的概念较多，主要有政府与非营利组织会计、政府会计、预算会计、财务会计等，这些概念相互交叉，而且同一概念在不同的环境和语境下又有不同的含义。具体如下：

1.财务会计

财务会计是现代管理中的重要基础性工作，通过一系列会计程序整理、归纳、核算会计主体经济信息，反映会计主体的财务状况、经营成果和现金流量方面的信息，为投资者、债权人、政府部门以及社会公众等相关方提供会计信息，提供决策依据。财务会计是现代企业管理的重要手段，政府会计引入企业财务会计的核算规范和理念，为编制政府综合财务报告奠定基础，适应现代化国家管理要求，落实党的二十大精神，推进国家治理体系和治理能力现代化。

2.预算会计

预算会计是一个具有中国特色的社会主义专业会计，是习近平总书记提出的中国特色社会主义道路自信、理论自信、制度自信、文化自信在会计制度上的体现。目前为止，对预算会计有四个角度的定义：

（1）从会计核算对象的角度来看，预算会计是以政府预算资金管理为中心、以经济和社会事业发展为目的、以预算收支核算为重点的核算财政资金在各级政府部门和行政事业单位的运动过程和预算执行结果的专业会计，即预算会计是针对政府预算资金运动及结果进行核算的专业会计。

（2）从会计主体的角度来看，预算会计是各级政府财政部门、行政单位和事业单位用来核算、反映和监督政府预算执行情况的会计。它以货币为主要计量单位，对各级政府财政和行政事业单位的经济业务，进行连续、系统、完整的反映和监督。即预算会计是政府财政总会计、行政单位会计和事业单位会计的合称。因此，在民间非营利组织不发达、社会中只有企业单位和行政事业单位的时期，有“预算会计是我国的两大会计体系之一，与企业会计共同构成了我国会计体系总体”的说法。

（3）从管理的角度来看，西方国家的预算会计是专门记录政府法定预算及其执行情况的会计，类似于我国的政府预算指标管理。即国会批准政府预算后，预算会计便在账簿上记录为对各部门或机构的负债，拨付资金记录为减少负债直至全部拨付为止。我国的政府预算指标管理也有记录，所不同的是，我们记录的载体是管理系统或备查簿，而不是正式的会计账簿。

（4）从现实管理的角度来看，我国将财政总会计、行政单位会计和事业单位会计统称为政府会计，对上述主体的经济分别从财务管理和预算管理的角度进行分别核算，从财务管理角度的会计核算称为财务会计，从预算管理角度的会计核算称为预算会计。这个角度的定义与第一种角度非常接近，即只负责政府管理资金的核算。

不同角度下预算会计的含义不同，在论述中通常会通过增加定语等方式予以区分。

3.政府会计

我国的政府会计也是围绕着政府财政预算资金及其运行进行的，涉及的会计主体有：组织预算收入阶段的税务会计和关税会计，安排预算支出阶段的行政单位会计和事业单位会计，核算预算资金划拨的国库会计，以及将上述会计主体和会计核算连接起来的财政总会计。由于预算资金是政府活动的财政基础，是政府会计核算的对象，传统的预算会计称谓与政府会计在实践中常被混用。

理论上讲，政府会计仅指政府财政总会计和政府部门会计。由于我国事业单位虽然以公益事业为目标且不以营利为目的，但是由国家机关举办或者其他组织利用国有资产举办，接受政府领导，资金来源以政府拨款为主，往往被视为行政单位的延伸，因而在现实中的政府会计主体包括事业单位，即我国实践中的政府会计范畴比理论上的政府会计范畴要大一些，主要是事业单位高度依赖政府拨款而纳入政府会计。

随着我国政府治理能力和治理水平的提高，对政府会计的要求也越来越高，单纯的围绕预算资金进行的会计核算已不能满足国家治理现代化的要求，尤其是编制政府综合财务报告的要求。在传统的预算会计核算基础上，剥离传统预算会计中的财务会计功能，拓展政府会计核算范围，将政府财政和行政事业单位的全部经济活动纳入核算并执行权责发生制核算基础，将政府会计分为财务会计和预算会计，构建了政府预算会计和财务会计适度分离并相互衔接的政府会计核算体系。

4.政府与非营利组织会计

政府与非营利组织会计是政府会计与民间非营利组织会计的合称。在我国，从会计主体的构成看，包括财政总会计、税务会计、关税会计、行政单位会计、事业单位会计和国库会计等，由于税务会计、关税会计和国库会计主要是核算相关部门与财政总会计衔接的业务活动，业务类型单一、专业性强、就业容量小，在教学实践中预算会计仅指财政总会计、行政单位会计和事业单位会计，在2017年的政府会计制度改革中，行政单位会计和事业单位会计合并为行政事业单位会计。

因此，在本教材中，我们仅介绍财政总会计、行政事业单位会计和民间非营利组织会计。

三、政府会计的分级

我国政府会计所包含的财政总会计和行政事业单位会计，其分组与政府预算的分级是一致的，参见图1-2。

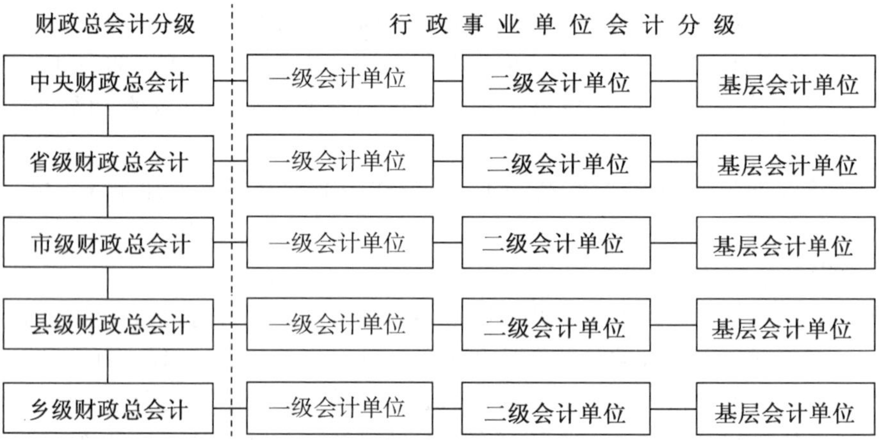

图1-2 政府会计的分级

（一）财政总会计的分级

财政总会计的分级政府预算体系是根据国家政权结构、行政区划和财政管理体制而确定的预算级次和预算单位按一定的方式组合成的统一整体。从图1-2可见，我国的财政总会计分为中央财政总会计和地方财政总会计，地方财政总会计又分为省（自治区、直辖市）财政总会计、设区的市（自治州）财政总会计、县（自治县，不设区的市、直辖区、市辖区）财政总会计和乡（民族乡、镇）财政总会计。各级总会计不仅要做好自身的会计核算、反映和监督工作，更重要的是负责组织和指导本地区的整个政府会计工作，指导下级总会计工作以及本地区行政事业单位会计工作，保证政府预算工作的顺利完成。

（二）行政事业单位会计的分级

根据现行的行政事业单位管理体制、部门预算编报程序和财务管理隶属关系，行政事业单位会计组织系统分为三级。

1.一级会计单位。与财政部门直接发生缴拨款关系的预算单位并有所属会计单位的，为一级会计单位。

2.二级会计单位，简称二级单位。与一级会计单位发生缴拨款关系并有所属会计单位的，为二级会计单位。

3.基层会计单位。与二级会计单位直接发生缴拨款关系且下面没有附属会计单位的，为基层会计单位。

以上的会计单位，都应建立独立的单位预算，实行完整的会计核算制度。不具备独立核算条件的，实行单据报账制度，作为“报账单位”管理。

第二节
政府与非营利组织会计核算简介

一、政府会计核算简介

我国于2015年出台的《政府会计准则——基本准则》（以下简称《基本准则》），对政府的会计核算进行了规范。

（一）政府会计由预算会计和财务会计构成

《基本准则》规定，政府会计由预算会计和财务会计构成，预算会计实行收付实现制，财务会计实行权责发生制。政府预算会计和财务会计适度分离又相互衔接的政府会计体系，参见图1-3。

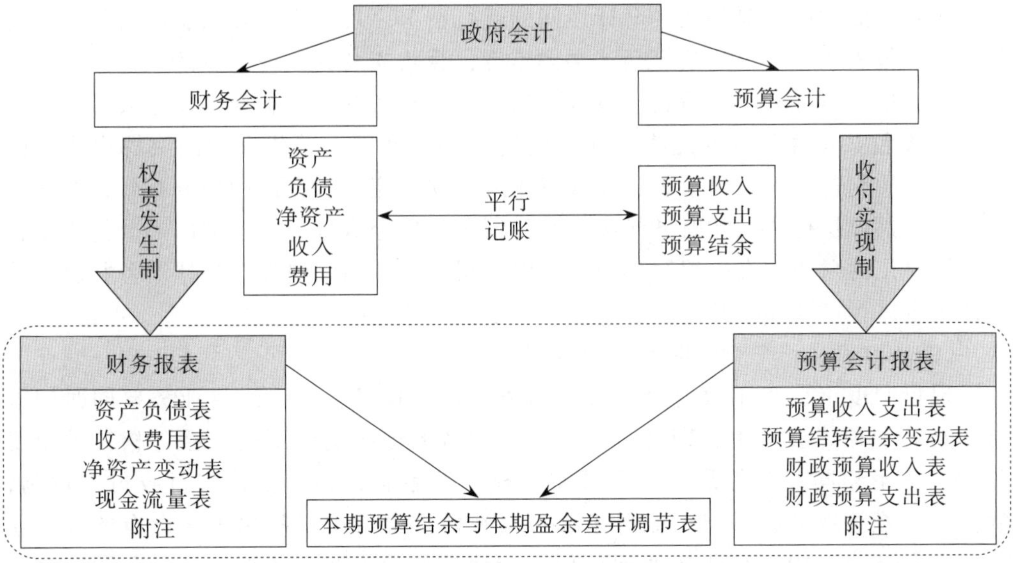

图1-3　适度分离又相互衔接的政府会计体系

要求政府会计主体同时提供决算报告和财务报告，全面、清晰反映政府预算执行信息和财务状况，显著提升财政透明度，满足权力机关、社会公众等对政府财政财务信息全面性、准确性和及时性的需求，从而有利于进一步规范政府行为和提高政府决策能力，促进国家治理能力的现代化。

（二）会计要素“3+5”

政府会计实行“3+5”的会计核算模式。《基本准则》规定预算收入、预算支出和预算结余3个预算会计要素和资产、负债、净资产、收入和费用5个财务会计要素。

政府预算会计要素包括预算收入、预算支出与预算结余。预算收入是指政府会计主体在预算年度内依法取得的并纳入预算管理的现金流入。预算收入一般在实际收到时予以确认，以实际收到的金额计量。预算支出是指政府会计主体在预算年度内依法发生并纳入预算管理的现金流出。

政府财务会计要素包括资产、负债、净资产、收入和费用。资产是指政府会计主体过去的经济业务或者事项形成的，由政府会计主体控制的，预期能够产生服务潜力或者带来经济利益流入的经济资源。负债是指政府会计主体过去的经济业务或者事项形成的，预期会导致经济资源流出政府会计主体的现时义务。净资产是指政府会计主体资产扣除负债后的净额。收入是指报告期内导致政府会计主体净资产增加的、含有服务潜力或者经济利益的经济资源的流入。费用是指报告期内导致政府会计主体净资产减少的、含有服务潜力或者经济利益的经济资源的流出。

（三）会计报表包括财务报表和预算会计报表

会计报表包括财务报表和预算会计报表。政府财务报表是反映政府会计主体某一特定日期的财务状况和某一会计期间的运行情况、现金流量等信息的文件。政府预算会计报表是综合反映政府会计主体年度预算收支及其执行结果的文件。

财务报表包括资产负债表、收入费用表、净资产变动表和现金流量表等，预算会计报表包括预算收入支出表、执行情况表等。亦即，单位在编制决算报告的同时，还要编制包括资产负债表、收入费用表和现金流量表在内的财务报告，全面反映单位的预算执行情况和财务状况、运行情况和现金流量等。各部门还要按规定合并所属单位的财务报表，编制部门合并财务报告，全面反映部门整体财务状况，并按照规定进行审计和公开。

（四）政府会计平行记账的一般规则

现行制度下，我国政府会计分为财务会计和预算会计，经济业务要同时记入财务会计和预算会计中，即平行记账。但两者的记账基础不同，会计核算的角度和重点各不相同，尤其是财务会计实行权责发生制，预算会计实行收付实现制，致使同一经济业务在平行记账时未必都要在两个会计中反映出来。即有的经济业务只在财务会计中进行账务处理，预算会计不处理，有的经济业务只在预算会计中进行账务处理，财务会计不处理，有的业务则需要在财务会计和预算会计中都要进行账务处理。

政府会计的平行记账，在《政府会计——行政事业单位会计科目报表》的“附录：主要业务和事项账务处理举例”中有详细的按照业务发生顺序排列的举例。依据举例和《财政总会计制度规定》等规定，我们对政府会计平行记账的一般规律总结如下（参见图1-4）：

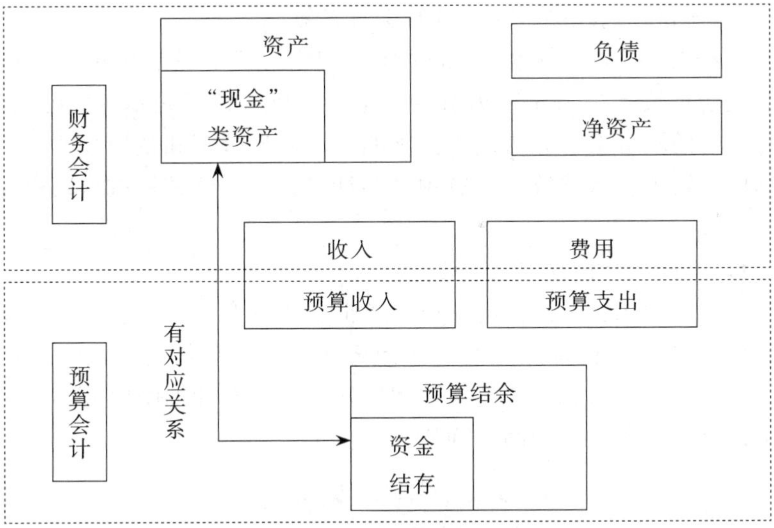

图1-4 政府会计平行记账一般规则

1.涉及收入且有“现金”收付的业务大多需要同时做财务会计和预算会计的账务处理。这里的“现金”是指银行存款、现金等会计科目下、由单位实现控制的资金，下同。且在会计科目设置上，财务会计的收入科目分类与预算会计相关性较高，一个重要的差别在于预算会计有债务收入，而财务会计没有，即财务会计上作为负债的借入款项等在预算会计中作为债务收入，需要同时进行账务处理。

2.涉及支出和费用且有“现金”收付的业务大多需要同时做财务会计和预算会计的账务处理。在会计科目设置上，财务会计的费用侧重反映费用的具体用途，预算会计的支出侧重反映预算资金的性质和支出方向。同样，预算会计有债务支出，财务会计中偿还借入款项等债务的业务在预算会计中作为债务支出，需要同时进行账务处理。

3.财务会计的“现金”类资产与预算会计的“资金结存”科目有一定的对应关系。预算会计“资金结存”的明细科目设置和一定时期内的金额合计，均与财务会计的相关科目尤其是“现金”类科目有较强的对应关系。

4.其余不涉及收入、费用（财务会计）或支出（预算会计）和“资金结存”（预算会计）的经济业务，大多只需在财务会计或预算会计中处理，不需要同时进行账务处理。

5.年末结转时，财务会计和预算会计各自独立进行，但在金额上有一定的相关性。两者的差额主要是收入和费用（或支出）在确认所遵循的会计基础不同，这种差额将在“本年盈余与预算结余的差异调节表”中予以反映。

二、民间非营利组织会计核算简介

民间非营利组织是民间自行设立的组织机构，没有行政级别和各种角度的分级。民间非营利组织主要依靠自行筹集资金来维持运行，政府补贴只是其资金来源之一，因此，民间非营利组织会计核算与政府会计核算有很大的不同。

（一）民间非营利组织会计没有预算会计核算

《民间非营利组织会计制度》（2004年）规定民间非营利组织会计核算应当以民间非营利组织的交易或者事项为对象，记录和反映该组织本身的各项业务活动。会计核算和编制的财务会计报告应当清晰明了，便于理解和使用。即民间非营利组织会计核算属于财务会计核算，没有预算会计核算。会计核算应当以权责发生制为基础。

（二）会计要素设计体现非营利性

民间非营利组织的会计要素有资产、负债、净资产、收入和费用，没有利润类要素，与组织的非营利性特点一致。会计记账应当采用借贷记账法。在会计核算中，所发生的费用应当与其相关的收入相配比，同一会计期间内的各项收入和与其相关的费用，应当在该会计期间内确认。

关键概念

政府与非营利组织会计　预算会计　财务会计　平行记账

复习思考题

1. 简述我国政府与非营利组织会计的组成体系。
2. 我国的预算会计与西方发达国家的预算会计有何不同？
3. 简述政府会计的会计要素。

第二篇　财政总会计

第二章 财政总会计概述

第一节 财政总会计制度的一般规定

一、财政总会计的职责

财政总会计（简称总会计）是各级政府财政核算、反映、监督一般公共预算资金、政府性基金预算资金、国有资本经营预算资金、社会保险基金预算资金以及财政专户管理资金、专用基金和代管资金等资金有关的经济活动或事项的专业会计。各级政府财政包括中央财政，省、自治区、直辖市及新疆生产建设兵团财政，设区的市、自治州财政，县、自治县、不设区的市、市辖区财政和乡、民族乡、镇财政。其主要职责包括：

1.进行会计核算。办理政府财政各项预算收支、资产负债以及财政运行的会计核算工作，反映政府财政预算执行情况、财务状况、运行情况和现金流量等。

2.严格财政资金收付调度管理。组织办理财政资金的收付、调拨，在确保资金安全性、规范性、流动性前提下，合理调度管理资金，提高资金使用效益。

3.规范账户管理。加强对国库单一账户、财政专户、零余额账户和预算单位银行账户等的管理。

4.实行会计监督，参与预算管理和财务管理。通过会计核算和反映，进行预算执行情况、财务状况、运行情况和现金流量情况分析，并对财政、部门及其所属单位的预算执行和财务管理情况实行会计监督。

5.协调预算收入征收部门、国家金库、国库集中收付代理银行、财政专户开户银行和其他有关部门之间的业务关系。

6.组织本地区财政总决算、部门决算、政府财务报告编审和汇总工作。

7.组织和指导下级财政总会计工作。

二、财政总会计制度的主要规定

为加强财政预算管理，提升国家财政治理效能，规范各级政府财政总会计核算，保证会计信息质量，充分发挥总会计的职能作用，根据《中华人民共和国会计法》《中华人民共和国预算法》《中华人民共和国预算法实施条例》及政府会计准则等法律、行政法规和规章，制定了财政总会计制度。其主要内容如下：

1.适用范围。财政总会计制度适用于中央、省、市、县、乡等各级政府财政部门核算、反映、监督一般公共预算资金、政府性基金预算资金、国有资本经营预算资金以及财政专户管理资金、专用基金和代管资金等资金有关的经济活动或事项。社会保险基金预算资金会计核算暂不适用本制度，由财政部另行规定。

2.会计功能。财政总会计应当具备财务会计与预算会计双重功能，实现财务会计与预算会计适度分离并相互衔接，全面清晰反映政府财政财务信息和预算执行信息。

3.会计基础。财务会计实行权责发生制。预算会计实行收付实现制。对于纳入预算管理的财政资金收支业务，在采用预算会计核算的同时应当进行财务会计核算；对于不同预算类型资金间的调入调出、待发国债等业务，仅需进行预算会计核算；对于其他业务，仅需进行财务会计核算。

4.会计要素。财政总会计的会计要素包括财务会计要素和预算会计要素。财务会计要素包括资产、负债、净资产、收入和费用；预算会计要素包括预算收入、预算支出和预算结余。

5.记账方法。财政总会计应当采用借贷记账法记账。

6.记账本位币。财政总会计应当以人民币作为记账本位币，以元为金额单位，元以下记至角、分。发生外币业务，在登记外币金额的同时，一般应当按照业务发生当日中国人民银行公布的汇率中间价，将有关外币金额折算为人民币金额记账。期末，各种以外币计价或结算的资产负债项目，应当按照期末中国人民银行公布的汇率中间价进行折算，因汇率变动产生的差额记入有关费用和支出科目。

7.核算目标。财政总会计的核算目标是向会计信息使用者提供政府财政预算执行情况、财务状况、运行情况和现金流量等会计信息，反映政府财政受托责任履行情况。总会计的会计信息使用者包括人民代表大会、政府及其有关部门、政府财政部门自身和其他会计信息使用者。

8.其他。财政总会计的会计核算应当以本级政府财政业务活动持续正常地进行为前提；应当划分会计期间，分期结算账目，按规定编制会计报表和报告。

会计期间至少分为年度和月度。会计年度、月度等会计期间的起讫日期采用公历日期。年度终了后，可根据工作需要设置一定期限的上年报告清理期；会计记录应当使用中文，少数民族地区可以同时使用本民族文字。

第二节

财政总会计科目设置

一、财政总会计科目使用规则

财政总会计应当按照下列规定运用会计科目：

1.应当对有关法律、法规允许进行的经济活动，按照制度的规定使用会计科目进行核算；不得以制度规定的会计科目及使用说明作为进行有关经济活动的依据。

2.应当按照制度规定设置和使用会计科目，不需使用的总账科目可以不使用；在不影响会计处理和编报会计报表的前提下，各级总会计可以根据实际情况在本套科目体系下自行增设下级明细科目。

3.应当执行制度统一规定的会计科目编号，不得随意打乱重编，以便于填制会计凭证、登记账簿、查阅账目，实行会计信息化管理。

4.在填制会计凭证、登记会计账簿时，应同时填列会计科目的名称及编号。

5.设置明细科目或进行明细核算，除遵循制度规定外，还应当满足政府财政预算管理和财务管理的需要。

二、会计科目简介

财政总会计分为财务会计和预算会计，共有89个（参见表2-1）。其中，财务会计有55个科目：资产类14个、负债类11个、净资产类6个、收入类9个、费用类15个。预算会计有34个科目：预算收入类13个、预算支出类13个、预算结余类8个。

表2-1 财政总会计科目及核算内容

科目编号	科目名称	核算内容
一、财务会计科目		
（一）资产类		
1001	1.国库存款	核算政府财政存放在国库单一账户的款项
1002	2.其他财政存款	核算政府财政未列入“国库存款”科目反映的各项财政存款
1003 100301 100399	3.国库现金管理资产 商业银行定期存款 其他国库现金管理资产	核算政府财政将暂时闲置的国库存款存放商业银行或者投资于货币市场形成的资产

续表

科目编号	科目名称	核算内容
1011	4.有价证券	核算政府财政按照有关规定取得并持有的有价证券
1021	5.应收非税收入	核算政府财政应向缴款人收取但实际尚未缴入国库的非税收入款项。对于非税收入管理部门不能提供已开具非税收入缴款票据、尚未缴入本级国库的非税收入数据的地区，可暂不使用本科目核算
1022	6.应收股利	核算政府因持有股权投资应当收取的现金股利或应当分得的利润
1031	7.借出款项	核算政府财政按照对外借款管理有关规定借给预算单位临时急需，并按期收回的款项
1032	8.与下级往来	核算本级政府财政与下级政府财政的往来待结算款项
1033	9.预拨经费	核算政府财政按照预拨经费管理有关规定预拨给预算单位尚未列为费用的款项
1034	10.在途款	核算报告清理期和库款报解整理期内发生的需要通过本科目过渡处理的属于上年度收入、费用等业务的款项
1035	11.其他应收款	核算政府财政临时发生的其他应收、暂付、垫付款项。项目单位拖欠外国政府和国际金融组织贷款本息和有关费用导致有关政府财政履行担保责任，代偿的贷款本息费，也通过本科目核算
1041 104101 104102	12.应收地方政府债券转贷款 应收本金 应收利息	核算本级政府财政转贷给下级政府财政的地方政府债券资金的本金及利息
1042 104201 104202	13.应收主权外债转贷款 应收本金 应收利息	核算本级政府财政转贷给下级政府财政的外国政府、国际金融组织贷款等主权外债资金的本金及利息
1061 106101 106102 106103	14.股权投资 国际金融组织股权投资 政府投资基金股权投资 企业股权投资	核算政府持有的各类股权投资，包括国际金融组织股权投资、政府投资基金股权投资和企业股权投资等

续表

科目编号	科目名称	核算内容
（二）负债类		
2001 200101 200102 200103	15.应付短期政府债券 应付国债 应付地方政府一般债券 应付地方政府专项债券	核算政府财政以政府名义发行的期限不超过1年（含1年）的国债和地方政府债券的应付本金，其中，国债包括中央政府财政发行的国内政府债券和境外发行的主权债券等
2011	16.应付国库集中支付结余	核算省级以上（含省级）政府财政国库集中支付中，应列为当年费用，但年末尚未支付需结转下一年度支付的款项
2012	17.与上级往来	核算本级政府财政与上级政府财政的往来待结算款项
2013	18.其他应付款	核算政府财政临时发生的暂收、应付、收到的不明性质款项和收回的结转结余资金等。税务机关代征入库的社会保险费，也通过本科目核算
2014	19.应付代管资金	核算政府财政代为管理的使用权属于被代管主体的资金
2015 201501 201502 201503	20.应付利息 应付国债利息 应付地方政府债券利息 应付地方政府主权外债利息	核算政府财政以政府名义发行的政府债券应支付的利息，以及以政府名义借入款项本期应承担的利息等
2021 202101 202102 202103	21.应付长期政府债券 应付国债 应付地方政府一般债券 应付地方政府专项债券	核算政府财政以政府名义发行的期限超过1年的国债和地方政府债券的应付本金。其中，国债包括中央政府财政发行的国内政府债券和境外发行的主权债券等
2022	22.借入款项	核算政府财政以政府名义向外国政府、国际金融组织等借入的款项，以及经国务院批准的其他方式借入的款项。
2031 203101 203102	23.应付地方政府债券转贷款 应付本金 应付利息	核算地方政府财政从上级政府财政借入地方政府债券转贷款的本金和利息
2032 203201 203202	24.应付主权外债转贷款 应付本金 应付利息	核算本级政府财政从上级政府财政借入主权外债转贷款的本金和利息

续表

科目编号	科目名称	核算内容
2041	25.其他负债	核算政府财政因有关政策明确要求其承担支出责任的事项而形成的支付义务
（三）净资产类		
3001 300101 300102 300103	26.累计盈余 预算管理资金累计盈余 财政专户管理资金累计盈余 专用基金累计盈余	核算政府财政纳入一般公共预算、政府性基金预算、国有资本经营预算管理的资金，财政专户管理资金、专用基金历年实现的盈余滚存的金额
3011 301101 301102 301103	27.本期盈余 预算管理资金本期盈余 财政专户管理资金本期盈余 专用基金本期盈余	核算政府财政纳入一般公共预算、政府性基金预算、国有资本经营预算管理的资金，财政专户管理资金、专用基金本期各项收入、费用分别相抵后的余额。设置补充和动用预算稳定调节基金，设置补充预算周转金产生的盈余变动事项，也通过本科目核算
3021	28.预算稳定调节基金	核算本级政府财政为保持年度间预算的衔接和稳定而设置的储备性资金
3022	29.预算周转金	核算政府财政设置的用于调剂预算年度内季节性收支差额周转使用的资金
3041	30.权益法调整	核算政府财政按照持股比例计算应享有的被投资主体除净损益和利润分配以外的所有者权益变动的份额
3051 305101 305102 305103	31.以前年度盈余调整 预算管理资金以前年度盈余调整 财政专户管理资金以前年度盈余调整 专用基金以前年度盈余调整	核算政府财政调整以前年度盈余的事项
（四）收入类		
4001	32.税收收入	核算政府财政筹集的纳入本级财政管理的税收收入
4002	33.非税收入	核算政府财政筹集的纳入本级财政管理的非税收入
4011	34.投资收益	核算政府股权投资所实现的收益或发生的损失

续表

科目编号	科目名称	核算内容
4021	35.补助收入	核算上级政府财政按照财政体制规定或专项需要补助给本级政府财政的款项，包括税收返还、转移支付等
4022	36.上解收入	核算按照财政体制规定或专项需要由下级政府财政上交给本级政府财政的款项
4023	37.地区间援助收入	核算受援方政府财政收到援助方政府财政转来的可统筹使用的各类援助、捐赠等资金收入。援助方政府已列“地区间援助费用”科目的援助、捐赠等资金，受援方通过本科目核算
4031	38.其他收入	核算政府财政除税收收入、非税收入、投资收益、补助收入、上解收入、地区间援助收入、财政专户管理资金收入、专用基金收入以外的各项收入，包括从其他渠道调入资金、豁免主权外债偿还责任以及无偿取得股权投资等产生的收入
4041	39.财政专户管理资金收入	核算政府财政纳入财政专户管理的教育收费等资金收入
4042	40.专用基金收入	核算政府财政按照法律法规和国务院、财政部规定设置或取得的粮食风险基金等专用基金收入
（五）费用类		
5001	41.政府机关商品和服务拨款费用	核算本级政府财政拨付给机关和参公事业单位购买商品和服务的各类费用，不包括用于购置固定资产、战略性和应急性物资储备等资本性拨款费用
5002	42.政府机关工资福利拨款费用	核算本级政府财政拨付给机关和参公事业单位在职职工和编制外长期聘用人员的各类劳动报酬及为上述人员缴纳的各项社会保险费等费用
5003	43.对事业单位补助拨款费用	核算本级政府财政拨付的对事业单位（不含参公事业单位）的经常性补助费用，不包括对事业单位的资本性拨款费用
5004	44.对企业补助拨款费用	核算本级政府财政拨付的对各类企业的补助费用，不包括对企业的资本金注入和资本性拨款费用

续表

科目编号	科目名称	核算内容
5005	45.对个人和家庭补助拨款费用	核算本级政府财政拨付的对个人和家庭的补助费用
5006	46.对社会保障基金补助拨款费用	核算本级政府财政拨付的对社会保险基金的补助费用，以及补充全国社会保障基金的费用
5007	47.资本性拨款费用	核算政府财政拨付给行政事业单位和企业的资本性拨款费用，不包括对企业的资本金注入
5008	48.其他拨款费用	核算本级政府财政拨付的经常性赠与、国家赔偿费用、对民间非营利组织和群众性自治组织补贴等拨款费用
5011 501101 501102 501103	49.财务费用 利息费用 债务发行兑付费用 汇兑损益	核算本级政府财政用于偿还政府债务利息费用，政府债务发行、兑付、登记费用，以外币计算的政府资产及债务由于汇率变化产生的汇兑损益等
5021	50.补助费用	核算本级政府财政按财政体制规定或专项需要补助给下级政府财政的款项，包括对下级的税收返还、一般性转移支付和专项转移支付等
5022	51.上解费用	核算本级政府财政按照财政体制规定或专项需要上解给上级政府财政的款项
5023	52.地区间援助费用	核算援助方政府财政安排用于受援方政府财政统筹使用的各类援助、补偿、捐赠等
5031	53.其他费用	核算本级政府财政无偿划出股权投资时产生的投资损失、政府财政承担支出责任的其他负债等
5041	54.财政专户管理资金支出	核算本级政府财政用纳入财政专户管理的教育收费等资金安排的支出
5042	55.专用基金支出	核算本级政府财政用专用基金收入安排的支出
二、预算会计科目		
（一）预算收入类		
6001	56.一般公共预算收入	核算政府财政筹集的纳入本级一般公共预算管理的税收收入和非税收入
6002	57.政府性基金预算收入	核算政府财政筹集的纳入本级政府性基金预算管理的非税收入

续表

科目编号	科目名称	核算内容
6003	58.国有资本经营预算收入	核算政府财政筹集的纳入本级国有资本经营预算管理的非税收入
6005	59.财政专户管理资金收入	核算政府财政纳入财政专户管理的教育收费等资金收入
6007	60.专用基金收入	核算本级政府财政按照法律法规和国务院、财政部规定设置或取得的粮食风险基金等专用基金收入
6011 601101 601102 601103 601111	61.补助预算收入 一般公共预算补助收入 政府性基金预算补助收入 国有资本经营预算补助收入 上级调拨	核算上级政府财政按照财政体制规定或专项需要补助给本级政府财政的款项，包括税收返还、一般性转移支付和专项转移支付等
6012 601201 601202 601203	62.上解预算收入 一般公共预算上解收入 政府性基金预算上解收入 国有资本经营预算上解收入	核算按照财政体制规定或专项需要由下级政府财政上交给本级政府财政的款项
6013	63.地区间援助预算收入	核算受援方政府财政收到援助方政府财政转来的可统筹使用的各类援助、捐赠等资金收入。援助方政府已列“地区间援助预算支出”的援助、捐赠等资金，受援方通过本科目核算
6021 602101 602102	64.调入预算资金 一般公共预算调入资金 政府性基金预算调入资金	核算政府财政为平衡某类预算收支、从其他类型预算资金及其他渠道调入的资金
6031	65.动用预算稳定调节基金	核算政府财政为弥补本年度预算资金不足，动用的预算稳定调节基金
6041 604101 604102 604103	66.债务预算收入 国债收入 一般债务收入 专项债务收入	核算政府财政根据法律法规等规定，通过发行债券、向外国政府和国际金融组织借款等方式筹集的纳入预算管理的债务收入
6042 604201 604202	67.债务转贷预算收入 一般债务转贷收入 专项债务转贷收入	核算省级以下（不含省级）政府财政收到上级政府财政转贷的债务收入

续表

科目编号	科目名称	核算内容
6051 605101 605102	68.待处理收入 库款资金待处理收入 专户资金待处理收入	核算本级政府财政收回的结转结余资金

（二）预算支出类

科目编号	科目名称	核算内容
7001	69.一般公共预算支出	核算政府财政管理的由本级政府安排使用的列入一般公共预算的支出
7002	70.政府性基金预算支出	核算政府财政管理的由本级政府安排使用的列入政府性基金预算的支出
7003	71.国有资本经营预算支出	核算政府财政管理的由本级政府安排使用的列入国有资本经营预算的支出
7005	72.财政专户管理资金支出	核算本级政府财政用纳入财政专户管理的教育收费等资金安排的支出
7007	73.专用基金支出	核算政府财政专用基金收入安排的支出
7011 701101 701102 701103 701111	74.补助预算支出 一般公共预算补助支出 政府性基金预算补助支出 国有资本经营预算补助支出 调拨下级	核算本级政府财政按照财政体制规定或专项需要补助给下级政府财政的款项，包括对下级的税收返还、一般性转移支付和专项转移支付等
7012 701201 701202 701203	75.上解预算支出 一般公共预算上解支出 政府性基金预算上解支出 国有资本经营预算上解支出	核算本级政府财政按照财政体制规定或专项需要上交给上级政府财政的款项
7013	76.地区间援助预算支出	核算援助方政府财政安排用于受援方政府财政统筹使用的各类援助、捐赠等资金支出
7021 702101 702102 702103	77.调出预算资金 一般公共预算调出资金 政府性基金预算调出资金 国有资本经营预算调出资金	核算政府财政为平衡预算收支，在不同类型预算资金之间的调出支出
7031	78.安排预算稳定调节基金	核算政府财政安排用于弥补以后年度预算资金不足的储备资金

续表

科目编号	科目名称	核算内容
7041 704101 704102 704103	79.债务还本预算支出 国债还本支出 一般债务还本支出 专项债务还本支出	核算政府财政偿还本级政府财政承担的纳入预算管理的债务本金支出
7042 704201 704202	80.债务转贷预算支出 一般债务转贷支出 专项债务转贷支出	核算本级政府财政向下级政府财政转贷的债务支出
7051	81.待处理支出	核算政府财政按照预拨经费管理有关规定预拨给预算单位尚未列为预算支出的款项

（三）预算结余类

科目编号	科目名称	核算内容
8001	82.一般公共预算结转结余	核算本级政府财政一般公共预算收支的执行结果
8002	83.政府性基金预算结转结余	核算本级政府财政政府性基金预算收支的执行结果
8003	84.国有资本经营预算结转结余	核算本级政府财政国有资本经营预算收支的执行结果
8005	85.财政专户管理资金结余	核算本级政府财政纳入财政专户管理的教育收费等资金收支的执行结果
8007	86.专用基金结余	核算本级政府财政专用基金收支的执行结果
8031	87.预算稳定调节基金	核算本级政府财政为保持年度间预算的衔接和稳定，在一般公共预算中设置的储备性资金
8033	88.预算周转金	核算政府财政设置的用于调剂预算年度内季节性收支差额周转使用的资金
8041 804101 804102 804103 804104 804105 804106 804107 804108 804109	89.资金结存 库款资金结存 专户资金结存 在途资金结存 集中支付结余结存 上下级调拨结存 待发国债结存 零余额账户结存 已结报支出 待处理结存	核算政府财政纳入预算管理的资金流入、流出、调整和滚存的情况

关键概念

财政总会计　财务会计要素　预算会计要素

复习思考题

1. 简述财政总会计的职责。
2. 简述财政总会计制度的主要规定。
3. 简述财政总会计科目使用规则。

第三章 财政总会计财务会计资产的核算

财政总会计核算的资产，应当按照取得或发生时实际金额进行计量。其分类与会计科目设置情况参见表3-1。

表3-1 财政总会计财务会计资产的分类与会计科目设置

资产分类		会计科目设置
货币资金	财政存款	国库存款、其他财政存款、国库现金管理资产、在途款
债权资金	财政系统内	与下级往来、应收地方政府债券转贷款、应收主权外债转贷款
	与预算单位	借出款项、预拨经费
	与其他单位	应收非税收入、其他应收款
投资资金	证券投资	有价证券
	股权投资	应收股利、股权投资

第一节 货币资金的核算

财政总会计核算的货币资金主要是财政存款。财政存款是指政府财政部门代表政府管理的国库存款和其他财政存款等。财政存款的支配权属于同级政府财政部门，并由总会计负责管理，统一在国库或选定的银行开立存款账户，统一收付，不得透支，不得提取现金。财政存款资金包括国库存款、其他财政存款、国库现金管理资产和在途款。

一、国库存款

为核算政府财政存放在国库单一账户的款项，设置“国库存款”（1001）科目。期末借方余额反映政府财政国库存款的结存数。其主要账务处理如下：

1.国库存款增加时，按照实际收到的金额，借记本科目，贷记有关科目。

【例3-1】党的二十大报告指出，要“把社会主义核心价值观融入法治建设、融入社会发展、融入日常生活”。T市财政总会计当日《预算收入日报表》，收到物价罚款收入50 000元。

借：国库存款	50 000	
贷：非税收入		50 000

2.国库存款减少时，按照实际支付的金额，借记有关科目，贷记本科目。

【例3-2】为落实党的二十大精神，“繁荣发展文化事业和文化产业”，R省财政总会计以国家电影事业发展专项资金安排资助国产影片放映支出271 500元，以国库存款支付。

借：对事业单位补助拨款费用	271 500	
贷：国库存款		271 500

二、其他财政存款

为核算政府财政未列入“国库存款”科目反映的各项财政存款，设置“其他财政存款”（1002）科目。期末借方余额反映政府财政持有的其他财政存款。

本科目应按照存款资金的性质和存款银行等进行明细核算。其主要账务处理如下：

1.财政专户收到款项时，按照实际收到的金额，借记本科目，贷记有关科目。

【例3-3】某省财政收到理工大学交来的学生学费收入600 000元，存入教育资金专户。

借：其他财政存款	600 000	
贷：财政专户管理资金收入		600 000

2.其他财政存款产生的利息收入，除规定作为专户资金收入外，其他利息收入都应缴入国库。取得其他财政存款利息收入时，按照实际获得的利息金额，根据以下情况分别处理：

（1）按规定作为专户资金收入的，借记本科目，贷记“应付代管资金”或有关收入科目。

【例3-4】某省财政收到教育资金专户存款产生的利息收入13 000元，按规定作为专户资金收入。

借：其他财政存款	13 000	
贷：财政专户管理资金收入		13 000

（2）按规定应缴入国库的，借记本科目，贷记“其他应付款”科目。将其他财政存款利息收入缴入国库时，借记“其他应付款”科目，贷记本科目；同时，借记

"国库存款"科目，贷记"非税收入"科目。

【例3-5】某市财政收到彩票发行机构业务费用专户存款利息收入3 500元，按照规定缴入国库。

借：其他财政存款　　3 500

　贷：其他应付款　　3 500

【例3-6】按例3-5，该市财政将其他财政存款利息收入3 500元缴入国库。

借：其他应付款　　3 500

　贷：其他财政存款　　3 500

同时：

借：国库存款　　3 500

　贷：非税收入　　3 500

3.其他财政存款减少时，按照实际支付的金额，借记有关科目，贷记本科目。

【例3-7】某省财政总会计从教育资金专户中向省理工大学拨付资金800 000元。

借：财政专户管理资金支出　　800 000

　贷：其他财政存款　　800 000

三、国库现金管理资产

为核算政府财政将暂时闲置的国库存款存放商业银行或者投资于货币市场形成的资产，设置"国库现金管理资产"（1003）科目。期末借方余额反映政府财政开展国库现金管理业务形成的资产。

本科目应按照业务种类设置"商业银行定期存款""其他国库现金管理资产"明细科目，并可根据管理需要进行明细核算。其主要账务处理如下：

1.商业银行定期存款。

（1）根据国库现金管理有关规定开展商业银行定期存款时，将国库存款转存商业银行，按照存入商业银行的金额，借记本科目，贷记"国库存款"科目。

【例3-8】某市财政总会计将预算结余资金0.3亿元转存到商业银行，定期存款时间6个月，年利率3.25%。

借：国库现金管理资产——商业银行定期存款　　30 000 000

　贷：国库存款　　30 000 000

（2）商业银行定期存款收回国库时，按照实际收回的金额，借记"国库存款"科目，按照原存入商业银行的存款本金金额，贷记本科目，按照其差额，贷记"非税收入"科目。

【例3-9】接例3-8，转存到商业银行的资金到期转回国库。收回本金0.3亿元，收到利息48.75万元。

借：国库存款　　30 487 500

　贷：国库现金管理资产——商业银行定期存款　　30 000 000

　　　非税收入　　487 500

2.其他国库现金管理业务可根据管理条件和管理需要，参照商业银行定期存款的账务处理。

四、在途款

为核算报告清理期和库款报解整理期内发生的需要通过本科目过渡处理的属于上年度收入、费用等业务的款项，设置“在途款”（1034）科目。期末借方余额反映政府财政持有的在途款。其主要账务处理如下：

1.报告清理期和库款报解整理期内收到属于上年度收入等款项时，在上年度账务中，借记本科目，贷记有关收入科目或“应收非税收入”科目；收回属于上年度费用等款项时，在上年度账务中，借记本科目，贷记“预拨经费”或有关费用科目。

【例3-10】库款报解整理期内，某县财政总会计收回上年度多支付的交通信息化建设费用150 000元。

在上年度账记：

借：在途款	150 000	
贷：资本性拨款费用		150 000

2.冲转在途款时，在本年度账务中，借记“国库存款”科目，贷记本科目。

【例3-11】接例3-10，冲转在途款收回的上年度多支付的费用150 000元。

在新年度账记：

借：国库存款	150 000	
贷：在途款		150 000

第二节 债权资金的核算

财政总会计核算的债权资金，包括财政系统内发生的债权资金、与预算单位发生的债权资金以及与其他单位发生的债权资金。

一、财政系统内发生的债权资金核算

财政总预算会计核算的财政系统内发生的债权资金，有与下级往来款、应收地方政府债券转贷款、应收主权外债转贷款。

（一）与下级往来

为核算本级政府财政与下级政府财政的往来待结算款项，设置“与下级往来”（1032）科目，本科目期末借方余额反映下级政府财政欠本级政府财政的款项；期末贷方余额反映本级政府财政欠下级政府财政的款项。

本科目应按照下级政府财政进行明细核算。其主要账务处理如下：

1.拨付下级政府财政款项时，借记本科目，贷记“国库存款”科目。

【例3-12】某省财政从国库存款中向所属Y市财政拨付5 000 000元，用于防疫需用。

借：与下级往来——Y市　　5 000 000

　贷：国库存款　　5 000 000

2.有主权外债业务的财政部门，贷款资金由下级政府财政同级部门（单位）使用，且贷款的最终还款责任由本级政府财政承担的，本级政府财政部门支付贷款资金时，借记本科目或“补助费用”科目，贷记“国库存款”“其他财政存款”等科目；外方将贷款资金直接支付给供应商或用款单位时，借记本科目或“补助费用”科目，贷记“借入款项”或“应付主权外债转贷款”科目。

【例3-13】某省财政向国际金融组织借款折合人民币2亿元，贷款由所属的Y市交通部门用于地铁项目建设，但还款责任由省级政府财政承担，国际金融组织将贷款资金直接支付给Y市财政，记入与下级往来。

借：与下级往来——Y市　　200 000 000

　贷：借入款项　　200 000 000

3.两级财政年终结算。

（1）两级财政年终结算时，确认应当由下级政府财政上交的收入数，借记本科目，贷记“上解收入”科目。

【例3-14】某省财政与所属A市财政年终结算，确认应当由A市政府财政上交的收入79.5万元。

借：与下级往来——A市　　795 000

　贷：上解收入　　795 000

（2）两级财政年终结算时，确认应补助下级政府财政的费用数，借记“补助费用”科目，贷记本科目。

【例3-15】接例3-13，该省财政与所属Y市财政年终结算，确认省财政应补助Y市2.05亿元。

借：补助费用　　205 000 000

　贷：与下级往来——Y市　　205 000 000

4.收到下级政府财政缴入国库的往来待结算款项时，借记“国库存款”科目，贷记本科目。

【例3-16】接例3-14，该省财政收到所属A市财政的往来待结算款项79.5万元，资金缴入国库。

借：国库存款　　795 000

　贷：与下级往来——A市　　795 000

5.扣缴下级政府财政资金时，借记本科目，贷记“其他应付款”等科目。

【例3-17】某省财政扣缴所属C市政府财政资金800万元，支付省政府担保的C市政府贷款本月应支付的还款本息。

借：与下级往来——C市　　8 000 000

　贷：其他应付款　　8 000 000

（二）应收地方政府债券转贷款

为核算本级政府财政转贷给下级政府财政的地方政府债券资金的本金及利息，设置“应收地方政府债券转贷款”（1041）科目。期末借方余额反映政府财政应收未收的地方政府债券转贷款本金及利息。

本科目应设置“应收本金”和“应收利息”明细科目，并按照转贷对象进行明细核算，其下应根据管理规定设置“一般债券”“专项债券”等明细科目。其中，“应收利息”科目通常应根据债务管理部门计算并提供的政府债券转贷款的应收利息情况，按期进行核算。其主要账务处理如下：

1.向下级政府财政转贷地方政府债券资金时，按照转贷的本金，借记本科目，按照实际拨付的金额或债务管理部门确认的转贷金额，贷记“国库存款”或“与下级往来”等科目，按照其差额，借记或贷记有关费用科目。

【例3-18】某省财政向所属L市政府财政转贷地方政府专项债券资金，转贷本金5亿元，以国库存款支付。

借：应收地方政府债券转贷款——应收本金　　500 000 000

　贷：国库存款　　500 000 000

2.按期确认地方政府债券转贷款的应收利息时，根据债务管理部门计算确认的转贷款本期应收未收利息金额，借记本科目，贷记“财务费用——利息费用”等有关科目。

【例3-19】接例3-18，月末，债务管理部门计算确认的向L市转贷款的本期应收未收利息为125万元。

借：应收地方政府债券转贷款——应收利息　　1 250 000

　贷：财务费用——利息费用　　1 250 000

3.收到下级政府财政偿还的地方政府债券转贷款本息时，按照收到的金额，借记“国库存款”“其他财政存款”等科目，贷记本科目。

【例3-20】接例3-18和例3-19，收到L市政府财政偿还的地方政府债券转贷款本金5亿元、利息125万元，存入国库。

借：国库存款　　501 250 000

　贷：应收地方政府债券转贷款——应收本金　　500 000 000

　　　　　　　　　　　　　　——应收利息　　1 250 000

4.扣缴下级政府财政应偿还的地方政府债券转贷款本息时，按照扣缴的金额，借记“与下级往来”等科目，贷记本科目。

【例3-21】某市财政扣缴所属K区政府财政应偿还的地方政府债券转贷款本金36 000 000元、利息100 000元，共36 100 000元。

借：与下级往来——K区　　36 100 000

　贷：应收地方政府债券转贷款——应收本金　　36 000 000

　　　　　　　　　　　　　　——应收利息　　100 000

5.豁免下级政府财政应偿还的地方政府债券转贷款本息时，根据债务管理部门转来的有关资料及预算文件，按照豁免金额，借记“补助费用”“与下级往来”等科目，贷记本科目。

【例3-22】接例3-21，K区政府财政困难，经批准，该市财政豁免其尚未偿还的地方政府债券转贷款本金8 290 000元、利息20 000元，转为补助费用。

借：补助费用　　8 310 000

　贷：应收地方政府债券转贷款——应收本金　　8 290 000

　　　　　　　　　　　　　　——应收利息　　20 000

（三）应收主权外债转贷款

为核算本级政府财政转贷给下级政府财政的外国政府、国际金融组织贷款等主权外债资金的本金及利息，设置“应收主权外债转贷款”（1042）科目。本科目期末借方余额反映政府财政应收未收的主权外债转贷款本金及利息。

本科目应设置“应收本金”和“应收利息”明细科目，并按照转贷对象进行明细核算。其中，“应收利息”科目通常应根据债务管理部门计算并提供的主权外债转贷款的应收利息情况，按期进行核算。其主要账务处理如下：

1.向下级政府财政转贷主权外债资金，且主权外债最终还款责任由下级政府财政承担的，应当分别按照以下情况处理：

（1）本级政府财政支付转贷资金时，借记本科目，贷记“国库存款”“其他财政存款”科目。

【例3-23】某省财政获得法国政府贷款。现向所属M市转贷主权外债资金3亿元，该主权外债最终还款责任由M市政府财政承担，从国库存款中拨付。

借：应收主权外债转贷款——应收本金　　300 000 000

　贷：国库存款　　300 000 000

（2）外方或上级政府财政将贷款资金直接拨付给用款单位或供应商时，根据债务管理部门转来的有关资料，按照实际拨付的金额，借记本科目，贷记“借入款项”或“应付主权外债转贷款”科目。

【例3-24】某省财政获得法国政府贷款。现向所属K市转贷主权外债资金5亿元，该主权外债最终还款责任由K市政府财政承担，外方将贷款资金直接拨付给K市的用款单位。

借：应收主权外债转贷款——应收本金　　500 000 000

　贷：借入款项　　500 000 000

2.按期确认主权外债转贷款的应收利息时，根据债务管理部门计算确认的转贷款本期应收未收利息金额，借记本科目，贷记“财务费用——利息费用”等科目。

【例3-25】接例3-23，确认本月M市主权外债转贷款的应收利息75万元。

借：应收主权外债转贷款——应收利息　　750 000

　贷：财务费用——利息费用　　750 000

3.收回下级政府财政偿还的主权外债转贷款本息时，按照收回的金额，借记“国库存款”“其他财政存款”等科目，贷记本科目。

【例3-26】接例3-23和例3-25，收回M市主权外债转贷款本金3亿元、利息75万元，存入国库。

借：国库存款　　300 750 000

　贷：应收主权外债转贷款——应收本金　　300 000 000

　　　　　　　　　　　　——应收利息　　750 000

4.扣缴下级政府财政应偿还的主权外债转贷款本息时，按照扣缴的金额，借记“与下级往来”等科目，贷记本科目。

【例3-27】接例3-24，该省财政扣缴K市本月应偿还的主权外债转贷款本息，本金0.12亿元、利息60万元。

借：与下级往来　　12 600 000

　贷：应收主权外债转贷款——应收本金　　12 000 000

　　　　　　　　　　　　——应收利息　　600 000

5.债权人豁免下级政府财政应偿还的主权外债转贷款本息时，根据债务管理部门转来的有关资料及预算文件，按照豁免转贷款的金额，借记“应付主权外债转贷款”“借入款项”“应付利息”等科目，贷记本科目。

【例3-28】接例3-24，法国政府豁免本省转贷给K市的主权外债转贷款本金1亿元。

借：借入款项　　100 000 000

　贷：应收主权外债转贷款——应收本金　　100 000 000

6.本级政府财政豁免下级政府财政应偿还的主权外债转贷款本息时，根据债务管理部门转来的有关资料及预算文件，按照豁免金额，借记“补助费用”“与下级往来”等科目，贷记本科目。

【例3-29】接例3-28，经批准，该省财政豁免K市政府财政应偿还的主权外债转贷款本金0.3642亿元、利息38万元，转入与下级往来。

借：与下级往来——K市　　36 800 000

　贷：应收主权外债转贷款——应收本金　　36 420 000

　　　　　　　　　　　　——应收利息　　380 000

7.年末，根据债务管理部门提供的应收主权外债转贷款因汇率变动产生的期末人民币余额与账面余额之间的差额资料，借记或贷记“财务费用——汇兑损益”科目，贷记或借记本科目。

【例3-30】年末，债务管理部门提供的资料显示，某省财政应收主权外债转贷款因汇率变动产生的期末人民币余额为954 052 000元，账面余额954 376 000元，差额324 000元。

借：财务费用——汇兑损益　　324 000

　贷：应收主权外债转贷款——应收本金　　324 000

8.本级政府财政首次确认以前年度转贷给下级政府财政的主权外债时，根据债务管理部门提供的有关资料，按照转贷主权外债本息余额，借记本科目，贷记“以前年度盈余调整”科目。

【例3-31】根据债务管理部门提供的有关资料，省财政以前年度转贷给A市的政府财政的主权外债1亿元确认为应收主权外债转贷款。

借：应收主权外债转贷款——应收本金　　100 000 000

　贷：以前年度盈余调整　　100 000 000

二、与预算单位发生的债权资金核算

财政总会计核算的与预算单位发生的债权资金有借出款项和预拨经费。

（一）借出款项

为核算政府财政按照对外借款管理有关规定借给预算单位临时急需，并按期收回的款项，设置“借出款项”（1031）科目。本科目期末借方余额反映政府财政借给预算单位尚未收回的款项。

本科目应按照借款单位进行明细核算。其主要账务处理如下：

1.将款项借出时，按照实际支付的金额，借记本科目，贷记“国库存款”等科目。

【例3-32】某市财政向市卫生学校借出款项50万元用于疫情防控，以国库存款支付。

借：借出款项　　500 000

　贷：国库存款　　500 000

2.收回借款时，按照实际收到的金额，借记“国库存款”等科目，贷记本科目。

【例3-33】接例3-32，该市财政收回市卫生学校借款30万元，存入国库。

借：国库存款　　300 000

　贷：借出款项　　300 000

（二）预拨经费

为核算政府财政按照预拨经费管理有关规定预拨给预算单位尚未列为费用的款项，设置“预拨经费”（1033）科目。本科目期末借方余额反映政府财政年末尚未转列费用或尚待收回的预拨经费款项。

本科目应当按照预算单位进行明细核算。其主要账务处理如下：

1.拨出款项时，借记本科目，贷记“国库存款”等科目。

【例3-34】某市财政向市公安局预拨经费90万元用于急需，以国库存款支付。

借：预拨经费　　900 000

　贷：国库存款　　900 000

2.转列费用时，借记有关费用科目，贷记本科目。

【例3-35】接例3-34，该市财政将向市公安局预拨的经费60万元转列为政府机关商品和服务拨款费用。

借：政府机关商品和服务拨款费用 600 000

　贷：预拨经费 600 000

3.收回预拨款项时，借记“国库存款”等科目，贷记本科目。

【例3-36】接例3-34，该市财政收回向市公安局预拨的经费30万元，存入国库。

借：国库存款 300 000

　贷：预拨经费 300 000

三、与其他单位的债权资金核算

财政总会计与其他单位的债权资金有应收非税收入和其他应收款。

（一）应收非税收入

为核算政府财政应向缴款人收取但实际尚未缴入国库的非税收入款项，设置“应收非税收入”（1021）科目。本科目期末借方余额反映政府财政尚未入库的应收非税收入。对于非税收入管理部门不能提供已开具非税收入缴款票据、尚未缴入本级国库的非税收入数据的地区，可暂不使用本科目核算。

本科目应参照《政府收支分类科目》中“非税收入”科目进行明细核算，同时可根据管理需要，参照实际情况，按执收部门（单位）进行明细核算。其主要账务处理如下：

1.确认取得非税收入时，按照非税收入管理部门提供的已开具缴款票据、尚未缴入本级国库的非税收入金额，借记本科目，贷记“非税收入”科目。

【例3-37】某市财政开出票据，确认可取得土地出让金收入9亿元，但款项尚未缴入本级国库。

借：应收非税收入 900 000 000

　贷：非税收入 900 000 000

2.实际收到非税收入款项时，按照实际收到的非税收入金额，借记“国库存款”科目，已列应收非税收入部分金额，贷记本科目；未列入应收非税收入部分金额，贷记“非税收入”科目。

【例3-38】接例3-37，实际收到土地出让金收入16亿元已缴入国库，依据国库库款到账通知记账。

借：国库存款 1 600 000 000

　贷：应收非税收入 900 000 000

　　　非税收入 500 000 000

3.期末，非税收入管理部门应对未入库的应收非税收入进行全面核查，总会计根据核查结果对应收非税收入余额进行确认，确保应收非税收入核算准确。

（二）其他应收款

为核算政府财政临时发生的其他应收、暂付、垫付款项，设置“其他应收款”

（1035）科目。本科目应及时清理结算，期末原则上应无余额。项目单位拖欠外国政府和国际金融组织贷款本息和有关费用导致有关政府财政履行担保责任，代偿的贷款本息费，也通过本科目核算。

本科目应按照资金类别、债务单位等进行明细核算。其主要账务处理如下：

1.发生其他应收款项时，借记本科目，贷记“国库存款”“其他财政存款”等科目。

【例3-39】某省财政为海洋大学垫付到期的商业贷款本息1 851万元。

借：其他应收款——海洋大学　　18 510 000

　贷：国库存款　　18 510 000

2.收回其他应收款项时，借记“国库存款”“其他财政存款”科目，贷记本科目。

【例3-40】接例3-39，该省财政收到海洋大学偿还欠款1 500万元存入国库。

借：国库存款　　15 000 000

　贷：其他应收款——海洋大学　　15 000 000

3.其他应收款项转列费用时，借记有关费用科目，贷记本科目。

【例3-41】接例3-40，经协商，财政总会计将海洋大学所欠的351万元转列为对事业单位补助拨款费用。

借：对事业单位补助拨款费用　　3 510 000

　贷：其他应收款——海洋大学　　3 510 000

4.政府财政对使用外国政府和国际金融组织贷款资金的项目单位履行担保责任，代偿贷款本息费时，借记本科目，贷记“国库存款”“其他财政存款”等科目。政府财政行使追索权，收回项目单位贷款本息费时，借记“国库存款”“其他财政存款”等科目，贷记本科目。政府财政最终未收回项目单位贷款本息费，经核准转列费用时，借记有关费用科目，贷记本科目。

【例3-42】某省财政为所属R市的国际金融组织贷款担保，因R市财政困难，省财政履行担保责任，代偿贷款本息共1.25亿元，以国库存款支付。后收回1亿元，剩余0.25亿元转为对R市的补助费用。

代偿贷款本息时：

借：其他应收款——R市　　125 000 000

　贷：国库存款　　125 000 000

收回款项时：

借：国库存款　　100 000 000

　贷：其他应收款——R市　　100 000 000

剩余欠款转为补助费用时：

借：补助费用——R市　　25 000 000

　贷：其他应收款——R市　　25 000 000

第三节

投资资金的核算

财政总会计的投资资金有证券投资和股权投资。

一、证券投资

为核算政府财政按照有关规定取得并持有的有价证券，设置“有价证券”（1011）科目。本科目期末借方余额反映政府财政持有的有价证券金额。

本科目应按照有价证券种类进行明细核算。其主要账务处理如下：

1.购入有价证券时，按照实际支付的金额，借记本科目，贷记“国库存款”“其他财政存款”等科目。

【例3-43】某县财政利用一般公共预算结余资金买入国库券20万元。

借：有价证券	200 000	
贷：国库存款		200 000

2.转让或到期兑付有价证券时，按照实际收到的金额，借记“国库存款”“其他财政存款”等科目，按照该有价证券的账面余额，贷记本科目，按照其差额，贷记或借记有关收入或费用科目。

【例3-44】接例3-43，该县财政购买的国库券到期，收回本金20万元、利息3.5万元。

借：国库存款	235 000	
贷：有价证券		200 000
其他收入		35 000

二、股权投资

（一）应收股利

为核算政府因持有股权投资应当收取的现金股利或应当分得的利润，设置“应收股利”（1022）科目。本科目期末借方余额反映政府财政应当收取但尚未收到的现金股利或利润。

本科目应根据管理需要，按照被投资主体进行明细核算。其主要账务处理如下：

1.采用权益法核算

（1）持有股权投资期间，被投资主体宣告发放现金股利或利润的，根据股权管理部门提供的资料，按照应上缴政府财政的部分，借记本科目，贷记“股权投资（损益调整）”科目。

【例3-45】某市财政持有J公司股票3万股，占比25%，实行权益法核算。年末，J公司宣告发放现金股利，应上缴政府财政的金额为300万元。

借：应收股利	3 000 000	

贷：股权投资——损益调整 3 000 000

（2）收到现金股利或利润时，按照实际收到的金额，借记“国库存款”科目，贷记本科目；按照实际收到金额中未宣告发放的现金股利或利润，借记本科目，贷记“股权投资（损益调整）”科目。

【例3-46】接例3-45，该市财政实际收到现金股利320万元。

借：国库存款 3 200 000

贷：应收股利 3 200 000

借：应收股利 200 000

贷：股权投资——损益调整 200 000

2.采用成本法核算

（1）持有股权投资期间，被投资主体宣告发放现金股利或利润时，根据股权管理部门提供的资料，按照应上缴政府财政的部分，借记本科目，贷记“投资收益”科目。

【例3-47】某区财政持有H公司股票500股，实行成本法核算。年末，H公司宣告发放现金股利，股权管理部门提供的资料显示应上缴区政府财政的金额为3万元。

借：应收股利 30 000

贷：投资收益 30 000

（2）收到现金股利或利润时，按照实际收到的金额，借记“国库存款”科目，贷记本科目；按照实际收到金额中未宣告发放的现金股利或利润，借记本科目，贷记“投资收益”科目。

【例3-48】接例3-47，该区财政实际收到现金股利4万元，存入国库。

借：国库存款 40 000

贷：应收股利 40 000

借：应收股利 10 000

贷：投资收益 10 000

（二）股权投资

为核算政府持有的各类股权投资，包括国际金融组织股权投资、政府投资基金股权投资和企业股权投资等，设置“股权投资”（1061）科目。本科目期末借方余额反映政府持有的各类股权投资的价值。

股权投资在持有期间，通常采用权益法进行核算。政府无权决定被投资主体的财务和经营政策或无权参与被投资主体的财务和经营政策决策的，应当采用成本法进行核算。

本科目应当按照“国际金融组织股权投资”“政府投资基金股权投资”“企业股权投资”设置一级明细科目，在一级明细科目下，分别设置“投资成本”“损益调整”“其他权益变动”明细科目，同时应根据管理需要，按照被投资主体进行明细核算。其主要账务处理如下：

1.采用权益法核算

（1）以现金取得股权投资时

政府财政以现金取得股权投资时，按照实际支付的金额，借记本科目（投资成本），贷记“国库存款”科目。实际支付的金额中包含的已宣告但尚未发放的现金股利，应当单独确认为应收股利。

【例3-49】某省财政对M投资基金进行股权投资，实际支付额为5亿元，占比50%，以国库存款支付。

借：股权投资——政府投资基金股权投资——投资成本 500 000 000

　贷：国库存款 500 000 000

（2）以现金以外其他资产置换取得股权投资时

政府财政以现金以外其他资产置换取得股权投资时，按照股权管理部门确认的金额，借记本科目（投资成本），贷记相关资产类科目。

【例3-50】某市财政对一高科技创投企业进行债转投。经研究决定，创投企业所欠20亿元转为股权投资，股权投资占比40%。

借：股权投资——企业股权投资——投资成本 2 000 000 000

　贷：其他应收款 2 000 000 000

（3）以前年度取得尚未纳入财政总会计核算的股权投资

通过清查发现以前年度取得、尚未纳入财政总会计核算的股权投资时，根据股权管理部门提供的资料，按照股权投资的投资成本，借记本科目（投资成本），按照以前年度实现的损益中应享有的份额，借记本科目（损益调整），按照二者合计金额贷记“以前年度盈余调整”科目；按照确定的其他权益变动金额，借记本科目（其他权益变动），贷记“权益法调整”科目。已宣告但尚未发放的现金股利，应当单独确认为应收股利。

【例3-51】某县财政在大清查中发现，以前年度取得、尚未纳入财政总会计核算的对N公司的股权投资，股权管理部门提供的资料显示：该股权投资的投资成本500万元，以前年度实现的损益中县财政应享有的份额为100万元；受国家规划影响，N公司的投资环境改善，市值溢价，县财政应享有的份额为200万元；已宣告但尚未发放的现金股利40万元。

借：股权投资——企业股权投资——投资成本 5 000 000

　　　　　　　　　　　　　　——损益调整 1 000 000

　贷：以前年度盈余调整 6 000 000

借：股权投资——企业股权投资——其他权益变动 2 000 000

　贷：权益法调整 2 000 000

借：应收股利 400 000

　贷：股权投资——企业股权投资——损益调整 400 000

（4）无偿划入股权投资时

根据股权管理部门提供的资料，按照股权投资的投资成本，借记本科目（投资成本），按照以前年度实现的损益中应享有的份额，借记本科目（损益调整），按照二者合计金额贷记“其他收入”科目；按照确定的其他权益变动金额，借记本科目（其他权益变动），贷记“权益法调整”科目。

【例3-52】某市财政收到省财政无偿划入一项股权投资，为C公司股权1万股占比40%，该项股权投资的投资成本为1亿元，以前年度实现的损益中应享有的份额0.3亿元，因客观利好而获得的其他权益变动为0.2亿元。

借：股权投资——企业股权投资——投资成本 100 000 000

——损益调整 30 000 000

贷：其他收入 130 000 000

借：股权投资——企业股权投资——其他权益变动 20 000 000

贷：权益法调整 20 000 000

（5）被投资主体实现净利润或发生亏损时

①被投资主体实现净利润的，根据股权管理部门提供的资料，按照应享有的份额，借记本科目（损益调整），贷记“投资收益”科目。

【例3-53】接例3-49，年末，M投资基金实现净利润，股权管理部门提供的资料显示，该省财政应享有的份额为0.75亿元。

借：股权投资——政府投资基金股权投资——损益调整 75 000 000

贷：投资收益 75 000 000

②被投资主体发生净亏损的，根据股权管理部门提供的资料，按照应分担的份额，借记“投资收益”科目，贷记本科目（损益调整），但以“股权投资”的账面余额减记至零为限。发生亏损的被投资主体以后年度又实现净利润的，按照收益分享额弥补未确认的亏损分担额等后的金额，借记本科目（损益调整），贷记“投资收益”科目。

【例3-54】接例3-50，年末，创投企业发生亏损，股权管理部门提供的资料显示，市财政应分担的份额为0.5亿元。

借：投资收益 50 000 000

贷：股权投资——企业股权投资——损益调整 50 000 000

（6）被投资主体宣告发放现金股利或利润的

根据股权管理部门提供的资料，按照应上缴政府财政的部分，借记“应收股利”科目，贷记本科目（损益调整）

【例3-55】接例3-53，M投资基金宣告发放现金股利，应上缴省财政的部分为0.75亿元。

借：应收股利 75 000 000

贷：股权投资——政府投资基金股权投资——损益调整 75 000 000

（7）收到现金股利或利润时

按照实际收到的金额，借记“国库存款”科目，贷记“应收股利”科目；按照实际收到金额中未宣告发放的现金股利或利润，借记“应收股利”科目，贷记本科目（损益调整）。

【例3-56】接例3-53，该省财政收到现金股利0.75亿元。

借：国库存款　75 000 000

　贷：应收股利　75 000 000

（8）被投资主体发生除净损益和利润分配以外的所有者权益变动的

根据股权管理部门提供的资料，按照应享有或应分担的份额，借记或贷记本科目（其他权益变动），贷记或借记“权益法调整”科目。

【例3-57】接例3-54，该市财政所投资的创投企业办公楼因洪灾发生毁损，市财政应分担的份额为0.4亿元。

借：权益法调整　40 000 000

　贷：股权投资——企业股权投资——其他权益变动　40 000 000

（9）股权投资持有期间，被投资主体以收益转增投资的

根据股权管理部门提供的资料，按照收益转增投资的金额，借记本科目（投资成本），贷记本科目（损益调整）。

【例3-58】接例3-55，M投资基金董事会研究决定，以收益转增投资，省财政获得转增投资的金额为1亿元。

借：股权投资——政府投资基金股权投资——投资成本　100 000 000

　贷：股权投资——政府投资基金股权投资——损益调整　100 000 000

（10）处置股权投资时

根据股权管理部门提供的资料，按照被处置股权投资对应的“权益法调整”科目账面余额，借记或贷记“权益法调整”科目，贷记或借记本科目（其他权益变动）；按照处置收回的金额，借记“国库存款”科目，按照已宣告尚未领取的现金股利或利润，贷记“应收股利”科目，按照被处置股权投资的账面余额，贷记本科目（投资成本、损益调整），按照其差额，贷记或借记“投资收益”科目。

【例3-59】接例3-51，该县财政将N公司的所有股权全部出售，取得资金1 000万元存入国库；“权益法调整”科目借方余额200万元；股权投资（投资成本）科目借方余额500万元，股权投资（损益调整）科目借方余额60万元；“应收股利”科目借方余额40万元。

借：权益法调整　2 000 000

　贷：股权投资——企业股权投资——其他权益变动　2 000 000

借：国库存款　10 000 000

　贷：股权投资——企业股权投资——投资成本　5 000 000

　　　　　　　　　　　　　　——损益调整　600 000

　　应收股利　400 000

　　投资收益　4 000 000

（11）无偿划出股权投资时

根据股权管理部门提供的资料，按照被划出股权投资对应的“权益法调整”科目账面余额，借记或贷记“权益法调整”科目，贷记或借记本科目（其他权益变动）；按照被划出股权投资的账面余额，借记“其他费用”科目，贷记本科目（投资成本、损益调整）。

【例3-60】接例3-50、例3-54和例3-57，经上级批准，该市财政无偿划出对高科技创投企业的股权投资。被划出股权投资对应的“权益法调整”科目借方余额0.4亿元，股权投资（投资成本）科目借方余额20亿元，股权投资（损益调整）科目贷方余额0.5亿元，股权投资（其他权益变动）科目借方余额0.2亿元。

借：股权投资——企业股权投资——其他权益变动　　40 000 000
　贷：权益法调整　　40 000 000
借：其他费用　　1 950 000 000
　　股权投资——企业股权投资——损益调整　　50 000 000
　贷：股权投资——企业股权投资——投资成本　　2 000 000 000
借：权益法调整　　20 000 000
　贷：股权投资——企业股权投资——其他权益变动　　20 000 000

（12）企业破产清算时

根据股权管理部门提供的资料，按照破产清算企业股权投资对应的“权益法调整”科目账面余额，借记或贷记“权益法调整”科目，贷记或借记本科目（其他权益变动）；按照缴入国库清算收入的金额，借记“国库存款”科目，按照破产清算股权投资的账面余额，贷记本科目（投资成本、损益调整），按照其差额，借记或贷记“投资收益”科目。

【例3-61】接例3-52，该市政府财政投资的C公司经营不善进行破产清算，清算收入0.2亿元缴入国库，股权投资（投资成本）科目借方余额1亿元，股权投资（损益调整）科目借方余额0.3亿元。

借：国库存款　　20 000 000
　　投资收益　　110 000 000
　贷：股权投资——企业股权投资——投资成本　　100 000 000
　　　　　　　　　　　　　　——损益调整　　30 000 000

2.采用成本法核算

（1）政府财政以现金取得股权投资时，按照实际支付的金额，借记本科目（投资成本），贷记“国库存款”科目。实际支付的金额中包含的已宣告但尚未发放的现金股利，应当单独确认为应收股利。

【例3-62】某县财政对M投资基金进行股权投资，实际支付额为60万元。

借：股权投资——政府投资基金股权投资——投资成本　　600 000
　贷：国库存款　　600 000

（2）政府财政以现金以外其他资产置换取得股权投资时，按照股权管理部门确认的金额，借记本科目（投资成本），贷记相关资产类科目。

【例3-63】经批准，某市财政将B公司所欠款项进行债转股处理，“其他应收款”科目借方余额10万元，置换为100股股权投资。

借：股权投资——企业股权投资——投资成本　　100 000

　贷：其他应收款　　100 000

（3）通过清查发现以前年度取得、尚未纳入财政总会计核算的股权投资时，根据股权管理部门提供的资料，按照其确定的投资成本，借记本科目（投资成本），贷记“以前年度盈余调整”科目。已宣告但尚未发放的现金股利，应当单独确认为应收股利。

【例3-64】某市财政在大清查中发现以前年度取得、尚未纳入财政总会计核算的S公司的股权投资，投资成本20万元。

借：股权投资——企业股权投资——投资成本　　200 000

　贷：以前年度盈余调整　　200 000

（4）无偿划入股权投资时，根据股权管理部门提供的资料，按照其确定的投资成本，借记本科目（投资成本），贷记“其他收入”科目。

【例3-65】某县政府财政无偿划入N公司股权，该项股权投资的投资成本15万元。

借：股权投资——企业股权投资——投资成本　　150 000

　贷：其他收入　　150 000

（5）处置股权投资时，按照收回的金额，借记“国库存款”科目，按照已宣告尚未领取的现金股利或利润，贷记“应收股利”科目，按照被处置股权投资账面余额，贷记本科目（投资成本），按照其差额，贷记或借记“投资收益”科目。

【例3-66】接例3-62，某县财政将对M投资基金的股权投资全部出售，取得资金67万元存入国库，该项股权投资的投资成本为60万元。

借：国库存款　　670 000

　贷：股权投资——政府投资基金股权投资——投资成本　　600 000

　　　投资收益　　70 000

（6）无偿划出股权投资时，按照被划出股权投资的账面余额，借记“其他费用”科目，贷记本科目（投资成本）。

【例3-67】接例3-63，经批准，将该市政府财政所投资的B公司股权无偿划出，股权投资的投资成本为10万元。

借：其他费用　　100 000

　贷：股权投资——企业股权投资——投资成本　　100 000

（7）企业破产清算时，根据股权管理部门提供的资料，按照缴入国库清算收入的金额，借记“国库存款”科目，按照破产清算股权投资的账面余额，贷记本科目

（投资成本），按照其差额，借记或贷记“投资收益”科目。

【例3-68】接例3-64，该市财政所投资的S公司破产清算，清算收入5万元缴入国库，投资成本为20万元。

借：国库存款 50 000
　　投资收益 150 000
　贷：股权投资——企业股权投资——投资成本 200 000

3.成本法与权益法的转换

（1）从成本法改为权益法

对股权投资的核算从成本法改为权益法的，应按照成本法下本科目（投资成本）账面余额与追加投资成本的合计金额，借记本科目（投资成本），按照成本法下本科目（投资成本）账面余额，贷记本科目（投资成本），按照追加投资的金额，贷记“国库存款”科目。

【例3-69】接例3-65，该县政府财政追加对N公司的股权投资0.3亿元，并转为权益法核算。

借：股权投资——企业股权投资——投资成本 30 150 000
　贷：股权投资——企业股权投资——投资成本 150 000
　　　国库存款 30 000 000

（2）从权益法改为成本法

对股权投资的核算从权益法改为成本法的，按照“权益法调整”科目账面余额，借记或贷记“权益法调整”科目，贷记或借记本科目（其他权益变动）；按照权益法下本科目（投资成本、损益调整）账面余额作为成本法下投资成本账面余额，借记本科目（投资成本），贷记本科目（投资成本、损益调整）。其后，被投资单位宣告分派现金股利或利润时，属于已记入投资成本账面余额的部分，按照应分得的现金股利或利润份额，借记“应收股利”科目，贷记本科目（投资成本）。

【例3-70】Y省财政将所持有的C投资基金股权投资从权益法改为成本法。股权投资（投资成本）科目借方余额6亿元，股权投资（损益调整）科目借方余额1亿元，股权投资（其他权益变动）贷方余额1.2亿元，“权益法调整”科目借方余额1.2亿元。

借：股权投资——政府投资基金股权投资——其他权益变动
　　120 000 000
　贷：权益法调整 120 000 000
借：股权投资——政府投资基金股权投资——投资成本 700 000 000
　贷：股权投资——政府投资基金股权投资——投资成本 600 000 000
　　　——损益调整 100 000 000

关键概念

财政存款　国库现金管理存款　在途款

复习思考题

1. 简述应收主权外债转贷款的核算。
2. 简述股权投资的核算。
3. 简述预拨经费的核算。

第四章 财政总会计财务会计负债的核算

财政总会计核算的负债，应当按照承担的有关义务金额或实际发生金额进行计量。其分类与会计科目设置情况参见表4-1。

表4-1 财政总会计财务会计负债的分类与会计科目设置

负债分类		会计科目设置
政府债务	本级发行或借入债务	应付短期政府债券、应付长期政府债券、借入款项
	从上级借入的债务转贷款	应付地方政府债券转贷款、应付主权外债转贷款
	应付利息	应付利息
其他负债	应付国库集中支付结余	应付国库集中支付结余
	应付及暂收款项	与上级往来、其他应付款
	其他债务	应付代管资金、其他负债

第一节 政府债务的核算

财政总会计核算的政府债务有两类：一是本级政府发行或借入的债务；二是政府财政从上级政府财政借入的债务转贷款。

一、本级政府发行或借入债务

核算本级政府发行或借入债务的会计科目有应付短期政府债券、应付长期政府债券、借入款项。

（一）应付短期政府债券

为核算政府财政以政府名义发行的期限不超过1年（含1年）的国债和地方政府债券的应付本金，其中，国债包括中央政府财政发行的国内政府债券和境外发行的主权债券等，设置“应付短期政府债券”（2001）科目。本科目期末贷方余额反映政府财政尚未偿还的短期政府债券本金。

本科目应设置“应付国债”“应付地方政府一般债券”“应付地方政府专项债券”明细科目。债务管理部门应当设置辅助明细账，主要包括政府债券金额、种类、期限、发行日、到期日、票面利率、偿还本金及付息情况等内容，并按期计算债券存续期应付利息情况。其主要账务处理如下：

1.实际收到短期政府债券发行收入时，按照实际收到的金额，借记“国库存款”科目，按照短期政府债券实际发行额，贷记本科目，按照发行收入和发行额的差额，借记或贷记有关费用科目。

【例4-1】R省财政发行10个月期限短期政府债券一般债券，债券面值25亿元，实际收到资金25.3亿元。

借：国库存款	2 530 000 000	
贷：应付短期政府债券——应付地方政府一般债券		2 500 000 000
财务费用——债务发行兑付费用		30 000 000

2.中央财政发生国债随卖业务时，按照实际收到的金额，借记“国库存款”等科目；根据国债随卖确认文件等相关债券管理资料，按照国债随卖面值，贷记本科目或“应付长期政府债券”科目；按照其差额，借记或贷记“财务费用——利息费用”科目。

【例4-2】中央财政发生国债随卖业务，某省财政收到款项35.9亿元存入国库。此次发行的债券为期限1年的面值16亿元的一般债券、期限3年的面值20亿元的专项债券。

借：国库存款	3 590 000 000	
财务费用——利息费用	10 000 000	
贷：应付短期政府债券——应付地方政府一般债券		1 600 000 000
应付长期政府债券——应付地方政府专项债券		2 000 000 000

3.中央财政发生国债随买业务时，根据国债随买确认文件等相关债券管理资料，按照国债随买面值，借记本科目或“应付长期政府债券”科目；按照实际支付的金额，贷记“国库存款”等科目；按照其差额，借记或贷记“财务费用——利息费用”科目。

【例4-3】接例4-2，中央财政发生国债随买业务，买入期限1年的一般债券，面值2亿元，买入期限3年的专项债券，面值3亿元，省财政实际支付4.95亿元。

借：应付短期政府债券——应付地方政府一般债券	200 000 000
应付长期政府债券——应付地方政府专项债券	300 000 000

贷：国库存款　495 000 000

　财务费用——利息费用　5 000 000

4.实际偿还本级政府财政承担的短期政府债券本金时，借记本科目，贷记“国库存款”等科目。

【例4-4】接例4-1，短期政府债券一般债券到期，本金25亿元，利息0.65亿元。

借：应付短期政府债券——应付地方政府一般债券　2 500 000 000

　财务费用——利息费用　65 000 000

贷：国库存款　2 565 000 000

（二）应付长期政府债券

为核算政府财政以政府名义发行的期限超过1年的国债和地方政府债券的应付本金，其中，国债包括中央政府财政发行的国内政府债券和境外发行的主权债券等，设置“应付长期政府债券”（2021）科目。本科目期末贷方余额反映政府财政尚未偿还的长期政府债券本金。

本科目应设置“应付国债”“应付地方政府一般债券”“应付地方政府专项债券”明细科目。债务管理部门应设置辅助明细账，主要包括政府债券金额、种类、期限、发行日、到期日、票面利率、实际偿还本金及付息情况等内容，并按期计算债券存续期应负担的利息金额。其主要账务处理如下：

1.实际收到长期政府债券发行收入时，按照实际收到的金额，借记“国库存款”“其他财政存款”科目，按照长期政府债券实际发行额，贷记本科目，按照其差额，借记或贷记有关费用科目。

【例4-5】某市财政发行5年期地方政府专项债券，面值50亿元，实际收到49.8亿元。

借：国库存款　4 980 000 000

贷：应付长期政府债券——应付地方政府专项债券　5 000 000 000

　财务费用——债务发行兑付费用　20 000 000

2.中央财政发生国债随卖业务时，账务处理参照“应付短期政府债券”科目使用说明中国债随卖业务的账务处理。

3.中央财政发生国债随买业务时，账务处理参照“应付短期政府债券”科目使用说明中国债随买业务的账务处理。

4.政府财政以定向承销方式发行长期政府债券时，根据债务管理部门转来的债券发行文件等有关资料，借记“以前年度盈余调整”“应收地方政府债券转贷款”等科目，按照长期政府债券实际发行额，贷记本科目，按照发行收入和发行额的差额，借记或贷记有关费用科目。

【例4-6】某市财政以定向承销方式发行3年期政府债券9.5亿元，用于置换本级财政专项债务3亿元、所属C区政府专项债务6亿元。

借：以前年度盈余调整　　300 000 000
　　应收地方政府债券转贷款　　600 000 000
　　财务费用——利息费用　　50 000 000
　贷：应付长期政府债券　　950 000 000

5.实际偿还长期政府债券本金时，借记本科目，贷记“国库存款”“其他财政存款”等科目。

【例4-7】接例4-5，5年期地方政府专项债券到期，该市财政偿还本金50亿元，支付利息5.4亿元，共计55.4亿元，以国库存款支付。

借：应付长期政府债券——应付地方政府专项债券　　5 000 000 000
　　财务费用——利息费用　　540 000 000
　贷：国库存款　　5 540 000 000

（三）借入款项

为核算政府财政以政府名义向外国政府、国际金融组织等借入的款项，以及经国务院批准的其他方式借入的款项，设置“借入款项”（2022）科目。本科目期末贷方余额反映本级政府财政尚未偿还的借入款项本金。

本科目应按照债权人进行明细核算。债务管理部门应设置辅助明细账，主要包括借入款项对应的项目、期限、借入日期、实际偿还及付息情况等内容，并按期计算借款存续期应负担的利息金额。其主要账务处理如下：

1.借入主权外债。

（1）本级政府财政收到借入的主权外债资金时，按照实际收到的金额借记“国库存款”“其他财政存款”科目，按照实际承担的债务金额贷记本科目，按照实际收到的金额与承担的债务之间的差额，借记或贷记有关费用科目。

【例4-8】Q省财政向世界银行借入主权外债资金，折合人民币90亿元存入商业银行，扣除手续费1万元，实际收到资金89.9999亿元。

借：其他财政存款　　8 999 990 000
　　财务费用——债务发行兑付费用　　10 000
　贷：借入款项　　9 000 000 000

（2）本级政府财政借入主权外债，且由外方或上级政府财政将贷款资金直接支付给用款单位或供应商时，应根据以下情况分别处理：

①本级政府财政承担还款责任，贷款资金由本级政府财政同级部门使用的，根据债务管理部门转来的有关资料，按照实际承担的债务金额，借记有关费用科目，贷记本科目。

【例4-9】某省财政借入一笔法国政府贷款，资金由该省水文院用于供水系统改建工程，由外方将贷款资金直接支付给用款单位。贷款折合人民币200亿元。

借：资本性拨款费用　　20 000 000 000
　贷：借入款项　　20 000 000 000

②本级政府财政承担还款责任，贷款资金由下级政府财政同级部门使用的，根

据债务管理部门转来的有关资料及预算文件，借记“补助费用”科目或“与下级往来”科目，贷记本科目。

【例4-10】某省财政借入英国政府贷款折合人民币110亿元，由所属A市的农科院用于新产品试验与推广，由外方将贷款资金直接支付给用款单位。

借：补助费用　　11 000 000 000

　贷：借入款项　　11 000 000 000

③下级政府财政承担还款责任，贷款资金由下级政府财政同级部门使用的，根据债务管理部门转来的有关资料，借记“应收主权外债转贷款”科目，贷记本科目。

【例4-11】为落实党的二十大精神，“坚持农业优先发展”，某省政府财政借入意大利政府贷款，折合人民币2亿元。贷款由下属D市水利部门使用，D市承担还款责任，资金直接支付给用款单位。

借：应收主权外债转贷款　　200 000 000

　贷：借入款项　　200 000 000

（3）偿还主权外债本金时，按照实际支付的金额，借记本科目，贷记“国库存款”“其他财政存款”等科目。

【例4-12】接例4-8，Q省财政偿还向世界银行借款，本金90亿元，利息1.8亿元，共计91.8亿元，以其他财政存款支付。

借：借入款项　　9 000 000 000

　　财务费用——利息费用　　180 000 000

　贷：其他财政存款　　9 180 000 000

（4）债权人豁免本级政府财政承担偿还责任的借入主权外债本金时，根据债务管理部门转来的有关资料，按照被豁免的本金，借记本科目，贷记“其他收入”等科目。

【例4-13】接例4-9，法国政府豁免该省债务，贷款本金折合人民币200亿元。

借：借入款项　　20 000 000 000

　贷：其他收入　　20 000 000 000

（5）债权人豁免下级政府财政承担偿还责任的借入主权外债本金时，根据债务管理部门转来的有关资料，按照被豁免的本金，借记本科目，贷记“应收主权外债转贷款”科目。

【例4-14】接例4-11，意大利政府豁免债务，贷款本金折合人民币2亿元。

借：借入款项　　200 000 000

　贷：应收主权外债转贷款　　200 000 000

2.年末，根据债务管理部门提供借入款项因汇率变动产生的期末人民币余额与账面余额之间的差额资料，借记或贷记“财务费用——汇兑损益”科目，贷记或借记本科目。

【例4-15】年末，债务管理部门提供的资料显示，由于人民币升值，省财政借入款项因汇率变动产生的期末人民币余额为764.94亿元，借入款项的账面余额为765亿元，差额0.06亿元冲减财务费用。

借：财务费用——汇兑损益　　6 000 000

　贷：借入款项　　6 000 000

3.其他借入款项账务处理参照本科目使用说明中借入主权外债业务的账务处理。

4.本级政府财政首次确认以前年度借入的主权外债时，根据债务管理部门提供的有关资料，按照借入主权外债的余额，借记“以前年度盈余调整”科目，贷记本科目。

【例4-16】D市财政首次确认以前年度借入的国际金融组织贷款，债务余额5.5亿元。

借：以前年度盈余调整　　550 000 000

　贷：借入款项　　550 000 000

二、从上级政府财政借入债务转贷款

政府财政从上级政府财政借入的债务转贷款，包括应付地方政府债券转贷款和应付主权外债转贷款。

（一）应付地方政府债券转贷款

为核算地方政府财政从上级政府财政借入地方政府债券转贷款的本金和利息，设置“应付地方政府债券转贷款”（2031）科目。本科目期末贷方余额反映本级政府财政尚未偿还的地方政府债券转贷款的本金和利息。

本科目应设置“应付本金”和“应付利息”明细科目，其下可根据管理规定设置“地方政府一般债券”“地方政府专项债券”等明细科目。其中，“应付利息”科目通常应根据债务管理部门计算并提供的政府债券转贷款的应付利息情况，按期进行核算。其主要账务处理如下：

1.上级政府财政转贷地方政府债券资金时，按照实际收到的金额或债务管理部门转来的相关资料，借记“国库存款”或“与上级往来”等科目，按照转贷本金金额，贷记本科目，按照其差额，借记或贷记有关费用科目。

【例4-17】T市财政从省政府财政转贷地方政府一般债券，债券面值5亿元，实际收到款项4.95亿元存入国库。

借：国库存款　　495 000 000

　　财务费用——债务发行兑付费用　　5 000 000

　贷：应付地方政府债券转贷款——应付本金　　500 000 000

2.按期确认地方政府债券转贷款的应付利息时，根据债务管理部门计算确定的本期应付未付利息金额，借记“财务费用——利息费用”科目，贷记本科目。

【例4-18】接例4-17，T市财政确认本月应付转贷款利息85万元。

借：财务费用——利息费用　　850 000

　贷：应付地方政府债券转贷款——应付利息　　850 000

3.偿还本级政府财政承担的地方政府债券转贷款本息时，借记本科目，贷记“国库存款”等科目。

【例4-19】接例4-17和例4-18，从省政府财政转贷地方政府一般债券到期，T市财政偿还本金5亿元、利息0.102亿元，共计5.102亿元，以国库存款支付。

借：应付地方政府债券转贷款——应付本金　　500 000 000
　　　　　　　　　　　　　——应付利息　　10 200 000
　贷：国库存款　　510 200 000

4.上级政府财政扣缴地方政府债券转贷款本息时，借记本科目，贷记“与上级往来”等科目。

【例4-20】A县财政从市财政借入的地方政府债券转贷款到期，本金600万元，应付利息5万元。A县财政资金紧张未能及时偿付，被市财政扣缴本金300万元，应付利息2.5万元，共计302.5万元记入往来账户。

借：应付地方政府债券转贷款——应付本金　　3 000 000
　　　　　　　　　　　　　——应付利息　　25 000
　贷：与上级往来　　3 025 000

5.上级政府财政豁免转贷款本息时，根据债务管理部门转来的有关资料及预算文件，按照豁免金额，借记本科目，贷记“补助收入”或“与上级往来”等科目。

【例4-21】接例4-20，市财政豁免A县政府财政所欠的地方政府债券转贷款本金300万元、应付利息2.5万元，转为对A县的补助。

借：应付地方政府债券转贷款——应付本金　　3 000 000
　　　　　　　　　　　　　——应付利息　　25 000
　贷：补助收入　　3 025 000

（二）应付主权外债转贷款

为核算本级政府财政从上级政府财政借入主权外债转贷款的本金和利息，设置“应付主权外债转贷款”（2032）科目。本科目期末贷方余额反映本级政府财政尚未偿还的主权外债转贷款的本金和利息。

本科目应设置“应付本金”和“应付利息”明细科目。债务管理部门应当设置辅助明细账，主要包括应付主权外债对应的项目、期限、借入日期、实际偿还及付息情况等内容，并按期计算外债存续期应负担的利息金额。其主要账务处理如下：

1.收到上级政府财政转贷的主权外债资金时，按照实际收到的金额借记“国库存款”“其他财政存款”科目，按照实际承担的债务金额贷记本科目，按照实际收到的金额和承担的债务金额之间的差额，借记或贷记有关费用科目。

【例4-22】某市政府财政从省财政借入主权外债转贷款，债务本金折合人民币2亿元，实际收到2亿元，存入国库。

借：国库存款　　200 000 000
　贷：应付主权外债转贷款——应付本金　　200 000 000

2.从上级政府财政借入主权外债转贷款，且由外方或上级政府财政将贷款资金直接支付给用款单位或供应商时，应根据以下情况分别处理：

（1）本级政府财政承担还款责任，贷款资金由本级政府财政同级部门使用的，根据债务管理部门转来的有关资料，借记有关费用科目，贷记本科目。

【例4-23】T市政府财政向省财政借入主权外债转贷款3亿元，用于城市基础设施建设，T市政府财政承担还款责任，资金由省财政将贷款资金直接支付给用款单位。

借：资本性拨款费用	300 000 000	
贷：应付主权外债转贷款——应付本金		300 000 000

（2）本级政府财政承担还款责任，贷款资金由下级政府财政同级部门使用的，根据债务管理部门转来的有关资料及预算文件，借记“补助费用”或“与下级往来”等科目，贷记本科目。

【例4-24】A市政府财政向省财政借入主权外债转贷款2亿元，用于所属M县的地下管网改造工程。A市政府财政承担还款责任，资金由省财政将贷款资金直接支付给供应商。

借：补助费用	200 000 000	
贷：应付主权外债转贷款——应付本金		200 000 000

（3）下级政府财政承担还款责任，贷款资金由下级政府财政同级部门使用的，根据债务管理部门转来的有关资料，借记“应收主权外债转贷款”科目，贷记本科目。

【例4-25】B市政府财政向省财政借入主权外债转贷款1亿元，用于所属G县的天然气管网改造工程。G县政府财政承担还款责任，贷款资金由省财政将贷款资金直接支付给用款单位。

借：应收主权外债转贷款——应收本金	100 000 000	
贷：应付主权外债转贷款——应付本金		100 000 000

3.按期确认主权外债转贷款的应付利息时，根据债务管理部门计算确认的转贷款本期应付未付利息金额，借记“财务费用——利息费用”科目，贷记本科目。

【例4-26】接例4-23，月末，根据债务管理部门的计算，T市财政确认本月主权外债转贷款的应付利息为16万元。

借：财务费用——利息费用	160 000	
贷：应付主权外债转贷款——应付利息		160 000

4.偿还主权外债转贷款的本息时，借记本科目，贷记“国库存款”“其他财政存款”等科目。

【例4-27】接例4-26，T市财政向省财政偿还本月应付主权外债转贷款本息，本金2 500万元、利息16万元，共计2 516万元，以国库存款支付。

借：应付主权外债转贷款——应付本金	25 000 000	
——应付利息	160 000	
贷：国库存款		25 160 000

5.上级政府财政扣缴借入主权外债转贷款的本息时，借记本科目，贷记“与上级往来”科目。

【例4-28】接4-27，次月，T市因财政困难未能及时偿还转贷款的本息，由省财政代偿本金2 500万元、利息16万元，共计2 516万元。省财政扣缴T市的借入主权外债转贷款的本息，记入往来账户。

借：应付主权外债转贷款——应付本金　　25 000 000
　　　　　　　　　　——应付利息　　160 000
　贷：与上级往来　　25 160 000

6.上级政府财政豁免主权外债转贷款本息时，根据以下情况分别处理：

（1）豁免本级政府财政承担偿还责任的主权外债转贷款本息时，根据债务管理部门转来的有关资料及预算文件，按照豁免转贷款的金额，借记本科目，贷记“补助收入”或“与上级往来”等科目。

【例4-29】接例4-28，省财政豁免T市的主权外债转贷款，剩余本金5 000万元，应付利息32万元，共5 032万元，转为补助。

借：应付主权外债转贷款——应付本金　　50 000 000
　　　　　　　　　　——应付利息　　320 000
　贷：补助收入　　50 320 000

（2）豁免下级政府财政承担偿还责任的主权外债转贷款本息时，根据债务管理部门转来的有关资料及预算文件，按照豁免转贷款的金额，借记本科目，贷记“应收主权外债转贷款”科目，同时借记“补助费用”或“与下级往来”等科目，贷记“补助收入”或“与上级往来”科目。

【例4-30】接例4-25，B市财政接到通知，省财政豁免G县借入的主权外债转贷款，本金1亿元，应付利息200万元，转为补助。

借：应付主权外债转贷款——应付本金　　100 000 000
　　　　　　　　　　——应付利息　　2 000 000
　贷：应收主权外债转贷款——应收本金　　100 000 000
　　　　　　　　　　　——应收利息　　2 000 000

同时：

借：补助费用　　102 000 000
　贷：补助收入　　102 000 000

7.年末，根据债务管理部门提供的应付主权外债转贷款因汇率变动产生的期末人民币余额与账面余额之间的差额资料，借记或贷记“财务费用——汇兑损益”科目，贷记或借记本科目。

【例4-31】接例4-24，年末，根据债务管理部门提供的应付主权外债转贷款因汇率变动产生的期末人民币余额与账面余额之间的差额资料，A市财政冲减应付主权外债转贷款账面余额3.2万元。

借：应付主权外债转贷款——应付本金　　32 000

贷：财务费用——汇兑损益　　32 000

8.本级政府财政首次确认以前年度转贷的主权外债时，根据债务管理部门提供的有关资料，按照转贷主权外债本息余额，借记“以前年度盈余调整”科目，贷记本科目。

【例4-32】L市财政首次确认以前年度转贷的主权外债，根据债务管理部门提供的有关资料，转贷主权外债本金0.8亿元，应付利息0.6亿元，共计1.4亿元，调整以前年度盈余。

借：以前年度盈余调整　　140 000 000

贷：应付主权外债转贷款——应付本金　　80 000 000

——应付利息　　60 000 000

三、应付利息

为核算政府财政以政府名义发行的政府债券应支付的利息，以及以政府名义借入款项本期应承担的利息等，设置“应付利息”（2015）科目。本科目期末贷方余额反映政府财政应付未付的利息金额。

本科目应根据管理需要设置“应付国债利息”“应付地方政府债券利息”“应付地方政府主权外债利息”明细科目。本科目应根据债务管理部门计算并提供的政府债券及借入款项的应付利息情况，按期进行核算。其主要账务处理如下：

1.根据债务管理部门计算确定的本期应付未付利息金额，借记“财务费用——利息费用”科目，贷记本科目。

【例4-33】根据债务管理部门的计算，R省财政本期应付未付利息金额为841万元。

借：财务费用——利息费用　　8 410 000

贷：应付利息——应付地方政府债券利息　　8 410 000

2.实际支付利息时，支付金额中已计提的部分，借记本科目，未计提的部分，借记“财务费用——利息费用”科目，贷记“国库存款”“其他财政存款”等科目。

【例4-34】接例4-33，省财政以国库存款支付本期应付利息841万元。

借：应付利息——应付地方政府债券利息　　8 410 000

贷：国库存款　　8 410 000

3.提前赎回已发行的政府债券、豁免政府财政承担的主权外债应付利息时，按照减少的当年已计提应付利息金额，借记本科目，贷记“财务费用——利息费用”等科目。减少以前年度已计提但尚未支付的利息金额，借记本科目，贷记“以前年度盈余调整”科目。

【例4-35】接例4-9和例4-13，法国政府豁免省财政所借主权外债本利。当年已计提应付利息金额1.2亿元，以前年度已计提但尚未支付的利息金额2亿元，共3.2亿元。

借：应付利息——应付地方政府主权外债利息　　320 000 000

贷：财务费用——利息费用　　120 000 000

以前年度盈余调整　　200 000 000

4.期末，政府发行的以外币计价的政府债券及借入款项由于汇率变化产生的应付利息折算差额，借记或贷记"财务费用——汇兑损益"科目，贷记或借记本科目。

【例4-36】期末，由于汇率变化，省财政应付利息折算后应补差额2 600元，增记应付利息。

借：财务费用——汇兑损益　　2 600

贷：应付利息——应付地方政府债券利息　　2 600

第二节

其他负债的核算

财政总会计核算的负债，除政府发行或借入债务外，还有应付国库集中支付结余、应付及暂收款项和其他债务。

一、应付国库集中支付结余

为核算省级以上（含省级）政府财政国库集中支付中，应列为当年费用，但年末尚未支付需结转下一年度支付的款项，设置"应付国库集中支付结余"（2011）科目。本科目期末贷方余额反映政府财政尚未支付的国库集中支付结余。

本科目应按照预算单位进行明细核算，同时可根据管理需要，参照《政府收支分类科目》中支出经济分类科目进行明细核算。其主要账务处理如下：

1.年末，对当年发生的应付国库集中支付结余，借记有关费用科目，贷记本科目。

【例4-37】年末，省财政总会计确认当年发生的应付国库集中支付结余36亿元，其中，机关工资福利支出结余1亿元，机关商品和服务支出结余3.5亿元，机关资本性支出结余6.6亿元；对事业单位经常性补助结余6.8亿元，对事业单位资本性补助结余7.6亿元；对社会保障基金补助10.5亿元。

借：政府机关商品和服务拨款费用　　100 000 000

政府机关商品和服务拨款费用　　350 000 000

对事业单位补助拨款费用　　680 000 000

对社会保障基金补助拨款费用　　1 050 000 000

资本性拨款费用　　1 420 000 000

贷：应付国库集中支付结余　　3 600 000 000

2.实际支付应付国库集中支付结余资金时，借记本科目，贷记"国库存款"科目。

【例4-38】接例4-37，该省财政以上年应付国库集中支付结余资金支付事业单位的建设工程款项800万元。

借：应付国库集中支付结余　　8 000 000

　贷：国库存款　　8 000 000

3.收回尚未支付的应付国库集中支付结余时，借记本科目，贷记“以前年度盈余调整”等科目。

【例4-39】某市财政收回体育局尚未支付的国库集中支付结余资金60万元，调整以前年度盈余。

借：应付国库集中支付结余　　600 000

　贷：以前年度盈余调整　　600 000

二、应付及暂收款项

财政总会计核算的应付及暂收款项，包括与上级往来、其他应付款等。

（一）与上级往来

为核算本级政府财政与上级政府财政的往来待结算款项，设置“与上级往来”（2012）科目。本科目期末贷方余额反映本级政府财政欠上级政府财政的款项；借方余额反映上级政府财政欠本级政府财政的款项。

本科目可根据管理需要，按照往来款项的类别和项目等进行明细核算。其主要账务处理如下：

1.收到上级政府财政拨付的款项时，借记“国库存款”“其他财政存款”科目，贷记本科目。

【例4-40】T市财政收到省财政拨付款项3 000万元用于疫情防控急需，款项存入国库。

借：国库存款　　30 000 000

　贷：与上级往来　　30 000 000

2.有主权外债业务的财政部门，贷款资金由本级政府财政同级部门使用，且贷款的最终还款责任由上级政府财政承担的，本级政府财政收到贷款资金时，借记“国库存款”“其他财政存款”等科目，贷记本科目或“补助收入”科目；外方或上级政府财政将贷款资金直接支付给供应商或用款单位时，借记有关费用科目，贷记本科目或“补助收入”科目。

【例4-41】T市财政有主权外债业务用于本市的地铁项目建设，还款责任由省财政承担，贷款资金折合人民币2亿元直接支付给供应商，记入往来账户。

借：资本性拨款费用　　200 000 000

　贷：与上级往来　　200 000 000

3.两级财政年终结算中确认的应当上交上级政府财政的款项，借记“上解费用”科目，贷记本科目。

【例4-42】T市财政与省财政年终结算，确认T市应上交省财政的款项为1.6

亿元。

借：上解费用　　160 000 000

　贷：与上级往来　　160 000 000

4.两级财政年终结算中确认的应当由上级政府财政补助的款项，借记本科目，贷记“补助收入”科目。

【例4-43】H市财政与省财政年终结算，确认应当由上级政府财政补助8 652万元。

借：与上级往来　　86 520 000

　贷：补助收入　　86 520 000

5.上级政府财政扣缴有关款项时，借记有关科目，贷记本科目。

【例4-44】L市财政被省财政扣缴应付地方政府债券转贷款本息，本金1 600万元，应付利息8.5万元。

借：应付地方政府债券转贷款——应付本金　　16 000 000

　　　　　　　　　　　　——应付利息　　85 000

　贷：与上级往来　　16 085 000

6.归还上级政府财政的往来性款项时，按照实际归还的金额，借记本科目，贷记“国库存款”“其他财政存款”等科目。

【例4-45】接例4-44，L市财政归还省财政垫付的地方政府债券转贷款本息，共计1 608.5万元。

借：与上级往来　　16 085 000

　贷：国库存款　　16 085 000

（二）其他应付款

为核算政府财政临时发生的暂收、应付和收到的不明性质款项以及收回的结转结余资金等，设置“其他应付款”（2013）科目。税务机关代征入库的社会保险费，也通过本科目核算。本科目应当及时清理结算，期末贷方余额反映政府财政尚未结清的其他应付款项。

本科目应按照债权人或资金来源等进行明细核算。其主要账务处理如下：

1.收到不明性质款项及收回结转结余资金时，借记“国库存款”“其他财政存款”等科目，贷记本科目。

【例4-46】R省财政收回结转结余资金50万元，存入国库。

借：国库存款　　500 000

　贷：其他应付款　　500 000

2.将有关款项清理退还、划转、转作收入时，借记本科目，贷记“国库存款”“其他财政存款”或有关收入科目。

【例4-47】接例4-46，R省退回结转结余资金5万元。

借：其他应付款　　50 000

贷：国库存款 50 000

3.社会保险费代征入库时，借记“国库存款”科目，贷记本科目。入库的社会保险费划转社保基金专户时，借记本科目，贷记“国库存款”科目。

【例4-48】R省财政收到代征入库社会保险费745万元，并划转至社保基金专户。

代征入库时：

借：国库存款 7 450 000

贷：其他应付款 7 450 000

划转时：

借：其他应付款 7 450 000

贷：国库存款 7 450 000

4.实际安排收回的结转结余资金时：

（1）收回的结转结余资金，财政部门按原预算科目使用的，实际安排支出时，借记本科目，贷记“国库存款”“其他财政存款”等科目。

【例4-49】接例4-46，R省按原预算科目使用收回结转结余资金，安排支出50万元。

借：其他应付款 500 000

贷：国库存款 500 000

（2）收回的结转结余资金，财政部门的，实际安排支出时，借记本科目，贷记“以前年度盈余调整——预算管理资金以前年度盈余调整”等科目；同时，借记有关费用科目，贷记“国库存款”等科目。

【例4-50】接例4-46，为落实党的二十大精神，“完善覆盖全学段学生资助体系”，R省财政调整预算科目，使用收回结转结余资金，安排学生助学金支出50万元。

借：其他应付款 500 000

贷：以前年度盈余调整——预算管理资金以前年度盈余调整 500 000

同时：

借：对个人和家庭补助拨款费用 500 000

贷：国库存款 500 000

5.有关款项确认冲减当年费用时，借记本科目，贷记有关费用科目；有关款项确认冲减以前年度有关费用事项的，借记本科目，贷记“以前年度盈余调整——预算管理资金以前年度盈余调整”等科目。

【例4-51】年末，R省财政清理往来款项，确认一笔3万元其他应付款无法偿还，经批准冲减当年的抚恤金支出。

借：其他应付款 30 000

贷：对个人和家庭补助拨款费用 30 000

三、其他债务

财政总会计核算的其他债务，有应付代管资金、其他负债等科目。

（一）应付代管资金

为核算政府财政代为管理的使用权属于被代管主体的资金，设置“应付代管资金”（2014）科目。本科目期末贷方余额反映政府财政尚未支付的代管资金。

本科目应根据管理需要进行相关明细核算。其主要账务处理如下：

1.收到代管资金时，借记“其他财政存款”等科目，贷记本科目。

【例4-52】Y市财政收到代管资金200万元，存入商业银行。

借：其他财政存款　　2 000 000

　贷：应付代管资金　　2 000 000

2.支付代管资金时，借记本科目，贷记“其他财政 存款”等科目。

【例4-53】接例4-52，按照委托方要求，Y市财政支付代管资金100万元。

借：应付代管资金　　1 000 000

　贷：其他财政存款　　1 000 000

3.代管资金产生的利息收入按照有关规定仍属于代管资金的，借记“其他财政存款”等科目，贷记本科目。

【例4-54】接例4-52和例4-53，代管资金产生利息收入260元。

借：其他财政存款　　260

　贷：应付代管资金　　260

（二）其他负债

为核算政府财政因有关政策明确要求其承担支出责任的事项而形成的支付义务，设置“其他负债”（2041）科目。本科目贷方余额反映政府财政承担的尚未支付的其他负债余额。

本科目可根据管理需要，按照项目等进行明细核算。其主要账务处理如下：

1.政策明确由政府财政承担支出责任的其他负债，按照确定应承担的负债金额，借记“其他费用”科目，贷记本科目。

【例4-55】依据政策，T市政府财政对某突发事件损失承担500万元的支出责任。

借：其他费用　　5 000 000

　贷：其他负债　　5 000 000

2.期末，根据债务管理部门转来的其他负债期末余额与账面余额的差额，借记或贷记本科目，贷记或借记“其他费用”科目。

【例4-56】年末，T市财政的其他负债期末余额小于账面余额5 000元，予以调整。

借：其他负债　　5 000

　贷：其他费用　　5 000

关键概念

应付短期政府债券　应付代管资金　应付国库集中支付结余

复习思考题

1. 简述应付长期政府债券的核算。
2. 简述借入款项的核算。
3. 简述与上级往来的核算。

第五章 财政总会计财务会计净资产的核算

财政总会计核算的净资产是指本级政府财政总会计核算的资产扣除负债后的净额，包括累计盈余、本期盈余、预算稳定调节基金、预算周转金、权益法调整、以前年度盈余调整等。我们将其分为盈余类净资产和调整类净资产。

第一节 盈余类净资产的核算

财政总会计核算的盈余类净资产有累计盈余、本期盈余、预算稳定调节基金和预算周转金。

一、累计盈余

为核算政府财政纳入一般公共预算、政府性基金预算、国有资本经营预算管理的预算资金，财政专户管理资金、专用基金历年实现的盈余滚存的金额，设置“累计盈余”（3001）科目。本科目应设置“预算管理资金累计盈余”“财政专户管理资金累计盈余”“专用基金累计盈余”明细科目，期末余额分别反映预算管理资金累计盈余、财政专户管理资金累计盈余和专用基金累计盈余的累计数。

累计盈余的主要账务处理如下：

1.预算管理资金累计盈余

（1）年终转账时，将“本期盈余——预算管理资金本期盈余”科目余额转入本科目，借记或贷记“本期盈余——预算管理资金本期盈余”科目，贷记或借记本科目。

【例5-1】年末，T市财政将“本期盈余——预算管理资金本期盈余”科目贷方余额8 396万元转入“累计盈余——预算管理资金累计盈余”科目贷方。

借：本期盈余——预算管理资金本期盈余　　83 960 000

　贷：累计盈余——预算管理资金累计盈余　　83 960 000

（2）年终转账时，将“以前年度盈余调整——预算管理资金以前年度盈余调整”科目余额转入本科目，借记或贷记“以前年度盈余调整——预算管理资金以前年度盈余调整”科目，贷记或借记本科目。

【例5-2】年末，T市财政将“以前年度盈余调整——预算管理资金以前年度盈余调整”科目借方余额51万元转入“累计盈余——预算管理资金累计盈余”科目借方。

借：累计盈余——预算管理资金累计盈余　　510 000

　贷：以前年度盈余调整——预算管理资金以前年度盈余调整　　510 000

2.财政专户管理资金累计盈余

（1）年终转账时，将“本期盈余——财政专户管理资金本期盈余”科目余额转入本科目，借记或贷记“本期盈余——财政专户管理资金本期盈余”科目，贷记或借记本科目。

【例5-3】年末，T市财政将“本期盈余——财政专户管理资金本期盈余”科目贷方余额1 685万元转入“累计盈余——财政专户管理资金累计盈余”科目贷方。

借：本期盈余——财政专户管理资金本期盈余　　16 850 000

　贷：累计盈余——财政专户管理资金累计盈余　　16 850 000

（2）年终转账时，将“以前年度盈余调整——财政专户管理资金以前年度盈余调整”科目余额转入本科目，借记或贷记“以前年度盈余调整——财政专户管理资金以前年度盈余调整”科目，贷记或借记本科目。

【例5-4】年末，T市财政将“以前年度盈余调整——财政专户管理资金以前年度盈余调整”科目贷方余额67万元转入“累计盈余——财政专户管理资金累计盈余”科目贷方。

借：以前年度盈余调整——财政专户管理资金以前年度盈余调整　670 000

　贷：累计盈余——财政专户管理资金累计盈余　　670 000

3.专用基金累计盈余

（1）年终转账时，将“本期盈余——专用基金本期盈余”科目的余额转入本科目，借记或贷记“本期盈余——专用基金本期盈余”科目，贷记或借记本科目。

【例5-5】年末，T市财政将“本期盈余——专用基金本期盈余”科目的借方余额960万元转入“累计盈余——专用基金累计盈余”科目借方。

借：累计盈余——专用基金累计盈余　　9 600 000

　贷：本期盈余——专用基金本期盈余　　9 600 000

（2）年终转账时，将“以前年度盈余调整——专用基金以前年度盈余调整”科目的余额转入本科目，借记或贷记“以前年度盈余调整——专用基金以前年度盈余调整”科目，贷记或借记本科目。

【例5-6】年末，T市财政将“以前年度盈余调整——专用基金以前年度盈余调整”科目的贷方余额76万元转入“累计盈余——专用基金累计盈余”科目贷方。

借：以前年度盈余调整——专用基金以前年度盈余调整　　760 000

　贷：累计盈余——专用基金累计盈余　　760 000

二、本期盈余

为核算政府财政纳入一般公共预算、政府性基金预算、国有资本经营预算管理的资金，财政专户管理资金、专用基金本期各项收入、费用分别相抵后的余额，设置“本期盈余”（3011）科目。设置补充和动用预算稳定调节基金，设置补充预算周转金产生的盈余变动事项，也通过本科目核算。期末结转后，本科目应无余额。

本科目应设置“预算管理资金本期盈余”“财政专户管理资金本期盈余”“专用基金本期盈余”明细科目。其主要账务处理如下：

1.预算管理资金本期盈余

（1）年终转账时，将纳入一般公共预算、政府性基金预算、国有资本经营预算管理的各类收入科目本年发生额转入本科目的贷方，借记“税收收入”“非税收入”“投资收益”“补助收入”“上解收入”“地区间援助收入”“其他收入”科目，贷记本科目；将纳入一般公共预算、政府性基金预算、国有资本经营预算管理的各类费用科目本年发生额转入本科目的借方，借记本科目，贷记“政府机关商品和服务拨款费用”“政府机关工资福利拨款费用”“对事业单位补助拨款费用”“对企业补助拨款费用”“对个人和家庭补助拨款费用”“对社会保障基金补助拨款费用”“资本性拨款费用”“其他拨款费用”“财务费用”“补助费用”“上解费用”“地区间援助费用”“其他费用”科目。

【例5-7】年末，T市财政结转纳入一般公共预算、政府性基金预算、国有资本经营预算管理的各类收入科目本年发生额。“税收收入”科目贷方余额355亿元，“非税收入”科目贷方余额166亿元，“投资收益”科目贷方余额18亿元，“补助收入”科目贷方余额20亿元，“上解收入”科目贷方余额30亿元，“地区间援助收入”科目贷方余额10亿元，“其他收入”科目贷方余额0.05亿元。

借：税收收入　　35 500 000 000

　　非税收入　　16 600 000 000

　　投资收益　　1 800 000 000

　　补助收入　　2 000 000 000

　　上解收入　　3 000 000 000

　　地区间援助收入　　1 000 000 000

　　其他收入　　5 000 000

　贷：本期盈余——预算管理资金本期盈余　　59 905 000 000

【例5-8】年末，T市财政结转纳入一般公共预算、政府性基金预算、国有资本经营预算管理的各类费用科目本年发生额。“政府机关商品和服务拨款费用”科目借方余额86亿元，“政府机关工资福利拨款费用”科目借方余额120亿元，“对事业单位补助拨款费用”科目借方余额157亿元，“对企业补助拨款费用”科目借方余额20亿元，“对个人和家庭补助拨款费用”科目借方余额43亿元，“对社会保障基金补助拨款费用”科目借方余额50亿元，“资本性拨款费用”科目借方余额70亿元，“其他拨款费用”科目借方余额10亿元，“财务费用”科目借方余额25亿元，“补助费用”科目借方余额10亿元，“上解费用”科目借方余额5亿元，“地区间援助费用”科目借方余额0.11亿元，“其他费用”科目借方余额4万元。

借：本期盈余——预算管理资金本期盈余	59 611 040 000	
贷：政府机关商品和服务拨款费用		8 600 000 000
政府机关工资福利拨款费用		12 000 000 000
对事业单位补助拨款费用		15 700 000 000
对企业补助拨款费用		2 000 000 000
对个人和家庭补助拨款费用		4 300 000 000
对社会保障基金补助拨款费用		5 000 000 000
资本性拨款费用		7 000 000 000
其他拨款费用		1 000 000 000
财务费用		2 500 000 000
补助费用		1 000 000 000
上解费用		500 000 000
地区间援助费用		11 000 000
其他费用		40 000

（2）设置或补充预算稳定调节基金时，借记本科目，贷记“预算稳定调节基金”科目；动用预算稳定调节基金时，借记“预算稳定调节基金”科目，贷记本科目。

【例5-9】T市财政依据预算资金结余情况补充预算稳定调节基金2亿元。

借：本期盈余——预算管理资金本期盈余	200 000 000	
贷：预算稳定调节基金		200 000 000

（3）设置或补充预算周转金时，借记本科目，贷记“预算周转金”科目。

【例5-10】T市财政依据预算资金结余情况补充预算周转金1 000万元。

借：本期盈余——预算管理资金本期盈余	10 000 000	
贷：预算周转金		10 000 000

（4）完成上述结转后，将本科目余额转入累计盈余。如为借方余额，贷记本科目，借记“累计盈余——预算管理资金累计盈余”科目；如为贷方余额，借记本科目，贷记“累计盈余——预算管理资金累计盈余”科目。

【例5-11】接例5-7至例5-10，同例5-1。完成上述结转后，T市财政将“本期盈余——预算管理资金本期盈余”科目贷方余额8 396万元转入“累计盈余——预算管理资金累计盈余”科目贷方。

借：本期盈余——预算管理资金本期盈余　　83 960 000

贷：累计盈余——预算管理资金累计盈余　　83 960 000

2.财政专户管理资金本期盈余

（1）年终转账时，将财政专户管理资金收入的本年发生额转入本科目的贷方，借记“财政专户管理资金收入”科目，贷记本科目；将财政专户管理资金支出的本年发生额转入本科目的借方，借记本科目，贷记“财政专户管理资金支出”科目。

【例5-12】年末，T市财政结转财政专户管理资金收入的本年发生额。将“财政专户管理资金收入”科目贷方余额35 600万元转入“本期盈余——财政专户管理资金本期盈余”科目。

借：财政专户管理资金收入　　356 000 000

贷：本期盈余——财政专户管理资金本期盈余　　356 000 000

【例5-13】年末，T市财政结转财政专户管理资金支出的本年发生额。将“财政专户管理资金支出”科目借方余额33 915万元转入“本期盈余——财政专户管理资金本期盈余”科目。

借：本期盈余——财政专户管理资金本期盈余　　339 150 000

贷：财政专户管理资金支出　　339 150 000

（2）完成上述结转后，将本科目余额转入累计盈余。借记或贷记本科目，贷记或借记“累计盈余——财政专户管理资金累计盈余”科目。

【例5-14】接例5-12和例5-13，同例5-3。完成上述结转后，T市财政将“本期盈余——财政专户管理资金本期盈余”科目贷方余额1 685万元转入“累计盈余——财政专户管理资金累计盈余”科目贷方。

借：本期盈余——财政专户管理资金本期盈余　　16 850 000

贷：累计盈余——财政专户管理资金累计盈余　　16 850 000

3.专用基金本期盈余

（1）年终转账时，将专用基金收入的本年发生额转入本科目的贷方，借记“专用基金收入”科目，贷记本科目；将专用基金支出的本年发生额转入本科目的借方，借记本科目，贷记“专用基金支出”科目。

【例5-15】年末，T市财政结转专用基金收入的本年发生额。将“专用基金收入”科目贷方余额8 452万元转入“本期盈余——专用基金本期盈余”科目。

借：专用基金收入　　84 520 000

贷：本期盈余——专用基金本期盈余　　84 520 000

【例5-16】年末，T市财政结转专用基金支出的本年发生额。将“专用基金支出”科目借方余额7 492万元转入“本期盈余——专用基金本期盈余”科目。

借：本期盈余——专用基金本期盈余　　74 920 000

贷：专用基金支出　　74 920 000

（2）完成上述结转后，将本科目余额转入累计盈余。借记或贷记本科目，贷记或借记“累计盈余——专用基金累计盈余”科目。

【例5-17】接例5-15和例5-16，同例5-5。完成上述结转后，T市财政将“本期盈余——专用基金本期盈余”科目的借方余额960万元转入“累计盈余——专用基金累计盈余”科目借方。

借：累计盈余——专用基金累计盈余 9 600 000

贷：本期盈余——专用基金本期盈余 9 600 000

三、预算稳定调节基金

为核算政府财政为保持年度间预算的衔接和稳定而设置的储备性资金，设置“预算稳定调节基金”（3021）科目。本科目期末贷方余额反映预算稳定调节基金的累计规模。

预算稳定调节基金的主要账务处理如下：

1.设置或补充预算稳定调节基金时，借记“本期盈余——预算管理资金本期盈余”科目，贷记本科目。

【例5-18】依据预算资金结余情况，T市财政补充预算稳定调节基金5亿元。

借：本期盈余——预算管理资金本期盈余 500 000 000

贷：预算稳定调节基金 500 000 000

2.将预算周转金调入预算稳定调节基金时，借记“预算周转金”科目，贷记本科目。

【例5-19】依据预算周转金结余情况，T市财政将6 000万元的预算周转金调入预算稳定调节基金。

借：预算周转金 60 000 000

贷：预算稳定调节基金 60 000 000

3.动用预算稳定调节基金时，借记本科目，贷记“本期盈余——预算管理资金本期盈余”科目。

【例5-20】为弥补社会保障基金不足，L省动用预算稳定调节基金300亿元调入一般预算。

借：预算稳定调节基金 30 000 000 000

贷：本期盈余——预算管理资金本期盈余 30 000 000 000

四、预算周转金

为核算政府财政设置的用于调剂预算年度内季节性收支差额周转使用的资金，设置“预算周转金”（3022）科目。本科目期末贷方余额反映预算周转金的累计规模。

预算周转金的主要账务处理如下：

1.设置或补充预算周转金时，借记“本期盈余——预算管理资金本期盈余”科目，贷记本科目。

【例5-21】依据预算周转金余额情况，M市财政补充预算周转金500万元。

借：本期盈余——预算管理资金本期盈余 5 000 000

贷：预算周转金 5 000 000

2.将预算周转金调入预算稳定调节基金时，借记本科目，贷记“预算稳定调节基金”科目。

【例5-22】依据预算周转金结余情况，R省将预算周转金1亿元调入预算稳定调节基金。

借：预算周转金　　100 000 000

　贷：预算稳定调节基金　　100 000 000

第二节

调整类净资产的核算

一、权益法调整

为核算政府财政按照持股比例计算应享有的被投资主体除净损益和利润分配以外的所有者权益变动的份额，设置“权益法调整”（3041）科目。本科目期末余额反映政府财政在被投资主体除净损益和利润分配以外的所有者权益变动中累计享有（或分担）的份额。

本科目应根据管理需要，按照被投资主体进行明细核算。其主要账务处理如下：

1.被投资主体发生除净损益和利润分配以外的其他权益变动时，按照政府财政持股比例计算应享有的部分，借记或贷记“股权投资（其他权益变动）”科目，贷记或借记本科目。

【例5-23】T市财政持有A企业股份10 000股。A企业因洪灾损失严重，按照持股比例计算T政府财政应承担的部分为279万元，记入权益法调整。

借：权益法调整　　2 790 000

　贷：股权投资——其他权益变动　　2 790 000

2.处置股权投资或因企业破产清算导致股权投资减少时，按照相应的“权益法调整”账面余额，借记或贷记本科目，贷记或借记“股权投资（其他权益变动）”科目。

【例5-24】接例5-23，T市财政对外转让A企业股权5 000股，相应减少“权益法调整”账面余额139.5万元。

借：股权投资——其他权益变动　　1 395 000

　贷：权益法调整　　1 395 000

3.无偿划出股权投资时，根据股权管理部门提供的资料，按照被划出股权投资对应的“权益法调整”科目账面余额，借记或贷记本科目，贷记或借记“股权投资（其他权益变动）”科目；按照被划出股权投资的账面余额，借记“其他费用”科目，贷记“股权投资（投资成本、损益调整）”科目。

【例5-25】接例5-23和例5-24，T市财政尚持有A企业股权5 000股，依据国有企业改革规划方案，现无偿划出该项股权投资。该“股权投资——投资成本”科目借方余额1 490 000元，“股权投资——损益调整”科目借方余额54 000元。

借：股权投资——其他权益变动　　1 395 000
　贷：权益法调整　　1 395 000
借：其他费用　　1 544 000
　贷：股权投资——投资成本　　1 490 000
　　　　　　　——损益调整　　54 000

4.由于管理需要，股权投资的核算由权益法改为成本法的，按照“权益法调整”科目账面余额，借记或贷记本科目，贷记或借记“股权投资（其他权益变动）”科目；按照权益法下“股权投资（投资成本、损益调整）”科目账面余额作为成本法下“股权投资（投资成本）”账面余额，借记“股权投资（投资成本）”科目，贷记“股权投资（投资成本、损益调整）”科目。

【例5-26】T市财政持有B公司股权50 000股，占比30%。权益法核算下股权投资（投资成本）账户借方余额4.58亿元，股权投资（损益调整）账户借方余额0.052亿元，股权投资（其他权益变动）账户贷方余额1亿元，“权益法调整”科目借方余额1亿元。因业务转型需要，B公司扩股增资后，T市财政持有份额降至4%，股权投资的核算由权益法改为成本法。

借：股权投资——其他权益变动　　100 000 000
　贷：权益法调整　　100 000 000
借：股权投资——投资成本　　463 200 000
　贷：股权投资——投资成本　　458 000 000
　　　　　　　——损益调整　　5 200 000

二、以前年度盈余调整

为核算政府财政调整以前年度盈余的事项，设置“以前年度盈余调整”（3051）科目。期末结转后，本科目应无余额。

本科目应设置“预算管理资金以前年度盈余调整”“财政专户管理资金以前年度盈余调整”“专用基金以前年度盈余调整”明细科目。其主要账务处理如下：

1.调整增加以前年度收入时，按照调整增加的金额，借记有关科目，贷记本科目；调整减少的，作相反会计分录。

【例5-27】T市财政收到属于上年度增值税收入6万元，存入国库。

借：国库存款　　60 000
　贷：以前年度盈余调整　　60 000

2.调整增加以前年度费用时，按照调整增加的金额，借记本科目，贷记有关科目；调整减少的，作相反会计分录。

【例5-28】T市财政补充支付上年度的工程建设费用15万元。

借：以前年度盈余调整　　150 000
　贷：国库存款　　150 000

3.对于政府以前年度取得的资产或承担的负债，在本年初次确认时，借记有关资产科目或贷记有关负债科目，贷记或借记本科目。

【例5-29】T市财政初次确认以前年度的债务5万元。

借：以前年度盈余调整 50 000

贷：其他负债 50 000

4.年终转账时，将本科目余额转入累计盈余，借记或贷记“累计盈余”科目，贷记或借记本科目。

【例5-30】年末，T市财政将“以前年度盈余调整”科目借方余额14万元转入累计盈余。

借：累计盈余 140 000

贷：以前年度盈余调整 140 000

关键概念

预算稳定调节基金　预算周转金　权益法调整

复习思考题

1.简述累计盈余的核算。

2.简述本期盈余的核算。

3.简述以前年度盈余调整的核算。

第六章 财政总会计财务会计收入的核算

财政总会计核算的收入，应当按照开具票据金额或实际取得金额进行计量，包括税收收入、非税收入、投资收益、补助收入、上解收入、地区间援助收入、其他收入、财政专户管理资金收入和专用基金收入等。我们将其分为自行组织的收入和转移性收入。

第一节 自行组织收入的核算

自行组织收入是财政收入的主体部分，包括税收收入、非税收入、投资收益、其他收入、财政专户管理资金收入和专用基金收入等。

一、税收收入

为核算政府财政筹集的纳入本级财政管理的税收收入，设置“税收收入”（4001）科目。本科目平时贷方余额反映本级政府财政税收收入的累计数。期末结转后，本科目应无余额。

本科目应参照《政府收支分类科目》中“税收收入”科目进行明细核算。其主要账务处理如下：

1.收到款项时，根据当日收入日报表所列本级税收收入数，借记“国库存款”科目，贷记本科目。

【例6-1】为落实党的二十大精神，T市政府注重“推动国有资本和国有企业做强做大，提升企业核心竞争力”，现收到国有企业缴纳的增值税收入20万元。

借：国库存款　　200 000

贷：税收收入——增值税——国内增值税——国有企业增值税　　200 000

2.年终转账时，本科目贷方余额转入本期盈余，借记本科目，贷记“本期盈余——预算管理资金本期盈余”科目。

【例6-2】年末，T市财政将“税收收入”科目贷方余额355亿元转入本期盈余。

借：税收收入　　35 500 000 000

贷：本期盈余——预算管理资金本期盈余　　35 500 000 000

二、非税收入

为核算政府财政筹集的纳入本级财政管理的非税收入，设置“非税收入”(4002)科目。本科目平时贷方余额反映本级政府财政非税收入的累计数。期末结转后，本科目应无余额。

本科目应参照《政府收支分类科目》中“非税收入”科目进行明细核算。其主要账务处理如下：

1.确认取得非税收入时：

(1)按照实际收到的非税收入金额，借记“国库存款”科 目，贷记本科目。

【例6-3】为落实党的二十大精神，“办好人民满意的教育”，T市财政收到教育费附加收入2万元。

借：国库存款　　20 000

贷：非税收入——专项收入——教育费附加收入　　20 000

(2)全部实行非税收入电子化管理，非税收入管理部门具备条件提供已开具缴款票据、尚未缴入本级国库的非税收入数据的地区，按照本级应收的非税收入金额，借记“应收非税收入”科目，贷记本科目。

【例6-4】Y市全部实行非税收入电子化管理，应收的非税收入为14万元。

借：应收非税收入　　140 000

贷：非税收入　　140 000

2.期末，非税收入管理部门应提供已列应收非税收入中确认不能缴库的金额，借记本科目，贷记“应收非税收入”科目。

【例6-5】接例6-4，月末，非税收入管理部门确认已列应收非税收入14万元中不能缴库的收入2万元。

借：非税收入　　20 000

贷：应收非税收入　　20 000

3.年终转账时，本科目贷方余额转入本期盈余，借记本科目，贷记“本期盈余——预算管理资金本期盈余”科目。

【例6-6】年末，T市财政将“非税收入”科目贷方余额166亿元转入本期盈余。

借：非税收入　　16 600 000 000

贷：本期盈余——预算管理资金本期盈余　　16 600 000 000

三、投资收益

为核算政府股权投资所实现的收益或发生的损失，设置“投资收益”（4011）科目。期末结转后，本科目应无余额。

本科目可根据管理需要，按照被投资主体进行明细核算。其主要账务处理如下：

（一）采用权益法核算

1.股权投资持有期间，被投资主体实现净损益的，根据股权管理部门提供的资料，按照应享有或应分担的被投资主体实现净损益的份额，借记或贷记“股权投资（损益调整）”科目，贷记或借记本科目。

【例6-7】T市财政持有E公司股权。年末，E公司实现净利润，T市财政应享有的份额为0.7亿元。

借：股权投资——损益调整	70 000 000	
贷：投资收益		70 000 000

2.处置股权投资时，根据股权管理部门提供的资料，按照处置收回的金额，借记“国库存款”科目，按照已宣告尚未领取的现金股利或利润，贷记“应收股利”科目，按照被处置股权投资的账面余额，贷记“股权投资（投资成本、损益调整）”科目，按照借贷方差额，贷记或借记本科目；同时，按照被处置股权投资对应的“权益法调整”科目账面余额，借记或贷记“权益法调整”科目，贷记或借记“股权投资（其他权益变动）”科目。

【例6-8】接例6-7，T市财政处置所持有E公司全部股权，收到资金25.9亿元存入国库。对应“股权投资——投资成本”账户借方余额15.6亿元，“股权投资——损益调整”账户借方余额0.7亿元，“股权投资——其他权益变动”账户借方余额3.5亿元，“权益法调整”账户贷方余额3.5亿元。

借：国库存款	2 590 000 000	
贷：股权投资——投资成本		1 560 000 000
——损益调整		70 000 000
投资收益		960 000 000
借：权益法调整	350 000 000	
贷：股权投资——其他权益变动		350 000 000

3.企业破产清算时，按照缴入国库清算收入的金额，借记“国库存款”科目，按照破产清算股权投资的账面余额，贷记“股权投资（投资成本、损益调整）”科目，按照其差额，借记或贷记本科目；同时，按照破产清算企业股权投资对应的“权益法调整”科目账面余额，借记或贷记“权益法调整”科目，贷记或借记“股权投资（其他权益变动）”科目。

【例6-9】R省财政所持有的N公司破产清算，取得清算变卖收入400万元存入国库。“股权投资——投资成本”账户借方余额1.75亿元，“股权投资——损益调整”账户贷方余额0.68亿元，“股权投资——其他权益变动”账户贷方余额1.1亿元，“权益法调整”账户借方余额1.1亿元。

借：国库存款　4 000 000
　　股权投资——损益调整　68 000 000
　　投资收益　103 000 000
　贷：股权投资——投资成本　175 000 000

借：股权投资——其他权益变动　110 000 000
　贷：权益法调整　110 000 000

（二）采用成本法核算

1.股权投资持有期间，被投资主体宣告发放现金股利或利润的，根据股权管理部门提供的资料，按照应上缴政府财政的部分，借记“应收股利”科目，贷记本科目。

【例6-10】T市财政持有的M公司宣告发放现金股利，财政应得金额139万元。

借：应收股利　1 390 000
　贷：投资收益　1 390 000

2.收到现金股利或利润时，按照实际收到的金额，借记“国库存款”科目，贷记“应收股利”科目；按照实际收到金额中未宣告发放的现金股利或利润，借记“应收股利”科目，贷记本科目。

【例6-11】接例6-10，收到M公司发放的现金股利150万元，包括已宣告发放139万元、未宣告11万元。

借：国库存款　1 500 000
　贷：应收股利　1 500 000

借：应收股利　110 000
　贷：投资收益　110 000

3.处置股权投资时，按照收回的金额，借记“国库存款”科目，按照已宣告尚未领取的现金股利或利润，贷记“应收股利”科目，按照股权投资账面余额，贷记“股权投资（投资成本）”科目，按照借贷方差额，贷记或借记本科目。

【例6-12】接例6-10和例6-11，T市财政处置其持有的M公司股权，收回资金2.54亿元存入国库，该股权的“股权投资——投资成本”账户借方余额1.8亿元。

借：国库存款　254 000 000
　贷：股权投资——投资成本　180 000 000
　　　投资收益　74 000 000

4.企业破产清算时，根据股权管理部门提供的资料，按照缴入国库清算收入的金额，借记“国库存款”科目，按照破产清算股权投资的账面余额，贷记“股权投资（投资成本）”科目，按照其差额，借记或贷记本科目。

【例6-13】T市财政所持有的J公司破产清算，清算收入360万元存入国库，该股权的“股权投资——投资成本”账户借方余额1.5亿元。

借：国库存款　　3 600 000
　　投资收益　　146 400 000
　贷：股权投资——投资成本　　150 000 000

（三）年终转账

年终转账时，本科目余额转入本期盈余，借记或贷记本科目，贷记或借记“本期盈余——预算管理资金本期盈余”科目。

【例6-14】年末，T市财政将“投资收益”科目贷方余额18亿元转入本期盈余。

借：投资收益　　1 800 000 000
　贷：本期盈余——预算管理资金本期盈余　　1 800 000 000

四、其他收入

为核算政府财政除税收收入、非税收入、投资收益、补助收入、上解收入、地区间援助收入、财政专户管理资金收入、专用基金收入以外的各项收入，包括从其他渠道调入资金、豁免主权外债偿还责任以及无偿取得股权投资等产生的收入，设置“其他收入”（4031）科目。本科目平时贷方余额反映本级政府财政其他收入的累计数。期末结转后，本科目应无余额。

本科目可根据管理需要，按照其他收入类别等进行明细核算。其主要账务处理如下：

1.从其他渠道调入资金时，按照调入的金额，借记“国库存款”科目，贷记本科目。

【例6-15】R省财政从其他渠道调入资金5亿元存入国库。

借：国库存款　　500 000 000
　贷：其他收入　　500 000 000

2.债权人豁免政府财政承担的主权外债时，政府财政按照减少的债务金额，借记“借入款项”等科目，贷记本科目。

【例6-16】世界银行豁免R省财政所借入的债务3亿元。

借：借入款项　　300 000 000
　贷：其他收入　　300 000 000

3.无偿划入股权投资时，账务处理参照“股权投资”科目使用说明中权益法和成本法下对应业务的账务处理。

4.年终转账时，本科目贷方余额转入本期盈余。借记本科目，贷记“本期盈余——预算管理资金本期盈余”科目。

【例6-17】年末，T市财政将“其他收入”科目贷方余额0.05亿元转入本期盈余。

借：其他收入　　5 000 000

贷：本期盈余——预算管理资金本期盈余　　5 000 000

五、财政专户管理资金收入

为核算政府财政纳入财政专户管理的教育收费等资金收入，设置“财政专户管理资金收入”（4041）科目。本科目平时贷方余额反映财政专户管理资金收入的累计数。期末结转后，本科目应无余额。

本科目可根据管理需要，按照预算单位等进行明细核算。其主要账务处理如下：

1.收到财政专户管理资金时，借记“其他财政存款”科目，贷记本科目。

【例6-18】T市财政收到教育收费收入900万元，存入教育收费专户。

借：其他财政存款　　9 000 000

　贷：财政专户管理资金收入　　9 000 000

2.年终转账时，本科目贷方余额转入本期盈余，借记本科目，贷记“本期盈余——财政专户管理资金本期盈余”科目。

【例6-19】年末，T市财政将“财政专户管理资金收入”科目贷方余额3.56亿元转入本期盈余。

借：财政专户管理资金收入　　356 000 000

　贷：本期盈余——财政专户管理资金本期盈余　　356 000 000

六、专用基金收入

为核算政府财政按照法律法规和国务院、财政部规定设置或取得的粮食风险基金等专用基金收入，设置“专用基金收入”（4042）科目。本科目平时贷方余额反映本级政府财政专用基金收入的累计数。期末结转后，本科目应无余额。

本科目可根据管理需要，按照专用基金的种类进行明细核算。其主要账务处理如下：

1.取得专用基金收入转入财政专户时，借记“其他财政存款”科目，贷记本科目。退回取得的专用基金收入时，借记本科目，或“以前年度盈余调整——专用基金以前年度盈余调整”科目，贷记“其他财政存款”科目。

【例6-20】党的二十大报告指出，要全方位夯实粮食安全根基，确保中国人的饭碗牢牢端在自己手中。T市财政取得粮食风险基金收入0.2亿元，转入财政专户。

借：其他财政存款　　20 000 000

　贷：专用基金收入　　20 000 000

【例6-21】接例6-20，次年，T市财政退回取得粮食风险基金收入0.2亿元，资金原渠道划回。

借：以前年度盈余调整——专用基金以前年度盈余调整　　20 000 000

　贷：其他财政存款　　20 000 000

2.通过费用安排取得专用基金收入仍留存国库的，借记有关费用科目，贷记本科目。

【例6-22】为落实党的二十大精神，确保粮食安全，R省财政以一般公共预算资金安排粮食风险基金6亿元，资金仍留存国库。

借：资本性拨款费用——物资储备　　600 000 000

　贷：专用基金收入　　600 000 000

3.年终转账时，本科目贷方余额转入本期盈余，借记本科目，贷记“本期盈余——专用基金本期盈余”科目。

【例6-23】同例5-15。年末，T市财政将“专用基金收入”科目贷方余额8 452万元转入“本期盈余——专用基金本期盈余”科目。

借：专用基金收入　　84 520 000

　贷：本期盈余——专用基金本期盈余　　84 520 000

第二节

转移性收入的核算

转移性收入包括补助收入、上解收入、地区间援助收入。

一、补助收入

为核算上级政府财政按照财政体制规定或专项需要补助给本级政府财政的款项，包括税收返还、转移支付等，设置“补助收入”（4021）科目。本科目平时贷方余额反映本级政府财政取得补助收入的累计数。期末结转后，本科目应无余额。

补助收入的主要账务处理如下：

1.年终与上级政府财政结算时，按照结算确认的应当由上级政府补助的收入数，借记“与上级往来”科目，贷记本科目。退还或核减补助收入时，借记本科目，贷记“与上级往来”科目。

【例6-24】年末，T市财政与上级政府财政结算，确认的应当由上级政府补助的收入数为5.3亿元。

借：与上级往来　　530 000 000

　贷：补助收入　　530 000 000

2.年终转账时，本科目贷方余额转入本期盈余，借记本科目，贷记“本期盈余——预算管理资金本期盈余”科目。

【例6-25】年末，T市财政将“补助收入”科目贷方余额20亿元转入本期盈余。

借：补助收入　　2 000 000 000

　贷：本期盈余——预算管理资金本期盈余　　2 000 000 000

二、上解收入

为核算按照财政体制规定或专项需要由下级政府财政上交给本级政府财政的款项，设置“上解收入”（4022）科目。本科目平时贷方余额反映上解收入的累计数。期末结转后，本科目应无余额。

本科目可根据管理需要，按照上解地区进行明细核算。其主要账务处理如下：

1.年终与下级政府财政结算时，按照结算确认的应上解金额，借记“与下级往来”科目，贷记本科目。退还或核减上解收入时，借记本科目，贷记“与下级往来”科目。

【例6-26】年末，T市财政与所属A区政府财政结算，确认A区政府财政的应上解金额为0.8亿元。

借：与下级往来　　80 000 000

　贷：上解收入　　80 000 000

2.年终转账时，本科目贷方余额转入本期盈余，借记本科目，贷记“本期盈余——预算管理资金本期盈余”科目。

【例6-27】年末，T市财政将“上解收入”科目贷方余额30亿元转入本期盈余。

借：上解收入　　3 000 000 000

　贷：本期盈余——预算管理资金本期盈余　　3 000 000 000

三、地区间援助收入

为核算受援方政府财政收到援助方政府财政转来的可统筹使用的各类援助、捐赠等资金收入，设置“地区间援助收入”（4023）科目。援助方政府已列“地区间援助费用”科目的援助、捐赠等资金，受援方通过本科目核算。本科目平时贷方余额反映地区间援助收入的累计数。期末结转后，本科目应无余额。

本科目可根据管理需要，按照援助地区等进行明细核算。其主要账务处理如下：

1.收到援助方政府财政转来的资金时，借记“国库存款”科目，贷记本科目。

【例6-28】T市财政收到M市政府财政转来的援助资金10亿元，存入国库。

借：国库存款　　1 000 000 000

　贷：地区间援助收入　　1 000 000 000

2.年终转账时，本科目贷方余额转入本期盈余，借记本科目，贷记“本期盈余——预算管理资金本期盈余”科目。

【例6-29】年末，T市财政将“地区间援助收入”科目贷方余额10亿元转入本期盈余。

借：地区间援助收入　　1 000 000 000

　贷：本期盈余——预算管理资金本期盈余　　1 000 000 000

关键概念

非税收入　财政专户管理资金收入　转移性收入

复习思考题

1. 简述税收收入的核算。
2. 简述投资收益的核算。
3. 简述补助收入的核算。

第七章 财政总会计财务会计费用的核算

财政总会计核算的费用，应当按照承担支付义务金额或实际发生金额进行计量，包括政府机关商品和服务拨款费用、政府机关工资福利拨款费用、对事业单位补助拨款费用、对企业补助拨款费用、对个人和家庭补助拨款费用、对社会保障基金补助拨款费用、资本性拨款费用、其他拨款费用、财务费用、补助费用、上解费用、地区间援助费用、其他费用、财政专户管理资金支出、专用基金支出等。我们将其划分为直接安排费用和转移性费用。

第一节 直接安排费用的核算

财政总会计直接安排的费用包括政府机关商品和服务拨款费用、政府机关工资福利拨款费用、对事业单位补助拨款费用、对企业补助拨款费用、对个人和家庭补助拨款费用、对社会保障基金补助拨款费用、资本性拨款费用、其他拨款费用、财务费用、其他费用、财政专户管理资金支出、专用基金支出等。

一、政府机关商品和服务拨款费用

为核算本级政府财政拨付给机关和参公事业单位购买商品和服务的各类费用，不包括用于购置固定资产、战略性和应急性物资储备等资本性拨款费用，设置“政府机关商品和服务拨款费用”（5001）科目。本科目平时借方余额反映本级政府机关商品和服务拨款费用的累计数。期末结转后，本科目应无余额。

本科目可根据管理需要，参照《政府收支分类科目》中支出经济分类科目，按照预算单位和项目等进行明细核算。其主要账务处理如下：

1.实际发生政府机关商品和服务拨款费用时，借记本科目，贷记“国库存款”科目。

【例7-1】为落实党的二十大精神，“完善国家安全力量布局，构建全域联动、立体高效的国家安全防护体系”，T市财政支付市国安局专用材料费用50万元。

借：政府机关商品和服务拨款费用　　500 000

　贷：国库存款　　500 000

2.当年政府机关商品和服务拨款费用发生退回时，按照实际收到的退回金额，借记“国库存款”科目，贷记本科目。

【例7-2】接例7-1，由于质量问题，退回为市国安局支付的专用材料费用50万元。

借：国库存款　　500 000

　贷：政府机关商品和服务拨款费用　　500 000

3.年终转账时，本科目借方余额转入本期盈余，借记“本期盈余——预算管理资金本期盈余”科目，贷记本科目。

【例7-3】年末，T市财政将“政府机关商品和服务拨款费用”科目借方余额86亿元转入本期盈余。

借：本期盈余——预算管理资金本期盈余　　8 600 000 000

　贷：政府机关商品和服务拨款费用　　8 600 000 000

二、政府机关工资福利拨款费用

为核算本级政府财政拨付给机关和参公事业单位在职职工和编制外长期聘用人员的各类劳动报酬及为上述人员缴纳的各项社会保险费等费用，设置“政府机关工资福利拨款费用”(5002)科目。本科目平时借方余额反映本级政府机关工资福利拨款费用的累计数。期末结转后，本科目应无余额。

本科目可根据管理需要，参照《政府收支分类科目》中支出经济分类科目，按照预算单位和项目等进行明细核算。其主要账务处理如下：

1.实际发生政府机关工资福利拨款费用时，借记本科目，贷记“国库存款”科目。

【例7-4】T市财政支付市教育局机关人员工资福利费用42万元。

借：政府机关工资福利拨款费用　　420 000

　贷：国库存款　　420 000

2.当年政府机关工资福利拨款费用发生退回时，按照实际收到的退回金额，借记“国库存款”科目，贷记本科目。

【例7-5】接例7-4，因计算错误，T市财政多支付市教育局机关人员工资福利费用4 500元，予以收回。

借：国库存款　　4 500

　贷：政府机关工资福利拨款费用　　4 500

3.年终转账时，本科目借方余额转入本期盈余，借记“本期盈余——预算管理资金本期盈余”科目，贷记本科目。

【例7-6】年末，T市财政将“政府机关工资福利拨款费用”科目借方余额120亿元转入本期盈余。

借：本期盈余——预算管理资金本期盈余　　12 000 000 000

　贷：政府机关工资福利拨款费用　　12 000 000 000

三、对事业单位补助拨款费用

为核算本级政府财政拨付的对事业单位（不含参公事业单位）的经常性补助费用，不包括对事业单位的资本性拨款费用，设置“对事业单位补助拨款费用”（5003）科目。本科目平时借方余额反映本级政府财政对事业单位补助拨款费用的累计数。期末结转后，本科目应无余额。

本科目可根据管理需要，参照《政府收支分类科目》中支出经济分类科目，按照预算单位和项目等进行明细核算。其主要账务处理如下：

1.实际发生对事业单位补助拨款费用时，借记本科目，贷记“国库存款”科目。

【例7-7】T市财政支付市第二中学职工薪酬费用32万元。

借：对事业单位补助拨款费用　　320 000

　贷：国库存款　　320 000

2.当年对事业单位补助拨款费用发生退回时，按照实际收到的退回金额，借记“国库存款”科目，贷记本科目。

【例7-8】T市财政收回为市中心医院支付的材料款61万元。

借：国库存款　　610 000

　贷：对事业单位补助拨款费用　　610 000

3.年终转账时，本科目借方余额转入本期盈余，借记“本期盈余——预算管理资金本期盈余”科目，贷记本科目。

【例7-9】年末，T市财政将“对事业单位补助拨款费用”科目借方余额157亿元转入本期盈余。

借：本期盈余——预算管理资金本期盈余　　15 700 000 000

　贷：对事业单位补助拨款费用　　15 700 000 000

四、对企业补助拨款费用

为核算本级政府财政拨付的对各类企业的补助费用，不包括对企业的资本金注入和资本性拨款费用，设置“对企业补助拨款费用”（5004）科目。本科目平时借方余额反映本级政府财政对企业补助拨款费用的累计数。期末结转后，本科目应无余额。

本科目可根据管理需要，参照《政府收支分类科目》中支出经济分类科目，按照预算单位和项目等进行明细核算。其主要账务处理如下：

1.实际发生对企业补助拨款费用时，借记本科目，贷记“国库存款”科目。

【例7-10】为落实党的二十大精神，“维护职工合法权益”，T市财政向市属国有企业G企业支付职工安置费用400万元。

借：对企业补助拨款费用　　　　4 000 000

　贷：国库存款　　　　4 000 000

2.当年对企业补助拨款费用发生退回时，按照实际收到的退回金额，借记“国库存款”科目，贷记本科目。

【例7-11】接例7-10，向G企业支付职工安置费用，因计算错误，前期支付的1.5万元予以收回。

借：国库存款　　　　15 000

　贷：对企业补助拨款费用　　　　15 000

3.年终转账时，本科目借方余额转入本期盈余，借记“本期盈余——预算管理资金本期盈余”科目，贷记本科目。

【例7-12】年末，T市财政将“对企业补助拨款费用”科目借方余额20亿元转入本期盈余。

借：本期盈余——预算管理资金本期盈余　　　　2 000 000 000

　贷：对企业补助拨款费用　　　　2 000 000 000

五、对个人和家庭补助拨款费用

为核算本级政府财政拨付的对个人和家庭的补助费用，设置“对个人和家庭补助拨款费用”（5005）科目。本科目平时借方余额反映本级政府财政对个人和家庭补助拨款费用的累计数。期末结转后，本科目应无余额。

本科目可根据管理需要，参照《政府收支分类科目》中支出经济分类科目，按照预算单位和项目等进行明细核算。其主要账务处理如下：

1.实际发生对个人和家庭补助拨款费用时，借记本科目，贷记“国库存款”科目。

【例7-13】为落实党的二十大精神，“着力维护和促进社会公平正义，着力促进全体人民共同富裕”，T市财政拨付抚恤金费用360万元。

借：对个人和家庭补助拨款费用　　　　3 600 000

　贷：国库存款　　　　3 600 000

2.当年对个人和家庭补助拨款费用发生退回时，按照实际收到的金额，借记“国库存款”科目，贷记本科目。

【例7-14】接例7-13，T市财政拨付抚恤金费用，因计算错误，前期支付的1.2万元予以收回。

借：国库存款　　　　12 000

　贷：对个人和家庭补助拨款费用　　　　12 000

3.年终转账时，本科目借方余额转入本期盈余，借记“本期盈余——预算管理资金本期盈余”科目，贷记本科目。

【例7-15】年末，T市财政将“对个人和家庭补助拨款费用”科目借方余额43亿元转入本期盈余。

借：本期盈余——预算管理资金本期盈余　　4 300 000 000

　贷：对个人和家庭补助拨款费用　　4 300 000 000

六、对社会保障基金补助拨款费用

为核算本级政府财政拨付的对社会保险基金的补助费用，以及补充全国社会保障基金的费用，设置“对社会保障基金补助拨款费用”（5006）科目。本科目平时借方余额反映本级政府财政对社会保障基金补助拨款费用的累计数。期末结转后，本科目应无余额。

本科目可根据管理需要，参照《政府收支分类科目》中支出经济分类科目，按照预算单位和项目等进行明细核算。其主要账务处理如下：

1.实际发生对社会保障基金补助拨款费用时，借记本科目，贷记“国库存款”科目。

【例7-16】为落实党的二十大精神，“发展多层次多支柱养老保险体系”，T市财政支付对社会保险基金补助支出12亿元。

借：对社会保障基金补助拨款费用　　1 200 000 000

　贷：国库存款　　1 200 000 000

2.当年对社会保障基金补助拨款费用发生退回时，按照实际收到的金额，借记“国库存款”科目，贷记本科目。

【例7-17】T市财政收到退回的对社会保障基金补助拨款费用0.5亿元。

借：国库存款　　50 000 000

　贷：对社会保障基金补助拨款费用　　50 000 000

3.年终转账时，本科目借方余额转入本期盈余，借记“本期盈余——预算管理资金本期盈余”科目，贷记本科目。

【例7-18】年末，T市财政将“对社会保障基金补助拨款费用”科目借方余额50亿元转入本期盈余。

借：本期盈余——预算管理资金本期盈余　　5 000 000 000

　贷：对社会保障基金补助拨款费用　　5 000 000 000

七、资本性拨款费用

为核算本级政府财政拨付给行政事业单位和企业的资本性拨款费用（不包括对企业的资本金注入），设置“资本性拨款费用”（5007）科目。本科目平时借方余额反映本级政府财政资本性拨款费用的累计数。期末结转后，本科目应无余额。

本科目可根据管理需要，参照《政府收支分类科目》中支出经济分类科目，按照预算单位和项目等进行明细核算。其主要账务处理如下：

1.实际发生资本性拨款费用时，借记本科目，贷记“国库存款”科目。

【例7-19】T市财政支付市检察院公务用车购置款项100万元。

借：资本性拨款费用　　1 000 000

　贷：国库存款　　1 000 000

2.当年资本性拨款费用发生退回时，按照实际退回的金额，借记“国库存款”

科目，贷记本科目。

【例7-20】T市财政收回多支付的审计局办公楼大型修缮费用5.2万元。

借：国库存款　　52 000

　贷：资本性拨款费用　　52 000

3.年终转账时，本科目借方余额转入本期盈余，借记“本期盈余——预算管理资金本期盈余”科目，贷记本科目。

【例7-21】年末，T市财政将“资本性拨款费用”科目借方余额70亿元转入本期盈余。

借：本期盈余——预算管理资金本期盈余　　7 000 000 000

　贷：资本性拨款费用　　7 000 000 000

八、其他拨款费用

为核算本级政府财政拨付的经常性赠与、国家赔偿费用、对民间非营利组织和群众性自治组织补贴等拨款费用，设置“其他拨款费用”（5008）科目。本科目平时借方余额反映本级政府财政其他拨款费用的累计数。期末结转后，本科目应无余额。

本科目可根据管理需要，参照《政府收支分类科目》中支出经济分类科目，按照预算单位和项目等进行明细核算。其主要账务处理如下：

1.实际发生其他拨款费用时，借记本科目，贷记“国库存款”科目。

【例7-22】为落实党的二十大精神，推动构建新型国际关系，加强“一带一路”建设，T市财政向非洲国家支付救助款项200万元。

借：其他拨款费用　　2 000 000

　贷：国库存款　　2 000 000

2.当年其他拨款费用发生退回时，按照实际收到的退回金额，借记“国库存款”科目，贷记本科目。

【例7-23】T市财政收回因计算错误多支出的国家赔偿款3万元。

借：国库存款　　30 000

　贷：其他拨款费用　　30 000

3.年终转账时，本科目借方余额转入本期盈余，借记“本期盈余——预算管理资金本期盈余”科目，贷记本科目。

【例7-24】年末，T市财政将“其他拨款费用”科目借方余额10亿元转入本期盈余。

借：本期盈余——预算管理资金本期盈余　　1 000 000 000

　贷：其他拨款费用　　1 000 000 000

九、财务费用

为核算本级政府财政用于偿还政府债务利息费用，政府债务发行、兑付、登记费用，以外币计算的政府资产及债务由于汇率变化产生的汇兑损益等，设置“财务费用”（5011）科目。本科目平时借方余额反映本级政府财政财务费用的累计数。

期末结转后，本科目应无余额。

本科目应设置“利息费用”“债务发行兑付费用”“汇兑损益”明细科目。其主要账务处理如下：

（一）利息费用

1.按期计提利息费用时，根据债务管理部门计算确定的本期应支付利息金额，借记本科目，贷记“应付利息”“应付地方政府债券转贷款——应付利息”“应付主权外债转贷款——应付利息”等科目。

【例7-25】T市财政计提本月应付地方政府债券转贷款的利息费用3.5万元。

借：财务费用——利息费用 35 000

贷：应付地方政府债券转贷款——应付利息 35 000

2.中央财政发生国债随卖业务时，账务处理参照“应付短期政府债券”科目使用说明中国债随卖业务的账务处理。

3.中央财政发生国债随买业务时，账务处理参照“应付短期政府债券”科目使用说明中国债随买业务的账务处理。

4.提前赎回已发行的政府债券、债权人豁免政府财政承担的主权外债应付利息时，按照减少的当年已计提应付利息金额，借记“应付利息”“应付地方政府债券转贷款——应付利息”“应付主权外债转贷款——应付利息”等科目，贷记本科目。

【例7-26】债权人豁免T市政府财政承担的主权外债转贷款应付利息13.6万元。

借：应付主权外债转贷款——应付利息 136 000

贷：财务费用——利息费用 136 000

（二）债务发行兑付费用

1.支付政府债务发行、兑付、登记款项时，按照实际支付的金额，借记本科目，贷记“国库存款”科目。

【例7-27】T市财政支付政府债务兑付费用2.3万元。

借：财务费用——债务发行兑付费用 23 000

贷：国库存款 23 000

2.收到或扣缴下级政府财政应承担的政府债务发行、兑付、登记款项时，按照实际收到或扣缴的金额，借记“国库存款”“其他财政存款”“与下级往来”等科目，贷记本科目。

【例7-28】T市财政收到所属A区政府财政应承担的政府债务发行费用1万元，款项已存入国库。

借：国库存款 10 000

贷：财务费用——债务发行兑付费用 10 000

（三）汇兑损益

1.期末，将所有以外币计算的政府资产按期末汇率折算为人民币金额，折算后的金额小于账面余额时，按照折算差额，借记本科目，贷记“其他财政存款”“应收主权外债转贷款”等科目；折算后的金额大于账面余额时，按照折算差额，借记

“其他财政存款”“应收主权外债转贷款”科目，贷记本科目。

【例7-29】期末，T市财政以外币计算的其他财政存款按期末汇率折算为人民币，折算后的金额大于账面余额1.95万元，予以调整。

借：其他财政存款　　19 500

　贷：财务费用——汇兑损益　　19 500

2.期末，将所有以外币计算的借入款项、政府债券、主权外债转贷款、应付利息等政府负债按期末汇率折算为人民币金额，折算后的金额小于账面余额时，按照折算差额，借记“借入款项”“应付长期政府债券”“应付主权外债转贷款”“应付利息”等科目，贷记本科目；折算后的金额大于账面余额时，按照折算差额，借记本科目，贷记“借入款项”“应付长期政府债券”“应付主权外债转贷款”“应付利息”等科目。

【例7-30】期末，T市财政以外币计算的借入款项按期末汇率折算为人民币，折算后的金额大于账面余额10.6万元，予以调整。

借：财务费用——汇兑损益　　106 000

　贷：借入款项　　106 000

（四）年终转账

年终转账时，本科目借方或贷方余额转入本期盈余，借记或贷记“本期盈余——预算管理资金本期盈余”科目，贷记或借记本科目。

【例7-31】期末，T市财政将“财务费用”科目借方余额25亿元转入本期盈余。

借：本期盈余——预算管理资金本期盈余　　2 500 000 000

　贷：财务费用　　2 500 000 000

十、其他费用

为核算本级政府财政无偿划出股权投资时产生的投资损失、政府财政承担支出责任的其他负债等，设置“其他费用”（5031）科目。本科目平时借方余额反映本级政府财政其他费用的累计数。期末结转后，本科目应无余额。

本科目可根据管理需要，按照类别进行明细核算。其主要账务处理如下：

1.政府财政无偿划出股权投资时，根据股权管理部门提供的资料，按照被划出股权投资对应的“权益法调整”科目账面余额，借记或贷记“权益法调整”科目，贷记或借记“股权投资（其他权益变动）”科目；按照被划出股权投资的账面余额，借记本科目，贷记“股权投资（投资成本、损益调整）”科目。

【例7-32】L市财政持有K公司股份2万股。现无偿划出1万股，对应的“权益法调整”科目账面贷方余额1.64亿元，对应的股权投资（投资成本）的账面借方余额3.35亿元、股权投资（损益调整）的账面借方余额0.49亿元。

借：权益法调整　　164 000 000

　贷：股权投资——其他权益变动　　164 000 000

借：其他费用　　384 000 000

贷：股权投资——投资成本　335 000 000

——损益调整　49 000 000

2.政府财政承担支出责任的其他负债，按照确定应承担的负债金额，借记本科目，贷记“其他负债”科目。

【例7-33】依据诉讼判决，T市财政确认本级政府应承担的负债4万元。

借：其他费用　40 000

贷：其他负债　40 000

3.无偿划出股权投资时，账务处理参照“股权投资”科目使用说明中权益法和成本法下对应业务的账务处理。

4.年终转账时，本科目借方余额转入本期盈余，借记“本期盈余——预算管理资金本期盈余”科目，贷记本科目。

【例7-34】年末，T市财政将“其他费用”科目借方余额4万元转入本期盈余。

借：本期盈余——预算管理资金本期盈余　40 000

贷：其他费用　40 000

十一、财政专户管理资金支出

为核算本级政府财政用纳入财政专户管理的教育收费等资金安排的支出，设置“财政专户管理资金支出”（5041）科目。本科目平时借方余额反映财政专户管理资金支出的累计数。期末结转后，本科目应无余额。

本科目可根据管理需要，按照预算单位等进行明细核算。其主要账务处理如下：

1.发生财政专户管理资金支出时，借记本科目，贷记“其他财政存款”等科目。

【例7-35】为落实党的二十大精神，推进“教育强国”建设，T市财政向所属L大学核拨教育收费专项资金500万元。

借：财政专户管理资金支出　5 000 000

贷：其他财政存款　5 000 000

2.当年记入的财政专户管理资金支出发生退回时，按照实际退回的金额，借记“其他财政存款”科目，贷记本科目。

【例7-36】接例7-35，因计算错误，T市财政核拨的教育收费专项资金多支付了10万元，予以收回。

借：其他财政存款　100 000

贷：财政专户管理资金支出　100 000

3.以前年度财政专户管理资金支出发生退回时，按照实际退回的金额，借记“其他财政存款”科目，贷记“以前年度盈余调整——财政专户管理资金以前年度盈余调整”科目。

【例7-37】T市财政收回上年度核拨的专户管理资金支出42万元，存入专户。

借：其他财政存款　420 000

贷：以前年度盈余调整——财政专户管理资金以前年度盈余调整　　420 000

4.年终转账时，本科目借方余额转入本期盈余，借记“本期盈余——财政专户管理资金本期盈余”科目，贷记本科目。

【例7-38】同例5-12。年末，T市财政将“财政专户管理资金支出”科目借方余额33 915万元转入本期盈余。

借：本期盈余——财政专户管理资金本期盈余　　339 150 000

贷：财政专户管理资金支出　　339 150 000

十二、专用基金支出

为核算本级政府财政用专用基金收入安排的支出，设置“专用基金支出”(5042)科目。本科目平时借方余额反映专用基金支出的累计数。期末结转后，本科目应无余额。

本科目可根据管理需要，按照专用基金种类、预算单位等进行明细核算。其主要账务处理如下：

1.发生专用基金支出时，借记本科目，贷记“其他财政存款”等科目。

【例7-39】为落实党的二十大精神，“全方位夯实粮食安全根基”，T市财政向粮食储运公司拨付粮食风险基金1 000万元。

借：专用基金支出　　10 000 000

贷：其他财政存款　　10 000 000

2.当年专用基金支出发生退回时，按照实际退回的金额，借记“其他财政存款”等科目，贷记本科目。

【例7-40】接例7-39，因粮食储运公司条件未达到标准，T市财政收回已拨付资金1 000万元。

借：其他财政存款　　10 000 000

贷：专用基金支出　　10 000 000

3.以前年度专用基金支出发生退回时，按照实际退回的金额，借记“其他财政存款”等科目，贷记“以前年度盈余调整——专用基金以前年度盈余调整”科目。

【例7-41】T市财政收回以前年度支付的粮食风险基金360万元，存入银行。

借：其他财政存款　　3 600 000

贷：以前年度盈余调整——专用基金以前年度盈余调整　　3 600 000

4.年终转账时，本科目借方余额转入本期盈余，借记“本期盈余——专用基金本期盈余”科目，贷记本科目。

【例7-42】同例5-16。年末，T市财政，将“专用基金支出”科目借方余额7 492万元转入“本期盈余——专用基金本期盈余”科目。

借：本期盈余——专用基金本期盈余　　74 920 000

贷：专用基金支出　　74 920 000

第二节

转移性费用的核算

财政总会计核算的转移性费用包括补助费用、上解费用和地区间援助费用等。

一、补助费用

为核算本级政府财政按财政体制规定或专项需要补助给下级政府财政的款项，包括对下级的税收返还、一般性转移支付和专项转移支付等，设置“补助费用”(5021)科目。本科目平时借方余额反映本级政府财政对下级补助费用的累计数。期末结转后，本科目应无余额。

本科目可根据管理需要，按照补助地区进行明细核算。其主要账务处理如下：

1.年终与下级政府财政结算时，按照结算确认的应当补助下级政府的费用数，借记本科目，贷记“与下级往来”科目。退还或核减补助费用时，借记“与下级往来”科目，贷记本科目。

【例7-43】年末，T市财政与所属A区财政结算，确认的应当补助A区政府的费用为1 500万元，记入往来账户。

借：补助费用	15 000 000	
贷：与下级往来		15 000 000

2.专项转移支付资金实行特设专户管理的，根据有关支出管理部门下达的预算文件和拨款依据确认费用，借记本科目或“与下级往来”科目。资金由本级政府财政拨付给下级的，贷记“其他财政存款”等科目；资金由上级政府财政直接拨给下级的，贷记“与上级往来”或“补助收入”科目。

【例7-44】抗疫特别国债转移支付资金实行特设专户管理，T市确认对A区的补助费用为600万元，资金由省政府财政直接拨给A区。

借：补助费用	6 000 000	
贷：补助收入		6 000 000

3.年终转账时，本科目借方余额转入本期盈余，借记“本期盈余——预算管理资金本期盈余”科目，贷记本科目。

【例7-45】年末，T市财政将“补助费用”科目借方余额10亿元转入本期盈余。

借：本期盈余——预算管理资金本期盈余	1 000 000 000	
贷：补助费用		1 000 000 000

二、上解费用

为核算本级政府财政按照财政体制规定或专项需要上解给上级政府财政的款

项，设置“上解费用”（5022）科目。本科目平时借方余额反映本级政府财政上解费用的累计数。期末结转后，本科目应无余额。

本科目可根据管理需要按照项目等进行明细核算。其主要账务处理如下：

1.年终与上级政府财政结算时，按照结算确认的应当上解费用数，借记本科目，贷记“与上级往来”科目。退还或核减上解费用时，借记“与上级往来”等科目，贷记本科目。

【例7-46】年末，T市财政与省财政结算，确认应当上解2.1亿元。

借：上解费用　210 000 000

　贷：与上级往来　210 000 000

2.年终转账时，本科目借方余额转入本期盈余，借记“本期盈余——预算管理资金本期盈余”科目，贷记本科目。

【例7-47】年末，T市财政将“上解费用”科目借方余额5亿元转入本期盈余。

借：本期盈余——预算管理资金本期盈余　500 000 000

　贷：上解费用　500 000 000

三、地区间援助费用

为核算援助方政府财政安排用于受援方政府财政统筹使用的各类援助、补偿、捐赠等，设置“地区间援助费用”（5023）本科目。本科目平时借方余额反映地区间援助费用的累计数。期末结转后，本科目应无余额。

本科目可根据管理需要，按照受援地区等进行明细核算。其主要账务处理如下：

1.发生地区间援助费用时，借记本科目，贷记“国库存款”科目。

【例7-48】T市财政向对口支援地区支付援助费用0.11亿元。

借：地区间援助费用　11 000 000

　贷：国库存款　11 000 000

2.年终转账时，本科目借方余额转入本期盈余，借记“本期盈余——预算管理资金本期盈余”科目，贷记本科目。

【例7-49】年末，T市财政将“地区间援助费用”科目借方余额0.11亿元转入本期盈余。

借：本期盈余——预算管理资金本期盈余　11 000 000

　贷：地区间援助费用　11 000 000

关键概念

政府机关商品和服务拨款费用　财务费用　对事业单位补助拨款费用

复习思考题

1. 简述政府机关工资福利拨款费用的核算。
2. 简述资本性拨款费用的核算。
3. 简述对个人和家庭补助拨款费用的核算。
4. 简述财务费用的核算。

第八章 财政总会计预算会计的核算

财政总会计应当具备财务会计与预算会计双重功能，实现财务会计与预算会计适度分离并相互衔接，全面清晰反映政府财政财务信息和预算执行信息。预算会计实行收付实现制。对于纳入预算管理的财政资金收支业务，在采用预算会计核算的同时应当进行财务会计核算；对于不同预算类型资金间的调入调出、待发国债等业务，仅需进行预算会计核算；对于其他业务，仅需进行财务会计核算。

第一节 预算收入的核算

预算收入一般在实际取得时予以确认，以实际取得的金额计量。总会计核算的预算收入包括一般公共预算收入、政府性基金预算收入、国有资本经营预算收入、财政专户管理资金收入、专用基金收入、补助预算收入、上解预算收入、地区间援助预算收入、调入预算资金、动用预算稳定调节基金、债务预算收入、债务转贷预算收入和待处理收入等。我们将其划分为自行组织预算收入和转移性预算收入。

一、自行组织预算收入

（一）一般公共预算收入

为核算政府财政筹集的纳入本级一般公共预算管理的税收收入和非税收入，设置“一般公共预算收入”（6001）科目。本科目平时贷方余额反映本级一般公共预算收入的累计数。期末结转后，本科目应无余额。

本科目应根据《政府收支分类科目》中“一般公共预算收入”科目进行明细核算。其主要账务处理如下：

1.收到款项时，根据当日预算收入日报表所列一般公共预算本级收入数，借记“资金结存——库款资金结存”科目，贷记本科目。

【例8-1】T市财政收到储蓄存款个人所得税分成收入870万元。

借：资金结存——库款资金结存　　8 700 000

　贷：一般公共预算收入——税收收入——个人所得税——其他个人所得税——储蓄存款利息所得税　　8 700 000

2.年终转账时，本科目贷方余额转入一般公共预算结转结余，借记本科目，贷记“一般公共预算结转结余”科目。

【例8-2】年末，T市财政将“一般公共预算收入”科目贷方余额3.85亿元转入一般公共预算结转结余。

借：一般公共预算收入　　385 000 000

　贷：一般公共预算结转结余　　385 000 000

（二）政府性基金预算收入

为核算政府财政筹集的纳入本级政府性基金预算管理的非税收入，设置“政府性基金预算收入”（6002）科目。本科目平时贷方余额反映本级政府性基金预算收入的累计数。期末结转后，本科目应无余额。

本科目应根据《政府收支分类科目》中“政府性基金预算收入”科目进行明细核算。其主要账务处理如下：

1.收到款项时，根据当日预算收入日报表所列政府性基金预算本级收入数，借记“资金结存——库款资金结存”科目，贷记本科目。

【例8-3】T市财政收到国有土地出让价款收入15万元。

借：资金结存——库款资金结存　　150 000

　贷：政府性基金预算收入——非税收入——政府性基金预算收入——国有土地基金收入——土地出让价款收入　　150 000

2.年终转账时，本科目贷方余额转入政府性基金预算结转结余，借记本科目，贷记“政府性基金预算结转结余”科目。

【例8-4】年末，T市财政将“政府性基金预算收入”科目贷方余额1.1亿元转入政府性基金预算结转结余。

借：政府性基金预算收入　　110 000 000

　贷：政府性基金预算结转结余　　110 000 000

（三）国有资本经营预算收入

为核算政府财政筹集的纳入本级国有资本经营预算管理的非税收入，设置“国有资本经营预算收入”（6003）科目。本科目平时贷方余额反映本级国有资本经营预算收入的累计数。期末结转后，本科目应无余额。

本科目应根据《政府收支分类科目》中“国有资本经营预算收入”科目进行明细核算。其主要账务处理如下：

1.收到款项时，根据当日预算收入日报表所列国有资本经营预算本级收入数，借记“资金结存——库款资金结存”科目，贷记本科目。

【例8-5】T市财政收到电力企业利润收入12万元。

借：资金结存——库款资金结存　　120 000

　贷：国有资本经营预算收入——非税收入——国有资本经营预算收入——利润收入——电力企业利润收入　　120 000

2.年终转账时，本科目贷方余额转入国有资本经营预算结转结余，借记本科目，贷记“国有资本经营预算结转结余”科目。

【例8-6】年末，T市财政将“国有资本经营预算收入”科目贷方余额16亿元转入国有资本经营预算结转结余。

借：国有资本经营预算收入　　1 600 000 000

　贷：国有资本经营预算结转结余　　1 600 000 000

（四）财政专户管理资金收入

为核算政府财政纳入财政专户管理的教育收费等资金收入，设置“财政专户管理资金收入”（6005）科目。本科目平时贷方余额反映财政专户管理资金收入的累计数。期末结转后，本科目应无余额。

本科目应根据《政府收支分类科目》中收入分类科目进行明细核算。同时，根据管理需要，按预算单位等进行明细核算。其主要账务处理如下：

1.收到财政专户管理资金收入时，借记“资金结存——专户资金结存”科目，贷记本科目。

【例8-7】T市财政收到教育财政专户管理资金收入116万元。

借：资金结存——专户资金结存　　1 160 000

　贷：财政专户管理资金收入　　1 160 000

2.年终转账时，本科目贷方余额转入财政专户管理资金结余，借记本科目，贷记“财政专户管理资金结余”科目。

【例8-8】年末，T市财政将“财政专户管理资金收入”科目贷方余额3.53亿元转入财政专户管理资金结余。

借：财政专户管理资金收入　　353 000 000

　贷：财政专户管理资金结余　　353 000 000

（五）专用基金收入

为核算本级政府财政按照法律法规和国务院、财政部规定设置或取得的粮食风险基金等专用基金收入，设置“专用基金收入”（6007）科目。本科目平时贷方余额反映取得专用基金收入的累计数。期末结转后，本科目应无余额。

本科目应按照专用基金种类进行明细核算。其主要账务处理如下：

1.通过预算支出安排取得专用基金收入并将资金转入财政专户的，借记“资金结存——专户资金结存”科目，贷记本科目；同时，借记“一般公共预算支出”等科目，贷记“资金结存——库款资金结存”等科目。退回专用基金收入时，做相反的会计分录。

【例8-9】T市财政以一般公共预算资金安排粮食风险基金50万元，并将资金转入财政专户。

借：资金结存——专户资金结存　　500 000

　贷：专用基金收入　　500 000

借：一般公共预算支出　　500 000

　贷：资金结存——库款资金结存　　500 000

2.通过预算支出安排取得专用基金收入，资金仍留存国库的，借记“一般公共预算支出”等科目，贷记本科目。

【例8-10】M市财政以一般公共预算资金安排粮食风险基金60亿元，资金仍留存国库。

借：一般公共预算支出　　600 000

　贷：专用基金收入　　600 000

3.年终转账时，本科目贷方余额转入专用基金结余，借记本科目，贷记“专用基金结余”科目。

【例8-11】年末，T市财政将“专用基金收入”科目贷方余额8 450万元转入专用基金结余。

借：专用基金收入　　84 500 000

　贷：专用基金结余　　84 500 000

（六）动用预算稳定调节基金

为核算政府财政为弥补本年度预算资金不足，动用的预算稳定调节基金，设置“动用预算稳定调节基金”（6031）科目。本科目平时贷方余额反映动用预算稳定调节基金的累计数。期末结转后，本科目应无余额。

动用预算稳定调节基金的主要账务处理如下：

1.动用预算稳定调节基金时，借记“预算稳定调节基金”科目，贷记本科目。

【例8-12】T市财政动用预算稳定调节基金2亿元用于平衡一般公共预算。

借：预算稳定调节基金　　200 000 000

　贷：动用预算稳定调节基金　　200 000 000

2.年终转账时，本科目贷方余额转入一般公共预算结转结余，借记本科目，贷记“一般公共预算结转结余”科目。

【例8-13】年末，T市财政将“动用预算稳定调节基金”科目贷方余额2亿元转入一般公共预算结转结余。

借：动用预算稳定调节基金　　200 000 000

　贷：一般公共预算结转结余　　200 000 000

（七）债务预算收入

为核算政府财政根据法律法规等规定，通过发行债券、向外国政府和国际金融组织借款等方式筹集的纳入预算管理的债务收入，设置“债务预算收入”（6041）科目。本科目平时贷方余额反映债务预算收入的累计数。期末结转后，本科目应无余额。

本科目应设置“国债收入”“一般债务收入”“专项债务收入”明细科目，并根据《政府收支分类科目》中“债务收入”科目进行明细核算。其主要账务处理如下：

1.省级以上（含省级）政府财政收到政府债券发行收入时，按照实际收到的金额，借记“资金结存——库款资金结存”科目，按照政府债券实际发行额，贷记本科目，按照其差额，借记或贷记有关支出科目。

【例8-14】R省财政收到政府债券发行收入34.9亿元，债券面值0.1亿元。

借：资金结存——库款资金结存	3 490 000 000	
一般公共预算支出	10 000 000	
贷：债务预算收入		3 500 000 000

2.中央财政发生国债随卖业务时，按照实际收到的金额，借记“资金结存——库款资金结存”科目；根据国债随卖确认文件等相关债券管理资料，按照国债随卖面值，贷记本科目，按照实际收到金额与面值的差额，借记或贷记“一般公共预算支出”科目。

【例8-15】中央财政发生国债随卖业务，中央财政收到债务收入15.2亿元，国债随卖面值15亿元。

借：资金结存——库款资金结存	1 520 000 000	
贷：债务预算收入		1 500 000 000
一般公共预算支出		20 000 000

3.按定向承销方式发行的政府债券，根据债务管理部门转来的债券发行文件等有关资料进行确认，由本级政府财政承担还款责任，贷款资金由本级政府财政同级部门使用的，借记“债务还本预算支出”科目，贷记本科目；转贷下级政府财政的，借记“债务转贷预算支出”科目，贷记本科目。

【例8-16】R省财政按定向承销方式发行的政府债券25亿元，本级政府财政同级部门使用的资金15亿元，转贷给下级T市政府财政10亿元。

借：债务还本预算支出	1 500 000 000	
债务转贷预算支出	1 000 000 000	
贷：债务预算收入		2 500 000 000

4.政府财政向外国政府、国际金融组织等机构借款时，按照实际提款的外币金额和即期汇率折算的人民币金额，借记“资金结存——库款资金结存”“资金结存——专户资金结存”等科目，贷记本科目。

【例8-17】R省政府向国际货币基金组织借入资金，折合人民币13亿元，存入专户。

借：资金结存——专户资金结存	1 300 000 000	
贷：债务预算收入		1 300 000 000

5.本级政府财政借入主权外债，且由外方或上级政府财政将贷款资金直接支付

给用款单位或供应商时，应根据以下情况分别处理：

（1）本级政府财政承担还款责任，贷款资金由本级政府财政同级部门使用的，本级政府财政根据贷款资金支付有关资料，借记“一般公共预算支出”科目，贷记本科目。

【例8-18】R省政府向外国政府借入债务资金10亿元，由省水利部门用于农田水利设施改造工程，R省财政承担还款责任，资金由外方直接支付给用款单位。

借：一般公共预算支出　　1 000 000 000

　贷：债务预算收入　　1 000 000 000

（2）本级政府财政承担还款责任，贷款资金由下级政府财政同级部门使用的，本级政府财政根据贷款资金支付有关资料及预算文件，借记“补助预算支出——调拨下级”等科目，贷记本科目。

【例8-19】L省政府向外国政府借入债务资金6亿元，由所属K市自来水公司用于城市水网改造工程，L省财政承担还款责任，资金由外方直接支付给用款单位。

借：补助预算支出——调拨下级　　600 000 000

　贷：债务预算收入　　600 000 000

（3）下级政府财政承担还款责任，贷款资金由下级政府财政同级部门使用的，本级政府财政根据贷款资金支付有关资料，借记“债务转贷预算支出”科目，贷记本科目。

【例8-20】L省政府向世界银行借入债务资金15亿元，由所属B市城建局用于城市道路建设支出，B市财政承担还款责任，资金由外方直接支付给用款单位。

借：债务转贷预算支出　　1 500 000 000

　贷：债务预算收入　　1 500 000 000

6.年终转账时，本科目下“国债收入”“一般债务收入”的贷方余额转入一般公共预算结转结余，借记“债务预算收入——国债收入”“债务预算收入——一般债务收入”科目，贷记“一般公共预算结转结余”科目；本科目下“专项债务收入”的贷方余额转入政府性基金预算结转结余，借记“债务预算收入——专项债务收入”科目，贷记“政府性基金预算结转结余”科目，可根据预算管理需要，按照专项债务对应的政府性基金预算收入科目分别转入“政府性基金预算结转结余”相应明细科目。

【例8-21】年末，R省财政将“债务预算收入——一般债务收入”科目贷方余额25亿元转入一般公共预算结转结余；将“债务预算收入——专项债务收入”科目贷方余额10亿元转入政府性基金预算结转结余。

借：债务预算收入——一般债务收入　　2 500 000 000

　贷：一般公共预算结转结余　　2 500 000 000

借：债务预算收入——专项债务收入　　1 000 000 000

　贷：政府性基金预算结转结余　　1 000 000 000

【例8-22】年末，中央财政将“债务预算收入——国债收入”科目贷方余额1 600亿元转入一般公共预算结转结余。

借：债务预算收入——国债收入　　160 000 000 000

　贷：一般公共预算结转结余　　160 000 000 000

（八）债务转贷预算收入

为核算省级以下（不含省级）政府财政收到上级政府财政转贷的债务收入，设置“债务转贷预算收入”（6042）科目。本科目平时贷方余额反映债务转贷预算收入的累计数。期末结转后，本科目应无余额。

本科目应设置“一般债务转贷收入”“专项债务转贷收入”明细科目，并根据《政府收支分类科目》中“债务转贷收入”科目进行明细核算。其主要账务处理如下：

1.省级以下（不含省级）政府财政收到地方政府债券转贷收入时，按照实际收到的金额或债务管理部门确认的金额，借记“资金结存——库款资金结存”“补助预算收入——上级调拨”等科目，贷记本科目；实际收到的金额与债务管理部门确认的到期应偿还转贷款本金之间的差额，借记或贷记有关支出科目。

【例8-23】T市财政收到省政府的地方政府债券转贷收入8.1亿元，债券面值8亿元。

借：资金结存——库款资金结存　　810 000 000

　贷：债务转贷预算收入　　800 000 000

　　　一般公共预算支出　　10 000 000

2.实行定向承销方式转贷的地方政府债券，省级以下（不含省级）政府财政根据债务管理部门提供的有关资料进行确认，借记“债务还本预算支出”科目，贷记本科目。

【例8-24】R省财政按定向承销方式发行的政府债券，转贷给下级T市10亿元，T市财政根据债务管理部门提供的有关资料进行账务处理。

借：债务还本预算支出　　1 000 000 000

　贷：债务转贷预算收入　　1 000 000 000

3.省级以下（不含省级）政府财政收到主权外债转贷收入的具体账务处理如下：

（1）本级财政收到主权外债转贷资金时，借记“资金结存——库款资金结存”“资金结存——专户资金结存”科目，贷记本科目。

【例8-25】T市财政收到主权外债转贷资金7.5亿元，存入国库。

借：资金结存——库款资金结存　　750 000 000

　贷：债务转贷预算收入　　750 000 000

（2）从上级政府财政借入主权外债转贷款，且由外方或上级政府财政将贷款资金直接支付给用款单位或供应商时，应根据以下情况分别处理：

①本级政府财政承担还款责任，贷款资金由本级政府财政同级部门使用的，本

级政府财政根据贷款资金支付有关资料，借记“一般公共预算支出”科目，贷记本科目。

【例8-26】T市财政从省财政借入主权外债转贷款4.3亿元，T市财政承担还款责任，由T市自然资源局用于环境治理，贷款资金由省政府财政直接支付给用款单位。

借：一般公共预算支出　　430 000 000

　贷：债务转贷预算收入　　430 000 000

②本级政府财政承担还款责任，贷款资金由下级政府财政同级部门使用的，本级政府财政根据贷款资金支付有关资料及预算文件，借记“补助预算支出——调拨下级”等科目，贷记本科目。

【例8-27】T市财政向省财政借入主权外债资金1.3亿元，资金由所属A区公交公司使用，T市财政承担还款责任，贷款资金由省财政直接支付给用款单位。

借：补助预算支出——调拨下级　　130 000 000

　贷：债务转贷预算收入　　130 000 000

③下级政府财政承担还款责任，贷款资金由下级政府财政同级部门使用的，本级政府财政根据转贷资金支付有关资料，借记“债务转贷预算支出”科目，贷记本科目；下级政府财政根据贷款资金支付有关资料，借记“一般公共预算支出”科目，贷记本科目。

【例8-28】L市财政向省财政借入主权外债资金3亿元，贷款资金由所属C县科技局使用，C县承担还款责任，贷款资金由省财政直接支付给用款单位。

L市财政：

借：债务转贷预算支出　　300 000 000

　贷：债务转贷预算收入　　300 000 000

C县财政：

借：一般公共预算支出　　300 000 000

　贷：债务转贷预算收入　　300 000 000

4.年终转账时，本科目下“一般债务转贷收入”明细科目的贷方余额转入一般公共预算结转结余，借记本科目，贷记“一般公共预算结转结余”科目；本科目下“专项债务转贷收入”明细科目的贷方余额转入政府性基金预算结转结余，借记本科目，贷记“政府性基金预算结转结余”科目，可根据预算管理需要，按照专项债务对应的政府性基金预算收入科目分别转入“政府性基金预算结转结余”相应明细科目。

【例8-29】年末，T市财政将“债务转贷预算收入——一般债务转贷收入”科目的贷方余额16.5亿元转入一般公共预算结转结余；将“债务转贷预算收入——专项债务转贷收入”科目贷方余额4.6亿元转入政府性基金预算结转结余。

借：债务转贷预算收入——一般债务转贷收入　　1 650 000 000

　贷：一般公共预算结转结余　　1 650 000 000

借：债务转贷预算收入——专项债务转贷收入　　460 000 000

　贷：政府性基金预算结转结余　　460 000 000

（九）待处理收入

为核算本级政府财政收回的结转结余资金，设置“待处理收入”（6051）科目。本科目平时贷方余额反映待处理收入的累计数。期末结转后，本科目应无余额。

本科目下应设置“库款资金待处理收入”“专户资金待处理收入”明细科目。其主要账务处理如下：

1.收到收回的结转结余资金时，借记“资金结存——库款资金结存”等科目，贷记本科目。

【例8-30】T市财政收到收回的结转结余资金72万元，存入国库。

借：资金结存——库款资金结存　　720 000

　贷：待处理收入　　720 000

2.收回的结转结余资金，财政部门按原预算科目使用的，实际安排支出时，借记本科目或“资金结存——待处理结存”科目，贷记“资金结存——库款资金结存”科目。

【例8-31】接例8-30，T市财政将收回的结转结余资金50万元按原预算科目使用。

借：待处理收入　　500 000

　贷：资金结存——库款资金结存　　500 000

3.收回的结转结余资金，财政部门调整预算科目使用的，实际安排支出时，借记本科目或“资金结存——待处理结存”科目，按原结转预算科目，贷记“一般公共预算支出”等科目；同时，按实际支出预算科目，借记“一般公共预算支出”等科目，贷记“资金结存——库款资金结存”等科目。

【例8-32】接例8-30，T市财政将收回的结转结余资金22万元调整预算科目使用，原科目高等教育，调整后科目为中等职业教育。

借：待处理收入　　220 000

　贷：一般公共预算支出——教育支出——普通教育——高等教育　　220 000

借：一般公共预算支出——教育支出——职业教育——中等职业教育　　220 000

　贷：资金结存——库款资金结存　　220 000

4.年终，本科目贷方余额转入资金结存，借记本科目，贷记“资金结存——待处理结存”科目。

【例8-33】年末，T市财政将“待处理收入”科目贷方余额160万元转入资金结存。

借：待处理收入　　1 600 000

　贷：资金结存——待处理结存　　1 600 000

二、转移性预算收入

转移性预算收入包括补助预算收入、上解预算收入、地区间援助预算收入、调入预算资金。

（一）补助预算收入

为核算上级政府财政按照财政体制规定或专项需要补助给本级政府财政的款项，包括税收返还、一般性转移支付和专项转移支付等，设置“补助预算收入”（6011）科目。本科目平时贷方余额反映本级政府财政收到上级政府财政调拨资金的累计数。期末结转后，本科目应无余额。

本科目下应设置“一般公共预算补助收入”“政府性基金预算补助收入”“国有资本经营预算补助收入”“上级调拨”明细科目，可根据《政府收支分类科目》规定进行明细核算。其中，“一般公共预算补助收入”科目核算本级政府财政收到上级政府财政的一般公共预算转移支付收入；“政府性基金预算补助收入”科目核算本级政府财政收到上级政府财政的政府性基金转移支付收入；“国有资本经营预算补助收入”科目核算本级政府财政收到上级政府财政的国有资本经营预算转移支付收入；“上级调拨”科目核算年度执行中，本级政府财政收到暂不能明确资金类别的上级政府财政调拨资金或按年终结算应确认事项金额。其主要账务处理如下：

1.收到上级政府财政调拨的资金时：

（1）年度执行中，收到上级政府财政调拨的资金时，按照实际收到的金额，借记“资金结存——库款资金结存”科目，贷记“补助预算收入——上级调拨”等科目。

【例8-34】T市财政收到省财政调拨的资金50万元。

借：资金结存——库款资金结存　　500 000

　贷：补助预算收入——上级调拨　　500 000

（2）专项转移支付资金实行特设专户管理的，收到资金时按照实际收到的金额，借记“资金结存——专户资金结存”科目，贷记“补助预算收入——上级调拨”科目。

【例8-35】T市收到省财政专项转移支付资金35万元，存入特设专户。

借：资金结存——专户资金结存　　350 000

　贷：补助预算收入——上级调拨　　350 000

（3）有主权外债业务的财政部门，贷款资金由本级政府财政同级预算单位使用，且贷款的最终还款责任由上级政府财政承担的，本级政府财政部门收到贷款资金时，借记“资金结存——专户资金结存”科目，贷记“补助预算收入——上级调拨”科目；外方或上级政府财政将贷款资金直接支付给供应商或用款单位时，借记“一般公共预算支出”科目，贷记“补助预算收入——上级调拨”等科目；上级政府财政豁免本级政府财政主权外债，根据债务管理部门提供的有关资料和预算文件，借记“资金结存——上下级调拨结存”科目，贷记“补助预算收入——上级调拨”科目。

【例8-36】T市财政有主权外债业务，贷款资金用于城市新区开发，贷款的最终还款责任由省财政承担，收到资金6亿元存入特设专户。

借：资金结存——专户资金结存　　600 000 000

　贷：补助预算收入——上级调拨　　600 000 000

2.根据预算管理需要，本级政府财政向上级政府财政归还资金时，按照实际转出的金额，借记“补助预算收入——上级调拨”科目，贷记“资金结存——库款资金结存”科目。

【例8-37】根据预算管理需要，T市财政向省财政归还资金50万元。

借：补助预算收入——上级调拨　　500 000

　贷：资金结存——库款资金结存　　500 000

3.年终两级财政办理结算以后，根据预算管理部门提供的结算单确认上级补助预算收入，借记“补助预算收入——上级调拨”科目，贷记“补助预算收入——一般公共预算补助收入”“补助预算收入——政府性基金预算补助收入”“补助预算收入——国有资本经营预算补助收入”等科目；两级财政年终结算中发生应上交上级政府财政款项时，借记“上解预算支出”等科目，贷记“补助预算收入——上级调拨”等科目。

【例8-38】年终财政结算，确认省财政对T市财政的补助预算收入20亿元，其中，一般公共预算补助收入14亿元，政府性基金预算补助收入4.2亿元，国有资本经营预算补助收入1.8亿元。

借：补助预算收入——上级调拨　　2 000 000 000

　贷：补助预算收入——一般公共预算补助收入　　1 400 000 000

　　　　　　　　　——政府性基金预算补助收入　　420 000 000

　　　　　　　　　——国有资本经营预算补助收入　　180 000 000

4.完成上述结转以后，将本科目下各明细科目余额分别结转至相应的预算结余类科目，借记本科目，贷记“一般公共预算结转结余”“政府性基金预算结转结余”“国有资本经营预算结转结余”“资金结存——上下级调拨结存”等科目。

【例8-39】年末，T市财政将“补助预算收入”各明细科目余额分别结转至相应的预算结余类科目。“一般公共预算补助收入”明细科目贷方余额14亿元，“政府性基金预算补助收入”明细科目贷方余额4.2亿元，“国有资本经营预算补助收入”明细科目贷方余额1.8亿元。

借：补助预算收入——一般公共预算补助收入　　1 400 000 000

　贷：一般公共预算结转结余　　1 400 000 000

借：补助预算收入——政府性基金预算补助收入　　420 000 000

　贷：政府性基金预算结转结余　　420 000 000

借：补助预算收入——国有资本经营预算补助收入　　180 000 000

　贷：国有资本经营预算结转结余　　180 000 000

（二）上解预算收入

为核算按照财政体制规定或专项需要由下级政府财政上交给本级政府财政的款项，设置“上解预算收入”（6012）科目。本科目平时贷方余额反映上解收入的累计数。期末结转后，本科目应无余额。

本科目下应按照不同资金性质设置“一般公共预算上解收入”“政府性基金预算上解收入”“国有资本经营预算上解收入”明细科目，并按照上解地区进行明细核算。其主要账务处理如下：

1.年终与下级政府财政结算时，根据预算管理部门提供的有关资料，按照尚未收到的上解款金额，借记“补助预算支出——调拨下级”科目，贷记本科目。

【例8-40】年末，T市财政与下级政府财政结算，确认尚未收到的上解款项8.5亿元。

借：补助预算支出——调拨下级　　850 000 000

　贷：上解预算收入　　850 000 000

2.年终转账时，本科目贷方余额应根据不同资金性质分别转入相应的结转结余科目，借记本科目，贷记“一般公共预算结转结余”“政府性基金预算结转结余”“国有资本经营预算结转结余”等科目。

【例8-41】年末，T市财政将“上解预算收入”科目贷方余额根据不同资金性质分别转入相应的结转结余科目。“一般公共预算上解收入”明细科目贷方余额15亿元，“政府性基金预算上解收入”明细科目贷方余额10亿元，“国有资本经营预算上解收入”明细科目贷方余额5亿元。

借：上解预算收入——一般公共预算上解收入　　1 500 000 000

　贷：一般公共预算结转结余　　1 500 000 000

借：上解预算收入——政府性基金预算上解收入　　1 000 000 000

　贷：政府性基金预算结转结余　　1 000 000 000

借：国有资本经营预算上解收入　　500 000 000

　贷：国有资本经营预算结转结余　　500 000 000

（三）地区间援助预算收入

为核算受援方政府财政收到援助方政府财政转来的可统筹使用的各类援助、捐赠等资金收入，设置“地区间援助预算收入”（6013）科目。援助方政府已列“地区间援助预算支出”的援助、捐赠等资金，受援方通过本科目核算。本科目平时贷方余额反映地区间援助收入的累计数。期末结转后，本科目应无余额。

本科目应根据管理需要，按照援助地区等进行明细核算。其主要账务处理如下：

1.收到援助方政府财政转来的资金时，借记“资金结存——库款资金结存”科目，贷记本科目。

【例8-42】T市财政收到对口支援地区财政转来的资金5亿元。

借：资金结存——库款资金结存　　500 000 000

贷：地区间援助预算收入　　500 000 000

2.年终转账时，本科目贷方余额转入一般公共预算结转结余，借记本科目，贷记“一般公共预算结转结余”科目。

【例8-43】年末，T市财政将“地区间援助预算收入”科目贷方余额10亿元转入一般公共预算结转结余。

借：地区间援助预算收入　　1 000 000 000

贷：一般公共预算结转结余　　1 000 000 000

（四）调入预算资金

为核算政府财政为平衡某类预算收支，从其他类型预算资金及其他渠道调入的资金，设置“调入预算资金”（6021）科目。本科目平时贷方余额反映调入预算资金的累计数。期末结转后，本科目无余额。

本科目下应按照不同资金性质设置“一般公共预算调入资金”“政府性基金预算调入资金”明细科目。其主要账务处理如下：

1.从其他类型预算资金及其他渠道调入一般公共预算时，按照调入或实际收到的金额，借记“调出预算资金——政府性基金预算调出资金”“调出预算资金——国有资本经营预算调出资金”“资金结存——库款资金结存”等科目，贷记“调入预算资金——一般公共预算调入资金”科目。

【例8-44】R省财政从政府性基金预算调入一般公共预算资金4亿元。

借：调出预算资金——政府性基金预算调出资金　　400 000 000

贷：调入预算资金——一般公共预算调入资金　　400 000 000

2.从其他类型预算资金及其他渠道调入政府性基金预算时，按照调入或实际收到的资金金额，借记“资金结存——库款资金结存”等科目，贷记“调入预算资金——政府性基金预算调入资金”科目。

【例8-45】T市财政从国有资本经营预算调入政府性基金预算2亿元。

借：调出预算资金——国有资本经营预算调出资金　　200 000 000

贷：调入预算资金——政府性基金预算调入资金　　200 000 000

3.年终转账时，本科目贷方余额按明细科目分别转入相应的结转结余科目，借记本科目，贷记“一般公共预算结转结余”“政府性基金预算结转结余”等科目。

【例8-46】年末，R省财政将“调入预算资金——一般公共预算调入资金”贷方余额9亿元转入一般公共预算结转结余。

借：调入预算资金——一般公共预算调入资金　　900 000 000

贷：一般公共预算结转结余　　900 000 000

第二节

预算支出的核算

预算支出一般在实际发生时予以确认，以实际发生的金额计量。财政总会计核算的预算支出包括一般公共预算支出、政府性基金预算支出、国有资本经营预算支出、财政专户管理资金支出、专用基金支出、补助预算支出、上解预算支出、地区间援助预算支出、调出预算资金、安排预算稳定调节基金、债务还本预算支出、债务转贷预算支出和待处理支出等。我们将其划分为直接安排支出和转移性支出。

一、直接安排支出

（一）一般公共预算支出

为核算政府财政管理的由本级政府安排使用的列入一般公共预算的支出，设置“一般公共预算支出”（7001）科目。本科目平时借方余额反映一般公共预算支出的累计数。期末结转后，本科目应无余额。

本科目应根据《政府收支分类科目》中支出功能分类科目和支出经济分类科目进行明细核算。同时，可根据预算管理需要，按照预算单位和项目等进行明细核算。其主要账务处理如下：

1.实际发生一般公共预算支出时，借记本科目，贷记“资金结存——库款资金结存”等科目。

【例8-47】T市财政支付市发展与改革事务的日常经济运行调节资金15万元。

借：一般公共预算支出——发展与改革事务——日常经济运行调节 150 000

　贷：资金结存——库款资金结存 150 000

2.已支出事项发生退回时，借记“资金结存——库款资金结存”等科目，贷记本科目。

【例8-48】接例8-47，T市财政收回已支付的市发展与改革事务的日常经济运行调节资金2万元。

借：资金结存——库款资金结存 20 000

　贷：一般公共预算支出——发展与改革事务——日常经济运行调节 20 000

3.年终转账时，本科目借方余额转入一般公共预算结转结余，借记“一般公共预算结转结余”科目，贷记本科目。

【例8-49】年末，T市财政将“一般公共预算支出”科目借方余额327亿元转入一般公共预算结转结余。

借：一般公共预算结转结余 32 700 000 000

　贷：一般公共预算支出 32 700 000 000

（二）政府性基金预算支出

为核算政府财政管理的由本级政府安排使用的列入政府性基金预算的支出，设置“政府性基金预算支出”（7002）科目。本科目平时借方余额反映政府性基金预算支出的累计数。期末结转后，本科目应无余额。

本科目应根据《政府收支分类科目》中支出功能分类科目和支出经济分类科目进行明细核算。同时，可根据预算管理需要，按照预算单位和项目等进行明细核算。其主要账务处理如下：

1.实际发生政府性基金预算支出时，借记本科目，贷记“资金结存——库款资金结存”等科目。

【例8-50】为落实党的二十大精神，“积极发展社会主义先进文化”，T市财政支付资助国产影片放映支出20万元。

借：政府性基金预算支出——文化旅游体育与传媒支出——国家电影事业发展专项资金安排的支出——资助国产影片放映　　200 000

　贷：资金结存——库款资金结存　　200 000

2.已支出事项发生退回时，借记“资金结存——库款资金结存”等科目，贷记本科目。

【例8-51】接例8-50，T市财政收回已支付的资助国产影片放映支出1.6万元。

借：资金结存——库款资金结存　　16 000

　贷：政府性基金预算支出——文化旅游体育与传媒支出——国家电影事业发展专项资金安排的支出——资助国产影片放映　　16 000

3.年终转账时，本科目借方余额转入政府性基金预算结转结余，借记“政府性基金预算结转结余”科目，贷记本科目。

【例8-52】年末，T市财政将“政府性基金预算支出”科目借方余额110亿元转入政府性基金预算结转结余。

借：政府性基金预算结转结余　　11 000 000 000

　贷：政府性基金预算支出　　11 000 000 000

（三）国有资本经营预算支出

为核算政府财政管理的由本级政府安排使用的列入国有资本经营预算的支出，设置“国有资本经营预算支出”（7003）科目。本科目平时借方余额反映国有资本经营预算支出的累计数。期末结转后，本科目应无余额。

本科目应根据《政府收支分类科目》中支出功能分类科目和支出经济分类科目进行明细核算。同时，根据预算管理需要，按照预算单位和项目等进行明细核算。其主要账务处理如下：

1.实际发生国有资本经营预算支出时，借记本科目，贷记“资金结存——库款资金结存”等科目。

【例8-53】为落实党的二十大精神，加强生态环境保护，T市财政支出国有企业生态环境保护支出50万元。

借：国有资本经营预算支出——国有企业资本金注入——生态环境保护支出　500 000

　　贷：资金结存——库款资金结存　500 000

2.已支出事项发生退回时，借记“资金结存——库款资金结存”等科目，贷记本科目。

【例8-54】接例8-53，T市财政收回因计算错误多支出的国有企业生态环境保护支出2.6万元。

借：资金结存——库款资金结存　26 000

　　贷：国有资本经营预算支出——国有资本经营预算支出——国有企业资本金注入——生态环境保护支出　26 000

3.年终转账时，本科目借方余额转入国有资本经营预算结转结余，借记“国有资本经营预算结转结余”科目，贷记本科目。

【例8-55】年末，T市财政将“国有资本经营预算支出”科目借方余额17.2亿元转入国有资本经营预算结转结余。

借：国有资本经营预算结转结余　1 720 000 000

　　贷：国有资本经营预算支出　1 720 000 000

（四）财政专户管理资金支出

为核算本级政府财政用纳入财政专户管理的教育收费等资金安排的支出，设置“财政专户管理资金支出”（7005）科目。本科目平时借方余额反映财政专户管理资金支出的累计数。期末结转后，本科目应无余额。

本科目应根据《政府收支分类科目》中支出功能分类科目和支出经济分类科目进行明细核算。同时，可根据管理需要，按照预算单位和项目等进行明细核算。其主要账务处理如下：

1.发生财政专户管理资金支出时，借记本科目，贷记“资金结存——专户资金结存”等科目。

【例8-56】党的二十大报告指出，“教育、科技、人才是全面建设社会主义现代化国家的基础性、战略性支撑”。T市财政向T大学核拨教育收费专项资金200万元。

借：财政专户管理资金支出　2 000 000

　　贷：资金结存——专户资金结存　2 000 000

2.已支出事项发生退回时，借记“资金结存——专户资金结存”等科目，贷记本科目。

【例8-57】T市财政收回多核拨的专项资金支出5.3万元。

借：资金结存——专户资金结存　53 000

　　贷：财政专户管理资金支出　53 000

3.年终转账时，本科目借方余额转入财政专户管理资金结余，借记“财政专户管理资金结余”科目，贷记本科目。

【例8-58】年末，T市财政将“财政专户管理资金支出”科目借方余额33 915万元转入财政专户管理资金结余。

借：财政专户管理资金结余　　339 150 000

　贷：财政专户管理资金支出　　339 150 000

（五）专用基金支出

为核算政府财政专用基金收入安排的支出，设置“专用基金支出”（7007）科目。本科目平时借方余额反映专用基金支出的累计数。期末结转后，本科目应无余额。

本科目应根据专用基金的种类设置明细科目。同时，根据预算管理需要，按预算单位等进行明细核算。其主要账务处理如下：

1.发生专用基金支出时，借记本科目，贷记“资金结存——库款资金结存”“资金结存——专户资金结存”等科目。

【例8-59】为落实党的二十大精神，“全面落实粮食安全党政同责”，T市财政支出粮食风险基金400万元，以专户资金存款支付。

借：专用基金支出　　4 000 000

　贷：资金结存——专户资金结存　　4 000 000

2.已支出事项发生退回时，借记“资金结存——库款资金结存”“资金结存——专户资金结存”等科目，贷记本科目。

【例8-60】接例8-59，T市财政收回多支出的粮食风险基金15万元，存入专户。

借：资金结存——专户资金结存　　150 000

　贷：专用基金支出　　150 000

3.年终转账时，本科目借方余额转入专用基金结余，借记“专用基金结余”科目，贷记本科目。

【例8-61】年末，T市财政将“专用基金支出”科目借方余额7 492万元转入专用基金结余。

借：专用基金结余　　74 920 000

　贷：专用基金支出　　74 920 000

（六）安排预算稳定调节基金

为核算政府财政安排用于弥补以后年度预算资金不足的储备资金，设置“安排预算稳定调节基金”（7031）科目。本科目平时借方余额反映安排预算稳定调节基金的累计数。期末结转后，本科目应无余额。

安排预算稳定调节基金的主要账务处理如下：

1.安排预算稳定调节基金时，借记本科目，贷记“预算稳定调节基金”科目。

【例8-62】依据预算结余资金情况，L市财政安排预算稳定调节基金30亿元。

借：安排预算稳定调节基金　　3 000 000 000

贷：预算稳定调节基金　　3 000 000 000

2.年终转账时，本科目借方余额转入一般公共预算结转结余，借记“一般公共预算结转结余”科目，贷记本科目。

【例8-63】年末，L市财政将“安排预算稳定调节基金”科目借方余额30亿元转入一般公共预算结转结余。

借：一般公共预算结转结余　　3 000 000 000

贷：安排预算稳定调节基金　　3 000 000 000

（七）债务还本预算支出

为核算政府财政偿还本级政府财政承担的纳入预算管理的债务本金支出，设置“债务还本预算支出”（7041）科目。本科目平时借方余额反映本级政府财政债务还本预算支出的累计数。期末结转后，本科目应无余额。

本科目应设置“国债还本支出”“一般债务还本支出”“专项债务还本支出”明细科目，并根据《政府收支分类科目》中“债务还本支出”科目进行明细核算。其主要账务处理如下：

1.偿还本级政府财政承担的政府债券、主权外债等纳入预算管理的债务本金时，借记本科目，贷记“资金结存——库款资金结存”“资金结存——专户资金结存”“补助预算收入——上级调拨”等科目。

【例8-64】L市财政偿还本级政府承担的地方政府债券本金10亿元，以国库存款支付。

借：债务还本预算支出　　1 000 000 000

贷：资金结存——库款资金结存　　1 000 000 000

2.中央财政发生国债随买业务时，根据国债随买确认文件等相关债券管理资料，按照国债随买面值，借记本科目，按照实际支付的金额，贷记“资金结存——库款资金结存”科目；按照其差额，借记或贷记“一般公共预算支出”科目。

【例8-65】中央财政发生国债随买业务，中央财政随买国债面值21.3亿元，实际支付21.26亿元。

借：债务还本预算支出　　2 130 000 000

贷：资金结存——库款资金结存　　2 126 000 000

一般公共预算支出　　4 000 000

3.年终转账时，本科目下“国债还本支出”“一般债务还本支出”的借方余额转入一般公共预算结转结余，借记“一般公共预算结转结余”科目，贷记“债务还本预算支出——国债还本支出”“债务还本预算支出——一般债务还本支出”科目；本科目下“专项债务还本支出”的借方余额转入政府性基金预算结转结余，借记“政府性基金预算结转结余”科目，贷记“债务还本预算支出——专项债务还本支出”科目，可根据预算管理需要，按照专项债务对应的政府性基金预算支出科目分别转入“政府性基金预算结转结余”相应明细科目。

【例8-66】年末，中央财政将“债务还本预算支出——国债还本支出”科目借方余额1 200亿元转入一般公共预算结转结余，将“债务还本预算支出——专项债务还本支出”科目借方余额3 000亿元转入政府性基金预算结转结余。

借：一般公共预算结转结余　　120 000 000 000

　贷：债务还本预算支出——国债还本支出　　120 000 000 000

借：政府性基金预算结转结余　　300 000 000 000

　贷：债务还本预算支出——专项债务还本支出　　300 000 000 000

（八）债务转贷预算支出

为核算本级政府财政向下级政府财政转贷的债务支出，设置“债务转贷预算支出”（7042）科目。本科目平时借方余额反映债务转贷支出的累计数。期末结转后，本科目应无余额。

本科目应设置“一般债务转贷支出”“专项债务转贷支出”明细科目，并根据《政府收支分类科目》中“债务转贷支出”科目和转贷地区进行明细核算。其主要账务处理如下：

1.本级政府财政向下级政府财政转贷地方政府债券资金时，借记本科目，贷记“资金结存——库款资金结存”“补助预算支出——调拨下级”等科目。

【例8-67】L市财政向所属B县政府财政转贷地方政府债券资金2亿元，从国库划转。

借：债务转贷预算支出　　200 000 000

　贷：资金结存——库款资金结存　　200 000 000

2.本级政府财政向下级政府财政转贷主权外债资金，且主权外债最终还款责任由下级政府财政承担的具体账务处理如下：

（1）支付转贷资金时，根据外债管理部门提交的转贷业务有关资料，借记本科目，贷记“资金结存——库款资金结存”“资金结存——专户资金结存”科目。

【例8-68】R省向所属L市财政转贷主权外债资金6亿元用于财政专户资金管理项目，L市政府财政承担还款责任。

借：债务转贷预算支出　　600 000 000

　贷：资金结存——专户资金结存　　600 000 000

（2）外方或上级政府财政将贷款资金直接支付给用款单位或供应商时，根据外债管理部门提交的转贷业务有关资料，借记本科目，贷记“债务预算收入”“债务转贷预算收入”科目。

【例8-69】R省财政向外国政府借入主权外债并向所属M市财政转贷10亿元，贷款资金由外方直接支付给用款单位，还款责任由M市政府财政承担。

借：债务转贷预算支出　　1 000 000 000

　贷：债务预算收入　　1 000 000 000

3.年终转账时，本科目下“一般债务转贷支出”明细科目的借方余额转入一般公共预算结转结余，借记“一般公共预算结转结余”科目，贷记“债务转贷预算支出——一般债务转贷支出”科目；本科目下“专项债务转贷支出”明细科目的借方余额转入政府性基金预算结转结余，借记“政府性基金预算结转结余”科目，贷记“债务转贷预算支出——专项债务转贷支出”科目，可根据预算管理需要，按照专项债务对应的政府性基金预算支出科目分别转入“政府性基金预算结转结余”相应明细科目。

【例8-70】年末，R省财政将“债务转贷预算支出——一般债务转贷支出”科目借方余额67亿元转入一般公共预算结转结余，将“债务转贷预算支出——专项债务转贷支出”科目借方余额35亿元转入政府性基金预算结转结余。

借：一般公共预算结转结余　　6 700 000 000

　贷：债务转贷预算支出——一般债务转贷支出　　6 700 000 000

借：政府性基金预算结转结余　　3 500 000 000

　贷：债务转贷预算支出——专项债务转贷支出　　3 500 000 000

（九）待处理支出

为核算政府财政按照预拨经费管理有关规定预拨给预算单位尚未列为预算支出的款项，设置“待处理支出”（7051）科目。本科目平时借方余额反映政府财政尚未转列支出或尚待收回的待处理支出数。期末结转后，本科目应无余额。

本科目应当按照预算单位进行明细核算。其主要账务处理如下：

1.拨出款项时，借记本科目，贷记“资金结存——库款资金结存”等科目。

【例8-71】T市财政向市住房保障中心预拨经费68万元用于急需。

借：待处理支出　　680 000

　贷：资金结存——库款资金结存　　680 000

2.转列预算支出时，借记“一般公共预算支出”“政府性基金预算支出”“国有资本经营预算支出”等科目，贷记本科目。

【例8-72】接例8-71，T市财政将预拨经费68万元转列为预算支出。

借：一般公共预算支出　　680 000

　贷：待处理支出　　680 000

3.收回预拨款项时，借记“资金结存——库款资金结存”等科目，贷记本科目。

【例8-73】接例8-71，T市财政收回向市住房保障中心预拨的经费68万元。

借：资金结存——库款资金结存　　680 000

　贷：待处理支出　　680 000

4.年终，本科目借方余额转入资金结存，借记“资金结存——待处理结存”科目，贷记本科目。

【例8-74】年终，T市财政将“待处理支出”科目借方余额180万元转入资金结存。

借：资金结存——待处理结存　　1 800 000

　贷：待处理支出　　1 800 000

二、转移性支出

转移性支出包括补助预算支出、上解预算支出、地区间援助预算支出、调出预算资金。

（一）补助预算支出

为核算本级政府财政按照财政体制规定或专项需要补助给下级政府财政的款项，包括对下级的税收返还、一般性转移支付和专项转移支付等，设置“补助预算支出”（7011）科目。本科目平时借方余额反映补助预算支出的累计数。期末结转后，本科目应无余额。

本科目应按照不同资金性质设置“一般公共预算补助支出”“政府性基金预算补助支出”“国有资本经营预算补助支出”“调拨下级”明细科目。同时，可根据管理需要，按照补助地区和《政府收支分类科目》中支出功能分类科目进行明细核算。其中，“一般公共预算补助支出”科目核算本级政府财政对下级政府财政的一般性转移支付支出；“政府性基金预算补助支出”科目核算本级政府财政对下级政府财政的政府性基金预算转移支付支出；“国有资本经营预算补助支出”科目核算本级政府财政对下级政府财政的国有资本经营预算转移支付支出；“调拨下级”科目核算年度执行中，本级政府财政调拨给下级政府财政的尚未指定资金性质的资金或结算应确认事项金额。其主要账务处理如下：

1. 年度执行中，调拨资金给下级政府财政，根据实际调拨的金额借记“补助预算支出——调拨下级”等科目，贷记“资金结存——库款资金结存”“资金结存——专户资金结存”科目。

【例 8-75】T市财政调拨专户资金100万元给所属的A区政府财政。

借：补助预算支出——调拨下级　　1 000 000

　贷：资金结存——专户资金结存　　1 000 000

2. 两级财政年终结算中应当由下级政府财政上交的款项，借记“补助预算支出——调拨下级”等科目，贷记“上解预算收入”科目。

【例 8-76】年末，T市财政与所属A区财政年终结算，确认应当由A区财政上交176万元。

借：补助预算支出——调拨下级　　1 760 000

　贷：上解预算收入　　1 760 000

3. 专项转移支付资金实行特设专户管理的，根据有关支出管理部门下达的预算文件和拨款依据确认支出，借记“补助预算支出——调拨下级”等科目；资金由本级政府财政拨付给下级的，贷记“资金结存——专户资金结存”等科目；资金由上级政府财政直接拨给下级的，贷记“补助预算收入——上级调拨”科目。

【例 8-77】T市财政获得专项转移支付并依据预算文件落实23万元给所属B区政府财政，资金实行特设专户管理，资金由省政府财政直接拨给B区。

借：补助预算支出——调拨下级　　230 000

　贷：补助预算收入——上级调拨　　230 000

4.本级政府财政借入或收到转贷的主权外债，贷款资金由下级政府财政同级部门使用，且贷款最终还款责任由本级政府财政承担的，根据债务管理部门提供的有关资料，借记“补助预算支出——调拨下级”等科目，贷记“资金结存——库款资金结存”“资金结存——专户资金结存”科目；外方或上级政府财政将贷款资金直接支付给用款单位或供应商的，借记“补助预算支出——调拨下级”等科目，贷记“债务预算收入”“债务转贷预算收入”等科目；本级政府财政豁免下级政府财政主权外债，根据债务管理部门提供的有关资料和有关预算文件，借记“补助预算支出——调拨下级”等科目，贷记“资金结存——上下级调拨结存”科目。

【例8-78】T市财政将借入的主权外债1亿元转贷给所属C县财政，由C县水利部门用于农田水利建设。T市财政承担贷款的最终还款责任，资金从专户拨付。

借：补助预算支出——调拨下级	100 000 000	
贷：资金结存——专户资金结存		100 000 000

【例8-79】T市财政将借入的主权外债1.4亿元转贷给所属D县财政，由D县气象部门用于气象监测设施建设，资金由外方直接支付给用款单位。

借：补助预算支出——调拨下级	140 000 000	
贷：债务预算收入		140 000 000

【例8-80】R省财政豁免所属L市政府财政的主权外债转贷款3.6亿元。

借：补助预算支出——调拨下级	360 000 000	
贷：资金结存——上下级调拨结存		360 000 000

5.根据预算管理需要，收回已调拨下级政府财政资金时，按照实际收到的金额，借记“资金结存——库款资金结存”“资金结存——专户资金结存”等科目，贷记“补助预算支出——调拨下级”等科目。

【例8-81】根据预算管理需要，T市财政收回调拨给所属的A区财政的100万元并存入专户。

借：资金结存——专户资金结存	1 000 000	
贷：补助预算支出——调拨下级		1 000 000

6.发生上解多交应当退回的，按照应当退回的金额，借记“上解预算收入”科目，贷记“补助预算支出——调拨下级”等科目。

【例8-82】A区政府财政多上解T市财政20万元，予以退回。

借：上解预算收入	200 000	
贷：补助预算支出——调拨下级		200 000

7.年终两级财政办理结算以后，根据预算管理部门提供的结算单确认补助下级预算支出，借记“补助预算支出——一般公共预算补助支出”“补助预算支出——政府性基金预算补助支出”“补助预算支出——国有资本经营预算补助支出”等科目，贷记“补助预算支出——调拨下级”科目。

【例8-83】年末财政结算，L市财政确认对M区的一般公共预算补助支出3.2亿元、政府性基金预算补助支出0.6亿元、国有资本经营预算补助支出0.05亿元。

借：补助预算支出——一般公共预算补助支出　　320 000 000
　　　　　　　　——政府性基金预算补助支出　　60 000 000
　　　　　　　　——国有资本经营预算补助支出　　5 000 000
　贷：补助预算支出——调拨下级　　385 000 000

8.完成上述结转以后，将本科目下各明细科目余额分别结转至相应的预算结余类科目。借记“资金结存——上下级调拨结存”“一般公共预算结转结余”“政府性基金预算结转结余”“国有资本经营预算结转结余”等科目，贷记本科目。

【例8-84】年末，T市财政将“补助预算支出——一般公共预算补助支出”科目借方余额16亿元转入一般公共预算结转结余；将“补助预算支出——政府性基金预算补助支出”科目借方余额1.2亿元转入政府性基金预算结转结余；将“补助预算支出——国有资本经营预算补助支出”科目借方余额2亿元转入国有资本经营预算结转结余；“补助预算支出——调拨下级”科目借方余额0.5亿元转入“资金结存——上下级调拨结存”科目。

借：一般公共预算结转结余　　1 600 000 000
　贷：补助预算支出——一般公共预算补助支出　　1 600 000 000
借：政府性基金预算结转结余　　120 000 000
　贷：补助预算支出——政府性基金预算补助支出　　120 000 000
借：国有资本经营预算结转结余　　200 000 000
　贷：补助预算支出——国有资本经营预算补助支出　　200 000 000
借：资金结存——上下级调拨结存　　50 000 000
　贷：补助预算支出——调拨下级　　50 000 000

（二）上解预算支出

为核算本级政府财政按照财政体制规定或专项需要上交给上级政府财政的款项，设置“上解预算支出”（7012）科目。本科目平时借方余额反映上解支出的累计数。期末结转后，本科目应无余额。

本科目应按照不同资金性质设置“一般公共预算上解支出”“政府性基金预算上解支出”“国有资本经营预算上解支出”明细科目。其主要账务处理如下：

1.发生上解预算支出时，借记本科目，贷记“资金结存——库款资金结存”“补助预算收入——上级调拨”等科目。

【例8-85】L市财政向省财政上解预算支出300万元。

借：上解预算支出　　3 000 000
　贷：资金结存——库款资金结存　　3 000 000

2.年终与上级政府财政结算时，按照尚未支付的上解金额，借记本科目，贷记“补助预算收入——上级调拨”等科目。退还或核减上解支出时，借记“资金结存——库款资金结存”“补助预算收入——上级调拨”等科目，贷记本科目。

【例8-86】年终，L市财政与省财政结算，核减上解支出50万元。

借：资金结存——库款资金结存　　500 000

　贷：上解预算支出　　500 000

3.年终转账时，本科目借方余额应根据不同资金性质分别转入相应的结转结余科目，借记“一般公共预算结转结余”“政府性基金预算结转结余”等科目，贷记本科目。

【例8-87】年末，T市财政将“上解预算支出——一般公共预算上解支出”科目借方余额24亿元转入一般公共预算结转结余，将“上解预算支出——政府性基金预算上解支出”科目借方余额5亿元转入政府性基金预算结转结余。

借：一般公共预算结转结余　　2 400 000 000

　贷：上解预算支出——一般公共预算上解支出　　2 400 000 000

借：政府性基金预算结转结余　　500 000 000

　贷：上解预算支出——政府性基金预算上解支出　　500 000 000

（三）地区间援助预算支出

为核算援助方政府财政安排用于受援方政府财政统筹使用的各类援助、捐赠等资金支出，设置“地区间援助预算支出”（7013）科目。本科目平时借方余额反映地区间援助支出的累计数。期末结转后，本科目应无余额。

本科目应按照受援地区等进行相应明细核算。其主要账务处理如下：

1.发生地区间援助预算支出时，借记本科目，贷记“资金结存——库款资金结存”科目。

【例8-88】R省财政向对口援助省份支出0.5亿元援助资金。

借：地区间援助预算支出　　50 000 000

　贷：资金结存——库款资金结存　　50 000 000

2.年终转账时，本科目借方余额转入一般公共预算结转结余，借记“一般公共预算结转结余”科目，贷记本科目。

【例8-89】年末，T市将“地区间援助预算支出”科目借方余额1.6亿元转入一般公共预算结转结余。

借：一般公共预算结转结余　　160 000 000

　贷：地区间援助预算支出　　160 000 000

（四）调出预算资金

为核算政府财政为平衡预算收支，在不同类型预算资金之间的调出支出，设置“调出预算资金”（7021）科目。本科目平时借方余额反映调出预算资金的累计数。期末结转后，本科目应无余额。

本科目应设置“一般公共预算调出资金”“政府性基金预算调出资金”和“国有资本经营预算调出资金”明细科目。其主要账务处理如下：

1.从一般公共预算调出资金时，按照调出的金额，借记“调出预算资金——一般公共预算调出资金”科目，贷记“调入预算资金”有关明细科目。

【例8-90】L市财政从一般公共预算调出资金0.6亿元平衡政府性基金预算。

借：调出预算资金——一般公共预算调出资金　　60 000 000

　贷：调入预算资金——政府性基金预算调入资金　　60 000 000

2.从政府性基金预算调出资金时，按照调出的金额，借记“调出预算资金——政府性基金预算调出资金”科目，贷记“调入预算资金”有关明细科目。

【例8-91】R省从政府性基金预算调出资金1亿元用于平衡一般公共预算。

借：调出预算资金——政府性基金预算调出资金　　100 000 000

　贷：调入预算资金——一般公共预算调入资金　　100 000 000

3.从国有资本经营预算调出资金时，按照调出的金额，借记“调出预算资金——国有资本经营预算调出资金”科目，贷记“调入预算资金”有关明细科目。

【例8-92】T市从国有资本经营预算调出资金0.7亿元用于平衡一般公共预算。

借：调出预算资金——国有资本经营预算调出资金　　70 000 000

　贷：调入预算资金——一般公共预算调入资金　　70 000 000

4.年终转账时，本科目借方余额分别转入相应的结转结余科目，借记“一般公共预算结转结余”“政府性基金预算结转结余”“国有资本经营预算结转结余”等科目，贷记本科目。

【例8-93】年末，L市财政将“调出预算资金——政府性基金预算调出资金”科目借方余额0.8亿元转入政府性基金预算结转结余，将“调出预算资金——国有资本经营预算调出资金”科目借方余额2亿元转入国有资本经营预算结转结余。

借：政府性基金预算结转结余　　80 000 000

　贷：调出预算资金——政府性基金预算调出资金　　80 000 000

借：国有资本经营预算结转结余　　200 000 000

　贷：调出预算资金——国有资本经营预算调出资金　　200 000 000

第三节
预算结余的核算

预算结余是指预算年度内政府预算收入扣除预算支出后的余额，以及历年滚存的库款和专户资金余额。财政总会计核算的预算结余包括一般公共预算结转结余、政府性基金预算结转结余、国有资本经营预算结转结余、财政专户管理资金结余、专用基金结余、预算稳定调节基金、预算周转金和资金结存等。

一、一般公共预算结转结余

为核算本级政府财政一般公共预算收支的执行结果，设置“一般公共预算结转结余”（8001）科目。本科目期末贷方余额反映一般公共预算收支相抵后的滚存结转结余。

一般公共预算结转结余的主要账务处理如下：

1.年终转账时，将一般公共预算的有关收入科目贷方余额转入本科目的贷方，借记“一般公共预算收入”“补助预算收入——一般公共预算补助收入”“上解预算收入——一般公共预算上解收入”“地区间援助预算收入”“调入预算资金——一般公共预算调入资金”“债务预算收入——国债收入”“债务预算收入——一般债务收入”“债务转贷预算收入——一般债务转贷收入”“动用预算稳定调节基金”科目，贷记本科目；将一般公共预算的有关支出科目借方余额转入本科目的借方，借记本科目，贷记“一般公共预算支出”“补助预算支出——一般公共预算补助支出”“上解预算支出——一般公共预算上解支出”“地区间援助预算支出”“调出预算资金——一般公共预算调出资金”“安排预算稳定调节基金”“债务还本预算支出——国债还本支出”“债务还本预算支出——一般债务还本支出”“债务转贷预算支出——一般债务转贷支出”科目。

【例8-94】年末，T市财政将“一般公共预算收入”科目贷方余额385亿元、“补助预算收入——一般公共预算补助收入”科目贷方余额4亿元、“上解预算收入——一般公共预算上解收入”科目贷方余额15亿元、“地区间援助预算收入”科目贷方余额10亿元、“调入预算资金——一般公共预算调入资金”科目贷方余额9亿元、“债务预算收入——一般债务收入”科目贷方余额2亿元、“债务转贷预算收入——一般债务转贷收入”科目贷方余额16.5亿元、“动用预算稳定调节基金”科目贷方余额2亿元转入一般公共预算结转结余。

借：一般公共预算收入	38 500 000 000	
补助预算收入——一般公共预算补助收入	400 000 000	
上解预算收入——一般公共预算上解收入	1 500 000 000	
地区间援助预算收入	1 000 000 000	
调入预算资金——一般公共预算调入资金	900 000 000	
债务预算收入——一般债务收入	200 000 000	
债务转贷预算收入——一般债务转贷收入	1 650 000 000	
动用预算稳定调节基金	200 000 000	
贷：一般公共预算结转结余		44 350 000 000

【例8-95】年末，T市财政将“一般公共预算支出”科目借方余额327亿元、“补助预算支出——一般公共预算补助支出”科目借方余额16亿元、“上解预算支出——一般公共预算上解支出”科目借方余额24亿元、“地区间援助预算支出”科目借方余额1.6亿元、“调出预算资金——一般公共预算调出资金”科目借方余额1亿元、“安排预算稳定调节基金”科目借方余额30亿、“债务还本预算支出——一般债务还本支出”科目借方余额5亿元、“债务转贷预算支出——一般债务转贷支

出”科目借方余额67亿转入一般公共预算结转结余。

借：一般公共预算结转结余	47 160 000 000	
贷：一般公共预算支出		32 700 000 000
补助预算支出——一般公共预算补助支出		1 600 000 000
上解预算支出——一般公共预算上解支出		2 400 000 000
地区间援助预算支出		160 000 000
调出预算资金——一般公共预算调出资金		100 000 000
安排预算稳定调节基金		3 000 000 000
债务还本预算支出——一般债务还本支出		500 000 000
债务转贷预算支出——一般债务转贷支出		6 700 000 000

2.设置或补充预算周转金时，借记本科目，贷记“预算周转金”科目。

【例8-96】L市补充预算周转金500万元。

借：一般公共预算结转结余	5 000 000	
贷：预算周转金		5 000 000

二、政府性基金预算结转结余

为核算本级政府财政政府性基金预算收支的执行结果，设置“政府性基金预算结转结余”（8002）科目。本科目期末贷方余额反映政府性基金预算收支相抵后的滚存结转结余。

本科目可根据管理需要，按照政府性基金的项目进行明细核算。其主要账务处理如下：

年终转账时，将政府性基金预算的有关收入科目贷方余额转入本科目的贷方，按照政府性基金项目分别转入本科目的贷方，借记“政府性基金预算收入”“补助预算收入—— 政府性基金预算补助收入”“上解预算收入——政府性基金预算上解收入”“调入预算资金——政府性基金预算调入资金”“债务预算收入——专项债务收入”“债务转贷预算收入——专项债务转贷收入”科目，贷记本科目；将政府性基金预算的有关支出科目借方余额转入本科目的借方，借记本科目，贷记“政府性基金预算支出”“补助预算支出——政府性基金预算补助支出”“上解预算支出——政府性基金预算上解支出”“调出预算资金——政府性基金预算调出资金”“债务还本预算支出——专项债务还本支出”“债务转贷预算支出——专项债务转贷支出”科目。

【例8-97】年末，T市财政将“政府性基金预算收入”科目贷方余额110亿元、“补助预算收入——政府性基金预算补助收入”科目贷方余额4.2亿元、“上解预算收入——政府性基金预算上解收入”科目贷方余额10亿元、“调入预算资金——政府性基金预算调入资金”科目贷方余额9亿元、“债务预算收入——专项债务收入”科目贷方余额1亿元、“债务转贷预算收入——专项债务转贷收入”科目贷方余额4.6亿元转入政府性基金预算结转结余。

借：政府性基金预算收入　11 000 000 000
　补助预算收入——政府性基金预算补助收入　420 000 000
　上解预算收入——政府性基金预算上解收入　1 000 000 000
　调入预算资金——政府性基金预算调入资金　900 000 000
　债务预算收入——专项债务收入　100 000 000
　债务转贷预算收入——专项债务转贷收入　460 000 000
　贷：政府性基金预算结转结余　13 880 000 000

【例8-98】年末，T市财政将“政府性基金预算支出”科目借方余额110亿元、“补助预算支出——政府性基金预算补助支出”科目借方余额1.2亿元、“上解预算支出——政府性基金预算上解支出”科目借方余额5亿元、“调出预算资金——政府性基金预算调出资金”科目借方余额2亿元、“债务还本预算支出——专项债务还本支出”科目借方余额10亿元、“债务转贷预算支出——专项债务转贷支出”科目借方余额5亿元转入政府性基金预算结转结余。

借：政府性基金预算结转结余　13 320 000 000
　贷：政府性基金预算支出　11 000 000 000
　　补助预算支出——政府性基金预算补助支出　120 000 000
　　上解预算支出——政府性基金预算上解支出　500 000 000
　　调出预算资金——政府性基金预算调出资金　200 000 000
　　债务还本预算支出——专项债务还本支出　1 000 000 000
　　债务转贷预算支出——专项债务转贷支出　500 000 000

三、国有资本经营预算结转结余

为核算本级政府财政国有资本经营预算收支的执行结果，设置“国有资本经营预算结转结余”（8003）科目。本科目期末贷方余额反映国有资本经营预算收支相抵后的滚存结转结余。

国有资本经营预算结转结余的主要账务处理如下：

年终转账时，将国有资本经营预算的有关收入科目贷方余额转入本科目的贷方，借记“国有资本经营预算收入”“补助预算收入——国有资本经营预算补助收入”“上解预算收入——国有资本经营预算上解收入”科目，贷记本科目；将国有资本经营预算的有关支出科目借方余额转入本科目的借方，借记本科目，贷记“国有资本经营预算支出”“补助预算支出——国有资本经营预算补助支出”“上解预算支出——国有资本经营预算上解支出”“调出预算资金——国有资本经营预算调出资金”科目。

【例8-99】年末，T市财政将“国有资本经营预算收入”科目贷方余额16亿元、“补助预算收入——国有资本经营预算补助收入”科目贷方余额1.8亿元、“上解预算收入——国有资本经营预算上解收入”科目贷方余额5亿元转入国有资本经营预算结转结余。

借：国有资本经营预算收入　　1 600 000 000
　　补助预算收入——国有资本经营预算补助收入　　180 000 000
　　上解预算收入——国有资本经营预算上解收入　　500 000 000
　贷：国有资本经营预算结转结余　　2 280 000 000

【例8-100】年末，T市财政将“国有资本经营预算支出”科目借方余额17.2亿元、“补助预算支出——国有资本经营预算补助支出”科目借方余额1亿元、“上解预算支出——国有资本经营预算上解支出”科目借方余额2亿元、“调出预算资金——国有资本经营预算调出资金”科目借方余额0.5亿元转入国有资本经营预算结转结余。

借：国有资本经营预算结转结余　　2 070 000 000
　贷：国有资本经营预算支出　　1 720 000 000
　　　补助预算支出——国有资本经营预算补助支出　　100 000 000
　　　上解预算支出——国有资本经营预算上解支出　　200 000 000
　　　调出预算资金——国有资本经营预算调出资金　　50 000 000

四、财政专户管理资金结余

为核算本级政府财政纳入财政专户管理的教育收费等资金收支的执行结果，设置“财政专户管理资金结余”（8005）科目。本科目期末贷方余额反映政府财政纳入财政专户管理的资金收支相抵后的滚存结余。

财政专户管理资金结余的主要账务处理如下：

年终转账时，将财政专户管理资金的有关收入科目贷方余额转入本科目的贷方，借记“财政专户管理资金收入”科目，贷记本科目；将财政专户管理资金的有关支出科目借方余额转入本科目的借方，借记本科目，贷记“财政专户管理资金支出”科目。

【例8-101】年末，T市财政将“财政专户管理资金收入”科目贷方余额3.5亿元转入财政专户管理资金结余。

借：财政专户管理资金收入　　350 000 000
　贷：财政专户管理资金结余　　350 000 000

【例8-102】年末，T市财政将“财政专户管理资金支出”科目借方余额3.4亿元转入财政专户管理资金结余。

借：财政专户管理资金结余　　340 000 000
　贷：财政专户管理资金支出　　340 000 000

五、专用基金结余

为核算本级政府财政专用基金收支的执行结果，设置“专用基金结余”（8007）科目。本科目期末贷方余额反映政府财政管理的专用基金收支相抵后的滚存结余。

本科目应根据专用基金的种类进行明细核算。其主要账务处理如下：

年终转账时，将专用基金的有关收入科目贷方余额转入本科目的贷方，借记“专用基金收入”科目，贷记本科目；将专用基金的有关支出科目借方余额转入本科目的借方，借记本科目，贷记“专用基金支出”科目。

【例8-103】年末，T市财政将“专用基金收入”科目贷方余额0.85亿元转入专用基金结余。

借：专用基金收入　　85 000 000

　贷：专用基金结余　　85 000 000

【例8-104】年末，T市财政将“专用基金支出”科目借方余额0.75亿元转入专用基金结余。

借：专用基金结余　　75 000 000

　贷：专用基金支出　　75 000 000

六、预算稳定调节基金

为核算本级政府财政为保持年度间预算的衔接和稳定，在一般公共预算中设置的储备性资金，设置“预算稳定调节基金”（8031）科目。本科目期末贷方余额反映预算稳定调节基金的累计规模。

预算稳定调节基金的主要账务处理如下：

1.使用超收收入或一般公共预算结余设置或补充预算稳定调节基金时，借记“安排预算稳定调节基金”科目，贷记本科目。

【例8-105】M市财政使用超收收入10亿元补充预算稳定调节基金。

借：安排预算稳定调节基金　　1 000 000 000

　贷：预算稳定调节基金　　1 000 000 000

2.将预算周转金调入预算稳定调节基金时，借记“预算周转金”科目，贷记本科目。

【例8-106】M市财政将预算周转金0.6亿元调入预算稳定调节基金。

借：预算周转金　　60 000 000

　贷：预算稳定调节基金　　60 000 000

3.动用预算稳定调节基金时，借记本科目，贷记“动用预算稳定调节基金”科目。

【例8-107】K市财政动用预算稳定调节基金3亿元满足一般预算支出需要。

借：预算稳定调节基金　　300 000 000

　贷：动用预算稳定调节基金　　300 000 000

七、预算周转金

为核算政府财政设置的用于调剂预算年度内季节性收支差额周转使用的资金，设置“预算周转金”（8033）科目。本科目期末贷方余额反映预算周转金的累计规模。

预算周转金的主要账务处理如下：

1.设置或补充预算周转金时，借记“一般公共预算结转结余”科目，贷记本科目。

【例8-108】K市以一般公共预算结余补充预算周转金100万元。

借：一般公共预算结转结余　　1 000 000

　贷：预算周转金　　1 000 000

2.将预算周转金调入预算稳定调节基金时，借记本科目，贷记“预算稳定调节基金”科目。

【例8-109】C县财政将预算周转金0.3亿元调入预算稳定调节基金。

借：预算周转金　　30 000 000

　贷：预算稳定调节基金　　30 000 000

八、资金结存

为核算政府财政纳入预算管理的资金流入、流出、调整和滚存的情况，设置“资金结存”（8041）科目。

本科目应设置“库款资金结存”“专户资金结存”“在途资金结存”“集中支付结余结存”“上下级调拨结存”“待发国债结存”“零余额账户结存”“已结报支出”“待处理结存”明细科目。其主要账务处理如下：

（一）库款资金结存

“库款资金结存”科目核算政府财政以国库存款形态存在的资金。本科目期末应为借方余额。

1.收到预算收入时

（1）收到预算收入时，根据当日预算收入日报表所列预算收入数，借记本科目，贷记有关预算收入科目。

【例8-110】根据当日预算收入日报表，T市财政收到增值税收入1.1万元。

借：资金结存——库款资金结存　　11 000

　贷：一般公共预算收入　　11 000

（2）已入库款项发生退库（付）的，资金划出时，借记有关预算收入科目，贷记本科目。

【例8-111】接例8-110，T市财政退回增值税收入0.5万元。

借：一般公共预算收入　　5 000

　贷：资金结存——库款资金结存　　5 000

2.发生预算支出时

（1）发生预算支出时，按照实际支付的金额，借记有关预算支出科目，贷记本科目。

【例8-112】T市财政支付市卫健委机关经费10万元。

借：一般公共预算支出　　100 000

　贷：资金结存——库款资金结存　　100 000

（2）预算支出发生退回的，资金划出时，借记本科目，贷记有关预算支出科目。

【例 8-113】接例 8-112，T市财政收回的多支付款项1.2万元。

借：资金结存——库款资金结存　　12 000

　贷：一般公共预算支出　　12 000

（二）专户资金结存

“专户资金结存”科目核算政府财政以财政专户存款形态存在的资金。本科目期末应为借方余额。

1.收到预算收入时

（1）收到预算收入时，按照有关收入凭证，借记本科目，贷记有关预算收入科目。

【例 8-114】T市财政收到教育收费收入15万元，存入专户。

借：资金结存——专户资金结存　　150 000

　贷：财政专户管理资金收入　　150 000

（2）已收到款项发生退付的，资金划出时，借记有关预算收入科目，贷记本科目。

【例 8-115】接例 8-114，T市财政退付多收入的教育收费3 000元。

借：财政专户管理资金收入　　3 000

　贷：资金结存——专户资金结存　　3 000

2.发生预算支出时

（1）发生预算支出时，按照实际支付的金额，借记有关预算支出科目，贷记本科目。

【例 8-116】T市财政向市职业技术学院核拨教育收费专户资金100万元。

借：财政专户管理资金支出　　1 000 000

　贷：资金结存——专户资金结存　　1 000 000

（2）预算支出发生退回的，资金划出时，借记本科目，贷记有关预算支出科目。

【例 8-117】接例 8-116，市职业技术学院退回T市财政多核拨的专户资金13万元。

借：资金结存——专户资金结存　　130 000

　贷：财政专户管理资金支出　　130 000

（三）在途资金结存

“在途资金结存”科目核算报告清理期和库款报解整理期内发生的需要通过本科目过渡处理的属于上年度收入、支出等业务的款项。本科目期末余额反映政府财政持有的在途款金额。

1.报告清理期和库款报解整理期内收到属于上年度收入时，在上年度账务中，借记本科目，贷记有关收入科目；收回属于上年度支出时，在上年度账务中，借记本科目，贷记“预拨经费”或有关支出科目。

【例8-118】报告清理期，T市财政收回属于上年度的机关经费支出5万元。

在上年度账务中：

借：资金结存——在途资金结存　　50 000

　贷：一般公共预算支出　　50 000

2.冲转在途款时，在本年度账务中，借记“资金结存——库款资金结存”科目，贷记本科目。

【例8-119】接例8-118，新年度，T市财政冲转在途款5万元。

在本年度账务中：

借：资金结存——库款资金结存　　50 000

　贷：资金结存——在途资金结存　　50 000

（四）集中支付结余结存

“集中支付结余结存”科目核算省级以上（含省级）政府财政国库集中支付中，应列为当年支出，但年末尚未支付需结转下一年度支付的款项。本科目期末应为贷方余额，反映政府财政尚未支付的国库集中支付结余。

1.年末，对当年发生的应付国库集中支付结余，借记有关支出科目，贷记本科目。

【例8-120】年末，T市财政确认当年发生的应付国库集中支付结余15.5亿元。

借：一般公共预算支出　　155 000 000

　贷：资金结存——集中支付结余结存　　155 000 000

2.实际支付应付国库集中支付结余资金时，借记本科目，贷记“资金结存——库款资金结存”科目。

【例8-121】T市财政支付应付国库集中支付结余资金13.2万元。

借：资金结存——集中支付结余结存　　132 000

　贷：资金结存——库款资金结存　　132 000

3.收回尚未支付的应付国库集中支付结余时，借记本科目，贷记有关支出科目。

【例8-122】经批准，T市财政收回市职业技术学院尚未支付的应付国库集中支付结余资金30万元。

借：资金结存——集中支付结余结存　　300 000

　贷：一般公共预算支出　　300 000

（五）上下级调拨结存

“上下级调拨结存”科目核算上下级政府财政之间资金调拨和资金结算等事项。本科目期末余额反映政府财政上下级往来款项的净额。

1.年终转账时，将“补助预算收入——上级调拨”科目贷方余额转入资金结存，借记“补助预算收入——上级调拨”科目，贷记本科目。

【例 8-123】年末，K 市财政将“补助预算收入——上级调拨”科目贷方余额 6 亿元转入资金结存。

借：补助预算收入——上级调拨　　600 000 000

　贷：资金结存——上下级调拨结存　　600 000 000

2. 年终转账时，将“补助预算支出——调拨下级”科目借方余额转入资金结存，借记本科目，贷记“补助预算支出——调拨下级”科目。

【例 8-124】年末，K 市财政，将“补助预算支出——调拨下级”科目借方余额 7.2 亿元转入资金结存。

借：资金结存——上下级调拨结存　　720 000 000

　贷：补助预算支出——调拨下级　　720 000 000

（六）待发国债结存

“待发国债结存”科目核算为弥补中央财政预算收支差额，中央财政预计发行国债与实际发行国债之间的差额。本科目期末应为借方余额，反映中央财政尚未使用的国债发行额度。

年度终了，实际发行国债收入用于债务还本支出后，小于为弥补中央财政预算收支差额中央财政预计发行国债时，按照其差额，借记本科目，贷记“债务预算收入”科目；实际发行国债收入用于债务还本支出后，大于为弥补中央财政预算收支差额中央财政预计发行国债时，按照其差额，借记“债务预算收入”科目，贷记本科目。

【例 8-125】年末，中央财政实际发行国债收入用于债务还本支出后余额，小于为弥补中央财政预算收支差额中央财政预计发行国债额，差额为 1 350 亿元。

借：资金结存——待发国债结存　　135 000 000 000

　贷：债务预算收入　　135 000 000 000

（七）零余额账户结存

“零余额账户结存”科目核算政府财政国库支付执行机构在代理银行开设的财政零余额账户发生的支付和清算业务。财政国库支付执行机构未单设的地区不使用本科目。本科目年末应无余额。

1. 财政国库支付执行机构通过财政零余额账户支付款项时，借记有关预算支出科目，贷记本科目。

【例 8-126】K 市财政国库支付执行机构通过财政零余额账户支付人大常委会机关经费 16 万元。

借：一般公共预算支出　　160 000

　贷：资金结存——零余额账户结存　　160 000

2. 根据每日清算的金额，借记本科目，贷记“资金结存——已结报支出”科目。

【例 8-127】K 市财政国库支付执行机构结清当日通过财政零余额账户支付款项

125万元。

借：资金结存——零余额账户结存　　1 250 000

　贷：资金结存——已结报支出　　1 250 000

（八）已结报支出

“已结报支出”科目核算政府财政国库支付执行机构已清算的国库集中支付支出数额。财政国库支付执行机构未单设的地区不使用本科目。本科目年末应无余额。

1.财政国库集中支付执行机构根据每日清算的金额，借记“资金结存——零余额账户结存”科目，贷记本科目。

【例8-128】R省财政国库支付执行机构结清当日通过财政零余额账户支付款项500万元。

借：资金结存——零余额账户结存　　5 000 000

　贷：资金结存——已结报支出　　5 000 000

2.财政国库集中支付执行机构按照国库集中支付制度有关规定办理资金支付时，借记相关预算支出科目，贷记本科目。

【例8-129】K市财政国库支付执行机构按照国库集中支付制度规定办理政府性基金预算资金支付61万元。

借：政府性基金预算支出　　610 000

　贷：资金结存——已结报支出　　610 000

3.年终财政国库集中支付执行机构按照累计结清的预算支出金额，与有关方面核对一致后转账，借记本科目，贷记有关预算支出科目。

【例8-130】年末，K市财政国库支付执行机构按照累计结清的本年一般公共预算支出280亿元、政府性基金预算支出135亿元，与有关方面核对一致后转账。

借：资金结存——已结报支出　　41 500 000 000

　贷：一般公共预算支出　　28 000 000 000

　　　政府性基金预算支出　　13 500 000 000

（九）待处理结存

“待处理结存”科目核算结转下年度的待处理收入和待处理支出等。本科目期末余额反映尚未清理的以前年度待处理收支的金额。

1.年终转账时，将“待处理收入”科目贷方余额转入资金结存，借记“待处理收入”科目，贷记本科目。

【例8-131】年末，K市财政将“待处理收入”科目贷方余额20万元转入资金结存。

借：待处理收入　　200 000

　贷：资金结存——待处理结存　　200 000

2.年终转账时，将“待处理支出”科目借方余额转入资金结存，借记本科目，贷记“待处理支出”科目。

【例8-132】年末，K市财政将“待处理支出”科目借方余额51.2万元转入资金结存。

借：资金结存——待处理结存　　512 000

　贷：待处理支出　　512 000

3.将以前年度结转的待处理收入转列预算收入或退回时，借记本科目，贷记有关预算收入科目、“资金结存——库款资金结存”科目。

【例8-133】K市财政将上年度待处理收入10万元转列为一般公共预算收入。

借：资金结存——待处理结存　　100 000

　贷：一般公共预算收入　　100 000

4.将以前年度结转的待处理支出转列预算支出或收回时，借记有关预算支出科目、“资金结存——库款资金结存”等科目，贷记本科目。

【例8-134】K市财政收回上年度的待处理支出21万元。

借：资金结存——库款资金结存　　210 000

　贷：资金结存——待处理结存　　210 000

关键概念

债务预算收入　一般公共预算收入　待处理收入　国有资本经营预算支出

复习思考题

1.简述一般公共预算结转结余的核算。

2.简述政府性基金预算结转结余的核算。

3.简述资金结存的核算。

4.简述补助预算收入的核算。

5.简述债务转贷预算支出的核算。

6.简述上解预算支出的核算。

第九章 财政总会计年终转账和会计报表编制

第一节 结账和结算

一、财政总会计的年终清理结算

二、年终报告清理期内发生的会计事项

三、年终结账

第二节 财务会计年终转账

一、财政总会计财务会计年终转账图示

财政总会计财务会计年终转账，分预算管理资金、财政专户管理资金和专用基金三个部分结转，基本程序都是将相关收入和费用转入本期盈余，再从本期盈余转入累计盈余，参见图9-1。

二、财政总会计财务会计年终转账举例

【例9-1】年终转账前，K市财政总会计财务会计的收入、费用和累计盈余科目的余额参见表9-1。

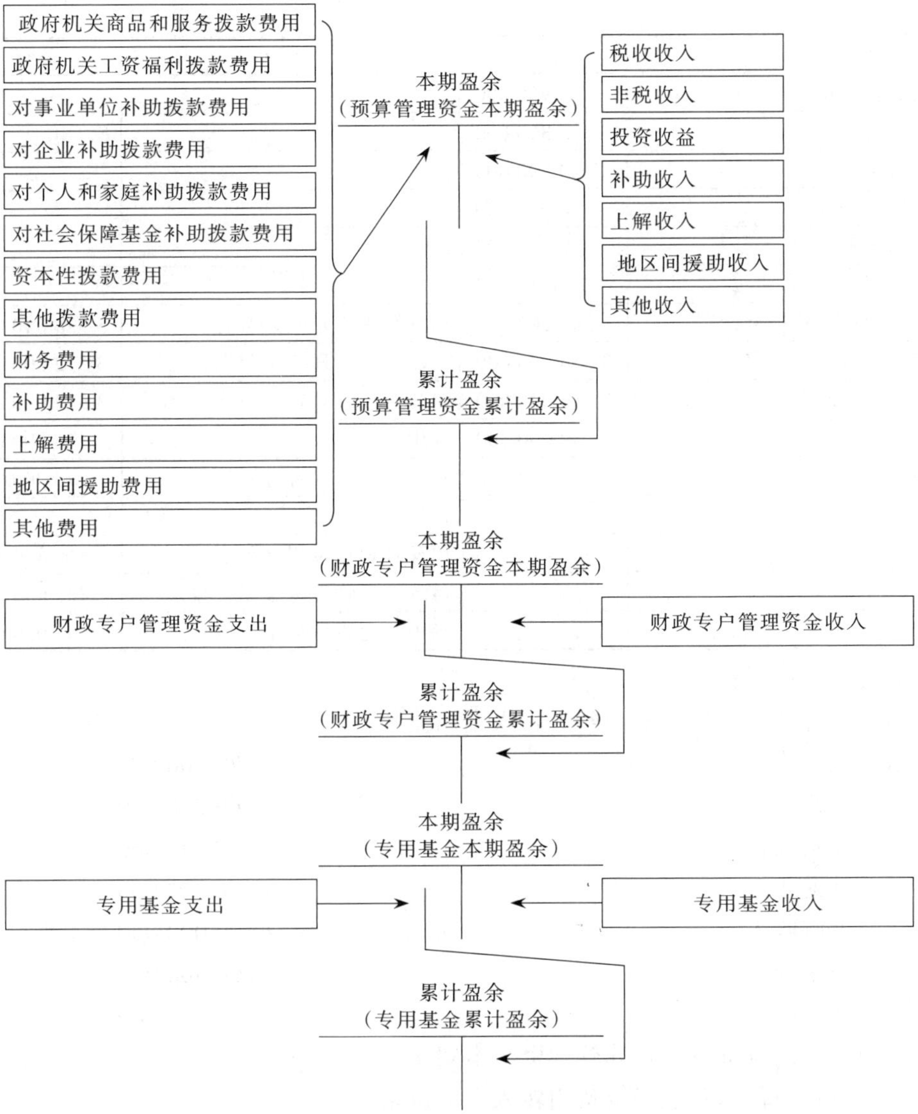

图9-1 财政总会计财务会计年终转账图示

表9-1 K市财政总会计财务会计的收入、费用及累计盈余科目余额

（年终转账前）

科目	余额	科目	余额
政府机关商品和服务拨款费用	878 463 000	税收收入	4 579 000 000
政府机关工资福利拨款费用	1 579 430 000	非税收入	1 569 000 000
对事业单位补助拨款费用	2 559 000 000	投资收益	168 790 000
对企业补助拨款费用	367 400 000	补助收入	10 000 000
对个人和家庭补助拨款费用	89 650 000	上解收入	2 000 000 000
对社会保障基金补助拨款费用	64 470 000	地区间援助收入	200 000 000
资本性拨款费用	2 698 000 000	其他收入	50 000

续表

科目	余额	科目	余额
其他拨款费用	3 900 000		
财务费用	5 860 000		
补助费用	20 000 000		
上解费用	30 000 000		
地区间援助费用	50 000 000		
其他费用	30 000		
预算管理资金费用合计	8 346 203 000	预算管理资金收入合计	8 526 840 000
财政专户管理资金支出	3 256 000 000	财政专户管理资金收入	3 572 000 000
财政专户管理资金支出合计	3 256 000 000	财政专户管理资金收入合计	3 572 000 000
专用基金支出	59 000 000	专用基金收入	76 000 000
专用基金支出合计	59 000 000	专用基金收入合计	76 000 000
		累计盈余：	
		预算管理资金累计盈余	346 800 000
		财政专户管理资金累计盈余	885 600 000
		专用基金累计盈余	95 030 000

年终转账如下：

（1）将各项预算管理资金收入转入本期盈余。

借：税收收入	4 579 000 000	
非税收入	1 569 000 000	
投资收益	168 790 000	
补助收入	10 000 000	
上解收入	2 000 000 000	
地区间援助收入	200 000 000	
其他收入	50 000	
贷：本期盈余——预算管理资金本期盈余		8 526 840 000

（2）将各项预算管理资金费用转入本期盈余。

借：本期盈余——预算管理资金本期盈余	8 346 203 000	
贷：政府机关商品和服务拨款费用		878 463 000
政府机关工资福利拨款费用		1 579 430 000
对事业单位补助拨款费用		2 559 000 000
对企业补助拨款费用		367 400 000
对个人和家庭补助拨款费用		89 650 000
对社会保障基金补助拨款费用		64 470 000
资本性拨款费用		2 698 000 000
其他拨款费用		3 900 000
财务费用		5 860 000

贷：补助费用　　20 000 000

上解费用　　30 000 000

地区间援助费用　　50 000 000

其他费用　　30 000

（3）将“本期盈余——预算管理资金本期盈余”科目贷方余额180 637 000元转入累计盈余。

借：本期盈余——预算管理资金本期盈余　　180 637 000

贷：累计盈余——预算管理资金累计盈余　　180 637 000

（4）将财政专户管理资金收入转入本期盈余。

借：财政专户管理资金收入　　3 572 000 000

贷：本期盈余——财政专户管理资金本期盈余　　3 572 000 000

（5）将财政专户管理资金支出转入本期盈余。

借：本期盈余——财政专户管理资金本期盈余　　3 256 000 000

贷：财政专户管理资金支出　　3 256 000 000

（6）将“本期盈余——财政专户管理资金本期盈余”科目贷方余额316 000 000元转入累计盈余。

借：本期盈余——财政专户管理资金本期盈余　　316 000 000

贷：累计盈余——财政专户管理资金累计盈余　　316 000 000

（7）将专用基金收入转入本期盈余。

借：专用基金收入　　76 000 000

贷：本期盈余——专用基金本期盈余　　76 000 000

（8）将专用基金支出转入本期盈余。

借：本期盈余——专用基金本期盈余　　59 000 000

贷：专用基金支出　　59 000 000

（9）将“本期盈余——专用基金本期盈余”科目贷方余额17 000 000元转入累计盈余。

借：本期盈余——专用基金本期盈余　　17 000 000

贷：累计盈余——专用基金累计盈余　　17 000 000

完成上述转账后，“累计盈余”的“预算管理资金累计盈余”明细科目贷方余额527 437 000元，“财政专户管理资金累计盈余”明细科目贷方余额1 201 600 000元，“专用基金累计盈余”明细科目贷方余额112 030 000元。

第三节

预算会计年终转账

一、预算会计年终转账图示

财政总会计预算会计年终转账，分为一般公共预算、政府性基金预算、国有资本经营预算、财政专户管理资金和专用基金五个部分结转，基本程序都是将相关收入和支出转入对应的结转结余，参见图9-2。

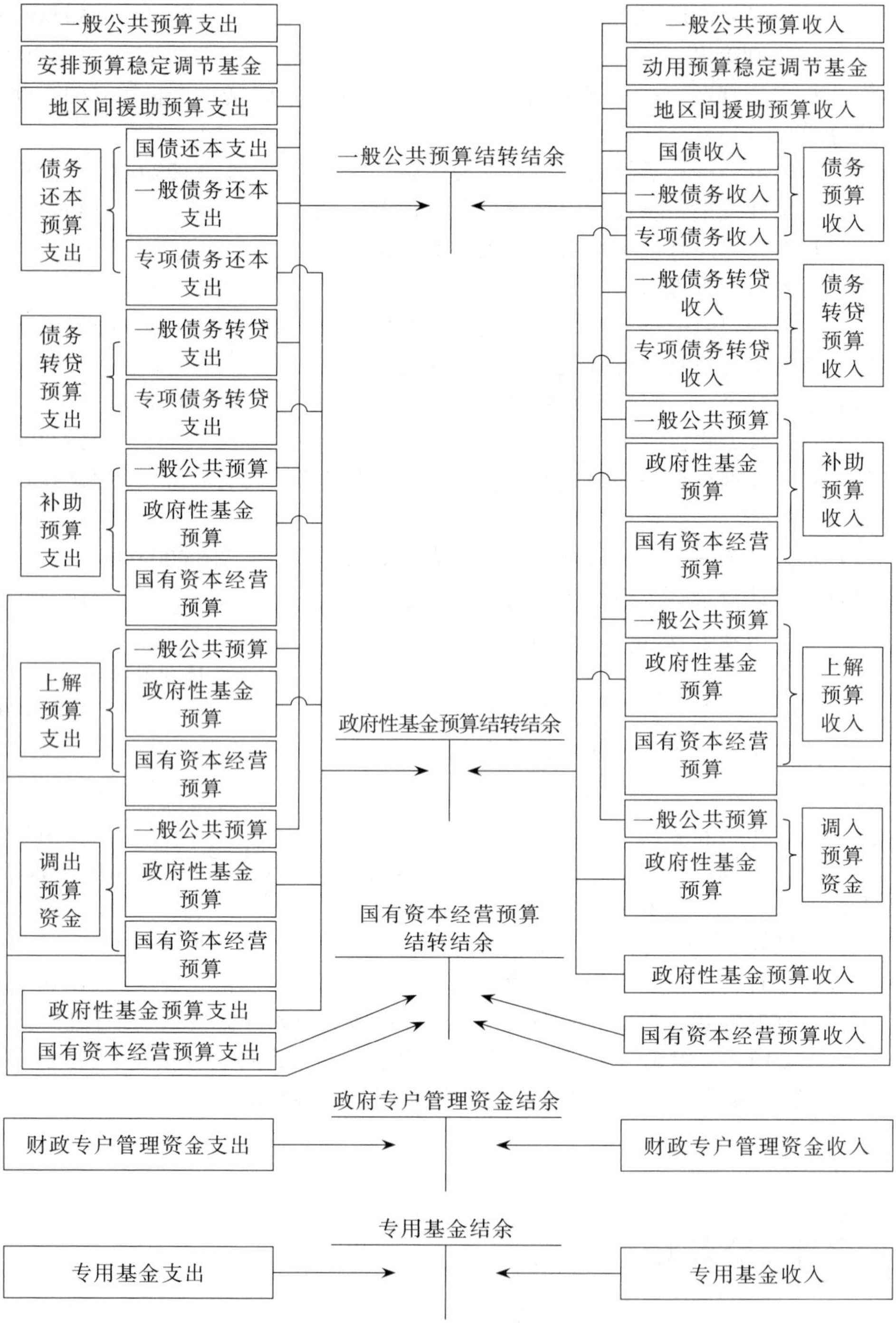

图9-2　财政总会计预算会计年终转账图示

二、预算会计年终转账举例

【例9-2】年终转账前，K市预算收入、预算支出和预算结余科目的余额参见表9-2。

表9-2　　K市预算收入、预算支出和预算结余科目的余额（年终转账前）

预算支出	金额	预算收入和预算结余	金额
一般公共预算支出	3 068 000 000	一般公共预算收入	3 850 000 000
政府性基金预算支出	1 530 000 000	政府性基金预算收入	3 050 000 000
国有资本经营预算支出	356 000 000	国有资本经营预算收入	1 000 000 000
财政专户管理资金支出	3 256 000 000	财政专户管理资金收入	3 572 000 000
专用基金支出	59 000 000	专用基金收入	76 000 000
补助预算支出	1 800 000 000	补助预算收入	1 000 000
一般公共预算补助支出	1 000 000 000	一般公共预算补助收入	200 000
政府性基金预算补助支出	600 000 000	政府性基金预算补助收入	500 000
国有资本经营预算补助支出	200 000 000	国有资本经营预算补助收入	300 000
上解预算支出	1 053 600 000	上解预算收入	1 100 000 000
一般公共预算上解支出	500 000 000	一般公共预算上解收入	800 000 000
政府性基金预算上解支出	400 000 000	政府性基金预算上解收入	200 000 000
国有资本经营预算上解支出	153 600 000	国有资本经营预算上解收入	100 000 000
地区间援助预算支出	50 000 000	地区间援助预算收入	100 000 000
调出预算资金	702 000 000	调入预算资金	1 053 600 000
一般公共预算调出资金	2 000 000	一般公共预算调入资金	400 000 000
政府性基金预算调出资金	500 000 000	政府性基金预算调入资金	153 600 000
国有资本经营预算调出资金	200 000 000	动用预算稳定调节基金	500 000 000
安排预算稳定调节基金	1 600 000 000	债务预算收入	5 300 000 000
债务还本预算支出	4 700 000 000	国债收入	
国债还本支出		一般债务收入	2 500 000 000

续表

预算支出	金额	预算收入和预算结余	金额
一般债务还本支出	2 500 000 000	专项债务收入	2 800 000 000
专项债务还本支出	2 200 000 000	债务转贷预算收入	5 000 000 000
债务转贷预算支出	5 100 000 000	一般债务转贷收入	3 000 000 000
一般债务转贷支出	2 100 000 000	专项债务转贷收入	2 000 000 000
专项债务转贷支出	3 000 000 000	预算收入合计	24 602 600 000
预算支出合计	23 274 000 000		
		一般公共预算结转结余	210 000 000
		政府性基金预算结转结余	86 430 000
		国有资本经营预算结转结余	3 000 000
		财政专户管理资金结余	885 600 000
		专用基金结余	95 030 000
		预算稳定调节基金	1 600 000 000
		预算周转金	50 000 000
		资金结存	543 200 000
		预算结余合计	3 473 260 000

年终转账过程如下：

（1）将一般公共预算的有关收入科目贷方余额转入“一般公共预算结转结余”科目的贷方。

借：一般公共预算收入　3 850 000 000
　　补助预算收入——一般公共预算补助收入　200 000
　　上解预算收入——一般公共预算上解收入　800 000 000
　　地区间援助预算收入　100 000 000
　　调入预算资金——一般公共预算调入资金　400 000 000
　　债务预算收入——一般债务收入　2 500 000 000
　　债务转贷预算收入——一般债务转贷收入　3 000 000 000
　　动用预算稳定调节基金　500 000 000
　贷：一般公共预算结转结余　11 150 200 000

（2）将一般公共预算的有关支出科目借方余额转入“一般公共预算结转结余”科目的借方。

借：一般公共预算结转结余　10 820 000 000
　贷：一般公共预算支出　3 068 000 000
　　补助预算支出——一般公共预算补助支出　1 000 000 000
　　上解预算支出——一般公共预算上解支出　500 000 000
　　地区间援助预算支出　50 000 000
　　调出预算资金——一般公共预算调出资金　2 000 000
　　安排预算稳定调节基金　1 600 000 000
　　债务还本预算支出——一般债务还本支出　2 500 000 000
　　债务转贷预算支出——一般债务转贷支出　2 100 000 000

（3）将政府性基金预算的有关收入科目贷方余额转入“政府性基金预算结转结余”科目的贷方。

借：政府性基金预算收入　3 050 000 000
　补助预算收入——政府性基金预算补助收入　500 000
　上解预算收入——政府性基金预算上解收入　200 000 000
　调入预算资金——政府性基金预算调入资金　153 600 000
　债务预算收入——专项债务收入　2 800 000 000
　债务转贷预算收入——专项债务转贷收入　2 000 000 000
　贷：政府性基金预算结转结余　8 204 100 000

（4）将政府性基金预算的有关支出科目借方余额转入“政府性基金预算结转结余”科目的借方。

借：政府性基金预算结转结余　8 230 000 000
　贷：政府性基金预算支出　1 530 000 000
　　补助预算支出——政府性基金预算补助支出　600 000 000
　　上解预算支出——政府性基金预算上解支出　400 000 000
　　调出预算资金——政府性基金预算调出资金　500 000 000
　　债务还本预算支出——专项债务还本支出　2 200 000 000
　　债务转贷预算支出——专项债务转贷支出　3 000 000 000

（5）将国有资本经营预算的有关收入科目贷方余额转入“国有资本经营预算结转结余”科目的贷方。

借：国有资本经营预算收入　1 000 000 000
　补助预算收入——国有资本经营预算补助收入　300 000
　上解预算收入——国有资本经营预算上解收入　100 000 000
　贷：国有资本经营预算结转结余　1 100 300 000

（6）将国有资本经营预算的有关支出科目借方余额转入“国有资本经营预算结

转结余”科目的借方。

借：国有资本经营预算结转结余　909 600 000

　贷：国有资本经营预算支出　356 000 000

　　补助预算支出——国有资本经营预算补助支出　200 000 000

　　上解预算支出——国有资本经营预算上解支出　153 600 000

　　调出预算资金——国有资本经营预算调出资金　200 000 000

（7）将财政专户管理资金的有关收入科目贷方余额转入“财政专户管理资金结余”科目的贷方。

借：财政专户管理资金收入　3 572 000 000

　贷：财政专户管理资金结余　3 572 000 000

（8）将财政专户管理资金的有关支出科目借方余额转入“财政专户管理资金结余”科目的借方。

借：财政专户管理资金结余　3 256 000 000

　贷：财政专户管理资金支出　3 256 000 000

（9）将专用基金的有关收入科目贷方余额转入“专用基金结余”科目的贷方。

借：专用基金收入　76 000 000

　贷：专用基金结余　76 000 000

（10）将专用基金的有关支出科目借方余额转入“专用基金结余”科目的借方。

借：专用基金结余　59 000 000

　贷：专用基金支出　59 000 000

（11）完成上述结转后，预算结余参见表9-3。

表9-3　**K市预算结余科目的余额（年终转账后）**

一般公共预算结转结余	540 200 000
政府性基金预算结转结余	60 530 000
国有资本经营预算结转结余	193 700 000
财政专户管理资金结余	1 201 600 000
专用基金结余	112 030 000
预算稳定调节基金	1 600 000 000
预算周转金	50 000 000
资金结存	543 200 000
预算结余合计	4 301 260 000

第四节

财务会计报表的编制

一、财务会计报表的格式

财政总会计财务会计报表包括资产负债表、收入费用表、现金流量表、本年预算结余与本期盈余调节表等会计报表和附注。

资产负债表是反映政府财政在某一特定日期财务状况的报表，参见表9-4。收入费用表是反映政府财政在一定会计期间运行情况的报表，参见表9-5。现金流量表是反映政府财政在一定会计期间现金流入和流出情况的报表，参见表9-6。本年预算结余与本期盈余调节表是反映政府财政在某一会计年度内预算结余与本期盈余差异调整情况的报表，参见表9-7。附注是指对在会计报表中列示项目的文字描述或明细资料，以及对未能在会计报表中列示项目的说明。具体格式如下：

表9-4　　资产负债表　　总会财 01 表

编制单位：　　____年____月____日　　单位：元

资　产	年初余额	期末余额	负债和净资产	年初余额	期末余额
流动资产：			流动负债：		
国库存款			应付短期政府债券		
其他财政存款			应付国库集中支付结余		
国库现金管理资产			与上级往来		
有价证券			其他应付款		
应收非税收入			应付代管资金		
应收股利			应付利息		
借出款项			一年内到期的非流动负债		
与下级往来			流动负债合计		
预拨经费			非流动负债：		
在途款			应付长期政府债券		
其他应收款			借入款项		
应收利息			应付地方政府债券转贷款		
一年内到期的非流动资产			应付主权外债转贷款		
流动资产合计			其他负债		

续表

资 产	年初余额	期末余额	负债和净资产	年初余额	期末余额
非流动资产：			非流动负债合计		
应收地方政府债券转贷款			负债合计		
应收主权外债转贷款			净资产：		
股权投资			累计盈余		
非流动资产合计			预算稳定调节基金		
			预算周转金		
			权益法调整		
			净资产合计		
资产总计			负债和净资产总计		

表9-5　**收入费用表**　总会财 02 表

编制单位：　____年____月　单位：元

项 目	预算管理资金		财政专户管理资金		专用基金	
	本月数	本年累计数	本月数	本年累计数	本月数	本年累计数
收入合计						
税收收入			—	—	—	—
非税收入			—	—	—	—
投资收益			—	—	—	—
补助收入			—	—	—	—
上解收入			—	—	—	—
地区间援助收入			—	—	—	—
其他收入			—	—	—	—
财政专户管理资金收入	—	—			—	—
专用基金收入	—	—	—	—		
费用合计						
政府机关商品和服务拨款费用			—	—	—	—
政府机关工资福利拨款费用			—	—	—	—

续表

项　目	预算管理资金		财政专户管理资金		专用基金	
	本月数	本年累计数	本月数	本年累计数	本月数	本年累计数
对事业单位补助拨款费用			—	—	—	—
对企业补助拨款费用			—	—	—	—
对个人和家庭补助拨款费用			—	—	—	—
对社会保障基金补助拨款费用			—	—	—	—
资本性拨款费用			—	—	—	—
其他拨款费用			—	—	—	—
财务费用			—	—	—	—
补助费用			—	—	—	—
上解费用			—	—	—	—
地区间援助费用			—	—	—	—
其他费用			—	—	—	—
财政专户管理资金支出	—	—			—	—
专用基金支出	—	—	—	—		
本期盈余（本年收入与费用的差额）						

注：表中有“—”的部分不必填列。

表9-6　**现金流量表**　总会财 03 表

编制单位：　____年____月　单位：元

项　目	本年金额	上年金额
一、日常活动产生的现金流量		
组织税收收入收到的现金		
组织非税收入收到的现金		
组织财政专户管理资金收入收到的现金		
组织专用基金收入收到的现金		
上下级政府财政资金往来收到的现金		
收回暂付性款项相关的现金		

续表

项 目	本年金额	上年金额
其他日常活动所收到的现金		
现金流入小计		
政府机关商品和服务拨款所支付的现金		
政府机关工资福利拨款所支付的现金		
对事业单位补助拨款所支付的现金		
对企业补助拨款所支付的现金		
对个人和家庭补助拨款所支付的现金		
对社会保障基金补助拨款所支付的现金		
财政专户管理资金支出所支付的现金		
专用基金支出所支付的现金		
上下级政府财政资金往来所支付的现金		
资本性拨款所支付的现金		
暂付性款项所支付的现金		
其他日常活动所支付的现金		
现金流出小计		
日常活动产生的现金流量净额		
二、投资活动产生的现金流量		
收回股权投资所收到的现金		
取得股权投资收益收到的现金		
收到其他与投资活动有关的现金		
现金流入小计		
取得股权投资所支出的现金		
支付其他与投资活动有关的现金		
现金流出小计		
投资活动产生的现金流量净额		
三、筹资活动产生的现金流量		
发行政府债券收到的现金		

续表

项　目	本年金额	上年金额
借入款项收到的现金		
取得政府债券转贷款收到的现金		
取得主权外债转贷款收到的现金		
收回转贷款本金收到的现金		
收到下级上缴转贷款利息相关的现金		
其他筹资活动收到的现金		
现金流入小计		
转贷地方政府债券所支付的现金		
转贷主权外债所支付的现金		
支付债务本金相关的现金		
支付债务利息相关的现金		
其他筹资活动支付的现金		
现金流出小计		
筹资活动产生的现金流量净额		
四、汇率变动对现金的影响额		
五、现金净增加额		

表9-7　**本年预算结余与本期盈余调节表**　总会财 04 表

编制单位：　____年　单位：元

项　目	金额
本年预算结余（本年预算收入与支出差额）：	
日常活动产生的差异：	
加：1. 当期确认为收入但没有确认为预算收入	
当期应收未缴库非税收入	
减：2. 当期确认为预算收入但没有确认为收入	
当期收到上期应收未缴库非税收入	
3. 当期确认为预算支出收回但没有确认为费用收回	
（1）当期收到退回以前年度已列支资金	
（2）当期将以前年度国库集中支付结余收回预算	

续表

项　目	金额
投资活动产生的差异：	
加：1.当期确认为收入但没有确认为预算收入	
（1）当期投资收益或损失	
（2）当期无偿划入股权投资	
2.当期确认为预算支出但没有确认为费用	
（1）当期股权投资增支	
（2）当期股权投资减支	
减：3.当期确认为预算收入但没有确认为收入	
（1）当期收到利润收入和股利股息收入	
（2）当期收到清算、处置股权投资的收入	
4.当期确认为费用但没有确认为预算支出	
当期无偿划出股权投资费用	
筹资活动产生的差异：	
加：1.当期确认为预算支出但没有确认为费用	
（1）当期转贷款支出	
（2）当期债务还本支出	
（3）拨付上年计提债务利息	
减：2.当期确认为预算收入但没有确认为收入	
（1）当期债务收入	
（2）当期转贷款收入	
3.当期确认为费用但没有确认为预算支出	
当期计提未拨付债务利息	
其他差异事项	
当期汇兑损益净额	
本期盈余（本年收入与费用的差额）	

二、财务会计报表的说明

第五节

预算会计报表的编制

一、预算会计报表的格式

预算会计报表包括预算收入支出表、一般公共预算执行情况表、政府性基金预算执行情况表、国有资本经营预算执行情况表、财政专户管理资金收支情况表、专用基金收支情况表等会计报表和附注。

预算收入支出表是反映政府财政在某一会计期间各类财政资金收支余情况的报表。预算收入支出表根据资金性质按照收入、支出、结转结余的构成分类、分项列示，参见表9-8。一般公共预算执行情况表是反映政府财政在某一会计期间一般公共预算收支执行结果的报表，按照《政府收支分类科目》中一般公共预算收支科目列示，参见表9-9。政府性基金预算执行情况表是反映政府财政在某一会计期间政府性基金预算收支执行结果的报表，按照《政府收支分类科目》中政府性基金预算收支科目列示，参见表9-10。国有资本经营预算执行情况表是反映政府财政在某一会计期间国有资本经营预算收支执行结果的报表，按照《政府收支分类科目》中国有资本经营预算收支科目列示，参见表9-11。财政专户管理资金收支情况表是反映政府财政在某一会计期间纳入财政专户管理的资金收支情况的报表，按照相关政府收支分类科目列示，参见表9-12。专用基金收支情况表是反映政府财政在某一会计期间专用基金收支情况的报表，按照专用基金类型分别列示，参见表9-13。附注是指对在会计报表中列示项目的文字描述或明细资料，以及对未能在会计报表中列示项目的说明。

表9-8　　**预算收入支出表**　　总会预01表

编制单位：　　____年____月　　单位：元

项目	一般公共预算		政府性基金预算		国有资本经营预算		财政专户管理资金		专用基金	
	本月数	本年累计数	本月数	本年累计数	本月数	本年累计数	本月数	本年累计数	本月数	本年累计数
年初结转结余										
收入合计										
本级收入										
其中：来自预算安排的收入	—	—	—	—	—	—	—	—		
补助预算收入							—	—	—	—

续表

项目	一般公共预算		政府性基金预算		国有资本经营预算		财政专户管理资金		专用基金	
	本月数	本年累计数	本月数	本年累计数	本月数	本年累计数	本月数	本年累计数	本月数	本年累计数
上解预算收入							—	—	—	—
地区间援助预算收入			—	—	—	—	—	—	—	—
债务预算收入					—	—	—	—	—	—
债务转贷预算收入					—	—	—	—	—	—
动用预算稳定调节基金			—	—	—	—	—	—	—	—
调入预算资金					—	—	—	—	—	—
支出合计										
本级支出										
其中：权责发生制列支							—	—	—	—
预算安排专用基金的支出			—	—	—	—	—	—	—	—
补助预算支出							—	—	—	—
上解预算支出							—	—	—	—
地区间援助预算支出			—	—	—	—	—	—	—	—
债务还本预算支出					—	—	—	—	—	—
债务转贷预算支出					—	—	—	—	—	—
安排预算稳定调节基金			—	—	—	—	—	—	—	—
调出预算资金							—	—	—	—
结余转出			—	—	—	—	—	—	—	—
其中：增设预算周转金			—	—	—	—	—	—	—	—
年末结转结余										

注：表中有“—”的部分不必填列。

表9-9 **一般公共预算执行情况表** 总会预 02-1表

编制单位： ____年____月____日 单位：元

项目	本月（旬）数	本年（月）累计数
一般公共预算收入		
101 税收收入		
10101 增值税		
1010101 国内增值税		
⋮		
一般公共预算支出		
201 一般公共服务支出		
20101 人大事务		
2010101 行政运行		
⋮		

表9-10 **政府性基金预算执行情况表** 总会预02-2表

编制单位： ____年____月____日 单位：元

项目	本月（旬）数	本年（月）累计数
政府性基金预算收入		
10301 政府性基金收入		
1030102 农网还贷资金收入		
103010201 中央农网还贷资金收入		
⋮		
政府性基金预算支出		
206 科学技术支出		
20610 核电站乏燃料处理处置基金支出		
2061001 乏燃料运输		
⋮		

表9-11　　国有资本经营预算执行情况表　　总会预 02-3 表

编制单位：　　____年____月____日　　单位：元

项目	本月（旬）数	本年（月）累计数
国有资本经营预算收入		
10306 国有资本经营收入		
1030601 利润收入		
103060103 烟草企业利润收入		
⋮		
国有资本经营预算支出		
208 社会保障和就业支出		
20804 补充全国社会保障基金		
2080451 国有资本经营预算补充社保基金支出		
⋮		

表9-12　　财政专户管理资金收支情况表　　总会预 03 表

编制单位：　　____年____月____日　　单位：元

项目	本月（旬）数	本年（月）累计数
财政专户管理资金收入		
财政专户管理资金支出		

表9-13　　专用基金收支情况表　　总会预 04 表

编制单位：　　____年____月____日　　单位：元

项目	本月（旬）数	本年（月）累计数
专用基金收入		
粮食风险基金		
⋮		
专用基金支出		
粮食风险基金		
⋮		

二、预算会计报表编制说明

关键概念

年终清理　年终结账

复习思考题

1. 简述财政总会计财务会计年终转账程序。

2. 简述财政总会计预算会计年终转账程序。

第三篇　行政事业单位会计

第十章 行政事业单位会计概述

第一节 行政事业单位会计基本规定

一、什么是行政事业单位

行政事业单位是行政单位和事业单位的合称。行政事业单位会计又简称为单位会计，是核算各级行政机关、事业单位和其他类似组织核算、反映和监督各项经济活动及单位预算执行情况的会计专业。

行政单位是代表政府行使政府权力的机构，是进行国家行政管理、组织经济建设和文化建设、维护社会公共秩序的单位，主要包括国家权力机关、行政机关、司法机关、检察机关等。在我国，实行预算管理的其他机关、政党组织等也被视为行政单位，如中国共产党各级委员会、各民主党派组织等，也执行行政单位会计制度。行政单位会计是围绕预算资金的分配、使用和管理而组织核算的专业会计。

事业单位则是国家为了社会公益目的，由国家机关举办或者其他组织利用国有资产举办的，从事教育、科研、文化、卫生、体育、新闻出版、广播电视、社会福利、救助减灾、统计调查、技术推广与实验、公用设施管理、物资仓储、监测、勘探与勘察、测绘、检验检测与鉴定、法律、资源管理、质量技术监督、经济监督、知识产权、公证与认证、信息与咨询、人才交流、就业服务、机关后勤服务等活动的社会服务组织。

此外，还有“参公事业单位”，是指工作人员参照公务员管理的事业单位，是承担了政府行政管理职能或机关后勤服务的事业单位。

二、行政事业单位会计的一般规定

目前的行政事业单位会计制度（《政府会计制度——行政事业单位会计科目和报表》）于2019年开始实行。主要规定如下：

1.适用范围。行政事业单位制度适用于各级各类行政单位和事业单位，纳入企业财务管理体系执行企业会计准则或小企业会计准则的单位除外。

2.基本建设投资。单位对基本建设投资应当按照规定统一进行会计核算，不再单独建账，但是应当按项目单独核算，并保证项目资料完整。

3.会计功能。单位会计核算应当具备财务会计与预算会计双重功能，实现财务会计与预算会计适度分离并相互衔接，全面、清晰反映单位财务信息和预算执行信息。

4.会计核算基础。政府会计由预算会计和财务会计构成。单位财务会计核算实行权责发生制；单位预算会计核算实行收付实现制，国务院另有规定的，依照其规定。

5.现金收支业务。单位对于纳入部门预算管理的现金收支业务，在采用财务会计核算的同时应当进行预算会计核算；对于其他业务，仅需进行财务会计核算。

6.会计要素。单位会计要素包括财务会计要素和预算会计要素。财务会计要素包括资产、负债、净资产、收入和费用；预算会计要素包括预算收入、预算支出和预算结余。

第二节 行政事业单位会计科目设置

一、行政事业单位会计科目使用规则

1.单位应当按照本制度的规定设置和使用会计科目。在不影响会计处理和编制报表的前提下，单位可以根据实际情况自行增设或减少某些会计科目。

2.单位应当执行本制度统一规定的会计科目编号，以便于填制会计凭证、登记账簿、查阅账目，实行会计信息化管理。

3.单位在填制会计凭证、登记会计账簿时，应当填列会计科目的名称，或者同时填列会计科目的名称和编号，不得只填列会计科目编号、不填列会计科目名称。

4.单位设置明细科目或进行明细核算，除遵循本制度规定外，还应当满足权责发生制政府部门财务报告和政府综合财务报告编制的其他需要。

二、行政事业单位会计科目简介

行政事业单位会计分为财务会计和预算会计，共计103个科目。财务会计设有77个科目，分别是资产类35个、负债类16个、净资产类7个、收入类11个、费用类8个；预算会计设有26个科目，分别是预算收入类9个、预算支出类8个、预算结余类9个。参见表10-1。

表10-1　**行政事业单位会计科目及核算内容**

科目编号	科目名称	核算内容
一、财务会计科目		
（一）资产类		
1001	1.库存现金◇※[①]	核算单位的库存现金
1002	2.银行存款◇※	核算单位存入银行或者其他金融机构的各种存款
1011	3.零余额账户用款额度◇※	核算实行国库集中支付的单位根据财政部门批复的用款计划收到和支用的零余额账户用款额度
1021	4.其他货币资金◇※	核算单位的外埠存款、银行本票存款、银行汇票存款、信用卡存款等各种其他货币资金
1101	5.短期投资※	核算事业单位按照规定取得的，持有时间不超过1年（含1年）的投资
1201	6.财政应返还额度◇※	核算实行国库集中支付的单位应收财政返还的资金额度，包括可以使用的以前年度财政直接支付资金额度和财政应返还的财政授权支付资金额度
1211	7.应收票据※	核算事业单位因开展经营活动销售产品、提供有偿服务等而收到的商业汇票，包括银行承兑汇票和商业承兑汇票
1212	8.应收账款※	核算事业单位提供服务、销售产品等应收取的款项，以及单位因出租资产、出售物资等应收取的款项
1214	9.预付账款◇※	核算单位按照购货、服务合同或协议规定预付给供应单位（或个人）的款项，以及按照合同规定向承包工程的施工企业预付的备料款和工程款
1215	10.应收股利※	核算事业单位持有长期股权投资应当收取的现金股利或应当分得的利润
1216	11.应收利息※	核算事业单位长期债券投资应当收取的利息
1218	12.其他应收款◇※	核算单位除财政应返还额度、应收票据、应收账款、预付账款、应收股利、应收利息以外的其他各项应收及暂付款项，如职工预借的差旅费、已经偿还银行尚未报销的本单位公务卡欠款、拨付给内部有关部门的备用金、应向职工收取的各种垫付款项、支付的可以收回的订金或押金、应收的上级补助和附属单位上缴款项等

续表

科目编号	科目名称	核算内容
1219	13.坏账准备※	核算事业单位对收回后不需上缴财政的应收账款和其他应收款提取的坏账准备
1301	14.在途物品◇※	核算单位采购材料等物资时货款已付或已开出商业汇票但尚未验收入库的在途物品的采购成本
1302	15.库存物品◇※	核算单位在开展业务活动及其他活动中为耗用或出售而储存的各种材料、产品、包装物、低值易耗品，以及达不到固定资产标准的用具、装具、动植物等的成本；已完成的测绘、地质勘查、设计成果等的成本，也通过本科目核算。单位随买随用的零星办公用品，可以在购进时直接列作费用，不通过本科目核算；单位控制的政府储备物资，应当通过“政府储备物资”科目核算，不通过本科目核算；单位受托存储保管的物资和受托转赠的物资，应当通过“受托代理资产”科目核算，不通过本科目核算；单位为在建工程购买和使用的材料物资，应当通过“工程物资”科目核算，不通过本科目核算
1303	16.加工物品◇※	核算单位自制或委托外单位加工的各种物品的实际成本；未完成的测绘、地质勘查、设计成果的实际成本，也通过本科目核算
1401	17.待摊费用◇※	核算单位已经支付，但应当由本期和以后各期分别负担的分摊期在1年以内（含1年）的各项费用，如预付航空保险费、预付租金等
1501	18.长期股权投资※	核算事业单位按照规定取得的，持有时间超过1年（不含1年）的股权性质的投资
1502	19.长期债券投资※	核算事业单位按照规定取得的，持有时间超过1年（不含1年）的债券投资
1601	20.固定资产◇※	核算单位固定资产的原值
1602	21.固定资产累计折旧◇※	核算单位计提的固定资产累计折旧；公共基础设施和保障性住房计提的累计折旧，应当分别通过“公共基础设施累计折旧（摊销）”科目和“保障性住房累计折旧”科目核算，不通过本科目核算
1611	22.工程物资◇※	核算单位为在建工程准备的各种物资的成本，包括工程用材料、设备等

续表

科目编号	科目名称	核算内容
1613	23.在建工程◇※	核算单位在建的建设项目工程的实际成本；单位在建的信息系统项目工程、公共基础设施项目工程、保障性住房项目工程的实际成本，也通过本科目核算
1701	24.无形资产◇※	核算单位无形资产的原值；非大批量购入、单价小于1 000元的无形资产，可以于购买的当期将其成本直接计入当期费用
1702	25.无形资产累计摊销◇※	核算单位对使用年限有限的无形资产计提的累计摊销
1703	26.研发支出◇※	核算单位自行研究开发项目研究阶段和开发阶段发生的各项支出；建设项目中的软件研发支出，应当通过“在建工程”科目核算，不通过本科目核算
1801	27.公共基础设施◇※	核算单位控制的公共基础设施的原值
1802	28.公共基础设施累计折旧（摊销）◇※	核算单位计提的公共基础设施累计折旧和累计摊销
1811	29.政府储备物资◇※	核算单位控制的政府储备物资的成本；对政府储备物资不负有行政管理职责但接受委托具体负责执行其存储保管等工作的单位，其受托代储的政府储备物资应当通过“受托代理资产”科目核算，不通过本科目核算
1821	30.文物文化资产◇※	核算单位为满足社会公共需求而控制的文物文化资产的成本；单位为满足自身开展业务活动或其他活动需要而控制的文物和陈列品，应当通过“固定资产”科目核算，不通过本科目核算
1831	31.保障性住房◇※	核算单位为满足社会公共需求而控制的保障性住房的原值
1832	32.保障性住房累计折旧◇※	核算单位计提的保障性住房的累计折旧
1891	33.受托代理资产◇※	核算单位接受委托方委托管理的各项资产，包括受托指定转赠的物资、受托存储保管的物资等的成本。单位管理的罚没物资也应当通过本科目核算；单位收到的受托代理资产为现金和银行存款的，不通过本科目核算，应当通过“库存现金”“银行存款”科目进行核算
1901	34.长期待摊费用◇※	核算单位已经支出，但应由本期和以后各期负担的分摊期限在1年以上（不含1年）的各项费用，如以经营租赁方式租入的固定资产发生的改良支出等
1902	35.待处理财产损溢◇※	核算单位在资产清查过程中查明的各种资产盘盈、盘亏和报废、毁损的价值

续表

科目编号	科目名称	核算内容
（二）负债类		
2001	36.短期借款※	核算事业单位经批准向银行或其他金融机构等借入的期限在1年内（含1年）的各种借款
2101	37.应交增值税◇※	核算单位按照税法规定计算应交纳的增值税
2102	38.其他应交税费◇※	核算单位按照税法等规定计算应交纳的除增值税以外的各种税费，包括城市维护建设税、教育费附加、地方教育费附加、车船税、房产税、城镇土地使用税和企业所得税等；单位代扣代缴的个人所得税，也通过本科目核算；单位应交纳的印花税不需要预提应交税费，直接通过“业务活动费用”“单位管理费用”“经营费用”等科目核算，不通过本科目核算
2103	39.应缴财政款◇※	核算单位取得或应收的按照规定应当上缴财政的款项，包括应缴国库的款项和应缴财政专户的款项。单位按照国家税法等有关规定应当缴纳的各种税费，通过“应交增值税”“其他应交税费”科目核算，不通过本科目核算
2201	40.应付职工薪酬◇※	核算单位按照有关规定应付给职工（含长期聘用人员）及为职工支付的各种薪酬，包括基本工资、国家统一规定的津贴补贴、规范津贴补贴（绩效工资）、改革性补贴、社会保险费（如职工基本养老保险费、职业年金、基本医疗保险费等）、住房公积金等
2301	41.应付票据※	核算事业单位因购买材料、物资等而开出、承兑的商业汇票，包括银行承兑汇票和商业承兑汇票
2302	42.应付账款◇※	核算单位因购买物资、接受服务、开展工程建设等而应付的偿还期限在1年以内（含1年）的款项
2303	43.应付政府补贴款◇	核算负责发放政府补贴的行政单位，按照规定应当支付给政府补贴接受者的各种政府补贴款
2304	44.应付利息※	核算事业单位按照合同约定应支付的借款利息，包括短期借款、分期付息到期还本的长期借款等应支付的利息
2305	45.预收账款※	核算事业单位预先收取但尚未结算的款项

续表

科目编号	科目名称	核算内容
2307	46.其他应付款◇※	核算单位除应交增值税、其他应交税费、应缴财政款、应付职工薪酬、应付票据、应付账款、应付政府补贴款、应付利息、预收账款以外，其他各项偿还期限在1年内（含1年）的应付及暂收款项，如收取的押金、存入保证金、已经报销但尚未偿还银行的本单位公务卡欠款等；同级政府财政部门预拨的下期预算款和没有纳入预算的暂付款项，以及采用实拨资金方式通过本单位转拨给下属单位的财政拨款，也通过本科目核算
2401	47.预提费用◇※	核算单位预先提取的已经发生但尚未支付的费用，如预提租金费用等；事业单位按规定从科研项目收入中提取的项目间接费用或管理费，也通过本科目核算；事业单位计提的借款利息费用，通过“应付利息”“长期借款”科目核算，不通过本科目核算
2501	48.长期借款※	核算事业单位经批准向银行或其他金融机构等借入的期限超过1年（不含1年）的各种借款本息
2502	49.长期应付款◇※	核算单位发生的偿还期限超过1年（不含1年）的应付款项，如以融资租赁方式取得固定资产应付的租赁费等
2601	50.预计负债◇※	核算单位对因或有事项所产生的现时义务而确认的负债，如对未决诉讼等确认的负债
2901	51.受托代理负债◇※	核算单位接受委托取得受托代理资产时形成的负债
（三）净资产类		
3001	52.累计盈余◇※	核算单位历年实现的盈余扣除盈余分配后滚存的金额，以及因无偿调入调出资产产生的净资产变动额；按照规定上缴、缴回、单位间调剂结转结余资金产生的净资产变动额，以及对以前年度盈余的调整金额，也通过本科目核算
3101	53.专用基金※	核算事业单位按照规定提取或设置的具有专门用途的净资产，主要包括职工福利基金、科技成果转换基金等
3201	54.权益法调整※	核算事业单位持有的长期股权投资采用权益法核算时，按照被投资单位除净损益和利润分配以外的所有者权益变动份额调整长期股权投资账面余额而计入净资产的金额
3301	55.本期盈余◇※	核算单位本期各项收入、费用相抵后的余额

续表

科目编号	科目名称	核算内容
3302	56.本年盈余分配◇※	核算单位本年度盈余分配的情况和结果
3401	57.无偿调拨净资产◇※	核算单位无偿调入或调出非现金资产所引起的净资产变动金额
3501	58.以前年度盈余调整◇※	核算单位本年度发生的调整以前年度盈余的事项，包括本年度发生的重要前期差错更正涉及调整以前年度盈余的事项
（四）收入类		
4001	59.财政拨款收入◇※	核算单位从同级政府财政部门取得的各类财政拨款；同级政府财政部门预拨的下期预算款和没有纳入预算的暂付款项，以及采用实拨资金方式通过本单位转拨给下属单位的财政拨款，通过“其他应付款”科目核算，不通过本科目核算
4101	60.事业收入※	核算事业单位开展专业业务活动及其辅助活动实现的收入，不包括从同级政府财政部门取得的各类财政拨款
4201	61.上级补助收入※	核算事业单位从主管部门和上级单位取得的非财政拨款收入
4301	62.附属单位上缴收入※	核算事业单位取得的附属独立核算单位按照有关规定上缴的收入
4401	63.经营收入※	核算事业单位在专业业务活动及其辅助活动之外开展非独立核算经营活动取得的收入
4601	64.非同级财政拨款收入◇※	核算单位从非同级政府财政部门取得的经费拨款，包括从同级政府其他部门取得的横向转拨财政款、从上级或下级政府财政部门取得的经费拨款等；事业单位因开展科研及其辅助活动从非同级政府财政部门取得的经费拨款，应当通过“事业收入——非同级财政拨款”科目核算，不通过本科目核算
4602	65.投资收益※	核算事业单位股权投资和债券投资所实现的收益或发生的损失
4603	66.捐赠收入◇※	核算单位接受其他单位或者个人捐赠取得的收入
4604	67.利息收入◇※	核算单位取得的银行存款利息收入
4605	68.租金收入◇※	核算单位经批准利用国有资产出租取得并按照规定纳入本单位预算管理的租金收入

续表

科目编号	科目名称	核算内容
4609	69.其他收入◇※	核算单位取得的除财政拨款收入、事业收入、上级补助收入、附属单位上缴收入、经营收入、非同级财政拨款收入、投资收益、捐赠收入、利息收入、租金收入以外的各项收入，包括现金盘盈收入、按照规定纳入单位预算管理的科技成果转化收入、行政单位收回已核销的其他应收款、无法偿付的应付及预收款项、置换换出资产评估增值等
（五）费用类		
5001	70.业务活动费用◇※	核算单位为实现其职能目标，依法履职或开展专业业务活动及其辅助活动所发生的各项费用
5101	71.单位管理费用※	核算事业单位本级行政及后勤管理部门开展管理活动发生的各项费用，包括单位行政及后勤管理部门发生的人员经费、公用经费、资产折旧（摊销）等费用，以及由单位统一负担的离退休人员经费、工会经费、诉讼费、中介费等
5201	72.经营费用※	核算事业单位在专业业务活动及其辅助活动之外开展非独立核算经营活动发生的各项费用
5301	73.资产处置费用◇※	核算单位经批准处置资产时发生的费用，包括转销的被处置资产价值，以及在处置过程中发生的相关费用或者处置收入小于相关费用形成的净支出。资产处置的形式按照规定包括无偿调拨、出售、出让、转让、置换、对外捐赠、报废、毁损以及货币性资产损失核销等；单位在资产清查中查明的资产盘亏、毁损以及资产报废等，应当先通过“待处理财产损溢”科目进行核算，再将处理资产价值和处理净支出计入本科目。短期投资、长期股权投资、长期债券投资的处置，按照相关资产科目的规定进行账务处理
5401	74.上缴上级费用※	核算事业单位按照财政部门和主管部门的规定上缴上级单位款项发生的费用
5501	75.对附属单位补助费用※	核算事业单位用财政拨款收入之外的收入对附属单位补助发生的费用
5801	76.所得税费用※	核算有企业所得税缴纳义务的事业单位按规定缴纳企业所得税所形成的费用

续表

科目编号	科目名称	核算内容
5901	77.其他费用◇※	核算单位发生的除业务活动费用、单位管理费用、经营费用、资产处置费用、上缴上级费用、对附属单位补助费用、所得税费用以外的各项费用，包括利息费用、坏账损失、罚没支出、现金资产捐赠支出以及相关税费、运输费等
二、预算会计科目		
(一) 预算收入类		
6001	1.财政拨款预算收入◇※	核算单位从同级政府财政部门取得的各类财政拨款
6101	2.事业预算收入※	核算事业单位开展专业业务活动及其辅助活动取得的现金流入；事业单位因开展科研及其辅助活动从非同级政府财政部门取得的经费拨款，也通过本科目核算
6201	3.上级补助预算收入※	核算事业单位从主管部门和上级单位取得的非财政补助现金流入
6301	4.附属单位上缴预算收入※	核算事业单位取得附属独立核算单位根据有关规定上缴的现金流入
6401	5.经营预算收入※	核算事业单位取得附属独立核算单位根据有关规定上缴的现金流入
6501	6.债务预算收入※	核算事业单位按照规定从银行和其他金融机构等借入的、纳入部门预算管理的、不以财政资金作为偿还来源的债务本金
6601	7.非同级财政拨款预算收入◇※	核算单位从非同级政府财政部门取得的财政拨款，包括本级横向转拨财政款和非本级财政拨款。对于因开展科研及其辅助活动从非同级政府财政部门取得的经费拨款，应当通过“事业预算收入——非同级财政拨款”科目进行核算，不通过本科目核算
6602	8.投资预算收益※	核算事业单位取得的按照规定纳入部门预算管理的属于投资收益性质的现金流入，包括股权投资收益、出售或收回债券投资所取得的收益和债券投资利息收入
6609	9.其他预算收入◇※	核算单位除财政拨款预算收入、事业预算收入、上级补助预算收入、附属单位上缴预算收入、经营预算收入、债务预算收入、非同级财政拨款预算收入、投资预算收益之外的纳入部门预算管理的现金流入，包括捐赠预算收入、利息预算收入、租金预算收入、现金盘盈收入等

续表

科目编号	科目名称	核算内容
（二）预算支出类		
7101	10.行政支出◇	核算行政单位履行其职责实际发生的各项现金流出
7201	11.事业支出※	核算事业单位开展专业业务活动及其辅助活动实际发生的各项现金流出
7301	12.经营支出※	核算事业单位在专业业务活动及其辅助活动之外开展非独立核算经营活动实际发生的各项现金流出
7401	13.上缴上级支出※	核算事业单位按照财政部门和主管部门的规定上缴上级单位款项发生的现金流出
7501	14.对附属单位补助支出※	核算事业单位用财政拨款预算收入之外的收入对附属单位补助发生的现金流出
7601	15.投资支出※	核算事业单位以货币资金对外投资发生的现金流出
7701	16.债务还本支出※	核算事业单位偿还自身承担的纳入预算管理的从金融机构举借的债务本金的现金流出
7901	17.其他支出 ◇※	核算单位除行政支出、事业支出、经营支出、上缴上级支出、对附属单位补助支出、投资支出、债务还本支出以外的各项现金流出，包括利息支出、对外捐赠现金支出、现金盘亏损失、接受捐赠（调入）和对外捐赠（调出）非现金资产发生的税费支出、资产置换过程中发生的相关税费支出、罚没支出等
（三）预算结余类		
8001	18.资金结存◇※	核算单位纳入部门预算管理的资金的流入、流出、调整和滚存等情况
8101	19.财政拨款结转◇※	核算单位取得的同级财政拨款结转资金的调整、结转和滚存情况
8102	20.财政拨款结余◇※	核算单位取得的同级财政拨款项目支出结余资金的调整、结转和滚存情况
8201	21.非财政拨款结转◇※	核算单位除财政拨款收支、经营收支以外各非同级财政拨款专项资金的调整、结转和滚存情况
8202	22.非财政拨款结余◇※	核算单位历年滚存的非限定用途的非同级财政拨款结余资金，主要为非财政拨款结余扣除结余分配后滚存的金额

续表

科目编号	科目名称	核算内容
8301	23.专用结余※	核算事业单位按照规定从非财政拨款结余中提取的具有专门用途的资金的变动和滚存情况
8401	24.经营结余※	核算事业单位本年度经营活动收支相抵后余额弥补以前年度经营亏损后的余额
8501	25.其他结余◇※	核算单位本年度除财政拨款收支、非同级财政专项资金收支和经营收支以外各项收支相抵后的余额
8701	26.非财政拨款结余分配※	核算事业单位本年度非财政拨款结余分配的情况和结果

注：表中“◇”符号表示行政单位使用的会计科目，“※”符号表示事业单位使用的会计科目。

关键概念

行政单位　参公事业单位　行政事业单位会计

复习思考题

1.简述行政事业单位会计科目设置情况。
2.单位财务会计核算实行什么会计基础？
3.单位预算会计核算实行什么会计基础？

第十一章 行政事业单位财务会计资产的核算

资产是指政府会计主体过去的经济业务或者事项形成的，由政府会计主体控制的，预期能够产生服务潜力或者带来经济利益流入的经济资源。可以分为维持单位运转的单位资产和代理代行政府职能的经管资产两大类，参见表11-1。

表11-1　行政事业单位资产的分类与会计科目设置

资产分类		会计科目设置
单位资产	货币资金	库存现金、银行存款、零余额账户用款额度、其他货币资金
	应收及预付款项	财政应返还额度、应收票据、应收账款、预付账款、其他应收款、坏账准备
	存货	在途物品、库存物品、加工物品
	对外投资	短期投资、长期股权投资、长期债券投资、应收股利、应收利息
	固定资产	固定资产、固定资产累计折旧、工程物资、在建工程
	无形资产	无形资产、无形资产累计摊销、研发支出
	其他资产	待摊费用、受托代理资产、长期待摊费用、待处理财产损溢
经管资产	公共基础设施	公共基础设施、公共基础设施累计折旧（摊销）
	政府储备资产	政府储备物资
	文物文化资产	文物文化资产
	保障性住房	保障性住房、保障性住房累计折旧

第一节

单位资产的核算

行政事业单位的单位资产，有货币资金、应收及预付款项、存货、对外投资、固定资产、无形资产和其他资产。

一、货币资金

行政事业单位的货币资金有库存现金、银行存款、零余额账户用款额度、其他货币资金等。

（一）库存现金

为核算单位的库存现金，设置“库存现金”（1001）科目。本科目期末借方余额，反映单位实际持有的库存现金。

本科目应当设置“受托代理资产”明细科目，核算单位受托代理、代管的现金。其主要账务处理如下：

1.库存现金增加。

（1）从银行等金融机构提取现金，按照实际提取的金额，借记本科目，贷记“银行存款”科目。

【例11-1】县农业局从银行提取现金30 000元。

借：库存现金　30 000

　贷：银行存款　30 000

（2）根据规定从单位零余额账户提取现金，按照实际提取的金额，借记本科目，贷记“零余额账户用款额度”科目。

【例11-2】某市实行国库集中支付制度，市直属中学根据规定从单位零余额账户提取现金50 000元。

借：库存现金　50 000

　贷：零余额账户用款额度　50 000

（3）因内部职工出差等原因借出的现金，按照实际借出的现金金额，借记“其他应收款”科目，贷记本科目。出差人员报销差旅费时，按照实际报销的金额，借记“业务活动费用”“单位管理费用”等科目，按照实际借出的现金金额，贷记“其他应收款”科目，按照其差额，借记或贷记本科目。

【例11-3】市文广局王军出差，预借差旅费10 000元。

借：其他应收款——王军　10 000

　贷：库存现金　10 000

【例11-4】接例11-3，王军出差归来，报销差旅费9 300元，余款700元交回。

借：业务活动费用　9 300

　　库存现金　700

贷：其他应收款——王军 10 000

（4）因提供服务、物品或者其他事项收到现金，按照实际收到的金额，借记本科目，贷记“事业收入”“应收账款”等相关科目。涉及增值税业务的，相关账务处理参见“应交增值税”科目。

2.库存现金减少。

（1）将现金存入银行等金融机构，按照实际存入金额，借记“银行存款”科目，贷记本科目。

【例11-5】省建筑大学将50 000元库存现金存入开户银行。

借：银行存款 50 000

贷：库存现金 50 000

（2）将现金退回单位零余额账户，按照实际退回的金额，借记“零余额账户用款额度”科目，贷记本科目。

【例11-6】县农业局实行国库集中支付制度，现将库存现金35 000元退回零余额账户。

借：零余额账户用款额度 35 000

贷：库存现金 35 000

（3）因购买服务、物品或者其他事项支付现金，按照实际支付的金额，借记“业务活动费用”“单位管理费用”“库存物品”等相关科目，贷记本科目。涉及增值税业务的，相关账务处理参见“应交增值税”科目。

（4）以库存现金对外捐赠，按照实际捐出的金额，借记“其他费用”科目，贷记本科目。

【例11-7】市房管事业单位以自有资金向某非政府组织捐赠100 000元，用于新入职人员的住房救助，以库存现金支付。

借：其他费用 100 000

贷：库存现金 100 000

3.收到受托代理、代管的现金，按照实际收到的金额，借记本科目（受托代理资产），贷记“受托代理负债”科目；支付受托代理、代管的现金，按照实际支付的金额，借记“受托代理负债”科目，贷记本科目（受托代理资产）。

【例11-8】某县发生地震，县民政局收到公益慈善促进会委托代理资金，现金260 000元，收款入库。

借：库存现金 260 000

贷：受托代理负债 260 000

【例11-9】接例11-8，县民政局将受托代理资金260 000元发放给灾民。

借：受托代理负债 260 000

贷：库存现金 260 000

4.单位应当设置“库存现金日记账”，由出纳人员根据收付款凭证，按照业务发生顺序逐笔登记。每日终了，应当计算当日的现金收入合计数、现金支出合计数和结余数，并将结余数与实际库存数相核对，做到账款相符。

每日账款核对中发现有待查明原因的现金短缺或溢余的，应当通过“待处理财产损溢”科目核算。属于现金溢余，应当按照实际溢余的金额，借记本科目，贷记“待处理财产损溢”科目；属于现金短缺，应当按照实际短缺的金额，借记“待处理财产损溢”科目，贷记本科目。待查明原因后及时进行账务处理，具体内容参见“待处理财产损溢”科目。

5.现金收入业务繁多、单独设有收款部门的单位，收款部门的收款员应当将每天所收现金连同收款凭据一并交财务部门核收记账，或者将每天所收现金直接送存开户银行后，将收款凭据及向银行送存现金的凭证等一并交财务部门核收记账。

6.单位有外币现金的，应当分别按照人民币、外币种类设置“库存现金日记账”进行明细核算。有关外币现金业务的账务处理参见“银行存款”科目的相关规定。

（二）银行存款

为核算单位存入银行或者其他金融机构的各种存款，设置“银行存款”（1002）科目。本科目期末借方余额，反映单位实际存放在银行或其他金融机构的款项。

单位应当按照开户银行或其他金融机构、存款种类及币种等，分别设置“银行存款日记账”，由出纳人员根据收付款凭证，按照业务的发生顺序逐笔登记，每日终了应结出余额。“银行存款日记账”应定期与“银行对账单”核对，至少每月核对一次。月度终了，单位银行存款日记账账面余额与银行对账单余额之间如有差额，应当逐笔查明原因并进行处理，按月编制“银行存款余额调节表”，调节相符。

单位应当严格按照国家有关支付结算办法的规定办理银行存款收支业务，并按照《政府会计制度》规定核算银行存款的各项收支业务。本科目应当设置“受托代理资产”明细科目，核算单位受托代理、代管的银行存款。其主要账务处理如下：

1.人民币业务的账务处理

（1）将款项存入银行或者其他金融机构，按照实际存入的金额，借记本科目，贷记“库存现金”“应收账款”“事业收入”“经营收入”“其他收入”等相关科目。涉及增值税业务的，相关账务处理参见“应交增值税”科目。

【例11-10】某大学对外提供职业教育培训服务，现收到培训收入210 000元，款项存入银行（该收入免税）。

借：银行存款	210 000	
贷：事业收入		210 000

（2）收到银行存款利息，按照实际收到的金额，借记本科目，贷记“利息收入”科目。

【例11-11】市教育局收到银行存款利息1 309元。

借：银行存款	1 309	
贷：利息收入		1 309

（3）从银行等金融机构提取现金，按照实际提取的金额，借记“库存现金”科目，贷记本科目。

【例11-12】县科技局从银行提取现金20 000元用于日常业务支出。

借：库存现金　　20 000

　贷：银行存款　　20 000

（4）以银行存款支付相关费用，按照实际支付的金额，借记“业务活动费用”“单位管理费用”“其他费用”等相关科目，贷记本科目。涉及增值税业务的，相关账务处理参见“应交增值税”科目。

【例11-13】市中心小学支付本月电费3 465元，以银行存款支付。

借：业务活动费用　　3 465

　贷：银行存款　　3 465

（5）以银行存款对外捐赠，按照实际捐出的金额，借记“其他费用”科目，贷记本科目。

【例11-14】市中心医院向郊区农民工小学捐款100 000元，以银行存款支付。

借：其他费用　　100 000

　贷：银行存款　　100 000

（6）收到受托代理、代管的银行存款，按照实际收到的金额，借记本科目（受托代理资产），贷记“受托代理负债”科目；支付受托代理、代管的银行存款，按照实际支付的金额，借记“受托代理负债”科目，贷记本科目（受托代理资产）。

【例11-15】市卫生防疫中心收到某慈善机构委托代管资金500 000元，用于为困难家庭儿童免费接种流行性脑脊髓膜炎疫苗，款项存入银行。

借：银行存款　　500 000

　贷：受托代理负债　　500 000

【例11-16】接例11-15，购买疫苗80 000元，并为困难家庭儿童免费接种，以银行存款支付。

借：受托代理负债　　80 000

　贷：银行存款　　80 000

2.外币业务的账务处理

单位发生外币业务的，应当按照业务发生当日的即期汇率，将外币金额折算为人民币金额记账，并登记外币金额和汇率。期末，各种外币账户的期末余额，应当按照期末的即期汇率折算为人民币，作为外币账户期末人民币余额。调整后的各种外币账户人民币余额与原账面余额的差额，作为汇兑损益计入当期费用。

（1）以外币购买物资、设备等，按照购入当日的即期汇率将支付的外币或应支付的外币折算为人民币金额，借记“库存物品”等科目，贷记本科目、“应付账款”等科目的外币账户。涉及增值税业务的，相关账务处理参见“应交增值税”科目。

（2）销售物品、提供服务以外币收取相关款项等，按照收入确认当日的即期汇率将收取的外币或应收取的外币折算为人民币金额，借记本科目、“应收账款”等科目的外币账户，贷记“事业收入”等相关科目。

【例11-17】为落实党的二十大精神，黄河市生物研究所加强科研创新，现对外销售其研制产品100盒，每盒售价（不含税）120美元，计12 000美元，应缴增值税1 560美元，共计13 560美元，货款存入银行。当日的即期汇率为1美元兑换人民币6.3元。

12 000×6.3=75 600（元）

1 560×6.3=9 828（元）

13 560×6.3=85 428（元）

借：银行存款——美元　　85 428

　贷：事业收入　　75 600

　　应交增值税——应交税金——销项税额　　9 828

【例11-18】黄河市生物研究所收取以前年度销售给A公司的产品货款600美元，收款当日的即期汇率为1美元兑换人民币6.25元。

600×6.25=3 750（元）

借：银行存款——美元　　3 750

　贷：应收账款　　3 750

（3）期末，根据各外币银行存款账户按照期末汇率调整后的人民币余额与原账面人民币余额的差额，作为汇兑损益，借记或贷记本科目，贷记或借记“业务活动费用”“单位管理费用”等科目。

【例11-19】接例11-17和例11-18，年末，黄河市生物研究所的美元账户存款共计14 160美元，折合人民币89 178元。12月31日的即期汇率为1美元兑换人民币6.35元。

14 160×6.35=89 916（元）

89 916-89 178=738（元）

借：银行存款——美元　　738

　贷：业务活动费用　　738

（4）“应收账款”“应付账款”等科目有关外币账户期末汇率调整业务的账务处理参照本科目。

（三）零余额账户用款额度

为核算实行国库集中支付的单位根据财政部门批复的用款计划收到和支用的零余额账户用款额度，设置“零余额账户用款额度”（1011）科目。本科目期末借方余额，反映单位尚未支用的零余额账户用款额度。年末注销单位零余额账户用款额度后，本科目应无余额。

零余额账户用款额度的主要账务处理如下：

1.单位收到“财政授权支付到账通知书”时，根据通知书所列金额，借记本科目，贷记“财政拨款收入”科目。

【例11-20】县海洋与渔业局收到代理银行转来的“财政授权支付到账通知书”，通知书所列金额为300 000元。

借：零余额账户用款额度　　300 000

　贷：财政拨款收入　　300 000

2.支用额度。

（1）支付日常活动费用时，按照支付的金额，借记“业务活动费用”“单位管理费用”等科目，贷记本科目。

【例11-21】县海洋与渔业局开出转账支票，购买打印纸5箱，每箱600元，共计3 000元。

借：业务活动费用　　3 000

　贷：零余额账户用款额度　　3 000

（2）购买库存物品或购建固定资产，按照实际发生的成本，借记“库存物品”“固定资产”“在建工程”等科目，按照实际支付或应付的金额，贷记本科目、“应付账款”等科目。涉及增值税业务的，相关账务处理参见“应交增值税”科目。

【例11-22】某大学建设一栋教学楼，发生工程款310 000元，以零余额账户用款额度支付。

借：在建工程　　310 000

　贷：零余额账户用款额度　　310 000

（3）从零余额账户提取现金时，按照实际提取的金额，借记“库存现金”科目，贷记本科目。

【例11-23】省检察院从零余额账户提取现金150 000元。

借：库存现金　　150 000

　贷：零余额账户用款额度　　150 000

3.因购货退回等发生财政授权支付额度退回的，按照退回的金额，借记本科目，贷记“库存物品”等科目。

【例11-24】市中心医院上月所购的注射器存在质量问题，予以退货，货款165 000元退回到零余额账户。

借：零余额账户用款额度　　165 000

　贷：库存物品　　165 000

4.年末处理。

（1）年末，根据代理银行提供的对账单作注销额度的相关账务处理，借记“财政应返还额度——财政授权支付”科目，贷记本科目。

【例11-25】年末，北清县科技局根据代理银行提供的对账单注销其零余额账户用款额度163 215元。

借：财政应返还额度——财政授权支付　　163 215

　贷：零余额账户用款额度　　163 215

（2）年末，单位本年度财政授权支付预算指标数大于零余额账户用款额度下达数的，根据未下达的用款额度，借记“财政应返还额度——财政授权支付”科目，贷记“财政拨款收入”科目。

【例11-26】年末，北清县科技局本年度财政授权支付预算指标数大于零余额账户用款额度下达数，尚有210 000元未下达用款额度。

借：财政应返还额度——财政授权支付　　210 000

　贷：财政拨款收入　　210 000

（3）下年初，单位根据代理银行提供的上年度注销额度恢复到账通知书作恢复额度的相关账务处理，借记本科目，贷记“财政应返还额度——财政授权支付”科目。

【例11-27】接例11-25，北清县科技局根据代理银行提供的上年度注销额度恢复到账通知书，恢复上年度注销额度163 215元。

借：零余额账户用款额度　　163 215

　贷：财政应返还额度——财政授权支付　　163 215

（4）单位收到财政部门批复的上年未下达零余额账户用款额度，借记本科目，贷记“财政应返还额度——财政授权支付”科目。

【例11-28】接例11-26，下年初，北清县科技局收到财政部门批复的上年未下达零余额账户用款额度210 000元。

借：零余额账户用款额度　　210 000

　贷：财政应返还额度——财政授权支付　　210 000

（四）其他货币资金

为核算单位的外埠存款、银行本票存款、银行汇票存款、信用卡存款等各种其他货币资金，设置“其他货币资金”（1021）科目。本科目期末借方余额，反映单位实际持有的其他货币资金。

单位应当加强对其他货币资金的管理，及时办理结算，对于逾期尚未办理结算的银行汇票、银行本票等，应当按照规定及时转回，并按照上述规定进行相应账务处理。本科目应当设置“外埠存款”“银行本票存款”“银行汇票存款”“信用卡存款”等明细科目，进行明细核算。其主要账务处理如下：

1.在异地开立银行账户

单位按照有关规定需要在异地开立银行账户，将款项委托本地银行汇往异地开立账户时，借记本科目，贷记“银行存款”科目。收到采购员交来供应单位发票账单等报销凭证时，借记“库存物品”等科目，贷记本科目。将多余的外埠存款转回本地银行时，根据银行的收账通知，借记“银行存款”科目，贷记本科目。

【例11-29】某大学在上海采购教学物资一批，现将5 000 000元委托本地银行汇往上海开立账户。

借：其他货币资金　　5 000 000

　贷：银行存款　　5 000 000

【例11-30】接例11-29，采购物资到货，采购员交来的供应单位发票账单显示，物资总价款4 102 564元，应缴增值税533 333元，共计4 635 897元，用异地存款支付，物资已验收入库。

借：库存物品　　4 635 897

　贷：其他货币资金　　4 635 897

【例11-31】接例11-29和例11-30，采购结束，将剩余的异地存款364 103元转回本地银行。

借：银行存款　　364 103

　贷：其他货币资金　　364 103

2.取得银行本票、银行汇票

将款项交存银行取得银行本票、银行汇票，按照取得的银行本票、银行汇票金额，借记本科目，贷记“银行存款”科目。使用银行本票、银行汇票购买库存物品等资产时，按照实际支付金额，借记“库存物品”等科目，贷记本科目。如有余款或因本票、汇票超过付款期等原因而退回款项，按照退款金额，借记“银行存款”科目，贷记本科目。

【例11-32】市肿瘤医院因异地采购医疗设备而办理银行本票，现将15 000 000元存入银行，取得同等面额的银行本票。

借：其他货币资金　　15 000 000

　贷：银行存款　　15 000 000

【例11-33】接例11-32，市肿瘤医院使用银行本票购买医疗设备（不需安装）10台，每台1 463 000元，共计14 630 000元。设备验收后投入使用。

借：固定资产　　14 630 000

　贷：其他货币资金　　14 630 000

【例11-34】接例11-32和例11-33，购买设备后余款370 000元退回。

借：银行存款　　370 000

　贷：其他货币资金　　370 000

3.取得信用卡

将款项交存银行取得信用卡，按照交存金额，借记本科目，贷记“银行存款”科目。用信用卡购物或支付有关费用，按照实际支付金额，借记“单位管理费用”“库存物品”等科目，贷记本科目。单位信用卡在使用过程中，需向其账户续存资金的，按照续存金额，借记本科目，贷记“银行存款”科目。

【例11-35】某市住建委办理信用卡用于单位在国外购买专业资料，现将1 000 000元存款转存到办卡银行。

借：其他货币资金　　1 000 000

　贷：银行存款　　1 000 000

【例11-36】接例11-35，市住建委购买东北沦陷时期本市地下管网设施档案资料，价款54 000元，用信用卡支付。

借：单位管理费用　　54 000

　贷：其他货币资金　　54 000

【例11-37】接例11-35和例11-36，市住建委向其信用卡账户续存资金600 000元。

借：其他货币资金　　600 000

　贷：银行存款　　600 000

二、应收及预付款项

行政事业单位应收及预付款项有财政应返还额度、应收票据、应收账款、预付账款、其他应收款和坏账准备等。

（一）财政应返还额度

为核算实行国库集中支付的单位应收财政返还的资金额度，包括可以使用的以前年度财政直接支付资金额度和财政应返还的财政授权支付资金额度，设置“财政应返还额度”（1201）科目。本科目期末借方余额，反映单位应收财政返还的资金额度。

本科目应当设置“财政直接支付”“财政授权支付”两个明细科目进行明细核算。其主要账务处理如下：

1.财政直接支付

（1）年末，单位根据本年度财政直接支付预算指标数大于当年财政直接支付实际发生数的差额，借记本科目（财政直接支付），贷记“财政拨款收入”科目。

【例11-38】年末，省教育厅本年度的财政直接支付预算指标数为9 450 000元，当年财政直接支付实际发生额为9 300 000元，尚有150 000元的指标没有使用。

借：财政应返还额度——财政直接支付　　150 000

　贷：财政拨款收入　　150 000

（2）单位使用以前年度财政直接支付额度支付款项时，借记“业务活动费用”“单位管理费用”等科目，贷记本科目（财政直接支付）。

【例11-39】接例11-38，省教育厅用上年财政直接支付额度购买电脑10台，每台价款5 400元，共计54 000元，由财政直接支付。

借：固定资产　　54 000

　贷：财政应返还额度——财政直接支付　　54 000

2.财政授权支付

（1）年末，根据代理银行提供的对账单作注销额度的相关账务处理，借记本科目（财政授权支付），贷记“零余额账户用款额度”科目。

【例11-40】年末，省教育厅依据代理银行提供的对账单注销额度尚未使用的零余额账户用款额度184 356元。

借：财政应返还额度——财政授权支付　　184 356

贷：零余额账户用款额度　　184 356

（2）年末，单位本年度财政授权支付预算指标数大于零余额账户用款额度下达数的，根据未下达的用款额度，借记本科目（财政授权支付），贷记“财政拨款收入”科目。

【例11-41】接例11-40，年末，省教育厅与省财政核对确认本年度尚未下达的财政授权支付用款额度，本年度财政授权支付预算指标数为8 000 000元，已经下达指标数为7 800 000元，差额200 000元。

借：财政应返还额度——财政授权支付　　200 000

贷：财政拨款收入　　200 000

（3）下年初，单位根据代理银行提供的上年度注销额度恢复到账通知书作恢复额度的相关账务处理，借记“零余额账户用款额度”科目，贷记本科目（财政授权支付）。单位收到财政部门批复的上年末下达零余额账户用款额度，借记“零余额账户用款额度”科目，贷记本科目（财政授权支付）。

【例11-42】接例11-40，下年初，省教育厅收到上年度注销额度恢复到账通知书，恢复额度184 356元。

借：零余额账户用款额度　　184 356

贷：财政应返还额度——财政授权支付　　184 356

【例11-43】接例11-41，下年初，省教育厅收到财政部门批复的上年末下达零余额账户用款额度200 000元。

借：零余额账户用款额度　　200 000

贷：财政应返还额度——财政授权支付　　200 000

（二）应收票据

为核算事业单位因开展经营活动销售产品、提供有偿服务等而收到的商业汇票，包括银行承兑汇票和商业承兑汇票，设置“应收票据”（1211）科目。本科目期末借方余额，反映事业单位持有的商业汇票票面金额。

事业单位应当设置“应收票据备查簿”，逐笔登记每一应收票据的种类、号数、出票日期、到期日、票面金额、交易合同号和付款人、承兑人、背书人姓名或单位名称、背书转让日、贴现日期、贴现率和贴现净额、收款日期、收回金额和退票情况等。应收票据到期结清票款或退票后，应当在备查簿内逐笔注销。本科目应当按照开出、承兑商业汇票的单位等进行明细核算。其主要账务处理如下：

1.收到商业汇票

因销售产品、提供服务等收到商业汇票，按照商业汇票的票面金额，借记本科目，按照确认的收入金额，贷记“经营收入”等科目。涉及增值税业务的，相关账务处理参见“应交增值税”科目。

【例11-44】市疾病防控中心向A公司员工提供禽流感疾病防治服务，服务收入20 000元，应缴增值税1 200元，共计21 200元。收到A公司开出的商业承兑汇票一张，票面金额21 200元，期限6个月，没有利息。（一般纳税人单位）

借：应收票据——A公司　21 200

　贷：事业收入　20 000

　　应交增值税——应交税金——销项税额　1 200

2.贴现商业汇票

持未到期的商业汇票向银行贴现，按照实际收到的金额（即扣除贴现息后的净额），借记"银行存款"科目，按照贴现息金额，借记"经营费用"等科目，按照商业汇票的票面金额，贷记本科目（无追索权）或"短期借款"科目（有追索权）。附追索权的商业汇票到期未发生追索事项的，按照商业汇票的票面金额，借记"短期借款"科目，贷记本科目。

【例11-45】接例11-44，因资金短缺，市疾病防控中心持未到期的A公司商业承兑汇票向银行贴现，扣除贴现息800元后，实际收到款项20 400元，票据贴现为有追索权贴现。

借：银行存款　20 400

　　经营费用　800

　贷：短期借款　21 200

【例11-46】接例11-44和例11-45，A公司的商业承兑汇票到期，未发生追索事项。

借：短期借款　21 200

　贷：应收票据——A公司　21 200

3.背书转让商业汇票

将持有的商业汇票背书转让以取得所需物资时，按照取得物资的成本，借记"库存物品"等科目，按照商业汇票的票面金额，贷记本科目，如有差额，借记或贷记"银行存款"等科目。涉及增值税业务的，相关账务处理参见"应交增值税"科目。

【例11-47】接例11-44，市疾病防控中心向L公司购买医用材料一批，价款33 500元，应缴增值税4 355元，共计37 855元。因资金短缺，将未到期的A公司商业承兑汇票进行背书转让，抵值21 200元，余款16 655元以银行存款支付。材料已验收入库。

借：库存物品　33 500

　　应交增值税——应交税金——进项税额　4 355

　贷：应收票据——A公司　21 200

　　银行存款　16 655

4.商业汇票到期

商业汇票到期时，应当分别以下情况处理：

（1）收回票款时，按照实际收到的商业汇票票面金额，借记"银行存款"科目，贷记本科目。

【例11-48】接例11-44，商业汇票到期，市疾病防控中心收到21 200元，款项存入银行。

借：银行存款 21 200

贷：应收票据——A公司 21 200

（2）因付款人无力支付票款，收到银行退回的商业承兑汇票、委托收款凭证、未付票款通知书或拒付款证明等，按照商业汇票的票面金额，借记“应收账款”科目，贷记本科目。

【例11-49】接例11-44，商业汇票到期，A公司因经营困难无力支付票款，转为应收账款。

借：应收账款 21 200

贷：应收票据——A公司 21 200

（三）应收账款

为核算事业单位提供服务、销售产品等应收取的款项，以及单位因出租资产、出售物资等应收取的款项，设置“应收账款”（1212）科目。本科目期末借方余额，反映单位尚未收回的应收账款。

本科目应当按照债务单位（或个人）进行明细核算。其主要账务处理如下：

1.应收账款收回后不需上缴财政

（1）单位发生应收账款时，按照应收未收金额，借记本科目，贷记“事业收入”“经营收入”“租金收入”“其他收入”等科目。涉及增值税业务的，相关账务处理参见“应交增值税”科目。

【例11-50】市职业技术学院为工人养老院提供老年护理培训服务，培训收入40 000元，款项尚未收回，培训收入免税。

借：应收账款——工人养老院 40 000

贷：事业收入 40 000

（2）收回应收账款时，按照实际收到的金额，借记“银行存款”等科目，贷记本科目。

【例11-51】接例11-50，市职业技术学院收到工人养老院支付的培训服务款项40 000元，存入银行。

借：银行存款 40 000

贷：应收账款——工人养老院 40 000

2.应收账款收回后需上缴财政

（1）单位出租资产发生应收未收租金款项时，按照应收未收金额，借记本科目，贷记“应缴财政款”科目。收回应收账款时，按照实际收到的金额，借记“银行存款”等科目，贷记本科目。

【例11-52】市工人文化宫对外出租剧场，M演艺公司租用剧场3天租金共30 000元，预收账款5 000元存入银行，剩余租金25 000元尚未收回。按照规定，租金收入上缴财政。

借：应收账款——M演艺公司 25 000

预收账款　　5 000
　贷：应缴财政款　　30 000

【例11-53】接例11-52，市工人文化宫收到M演艺公司租用剧场剩余租金25 000元，存入银行。

借：银行存款　　25 000
　贷：应收账款——M演艺公司　　25 000

（2）单位出售物资发生应收未收款项时，按照应收未收金额，借记本科目，贷记“应缴财政款”科目。收回应收账款时，按照实际收到的金额，借记“银行存款”等科目，贷记本科目。涉及增值税业务的，相关账务处理参见“应交增值税”科目。

【例11-54】市卫生学校向C企业出售一批专用物资，价款50 000元，款项尚未收到。按规定，该款项应上缴财政。

借：应收账款——C企业　　50 000
　贷：应缴财政款　　50 000

【例11-55】接例11-54，市卫生学校收到C企业的物资款50 000元，存入银行。

借：银行存款　　50 000
　贷：应收账款——C企业　　50 000

3.不需上缴财政的应收账款

事业单位应当于每年年末，对收回后不需上缴财政的应收账款进行全面检查，如发生不能收回的迹象，应当计提坏账准备。

（1）对于账龄超过规定年限、确认无法收回的应收账款，按照规定报经批准后予以核销。按照核销金额，借记“坏账准备”科目，贷记本科目。核销的应收账款应在备查簿中保留登记。

【例11-56】接例11-50，市职业技术学院为工人养老院提供培训的服务收入40 000元欠款无法收回，按照规定报经批准后予以核销。

借：坏账准备　　40 000
　贷：应收账款——工人养老院　　40 000

（2）已核销的应收账款在以后期间又收回的，按照实际收回金额，借记本科目，贷记“坏账准备”科目；同时，借记“银行存款”等科目，贷记本科目。

【例11-57】接例11-56，市职业技术学院已核销的工人养老院欠款收回，40 000元存入银行。

借：应收账款——工人养老院　　40 000
　贷：坏账准备　　40 000

同时，记：

借：银行存款　　40 000
　贷：应收账款——工人养老院　　40 000

4.需上缴财政的应收账款

单位应当于每年年末，对收回后应当上缴财政的应收账款进行全面检查。

（1）对于账龄超过规定年限、确认无法收回的应收账款，按照规定报经批准后予以核销。按照核销金额，借记“应缴财政款”科目，贷记本科目。核销的应收账款应当在备查簿中保留登记。

【例11-58】接例11-54，市卫生学校向C企业出售专用物资的价款50 000元无法收回，按照规定报经批准后予以核销。按规定该款项应上缴财政。

借：应缴财政款　　50 000

　贷：应收账款——C企业　　50 000

（2）已核销的应收账款在以后期间又收回的，按照实际收回金额，借记“银行存款”等科目，贷记“应缴财政款”科目。

【例11-59】接例11-58，市卫生学校已核销的C企业欠款50 000元收回并存入银行，按规定该款项应上缴财政。

借：银行存款　　50 000

　贷：应缴财政款　　50 000

（四）预付账款

为核算单位按照购货、服务合同或协议规定预付给供应单位（或个人）的款项，以及按照合同规定向承包工程的施工企业预付的备料款和工程款，设置“预付账款”（1214）科目。本科目借方记录预付账款的增加额，贷方记录减少额。本科目期末借方余额，反映单位实际预付但尚未结算的款项。

本科目应当按照供应单位（或个人）及具体项目进行明细核算；对于基本建设项目发生的预付账款，还应当在本科目所属基建项目明细科目下设置“预付备料款”“预付工程款”“其他预付款”等明细科目，进行明细核算。其主要账务处理如下：

1.预付款项时

根据购货、服务合同或协议规定预付款项时，按照预付金额，借记本科目，贷记“财政拨款收入”“零余额账户用款额度”“银行存款”等科目。

【例11-60】为落实党的二十大精神，全面推进民族团结进步事业，省民委向K公司订购一台专用设备，按合同预付订金10 000元，以零余额账户用款额度支付。

借：预付账款——K公司　　10 000

　贷：零余额账户用款额度　　10 000

2.收到所购资产或服务时

收到所购资产或服务时，按照购入资产或服务的成本，借记“库存物品”“固定资产”“无形资产”“业务活动费用”等相关科目，按照相关预付账款的账面余额，贷记本科目，按照实际补付的金额，贷记“财政拨款收入”“零余额账户用款额度”“银行存款”等科目。涉及增值税业务的，相关账务处理参见“应交增值税”科目。

【例11-61】接例11-60，省民委收到向K公司订购的专用设备，设备价款36 000元，应缴增值税4 680元，对方垫付运杂费300元，共计40 980元。预付款10 000元，余款30 980元以零余额账户用款额度支付。

借：固定资产　　40 980

　贷：预付账款——K公司　　10 000

　　零余额账户用款额度　　30 980

3.结算工程价款及备料款时

根据工程进度结算工程价款及备料款时，按照结算金额，借记“在建工程”科目，按照相关预付账款的账面余额，贷记本科目，按照实际补付的金额，贷记“财政拨款收入”“零余额账户用款额度”“银行存款”等科目。

【例11-62】省民委自建一栋办公楼，依据建造合同和工程进度与建设单位A公司结算工程总价款34 850 000元，预付账款120 000元，余款34 730 000元以财政直接支付方式付款。

借：在建工程　　34 850 000

　贷：预付账款——A公司　　120 000

　　财政拨款收入　　34 730 000

4.预付账款退回时

发生预付账款退回的，按照实际退回金额，借记“财政拨款收入”[本年直接支付]、“财政应返还额度”[以前年度直接支付]、“零余额账户用款额度”、“银行存款”等科目，贷记本科目。

【例11-63】接例11-60，省民委向K公司订购的专用设备，因K公司的原因无法履行合同，预付订金10 000元退回到零余额账户。

借：零余额账户用款额度　　10 000

　贷：预付账款——K公司　　10 000

5.无法收到所购货物或服务时

单位应当于每年年末，对预付账款进行全面检查。如果有确凿证据表明预付账款不再符合预付款项性质，或者因供应单位破产、撤销等原因可能无法收到所购货物、服务的，应当先将其转入其他应收款，再按照规定进行处理。将预付账款账面余额转入其他应收款时，借记“其他应收款”科目，贷记本科目。

【例11-64】接例11-60，省民委向K公司订购专用设备，因K公司的原因而无法履行合同，预付的10 000元订金转入“其他应收款”账户。

借：其他应收款——K公司　　10 000

　贷：预付账款——K公司　　10 000

（五）其他应收款

为核算单位除财政应返还额度、应收票据、应收账款、预付账款、应收股利、应收利息以外的其他各项应收及暂付款项，如职工预借的差旅费、已经偿还银行尚未报销的本单位公务卡欠款、拨付给内部有关部门的备用金、应向职工收取的各种垫付款项、支付的可以收回的订金或押金、应收的上级补助和附属单位上缴款项等，设置“其他应收款”（1218）科目。本科目期末借方余额，反映单位尚未收回的其他应收款。

本科目应当按照其他应收款的类别以及债务单位（或个人）进行明细核算。其主要账务处理如下：

1.发生其他各种应收及暂付款项时，按照实际发生金额，借记本科目，贷记“零余额账户用款额度”“银行存款”“库存现金”“上级补助收入”“附属单位上缴收入”等科目。涉及增值税业务的，相关账务处理参见“应交增值税”科目。

【例11-65】市第一医院临时工张洁因生活急需向医院借款2 000元，经领导批准，以库存现金支付。

借：其他应收款——张洁　　2 000

　贷：库存现金　　2 000

2.收回其他各种应收及暂付款项时，按照收回的金额，借记“库存现金”“银行存款”等科目，贷记本科目。

【例11-66】接例11-65，市第一医院收到临时工张洁偿还的借款2 000元。

借：库存现金　　2 000

　贷：其他应收款——张洁　　2 000

3.单位内部实行备用金制度的，有关部门使用备用金以后应当及时到财务部门报销并补足备用金。财务部门核定并发放备用金时，按照实际发放金额，借记本科目，贷记“库存现金”等科目。根据报销金额用现金补足备用金定额时，借记“业务活动费用”“单位管理费用”等科目，贷记“库存现金”等科目，报销数和拨补数都不再通过本科目核算。

【例11-67】中央科技大学内部实行备用金制度，财务部门核定并向材料学院发放备用金50 000元。

借：其他应收款——材料学院　　50 000

　贷：库存现金　　50 000

【例11-68】接例11-67，中央科技大学财务部门报销材料学院购买文件夹款项760元。

借：业务活动费用　　760

　贷：库存现金　　760

4.偿还尚未报销的本单位公务卡欠款时，按照偿还的款项，借记本科目，贷记“零余额账户用款额度”“银行存款”等科目；持卡人报销时，按照报销金额，借记“业务活动费用”“单位管理费用”等科目，贷记本科目。

【例11-69】省第一中学偿还校资产部尚未报销的本单位公务卡欠款65 230元，以零余额账户用款额度支付。

借：其他应收款——资产部　　65 230

　贷：零余额账户用款额度　　65 230

【例11-70】接例11-69，持卡人报销用公务卡所购买的设备款65 230元，设备已验收投入使用。

借：固定资产　　65 230

　贷：其他应收款——资产部　　65 230

5.将预付账款账面余额转入其他应收款时，借记本科目，贷记“预付账款”科目。具体说明参见“预付账款”科目。

【例11-71】中央党校向J公司预订的设备因对方的原因无法完成购买合同，将预付账款200 000元转入其他应收款。

借：其他应收款——J公司　　200 000

　贷：预付账款——J公司　　200 000

6.事业单位核销其他应收款。

事业单位应当于每年年末，对其他应收款进行全面检查，如发生不能收回的迹象，应当计提坏账准备。

（1）对于账龄超过规定年限、确认无法收回的其他应收款，按照规定报经批准后予以核销。按照核销金额，借记“坏账准备”科目，贷记本科目。核销的其他应收款应当在备查簿中保留登记。

【例11-72】接例11-71，年末，中央党校对其他应收款进行全面检查，确认由向J公司预订设备款转入的其他应收款200 000元无法收回，按照规定报经批准后予以核销。

借：坏账准备　　200 000

　贷：其他应收款——J公司　　200 000

（2）已核销的其他应收款在以后期间又收回的，按照实际收回金额，借记本科目，贷记“坏账准备”科目；同时，借记“银行存款”等科目，贷记本科目。

【例11-73】接例11-71和例11-72，中央党校收到已经核销的J公司应收款200 000元，存入银行。

借：其他应收款——J公司　　200 000

　贷：坏账准备　　200 000

同时，记：

借：银行存款　　200 000

　贷：其他应收款——J公司　　200 000

7.行政单位核销其他应收款。

行政单位应当于每年年末，对其他应收款进行全面检查。对于超过规定年限、确认无法收回的其他应收款，应当按照有关规定报经批准后予以核销。核销的其他应收款应在备查簿中保留登记。

（1）经批准核销其他应收款时，按照核销金额，借记“资产处置费用”科目，贷记本科目。

【例11-74】年末，县文化局对其他应收款进行全面检查，确认原下属文化馆的100 000元因文化馆改制无法收回，经批准予以核销。

借：资产处置费用　　100 000

　　贷：其他应收款——文化馆　　100 000

（2）已核销的其他应收款在以后期间又收回的，按照收回金额，借记“银行存款”等科目，贷记“其他收入”科目。

【例11-75】接例11-74，县文化局收到原下属文化馆偿还的100 000元，存入银行。

借：银行存款　　100 000

　　贷：其他收入　　100 000

（六）坏账准备

1.事业单位坏账准备的管理要求

（1）对预计可能产生的坏账损失计提、确认坏账准备。事业单位应当于每年年末，对收回后不需上缴财政的应收账款和其他应收款进行全面检查，分析其可收回性，对预计可能产生的坏账损失计提坏账准备、确认坏账损失。

（2）坏账准备计提方法一经确定，不得随意变更。事业单位可以采用应收款项余额百分比法、账龄分析法、个别认定法等方法计提坏账准备。坏账准备计提方法一经确定即不得随意变更，如需变更，应当按照规定报经批准，并在财务报表附注中予以说明。

（3）补提或冲减的坏账准备金额的计算公式。当期应补提或冲减的坏账准备金额的计算公式如下：

当期应补提或冲减的坏账准备 = 按照期末应收账款和其他应收款计算应计提的坏账准备金额 − 本科目期末贷方余额（或+ 本科目期末借方余额）

2.坏账准备的账务处理

为核算事业单位对收回后不需上缴财政的应收账款和其他应收款提取的坏账准备，设置“坏账准备”（1219）科目。本科目期末贷方余额，反映事业单位提取的坏账准备金额。

本科目应当分别应收账款和其他应收款进行明细核算。其主要账务处理如下：

（1）提取坏账准备时，借记“其他费用”科目，贷记本科目；冲减坏账准备时，借记本科目，贷记“其他费用”科目。

【例11-76】年末，市水文研究院对收回后不需上缴财政的应收账款和其他应收款提取坏账准备15 420元。

借：其他费用　　15 420

　　贷：坏账准备　　15 420

（2）对于账龄超过规定年限并确认无法收回的应收账款、其他应收款，应当按照有关规定报经批准后，按照无法收回的金额，借记本科目，贷记“应收账款”“其他应收款”科目。

【例11-77】市水文研究院有一笔账龄5年的N中心所欠应收账款50 000元，确认无法收回，报经批准后予以核销。

借：坏账准备　　50 000

　贷：应收账款——N中心　　50 000

（3）已核销的应收账款、其他应收款在以后期间又收回的，按照实际收回金额，借记“应收账款”“其他应收款”科目，贷记本科目；同时，借记“银行存款”等科目，贷记“应收账款”“其他应收款”科目。

【例11-78】接例11-77，市水文研究院收到已经核销的N中心所欠应收账款50 000元，存入银行。

借：应收账款——N中心　　50 000

　贷：坏账准备　　50 000

同时，记：

借：银行存款　　50 000

　贷：应收账款——N中心　　50 000

三、存货

行政事业单位的存货有在途物品、库存物品和加工物品等。

（一）在途物品

为核算单位采购材料等物资时货款已付或已开出商业汇票但尚未验收入库的在途物品的采购成本，设置“在途物品”（1301）科目。本科目期末借方余额，反映单位在途物品的采购成本。

本科目可按照供应单位和物品种类进行明细核算。其主要账务处理如下：

1.单位购入材料等物品，按照确定的物品采购成本的金额，借记本科目，按照实际支付的金额，贷记“财政拨款收入”“零余额账户用款额度”“银行存款”等科目。涉及增值税业务的，相关账务处理参见“应交增值税”科目。

【例11-79】市地震局购买一批防震物资，物资采购成本62 000元，增值税8 060元，共计70 060元，由财政直接支付。

借：在途物品　　70 060

　贷：财政拨款收入　　70 060

2.所购材料等物品到达验收入库，按照确定的库存物品成本金额，借记“库存物品”科目，按照物品采购成本金额，贷记本科目，按照使得入库物品达到目前场所和状态所发生的其他支出，贷记“银行存款”等科目。

【例11-80】接例11-79，市地震局所购防震物资到货，发生运输费用3 100元，经银行存款支付。

借：库存物品　　73 160

　贷：在途物品　　70 060

　　　银行存款　　3 100

（二）库存物品

为核算单位在开展业务活动及其他活动中为耗用或出售而储存的各种材料、产品、包装物、低值易耗品，以及达不到固定资产标准的用具、装具、动植物等的成本，设置“库存物品”（1302）科目。本科目期末借方余额，反映单位库存物品的实际成本。已完成的测绘、地质勘查、设计成果等的成本，也通过本科目核算。

单位随买随用的零星办公用品，可以在购进时直接列作费用，不通过本科目核算。单位控制的政府储备物资，应当通过“政府储备物资”科目核算，不通过本科目核算。单位受托存储保管的物资和受托转赠的物资，应当通过“受托代理资产”科目核算，不通过本科目核算。单位为在建工程购买和使用的材料物资，应当通过“工程物资”科目核算，不通过本科目核算。

本科目应当按照库存物品的种类、规格、保管地点等进行明细核算。单位储存的低值易耗品、包装物较多的，可以在本科目（低值易耗品、包装物）下按照“在库”“在用”“摊销”等进行明细核算。其主要账务处理如下：

1.取得的库存物品，应当按照其取得时的成本入账。

（1）外购的库存物品验收入库，按照确定的成本，借记本科目，贷记“财政拨款收入”“零余额账户用款额度”“银行存款”“应付账款”“在途物品”等科目。涉及增值税业务的，相关账务处理参见“应交增值税”科目。

【例 11-81】市职业技术学院外购10箱教学用具，每箱850元（含税），共计8 500元，以零余额账户用款额度支付，货物已验收入库。

借：库存物品　　8 500
　贷：零余额账户用款额度　　8 500

（2）自制的库存物品加工完成并验收入库，按照确定的成本，借记本科目，贷记“加工物品——自制物品”科目。

【例 11-82】市职业技术学院自制一批教学用具，加工完成并验收入库，加工成本共13 150元，物品验收入库。

借：库存物品　　13 150
　贷：加工物品——自制物品　　13 150

（3）委托外单位加工收回的库存物品验收入库，按照确定的成本，借记本科目，贷记“加工物品——委托加工物品”等科目。

【例 11-83】市职业技术学院委托某企业加工10辆特制轮椅用于教学，经计算，每辆轮椅加工成本1 620元，共计16 200元，物品验收入库。

借：库存物品　　16 200
　贷：加工物品——委托加工物品　　16 200

（4）接受捐赠的库存物品验收入库，按照确定的成本，借记本科目，按照发生的相关税费、运输费等，贷记“银行存款”等科目，按照其差额，贷记“捐赠收入”科目。接受捐赠的库存物品按照名义金额入账的，按照名义金额，借记本科目，贷记“捐赠收入”科目；同时，按照发生的相关税费、运输费等，借记“其他费用”科目，贷记“银行存款”等科目。

【例11-84】市职业技术学院接受某基金会捐赠实验器材一批，对方提供的发票显示器材价款72 300元，增值税9 399元，合计81 699元，器材已验收入库。发生运输费600元，以库存现金支付。

借：库存物品　　81 699

　贷：捐赠收入　　81 099

　　　库存现金　　600

【例11-85】市职业技术学院接受校友捐赠的一批自制教具，因无可参照市场价格以名义金额入账，发生运输费用1 000元，以库存现金支付，教具已验收入库。

借：库存物品　　1

　贷：捐赠收入　　1

借：其他费用　　1 000

　贷：库存现金　　1 000

（5）无偿调入的库存物品验收入库，按照确定的成本，借记本科目，按照发生的相关税费、运输费等，贷记“银行存款”等科目，按照其差额，贷记“无偿调拨净资产”科目。

【例11-86】市职业技术学院无偿调入一批办公用品，比照市场价格估值7 460元，发生运费300元，以库存现金支付，办公用品已验收入库。

借：库存物品　　7 460

　贷：库存现金　　300

　　　无偿调拨净资产　　7 160

（6）置换换入的库存物品验收入库，按照确定的成本，借记本科目，按照换出资产的账面余额，贷记相关资产科目（换出资产为固定资产、无形资产的，还应当借记“固定资产累计折旧”“无形资产累计摊销”科目），按照置换过程中发生的其他相关支出，贷记“银行存款”等科目，按照借贷方差额，借记“资产处置费用”科目或贷记“其他收入”科目。涉及补价的，分别以下情况处理：

①支付补价的，按照确定的成本，借记本科目，按照换出资产的账面余额，贷记相关资产科目（换出资产为固定资产、无形资产的，还应当借记“固定资产累计折旧”“无形资产累计摊销”科目），按照支付的补价和置换过程中发生的其他相关支出，贷记“银行存款”等科目，按照借贷方差额，借记“资产处置费用”科目或贷记“其他收入”科目。

【例11-87】市职业技术学院以一台不需用设备置换换入一批教学用材料，换入教学用材料的价值13 500元，换出设备账面余额21 000元，已提折旧9 843元，向对方补价1 500元，以银行存款支付，材料已验收入库。

借：库存物品　　13 500

　　固定资产累计折旧　　9 843

贷：固定资产 21 000

银行存款 1 500

其他收入 843

②收到补价的，按照确定的成本，借记本科目，按照收到的补价，借记“银行存款”等科目，按照换出资产的账面余额，贷记相关资产科目（换出资产为固定资产、无形资产的，还应当借记“固定资产累计折旧”“无形资产累计摊销”科目），按照置换过程中发生的其他相关支出，贷记“银行存款”等科目，按照补价扣减其他相关支出后的净收入，贷记“应缴财政款”科目，按照借贷方差额，借记“资产处置费用”科目或贷记“其他收入”科目。

【例11-88】市职业技术学院以一项专利技术置换换入一批办公用耗材，换入耗材价值8 450元，对方补价1 000元存入银行。换出专利的账面余额是61 000元，已摊销45 430元，材料已验收入库，转换过程中发生运输费用200元，以库存现金支付。

借：库存物品 8 650

无形资产累计摊销 45 430

银行存款 1 000

资产处置费用 6 120

贷：无形资产 61 000

库存现金 200

2.库存物品在发出时，分别以下情况处理：

（1）领用。

①单位开展业务活动等领用、按照规定自主出售发出或加工发出库存物品，按照领用、出售等发出物品的实际成本，借记“业务活动费用”“单位管理费用”“经营费用”“加工物品”等科目，贷记本科目。

【例11-89】市职业技术学院党委办公室领用文件夹20个、签字笔2盒，实际成本共315元。

借：单位管理费用 315

贷：库存物品 315

②采用一次转销法摊销低值易耗品、包装物的，在首次领用时将其账面余额一次性摊销计入有关成本费用，借记有关科目，贷记本科目。

【例11-90】接例11-85，市职业技术学院对校友捐赠的一批自制教具实行一次转销法摊销，社会保障学院第一次领用该教具，将其账面余额一次性摊销计入“业务活动费用”科目。

借：业务活动费用 1 001

贷：库存物品 1 001

③采用五五摊销法摊销低值易耗品、包装物的，首次领用时，将其账面余额的50%摊销计入有关成本费用，借记有关科目，贷记本科目；使用完时，将剩余的账

面余额转销计入有关成本费用，借记有关科目，贷记本科目。

【例11-91】接例11-85，市职业技术学院对校友捐赠的一批自制教具实行五五摊销法摊销，社会保障学院第一次领用该教具将其账面余额的50%，即500.5元，摊销计入“业务活动费用”科目。

借：业务活动费用　　500.5
　贷：库存物品　　500.5

（2）对外出售。经批准对外出售的库存物品（不含可自主出售的库存物品）发出时，按照库存物品的账面余额，借记“资产处置费用”科目，贷记本科目；同时，按照收到的价款，借记“银行存款”等科目，按照处置过程中发生的相关费用，贷记“银行存款”等科目，按照其差额，贷记“应缴财政款”科目。

【例11-92】接例11-86，经批准，市职业技术学院将无偿调入的办公用品对外出售，库存物品账面余额7 460元，收到价款7 700元，存入银行，发生搬运费200元，以库存现金支付，余款上缴财政。

借：资产处置费用　　7 460
　贷：库存物品　　7 460
借：银行存款　　7 700
　贷：库存现金　　200
　　应缴财政款　　7 500

（3）对外捐赠。经批准对外捐赠的库存物品发出时，按照库存物品的账面余额和对外捐赠过程中发生的归属于捐出方的相关费用合计数，借记“资产处置费用”科目，按照库存物品账面余额，贷记本科目，按照对外捐赠过程中发生的归属于捐出方的相关费用，贷记“银行存款”等科目。

【例11-93】市职业技术学院对外捐赠一批教学用具，用具的账面余额9 550元，支付运输费用330元，以库存现金支付。

借：资产处置费用　　9 880
　贷：库存物品　　9 550
　　库存现金　　330

（4）无偿调出。经批准无偿调出的库存物品发出时，按照库存物品的账面余额，借记“无偿调拨净资产”科目，贷记本科目；同时，按照无偿调出过程中发生的归属于调出方的相关费用，借记“资产处置费用”科目，贷记“银行存款”等科目。

【例11-94】经批准，市职业技术学院无偿调出的一批库存物资，物资的账面余额16 400元，发生搬运费500元，以库存现金支付。

借：无偿调拨净资产　　16 400
　贷：库存物品　　16 400
借：资产处置费用　　500
　贷：库存现金　　500

（5）置换换出。经批准置换换出的库存物品，参照本科目有关置换换入库存物品的规定进行账务处理。

【例11-95】市职业技术学院以一批库存教具置换设备一台，设备价值11 500元，库存物品账面余额9 500元，向对方补价2 000元，以银行存款支付。

借：固定资产　　11 500

　贷：库存物品　　9 500

　　　银行存款　　2 000

3.单位应当定期对库存物品进行清查盘点，每年至少盘点一次。对于发生的库存物品盘盈、盘亏或者报废、毁损，应当先记入“待处理财产损溢”科目，按照规定报经批准后及时进行后续账务处理。

（1）盘盈的库存物品，其成本按照有关凭据注明的金额确定；没有相关凭据但按照规定经过资产评估的，其成本按照评估价值确定；没有相关凭据也未经过评估的，其成本按照重置成本确定。如无法采用上述方法确定盘盈的库存物品成本的，按照名义金额入账。盘盈的库存物品，按照确定的入账成本，借记本科目，贷记“待处理财产损溢”科目。

【例11-96】年末，市职业技术学院对库存物品进行盘点，盘盈12件教学用具，同类物品市场价格每件110元，共计1 320元。

借：库存物品　　1 320

　贷：待处理财产损溢　　1 320

（2）盘亏或者毁损、报废的库存物品，按照待处理库存物品的账面余额，借记“待处理财产损溢”科目，贷记本科目。属于增值税一般纳税人的单位，若因非正常原因导致的库存物品盘亏或毁损，还应当将与该库存物品相关的增值税进项税额转出，按照其增值税进项税额，借记“待处理财产损溢”科目，贷记“应交增值税——应交税金（进项税额转出）”科目。

【例11-97】年末，市职业技术学院对库存物品进行盘点，盘亏笔记本50本，账面余额600元，转入“待处理财产损溢”科目。

借：待处理财产损溢　　600

　贷：库存物品　　600

（三）加工物品

为核算单位自制或委托外单位加工的各种物品的实际成本，设置“加工物品”（1303）科目。本科目期末借方余额，反映单位自制或委托外单位加工但尚未完工的各种物品的实际成本。未完成的测绘、地质勘查、设计成果的实际成本，也通过本科目核算。

本科目应当设置“自制物品”“委托加工物品”两个一级明细科目，并按照物品类别、品种、项目等设置明细账，进行明细核算。本科目“自制物品”一级明细科目下应当设置“直接材料”“直接人工”“其他直接费用”等二级明细科目归集自制物品发生的直接材料、直接人工（专门从事物品制造人员的人工费）等直接费用；对于自制物品发生的间接费用，应当在本科目“自制物品”一级明细科目下单独设置“间接费用”二级明细科目予以归集，期末，再按照一定的分配标准和方法，分配计入有关物品的成本。其主要账务处理如下：

1. 自制物品

（1）为自制物品领用材料等，按照材料成本，借记本科目（自制物品——直接材料），贷记“库存物品”科目。

【例 11-98】县文化宫从仓库领用布匹若干，价值 670 元，用于制作演出服装。

借：加工物品——自制物品——直接材料　670
　贷：库存物品　670

（2）专门从事物品制造的人员发生的直接人工费用，按照实际发生的金额，借记本科目（自制物品——直接人工），贷记“应付职工薪酬”科目。

【例 11-99】接例 11-98，月末计提本月工资，其中服装制作人员的本月工资 62 150 元。

借：加工物品——自制物品——直接人工　62 150
　贷：应付职工薪酬　62 150

（3）为自制物品发生的其他直接费用，按照实际发生的金额，借记本科目（自制物品——其他直接费用），贷记“零余额账户用款额度”“银行存款”等科目。

【例 11-100】接例 11-98 和例 11-99，支付设计费 20 000 元，以零余额账户用款额度支付。

借：加工物品——自制物品——其他直接费用　20 000
　贷：零余额账户用款额度　20 000

（4）为自制物品发生的间接费用，按照实际发生的金额，借记本科目（自制物品——间接费用），贷记“零余额账户用款额度”“银行存款”“应付职工薪酬”“固定资产累计折旧”“无形资产累计摊销”等科目。

间接费用一般按照生产人员工资、生产人员工时、机器工时、耗用材料的数量或成本、直接费用（直接材料和直接人工）或产品产量等进行分配。单位可根据具体情况自行选择间接费用的分配方法。分配方法一经确定，不得随意变更。

【例 11-101】接例 11-98 至例 11-100，月末，计提固定资产折旧，自制物品的生产部门用固定资产折旧费用 670 元，应分担的无形资产摊销 500 元。

借：加工物品——自制物品——间接费用　1 170
　贷：固定资产累计折旧　670
　　　无形资产累计摊销　500

（5）已经制造完成并验收入库的物品，按照所发生的实际成本（包括耗用的直接材料费用、直接人工费用、其他直接费用和分配的间接费用），借记“库存物品”科目，贷记本科目（自制物品）。

【例 11-102】接例 11-98 至例 11-101，自制服装完成，共发生费用 83 990 元（670+62 150+20 000+1 170），并验收入库。

借：库存物品　　83 990

　贷：加工物品——自制物品——直接材料　　670

　　　　　　　　　　　——直接人工　　62 150

　　　　　　　　　　　——其他直接费用　　20 000

　　　　　　　　　　　——间接费用　　1 170

2.委托加工物品

（1）发给外单位加工的材料等，按照其实际成本，借记本科目（委托加工物品），贷记“库存物品”科目。

【例11-103】县文化宫委托某服装企业加工一批演出服装，并发给服装企业布料若干，实际成本1 600元。

借：加工物品——委托加工物品　　1 600

　贷：库存物品　　1 600

（2）支付加工费、运输费等费用，按照实际支付的金额，借记本科目（委托加工物品），贷记“零余额账户用款额度”“银行存款”等科目。涉及增值税业务的，相关账务处理参见“应交增值税”科目。

【例11-104】接例11-103，向服装企业支付加工费17 480元，以银行存款支付。

借：加工物品——委托加工物品　　17 480

　贷：银行存款　　17 480

（3）委托加工完成的材料等验收入库，按照加工前发出材料的成本和加工、运输成本等，借记“库存物品”等科目，贷记本科目（委托加工物品）。

【例11-105】接例11-103和例11-104，委托加工的服装完成，实际成本共计19 080元（1 600+17 480），并验收入库。

借：库存物品　　19 080

　贷：加工物品——委托加工物品　　19 080

四、对外投资

核算事业单位对外投资的会计科目有短期投资、长期股权投资、长期债券投资、应收股利和应收利息等。

（一）短期投资

为核算事业单位按照规定取得的，持有时间不超过1年（含1年）的投资，设置“短期投资”（1101）科目。本科目期末借方余额，反映事业单位持有短期投资的成本。本科目应当按照投资的种类等进行明细核算。其主要账务处理如下：

1.取得短期投资。

（1）取得短期投资时，按照确定的投资成本，借记本科目，贷记“银行存款”等科目。

【例11-106】市科技局以结余资金在二级市场购买1年到期的国债券，面值900 000元，其中包含已到付息期但尚未领取的利息1 500元，支付手续费200元，共计901 700元，以银行存款支付。

借：短期投资　　901 700

　贷：银行存款　　901 700

（2）收到取得投资时实际支付价款中包含的已到付息期但尚未领取的利息，按照实际收到的金额，借记“银行存款”科目，贷记本科目。

【例11-107】接例11-106，收到实际支付价款中包含的已到付息期但尚未领取的利息1 500元，存入银行。

借：银行存款　　1 500

　贷：短期投资　　1 500

2.收到短期投资持有期间的利息，按照实际收到的金额，借记“银行存款”科目，贷记“投资收益”科目。

【例11-108】接例11-106，季末，收到本季应得债券利息1 500元，存入银行。

借：银行存款　　1 500

　贷：投资收益　　1 500

3.出售短期投资或到期收回短期投资本息，按照实际收到的金额，借记“银行存款”科目，按照出售或收回短期投资的账面余额，贷记本科目，按照其差额，借记或贷记“投资收益”科目。涉及增值税业务的，相关账务处理参见“应交增值税”科目。

【例11-109】接例11-106和例11-107，国债券到期，收回债券账面余额900 200元，收益2 100元，共计902 300元，存入银行。

借：银行存款　　902 300

　贷：短期投资　　900 200

　　　投资收益　　2 100

（二）长期股权投资

为核算事业单位按照规定取得的，持有时间超过1年（不含1年）的股权性质的投资，设置“长期股权投资”（1501）科目。本科目期末借方余额，反映事业单位持有的长期股权投资的价值。

本科目应当按照被投资单位和长期股权投资取得方式等进行明细核算。长期股权投资采用权益法核算的，还应当按照“成本”“损益调整”“其他权益变动”设置明细科目，进行明细核算。其主要账务处理如下：

1.长期股权投资在取得时，应当按照其实际成本作为初始投资成本。

（1）以现金取得的长期股权投资，按照确定的投资成本，借记本科目或本科目（成本），按照支付的价款中包含的已宣告但尚未发放的现金股利，借记“应收股利”科目，按照实际支付的全部价款，贷记“银行存款”等科目。实际收到取得投资时所支付价款中包含的已宣告但尚未发放的现金股利时，借记“银行存款”科目，贷记“应收股利”科目。

【例11-110】省医学院以现金购买B企业股票900股，每股市价31元，支付手续费200元，已宣告但尚未发放的现金股利5 000元，共计33 100元，以银行存款支付。

成本法记：

借：长期股权投资——B企业　28 100

　　应收股利　5 000

　贷：银行存款　33 100

权益法记：

借：长期股权投资——成本——B企业　28 100

　　应收股利　5 000

　贷：银行存款　33 100

【例11-111】接例11-110，省医学院收到B企业已宣告但尚未发放的现金股利5 000元，存入银行。

借：银行存款　5 000

　贷：应收股利　5 000

（2）以现金以外的其他资产置换取得的长期股权投资，参照“库存物品”科目中置换取得库存物品的相关规定进行账务处理。

【例11-112】省医学院以一批库存医用材料与C公司置换，取得C公司的股权500股，库存医用材料的成本是50 000元，运费1 000元，以库存现金支付。

借：长期股权投资——C公司　51 000

　贷：库存物品　50 000

　　　库存现金　1 000

（3）以未入账的无形资产取得的长期股权投资，按照评估价值加相关税费作为投资成本，借记本科目，按照发生的相关税费，贷记“银行存款”“其他应交税费”等科目，按其差额，贷记“其他收入”科目。

【例11-113】为落实党的二十大精神，提高科技自立自强能力，省医学院自主研发了一项皮肤病理疗法专利，申请专利的税费共计4 600元，以银行存款支付，专利权资产尚未入账。现以该专利与D中心转换股权2 000股，每股市值52元，共计104 000元。

借：长期股权投资——D中心　104 000

　贷：银行存款　4 600

　　　其他收入　99 400

（4）接受捐赠的长期股权投资，按照确定的投资成本，借记本科目或本科目（成本），按照发生的相关税费，贷记“银行存款”等科目，按照其差额，贷记“捐赠收入”科目。

【例11-114】省医学院接受校友捐赠的E机构的股权600股，每股市值60元，支付手续费500元，以银行存款支付。

借：长期股权投资——E机构　36 000

贷：银行存款　　500

捐赠收入　　35 500

（5）无偿调入的长期股权投资，按照确定的投资成本，借记本科目或本科目（成本），按照发生的相关税费，贷记“银行存款”等科目，按照其差额，贷记“无偿调拨净资产”科目。

【例11-115】省医学院接受无偿调入的F公司股权500股，每股66元，发生手续费420元，以银行存款支付。

借：长期股权投资——F公司　　33 000

贷：银行存款　　420

无偿调拨净资产　　32 580

2.长期股权投资持有期间，应当按照规定采用成本法或权益法进行核算。

（1）采用成本法核算

①被投资单位宣告发放现金股利或利润时，按照应收的金额，借记“应收股利”科目，贷记“投资收益”科目。

【例11-116】接例11-112，省医学院对长期股权投资采用成本法核算，被投资的C公司宣告发放现金股利，经计算本单位所持股份本年度可获股利2 400元。

借：应收股利——C公司　　2 400

贷：投资收益　　2 400

②收到现金股利或利润时，按照实际收到的金额，借记“银行存款”等科目，贷记“应收股利”科目。

【例11-117】接例11-112和例11-116，收到C公司已宣告发放现金股利2 400元，存入银行。

借：银行存款　　2 400

贷：应收股利——C公司　　2 400

（2）采用权益法核算

①被投资单位实现净利润的，按照应享有的份额，借记本科目（损益调整），贷记“投资收益”科目。被投资单位发生净亏损的，按照应分担的份额，借记“投资收益”科目，贷记本科目（损益调整），但以本科目的账面余额减记至零为限。发生亏损的被投资单位以后年度又实现净利润的，按照收益分享额弥补未确认的亏损分担额等后的金额，借记本科目（损益调整），贷记“投资收益”科目。

【例11-118】接例11-113，省医学院采用权益法核算，年末，被投资的D中心实现净利润，所持股份应享有6 100元收益。

借：长期股权投资——损益调整　　6 100

贷：投资收益　　6 100

②被投资单位宣告分派现金股利或利润的，按照应享有的份额，借记“应收股利”科目，贷记本科目（损益调整）。

【例11-119】接例11-115，省医学院采用权益法核算长期股权投资，年末，被投资的F公司宣告分派现金股利，本单位应收股利7 000元。

借：应收股利——F公司　　7 000

　贷：长期股权投资——损益调整　　7 000

③被投资单位发生除净损益和利润分配以外的所有者权益变动的，按照应享有或应分担的份额，借记或贷记“权益法调整”科目，贷记或借记本科目（其他权益变动）。

【例11-120】接例11-115和例11-119，省医学院所投资的F公司又投资了N公司，采用权益法核算，N公司在期货交易中获利丰厚，引起了F公司的长期股权投资公允价值变动，省医学院应分担的获益份额为5 000元，予以调整。

借：长期股权投资——其他权益变动　　5 000

　贷：权益法调整　　5 000

（3）成本法与权益法的转换

①单位因处置部分长期股权投资等原因而对处置后的剩余股权投资由权益法改按成本法核算的，应当按照权益法下本科目账面余额作为成本法下本科目账面余额（成本）。其后，被投资单位宣告分派现金股利或利润时，属于单位已计入投资账面余额的部分，按照应分得的现金股利或利润份额，借记“应收股利”科目，贷记本科目。

【例11-121】接例11-113和例11-118，省医学院将所持有的D中心股权出售1 500股（共2 000股），每股售价60元，取得款项90 000元存入银行，相关税费500元以银行存款支付，差额89 500元待缴国库。剩余500股，账面余额20 100元（104 000+6 100-90 000）改按成本法核算，每股成本40.2元。

借：银行存款　　90 000

　贷：应缴财政款　　89 500

　　银行存款　　500

借：长期股权投资——D中心　　20 100

　贷：长期股权投资——成本——D中心　　20 100

②单位因追加投资等原因对长期股权投资的核算从成本法改为权益法的，应当按照成本法下本科目账面余额与追加投资成本的合计金额，借记本科目（成本），按照成本法下本科目账面余额，贷记本科目，按照追加投资的成本，贷记“银行存款”等科目。

【例11-122】接例11-112，省医学院对其所持有的500股C公司股权实行成本法核算，账面余额51 000元。现又追加投资400股，每股售价150元，相关税费300元，共计60 300元，以银行存款支付。追加投资后，对长期股权投资的核算从成本法改为权益法。

借：长期股权投资——成本——C公司　　111 300

贷：银行存款 60 300

　　长期股权投资——C公司 51 000

3.按照规定报经批准处置长期股权投资。

（1）按照规定报经批准出售（转让）长期股权投资时，应当区分长期股权投资取得方式分别进行处理。

①处置以现金取得的长期股权投资，按照实际取得的价款，借记“银行存款”等科目，按照被处置长期股权投资的账面余额，贷记本科目，按照尚未领取的现金股利或利润，贷记“应收股利”科目，按照发生的相关税费等支出，贷记“银行存款”等科目，按照借贷方差额，借记或贷记“投资收益”科目。

【例11-123】接例11-110和例11-111，省医学院将以现金购买的B企业股票900股出售，每股售价40元，取得价款36 000元存入银行；支付手续费200元，以银行存款支付；“长期股权投资——B企业”账面余额28 400元。

借：银行存款 36 000

　贷：长期股权投资——B企业 28 400

　　　银行存款 200

　　　投资收益 7 400

②处置以现金以外的其他资产取得的长期股权投资，按照被处置长期股权投资的账面余额，借记“资产处置费用”科目，贷记本科目；同时，按照实际取得的价款，借记“银行存款”等科目，按照尚未领取的现金股利或利润，贷记“应收股利”科目，按照发生的相关税费等支出，贷记“银行存款”等科目，按照贷方差额，贷记“应缴财政款”科目。按照规定将处置时取得的投资收益纳入本单位预算管理的，应当按照所取得价款大于被处置长期股权投资账面余额、应收股利账面余额和相关税费支出合计的差额，贷记“投资收益”科目。

【例11-124】接例11-112，省医学院将以库存医用材料置换的C公司的500股股权出售，每股138元，取得价款69 000元存入银行，相关税费530元以银行存款支付，差额上缴财政。“长期股权投资——C公司”的账面余额51 000元。

借：资产处置费用 51 000

　贷：长期股权投资——C公司 51 000

借：银行存款 69 000

　贷：银行存款 530

　　　应缴财政款 68 470

（2）因被投资单位破产清算等原因，有确凿证据表明长期股权投资发生损失，按照规定报经批准后予以核销时，按照予以核销的长期股权投资的账面余额，借记“资产处置费用”科目，贷记本科目。

【例11-125】接例11-114，省医学院接受的校友捐赠的E机构股权，因E机构破产清算而发生长期股权投资损失，账面余额36 000元。

借：资产处置费用 36 000

　　贷：长期股权投资——E机构　　36 000

（3）报经批准置换转出长期股权投资时，参照“库存物品”科目中置换换入库存物品的规定进行账务处理。

【例11-126】经批准，省医学院将其所持有的A企业股份置换转出，换取一批医用材料，长期股权投资科目账面余额50 000元，材料运输费600元以库存现金支付，材料验收入库。

借：库存物品　　50 600

　　贷：长期股权投资——A企业　　50 000

　　　　库存现金　　600

（4）采用权益法核算的长期股权投资的处置，除进行上述账务处理外，还应结转原直接计入净资产的相关金额，借记或贷记“权益法调整”科目，贷记或借记“投资收益”科目。

【例11-127】某事业单位采用权益法核算长期股权投资，现处置其所持有的K公司股权，取得价款350 400元，相关税费500元以银行存款支付，长期股权投资（成本）的账面余额330 000元，长期股权投资（损益调整）贷方余额12 000元，长期股权投资（其他权益变动）借方余额50 000元。原计入净资产的相关金额50 000元转入当期投资损益。

借：权益法调整　　50 000

　　贷：投资收益　　50 000

借：银行存款　　350 400

　　长期股权投资——损益调整　　12 000

　　投资收益　　18 100

　　贷：长期股权投资——成本　　330 000

　　　　　　　　　——其他权益变动　　50 000

　　　　银行存款　　500

（三）长期债券投资

为核算事业单位按照规定取得的，持有时间超过1年（不含1年）的债券投资，设置“长期债券投资”（1502）科目。本科目期末借方余额，反映事业单位持有的长期债券投资的价值。

本科目应当设置“成本”和“应计利息”明细科目，并按照债券投资的种类进行明细核算。其主要账务处理如下：

1.长期债券投资在取得时，应当按照其实际成本作为投资成本。

（1）取得的长期债券投资，按照确定的投资成本，借记本科目（成本），按照支付的价款中包含的已到付息期但尚未领取的利息，借记“应收利息”科目，按照实际支付的金额，贷记“银行存款”等科目。

【例11-128】县教育局在二级市场购买3年期国债券，本金123 000元，已到付息期但尚未领取的利息2 500元，相关税费300元，共125 800元，以银行存款支付。

借：长期债券投资——成本 123 300
应收利息 2 500
贷：银行存款 125 800

（2）实际收到取得债券时所支付价款中包含的已到付息期但尚未领取的利息时，借记“银行存款”科目，贷记“应收利息”科目。

【例11-129】接例11-128，县教育局收到取得债券时所支付价款中包含的已到付息期但尚未领取的利息2 500元，存入银行。

借：银行存款 2 500
贷：应收利息 2 500

2.长期债券投资持有期间，按期以债券票面金额与票面利率计算确认利息收入。

（1）如为到期一次还本付息的债券投资，借记本科目（应计利息），贷记“投资收益”科目。

【例11-130】接例11-128，年末，县教育局计算确认所持有的3年期国债券本年利息收入5 000元（到期一次还本付息）。

借：长期债券投资——应计利息 5 000
贷：投资收益 5 000

（2）如为分期付息、到期一次还本的债券投资，借记“应收利息”科目，贷记“投资收益”科目。收到分期支付的利息时，按照实收的金额，借记“银行存款”等科目，贷记“应收利息”科目。

【例11-131】接例11-128，年末，县教育局计算确认所持有的3年期国债券本年利息收入5 000元，并于年底前收到利息存入银行（分期付息）。

借：应收利息 5 000
贷：投资收益 5 000
借：银行存款 5 000
贷：应收利息 5 000

3.到期收回长期债券投资，按照实际收到的金额，借记“银行存款”科目，按照长期债券投资的账面余额，贷记本科目，按照相关应收利息金额，贷记“应收利息”科目，按照其差额，贷记“投资收益”科目。

【例11-132】县文化局所持有的5年期国债券到期，收到本息共计502 500元存入银行，“长期债券投资”科目账面余额450 000元，应收利息2 500元。

借：银行存款 502 500
贷：长期债券投资 450 000
应收利息 2 500
投资收益 50 000

4.对外出售长期债券投资，按照实际收到的金额，借记“银行存款”科目，按照长期债券投资的账面余额，贷记本科目，按照已记入“应收利息”科目但尚未收取的金额，贷记“应收利息”科目，按照其差额，贷记或借记“投资收益”科目。涉及增值税业务的，相关账务处理参见“应交增值税”科目。

【例11-133】接例11-128、例11-129和例11-131，县教育局对外出售其所持有的3年期国债券，取得价款131 000元存入银行。“应收利息”科目账面余额5 000元，“长期债券投资——成本”科目账面余额123 300元（分期付息）。

借：银行存款	131 000	
贷：应收利息		5 000
长期债券投资——成本		123 300
投资收益		2 700

（四）应收股利

为核算事业单位持有长期股权投资应当收取的现金股利或应当分得的利润设置“应收股利”（1215）科目。本科目期末借方余额，反映事业单位应当收取但尚未收到的现金股利或利润。

本科目应当按照被投资单位等进行明细核算。其主要账务处理如下：

1.投资价款中所包含的已宣告但尚未发放现金股利的核算。

（1）取得长期股权投资，按照支付的价款中所包含的已宣告但尚未发放的现金股利，借记本科目，按照确定的长期股权投资成本，借记“长期股权投资”科目，按照实际支付的金额，贷记“银行存款”等科目。

【例11-134】省工业大学购买M公司的长期股权100股，每股1 000元，共100 000元，以银行存款支付。其中，每股股价中包含已宣告但尚未发放的现金股利50元，共计5 000元。

借：长期股权投资——M公司	95 000	
应收股利——M公司	5 000	
贷：银行存款		100 000

（2）收到取得投资时实际支付价款中所包含的已宣告但尚未发放的现金股利时，按照收到的金额，借记“银行存款”科目，贷记本科目。

【例11-135】接例11-134，省工业大学收到购买M公司长期股权投资时实际支付价款中所包含的已宣告但尚未发放的现金股利5 000元，款项存入银行。

借：银行存款	5 000	
贷：应收股利——M公司		5 000

2.长期股权投资持有期间，被投资单位宣告发放现金股利或利润的，按照应享有的份额，借记本科目，贷记“投资收益”（成本法下）或“长期股权投资”（权益法下）科目。

【例11-136】接例11-134和例11-135，省工业大学对长期股权投资收益实行成本法核算，现M公司宣告发放现金股利，每股100元，大学应获得股利10 000元。

借：应收股利——M公司	10 000	

贷：投资收益　　10 000

3.实际收到现金股利或利润时，按照收到的金额，借记“银行存款”等科目，贷记本科目。

【例11-137】接例11-136，省工业大学收到M公司发放的现金股利10 000元，存入银行。

借：银行存款　　10 000

　贷：应收股利——M公司　　10 000

（五）应收利息

为核算事业单位长期债券投资应当收取的利息，设置“应收利息”（1216）科目。本科目期末借方余额，反映事业单位应收未收的长期债券投资利息。事业单位购入的到期一次还本付息的长期债券投资持有期间的利息，应当通过“长期债券投资——应计利息”科目核算，不通过本科目核算。

本科目应当按照被投资单位等进行明细核算。其主要账务处理如下：

1.取得长期债券投资，按照确定的投资成本，借记“长期债券投资”科目，按照支付的价款中包含的已到付息期但尚未领取的利息，借记本科目，按照实际支付的金额，贷记“银行存款”等科目。收到取得投资时实际支付价款中所包含的已到付息期但尚未领取的利息时，按照收到的金额，借记“银行存款”等科目，贷记本科目。

【例11-138】县防疫站购买长期债券，按面额购入债券150 000元，已到付息期但尚未领取的利息6 000元，合计156 000元，以银行存款支付。

借：长期债券投资　　150 000

　　应收利息　　6 000

　贷：银行存款　　156 000

【例11-139】接例11-138，县防疫站收到取得投资时实际支付价款中所包含的已到付息期但尚未领取的利息6 000元，存入银行。

借：银行存款　　6 000

　贷：应收利息　　6 000

2.按期计算确认长期债券投资利息收入时，对于分期付息、一次还本的长期债券投资，按照以票面金额和票面利率计算确定的应收未收利息金额，借记本科目，贷记“投资收益”科目。

【例11-140】接例11-138，年末，县防疫站购入的长期债券确认本年度利息收入8 300元。

借：应收利息　　8 300

　贷：投资收益　　8 300

3.实际收到应收利息时，按照收到的金额，借记“银行存款”等科目，贷记本科目。

【例11-141】接例11-140，县防疫站收到长期债券投资利息8 300元，存入银行。

借：银行存款　　8 300

　贷：应收利息　　8 300

五、固定资产

（一）固定资产

为核算单位固定资产的原值，设置“固定资产”（1601）科目。本科目期末借方余额，反映单位固定资产的原值。

本科目应当按照固定资产类别和项目进行明细核算。固定资产一般分为6类：房屋及构筑物；专用设备；通用设备；文物和陈列品；图书、档案；家具、用具、装具及动植物。

固定资产核算时，应当考虑以下情况：（1）购入需要安装的固定资产，应当先通过“在建工程”科目核算，安装完毕交付使用时再转入本科目核算。（2）以借入、经营租赁租入方式取得的固定资产，不通过本科目核算，应当设置备查簿进行登记。（3）采用融资租入方式取得的固定资产，通过本科目核算，并在本科目下设置“融资租入固定资产”明细科目。（4）经批准在境外购买具有所有权的土地作为固定资产，通过本科目核算；单位应当在本科目下设置“境外土地”明细科目，进行相应明细核算。

固定资产核算的主要账务处理：

1.固定资产在取得时应当按照成本进行初始计量。

（1）购入固定资产

①购入不需安装的固定资产验收合格时，按照确定的固定资产成本，借记本科目，贷记“财政拨款收入”“零余额账户用款额度”“应付账款”“银行存款”等科目。

【例11-142】市机床研究所购入1台试验用设备（不需安装），设备价款15 000元，增值税1 950元，运输费500元，保险费30元，共计17 480元，以财政直接支付方式付款。

借：固定资产　　17 480

　贷：财政拨款收入　　17 480

②购入需要安装的固定资产，在安装完毕交付使用前通过“在建工程”科目核算，安装完毕交付使用时再转入本科目。

【例11-143】市机床研究所购入一台设备（需要安装），设备价款8 000元，增值税1 040元，运输费200元，保险费20元，共计9 260元，以零余额账户用款额度付款；发生安装费用1 600元，以零余额账户用款额度支付；安装完成验收后投入使用。

购入时，记：

借：在建工程　　9 260

　贷：零余额账户用款额度　　9 260

支付安装费用时，记：

借：在建工程　　1 600

　贷：零余额账户用款额度　　1 600

交付使用时，记：

借：固定资产　　10 860

　贷：在建工程　　10 860

③购入固定资产扣留质量保证金的，应当在取得固定资产时，按照确定的固定资产成本，借记本科目［不需安装］或“在建工程”科目［需安装］，按照实际支付或应付的金额，贷记“财政拨款收入”、“零余额账户用款额度”、“应付账款”［不含质量保证金］、“银行存款”等科目，按照扣留的质量保证金数额，贷记“其他应付款”［扣留期在1年以内（含1年）］或“长期应付款”［扣留期超过1年］科目。

【例11-144】市机床研究所购入10台专用设备（不需安装），总价款136 000元，按照合同，单位扣留10%的设备质量保证金在设备购入满1年时再予支付，财政直接支付122 400元。

借：固定资产　　136 000

　贷：财政拨款收入　　122 400

　　　其他应付款　　13 600

④质保期满支付质量保证金时，借记“其他应付款”“长期应付款”科目，贷记“财政拨款收入”“零余额账户用款额度”“银行存款”等科目。

【例11-145】接例11-144，市机床研究所购入的专用设备质保期满，支付质量保证金13 600元，以财政直接支付方式支付。

借：其他应付款　　13 600

　贷：财政拨款收入　　13 600

（2）自行建造固定资产

①自行建造的固定资产交付使用时，按照在建工程成本，借记本科目，贷记“在建工程”科目。

【例11-146】为落实党的二十大精神，“提高科技成果转化和产业化水平”，市机床研究所自行建造一座大楼，建造成本共计68 724 100元，完工后交付使用。

借：固定资产　　68 724 100

　贷：在建工程　　68 724 100

②已交付使用但尚未办理竣工决算手续的固定资产，按照估计价值入账，待办理竣工决算后再按照实际成本调整原来的暂估价值。

【例11-147】市机床研究所自行建造一座大楼，尚未办理竣工决算手续，按照估计价值68 720 000元入账。办理竣工决算后该大楼的实际成本为68 724 100元，再予以调整。

估价入账时，记：

借：固定资产　　68 720 000

　贷：在建工程　　68 720 000

调整时，记：

借：固定资产　　4 100

　贷：在建工程　　4 100

（3）融资租赁取得固定资产

融资租赁取得的固定资产，其成本按照租赁协议或者合同确定的租赁价款、相关税费以及固定资产交付使用前所发生的可归属于该项资产的运输费、途中保险费、安装调试费等确定。

①融资租入的固定资产，按照确定的成本，借记本科目［不需安装］或“在建工程”科目［需安装］，按照租赁协议或者合同确定的租赁付款额，贷记“长期应付款”科目，按照支付的运输费、途中保险费、安装调试费等金额，贷记“财政拨款收入”“零余额账户用款额度”“银行存款”等科目。

【例 11–148】市机床研究所融资租入5台设备（不需安装），合同规定的租赁价为80 000元，以银行存款支付相关税费5 016元、运输费2 000元，共计87 016元；设备款分4年偿还，每年20 000元。

借：固定资产　　87 016

　贷：长期应付款　　80 000

　　　银行存款　　7 016

②定期支付租金时，按照实际支付金额，借记“长期应付款”科目，贷记“财政拨款收入”“零余额账户用款额度”“银行存款”等科目。

【例 11–149】接例 11–148，年末，市机床研究所偿还当年的融资租入设备款20 000元，以银行存款支付。

借：长期应付款　　20 000

　贷：银行存款　　20 000

（4）跨年度分期付款购入固定资产

按照规定跨年度分期付款购入固定资产的账务处理，参照融资租入固定资产。

（5）接受捐赠固定资产

①接受捐赠的固定资产，按照确定的固定资产成本，借记本科目［不需安装］或“在建工程”科目［需安装］，按照发生的相关税费、运输费等，贷记“零余额账户用款额度”“银行存款”等科目，按照其差额，贷记“捐赠收入”科目。

【例 11–150】市机床研究所接受捐赠20台电脑，有关凭据注明电脑价款为86 000元，发生运输费用500元，以库存现金支付。

借：固定资产　　86 000

　贷：捐赠收入　　85 500

　　　库存现金　　500

②接受捐赠的固定资产按照名义金额入账的，按照名义金额，借记本科目，贷记“捐赠收入”科目；按照发生的相关税费、运输费等，借记“其他费用”科目，贷记“零余额账户用款额度”“银行存款”等科目。

【例11-151】市机床研究所接受捐赠2台18世纪产的老式机床，没有相关凭据也无法估价，按照名义金额入账。发生运输费用500元，以库存现金支付。

借：固定资产　　1

　贷：捐赠收入　　1

借：其他费用　　500

　贷：库存现金　　500

（6）无偿调入固定资产

无偿调入的固定资产，按照确定的固定资产成本，借记本科目［不需安装］或“在建工程”科目［需安装］，按照发生的相关税费、运输费等，贷记“零余额账户用款额度”“银行存款”等科目，按照其差额，贷记“无偿调拨净资产”科目。

【例11-152】市机床研究所无偿调入1辆运输车，依据原始价值和成新率等估计其完全重置成本为235 000元，运输车辆过户手续费350元，以库存现金支付。

借：固定资产　　235 000

　贷：库存现金　　350

　　无偿调拨净资产　　234 650

（7）置换取得固定资产

置换取得的固定资产，参照“库存物品”科目中置换取得库存物品的相关规定进行账务处理。固定资产取得时涉及增值税业务的，相关账务处理参见“应交增值税”科目。

2.与固定资产有关的后续支出。

（1）符合固定资产确认条件的后续支出。

①通常情况下，将固定资产转入改建、扩建时，按照固定资产的账面价值，借记“在建工程”科目，按照固定资产已计提折旧，借记“固定资产累计折旧”科目，按照固定资产的账面余额，贷记本科目。

【例11-153】市机床研究所对行政大楼进行扩建。该楼的固定资产账面余额6 010 000元，已计提折旧1 650 751元，转入“在建工程”科目。

借：在建工程　　4 359 249

　固定资产累计折旧　　1 650 751

　贷：固定资产　　6 010 000

②为增加固定资产使用效能或延长其使用年限而发生的改建、扩建等后续支出，借记“在建工程”科目，贷记“财政拨款收入”“零余额账户用款额度”“银行存款”等科目。

【例11-154】接例11-153，市机床研究所的行政大楼扩建工程发生改扩建费用共计2 274 300元，以银行存款支付。

借：在建工程　　2 274 300

　贷：银行存款　　2 274 300

③固定资产改建、扩建等完成交付使用时，按照在建工程成本，借记本科目，贷记“在建工程”科目。

【例11-155】接例11-153和例11-154，市机床研究所的行政大楼扩建工程完工后，在建工程科目账面余额6 633 549元，验收后交付使用。

借：固定资产　　6 633 549

　贷：在建工程　　6 633 549

（2）不符合固定资产确认条件的后续支出。

为保证固定资产正常使用发生的日常维修等支出，借记“业务活动费用”“单位管理费用”等科目，贷记“财政拨款收入”“零余额账户用款额度”“银行存款”等科目。

【例11-156】市机床研究所定期对所内设备进行日常维修，本月发生维修费用12 460元，以零余额账户用款额度支付。

借：业务活动费用　　12 460

　贷：零余额账户用款额度　　12 460

3.按照规定报经批准处置固定资产应分别情况处理。

（1）报经批准出售、转让固定资产，按照被出售、转让固定资产的账面价值，借记“资产处置费用”科目，按照固定资产已计提的折旧，借记“固定资产累计折旧”科目，按照固定资产账面余额，贷记本科目；同时，按照收到的价款，借记“银行存款”等科目，按照处置过程中发生的相关费用，贷记“银行存款”等科目，按照其差额，贷记“应缴财政款”科目。

【例11-157】市机床研究所对外转让1台不需用设备。固定资产账面余额156 000元，已计提折旧13 420元。收到价款82 000元存入银行，发生清理费用300元，以库存现金支付。

借：资产处置费用　　142 580

　　固定资产累计折旧　　13 420

　贷：固定资产　　156 000

借：银行存款　　82 000

　贷：库存现金　　300

　　　应缴财政款　　81 700

（2）报经批准对外捐赠固定资产，按照固定资产已计提的折旧，借记“固定资产累计折旧”科目，按照被处置固定资产账面余额，贷记本科目，按照捐赠过程中发生的归属于捐出方的相关费用，贷记“银行存款”等科目，按照其差额，借记“资产处置费用”科目。

【例11-158】接例11-142，报经批准，市机床研究所将其所购的1台试验用设备对外捐赠，固定资产账面余额17 480元，已计提折旧2 510元。发生清理费用

200元，以库存现金支付。

借：资产处置费用　　15 170
　　固定资产累计折旧　　2 510
　贷：固定资产　　17 480
　　　库存现金　　200

（3）报经批准无偿调出固定资产，按照固定资产已计提的折旧，借记“固定资产累计折旧”科目，按照被处置固定资产账面余额，贷记本科目，按照其差额，借记“无偿调拨净资产”科目；同时，按照无偿调出过程中发生的归属于调出方的相关费用，借记“资产处置费用”科目，贷记“银行存款”等科目。

【例11-159】市机床研究所无偿调出设备2台，设备的账面余额15 000元，已计提折旧4 000元，发生清理费用210元，以库存现金支付。

借：无偿调拨净资产　　11 000
　　固定资产累计折旧　　4 000
　贷：固定资产　　15 000
借：资产处置费用　　210
　贷：库存现金　　210

（4）报经批准置换换出固定资产，参照“库存物品”中置换换入库存物品的规定进行账务处理。固定资产处置时涉及增值税业务的，相关账务处理参见“应交增值税”科目。

4.固定资产清查盘点的核算。

单位应当定期对固定资产进行清查盘点，每年至少盘点一次。对于发生的固定资产盘盈、盘亏或毁损、报废，应当先记入“待处理财产损溢”科目，按照规定报经批准后及时进行后续账务处理。

（1）盘盈固定资产的核算。盘盈的固定资产，其成本按照有关凭据注明的金额确定；没有相关凭据，但按照规定经过资产评估的，其成本按照评估价值确定；没有相关凭据，也未经过评估的，其成本按照重置成本确定。如无法采用上述方法确定盘盈固定资产成本的，按照名义金额（人民币1元）入账。

盘盈的固定资产，按照确定的入账成本，借记本科目，贷记“待处理财产损溢”科目。

【例11-160】市机床研究所定期盘点固定资产，盘盈甲设备1台，按类似设备的市场价格估值10 000元。

借：固定资产　　10 000
　贷：待处理财产损溢　　10 000

（2）盘亏、毁损或报废的固定资产，按照待处理固定资产的账面价值，借记“待处理财产损溢”科目，按照已计提折旧，借记“固定资产累计折旧”科目，按照固定资产的账面余额，贷记本科目。

【例11-161】市机床研究所定期盘点固定资产，盘亏乙器械2件，乙器械的账面余额6 000元，已计提折旧2 000元。

借：待处理财产损溢　4 000

　　固定资产累计折旧　2 000

　贷：固定资产　6 000

（二）固定资产累计折旧

为核算单位计提的固定资产累计折旧，设置“固定资产累计折旧”（1602）科目。本科目期末贷方余额，反映单位计提的固定资产折旧累计数。

公共基础设施和保障性住房计提的累计折旧，应当分别通过“公共基础设施累计折旧（摊销）”科目和“保障性住房累计折旧”科目核算，不通过本科目核算。

本科目应当按照所对应固定资产的明细分类进行明细核算。单位计提融资租入固定资产折旧时，应当采用与自有固定资产相一致的折旧政策。能够合理确定租赁期届满时将会取得租入固定资产所有权的，应当在租入固定资产尚可使用年限内计提折旧；无法合理确定租赁期届满时能够取得租入固定资产所有权的，应当在租赁期与租入固定资产尚可使用年限两者中较短的期间内计提折旧。其主要账务处理如下：

1.按月计提固定资产折旧时

按月计提固定资产折旧时，按照应计提折旧金额，借记“业务活动费用”“单位管理费用”“经营费用”“加工物品”“在建工程”等科目，贷记本科目。

【例11-162】月末，市机床研究所计提固定资产折旧，设备类折旧金额5 600元，建筑类折旧金额8 210元，共计13 810元。

借：业务活动费用　13 810

　贷：固定资产累计折旧——设备　5 600

　　　　　　　　　　　——建筑　8 210

2.处置或处理固定资产时

经批准处置或处理固定资产时，按照所处置或处理固定资产的账面价值，借记“资产处置费用”“无偿调拨净资产”“待处理财产损溢”等科目，按照已计提折旧，借记本科目，按照固定资产的账面余额，贷记“固定资产”科目。

【例11-163】市机床研究所报废设备1台，固定资产账面余额20 000元，已计提折旧15 000元。

借：待处理财产损溢　5 000

　　固定资产累计折旧　15 000

　贷：固定资产　20 000

（三）工程物资

为核算单位为在建工程准备的各种物资的成本，包括工程用材料、设备等，设置“工程物资”（1611）科目。本科目期末借方余额，反映单位为在建工程准备的各种物资的成本。

本科目可按照“库存材料”“库存设备”等工程物资类别进行明细核算。其主要账务处理如下：

1.购入为工程准备的物资，按照确定的物资成本，借记本科目，贷记“财政拨款收入”“零余额账户用款额度”“银行存款”“应付账款”等科目。

【例11-164】生态环境部为扩建办公楼购入甲材料300箱，每箱1 650元，共计495 000元，以财政直接支付方式支付，物资已验收入库。

借：工程物资——甲材料　　495 000

　贷：财政拨款收入　　495 000

2.领用工程物资，按照物资成本，借记“在建工程”科目，贷记本科目。工程完工后将领出的剩余物资退库时作相反的会计分录。

【例11-165】接例11-164，生态环境部建设部门为扩建办公楼领用甲材料280箱，每箱成本1 650元，共计462 000元，用于工程建设。

借：在建工程　　462 000

　贷：工程物资——甲材料　　462 000

3.工程完工后将剩余的工程物资转作本单位存货等的，按照物资成本，借记“库存物品”等科目，贷记本科目。

【例11-166】接例11-164和例11-165，生态环境部所扩建大楼完工，尚未领用的库存甲材料20箱，每箱成本1 650元，共计33 000元，转作本单位存货。

借：库存物品——甲材料　　33 000

　贷：工程物资——甲材料　　33 000

涉及增值税业务的，相关账务处理参见“应交增值税”科目。

（四）在建工程

1.在建工程的科目设置情况

为核算单位在建的建设项目工程的实际成本，设置“在建工程”（1613）科目。本科目期末借方余额，反映单位尚未完工的建设项目工程发生的实际成本。单位在建的信息系统项目工程、公共基础设施项目工程、保障性住房项目工程的实际成本，也通过本科目核算。

本科目应当设置“建筑安装工程投资”“设备投资”“待摊投资”“其他投资”“待核销基建支出”“基建转出投资”等明细科目，并按照具体项目进行明细核算。

（1）“建筑安装工程投资”明细科目，核算单位发生的构成建设项目实际支出的建筑工程和安装工程的实际成本，不包括被安装设备本身的价值以及按照合同规定支付给施工单位的预付备料款和预付工程款。本明细科目应当设置“建筑工程”和“安装工程”两个明细科目进行明细核算。

（2）“设备投资”明细科目，核算单位发生的构成建设项目实际支出的各种设备的实际成本。

（3）“待摊投资”明细科目，核算单位发生的构成建设项目实际支出的、按照规定应当分摊计入有关工程成本和设备成本的各项间接费用和税费支出。本明细科目的具体核算内容包括以下方面：

①勘察费、设计费、研究试验费、可行性研究费及项目其他前期费用。

②土地征用及迁移补偿费、土地复垦及补偿费、森林植被恢复费及其他为取得土地使用权、租用权而发生的费用。

③城镇土地使用税、耕地占用税、契税、车船税、印花税及按照规定缴纳的其他税费。

④项目建设管理费、代建管理费、临时设施费、监理费、招投标费、社会中介审计（审查）费及其他管理性质的费用。项目建设管理费是指项目建设单位从项目筹建之日起至办理竣工财务决算之日止发生的管理性质的支出，包括不在原单位发工资的工作人员的工资及相关费用、办公费、办公场地租用费、差旅交通费、劳动保护费、工具用具使用费、固定资产使用费、招募生产工人费、技术图书资料费（含软件）、业务招待费、施工现场津贴、竣工验收费等。

⑤项目建设期间发生的各类专门借款利息支出或融资费用。

⑥工程检测费、设备检验费、负荷联合试车费及其他检验检测类费用。

⑦固定资产损失、器材处理亏损、设备盘亏及毁损、单项工程或单位工程报废、毁损净损失及其他损失。

⑧系统集成等信息工程的费用支出。

⑨其他待摊性质支出。

本明细科目应当按照上述费用项目进行明细核算，其中有些费用（如项目建设管理费等），还应当按照更为具体的费用项目进行明细核算。

（4）“其他投资”明细科目，核算单位发生的构成建设项目实际支出的房屋购置支出，基本畜禽、林木等购置、饲养、培育支出，办公生活用家具、器具购置支出，软件研发和不能计入设备投资的软件购置等支出。单位为进行可行性研究而购置的固定资产，以及取得土地使用权支付的土地出让金，也通过本明细科目核算。本明细科目应当设置“房屋购置”“基本畜禽支出”“林木支出”“办公生活用家具、器具购置”“可行性研究固定资产购置”“无形资产”等明细科目。

（5）“待核销基建支出”明细科目，核算建设项目发生的江河清障、航道清淤、飞播造林、补助群众造林、水土保持、城市绿化、取消项目的可行性研究费以及项目整体报废等不能形成资产部分的基建投资支出。本明细科目应按照待核销基建支出的类别进行明细核算。

（6）“基建转出投资”明细科目，核算为建设项目配套而建成的、产权不归属本单位的专用设施的实际成本。本明细科目应按照转出投资的类别进行明细核算。

2.在建工程的主要账务处理

（1）建筑安装工程投资

①改建、扩建的核算。

A.将固定资产等资产转入改建、扩建等时，按照固定资产等资产的账面价值，借记本科目（建筑安装工程投资），按照已计提的折旧或摊销，借记“固定资产累计折旧”等科目，按照固定资产等资产的原值，贷记“固定资产”等科目。

【例11-167】市财政局改扩建办公楼，办公楼的固定资产账面余额35 624 700元，已计提折旧336 952元，现转入改扩建。

借：在建工程——建筑安装工程投资　　35 287 748
　　固定资产累计折旧　　336 952
　贷：固定资产——办公楼　　35 624 700

B.固定资产等资产改建、扩建过程中涉及替换（或拆除）原资产的某些组成部分的，按照被替换（或拆除）部分的账面价值，借记“待处理财产损溢”科目，贷记本科目（建筑安装工程投资）。

【例11-168】接例11-167，市财政局将改扩建办公楼的辅楼拆除，该部分的固定资产账面价值为8 492 000元，转入“待处理财产损溢”科目。

借：待处理财产损溢　　8 492 000
　贷：在建工程——建筑安装工程投资　　8 492 000

②单位对于发包建筑安装工程，根据建筑安装工程价款结算账单与施工企业结算工程价款时，按照应承付的工程价款，借记本科目（建筑安装工程投资），按照预付工程款余额，贷记“预付账款”科目，按照其差额，贷记“财政拨款收入”“零余额账户用款额度”“银行存款”“应付账款”等科目。

【例11-169】接例11-167和例11-168，市财政局将改扩建办公楼工程发包给A建筑公司，根据建筑安装工程价款结算账单与施工企业结算工程价款，应承付的工程总价款74 628 500元，已预付工程款25 000 000元，余款49 628 500元由财政直接支付方式支付。

借：在建工程——建筑安装工程投资　　74 628 500
　贷：预付账款　　25 000 000
　　　财政拨款收入　　49 628 500

③单位自行施工的小型建筑安装工程，按照发生的各项支出金额，借记本科目（建筑安装工程投资），贷记“工程物资”“零余额账户用款额度”“银行存款”“应付职工薪酬”等科目。

【例11-170】接例11-164，生态环境部自行施工扩建办公楼，本月施工用电费用7 420元，以银行存款支付。

借：在建工程——建筑安装工程投资　　7 420
　贷：银行存款　　7 420

④工程竣工，办妥竣工验收交接手续交付使用时，按照建筑安装工程成本（含应分摊的待摊投资），借记“固定资产”等科目，贷记本科目（建筑安装工程投资）。

【例11-171】接例11-167至例11-169，市财政局改扩建办公楼工程竣工，办妥竣工验收交接手续并交付使用，建筑安装工程成本101 424 248元（35 287 748-8 492 000+74 628 500）。

借：固定资产　　101 424 248

　贷：在建工程——建筑安装工程投资　　101 424 248

（2）设备投资

①购入设备时，按照购入成本，借记本科目（设备投资），贷记“财政拨款收入”“零余额账户用款额度”“银行存款”等科目；采用预付款方式购入设备的，有关预付款的账务处理参照本科目有关“建筑安装工程投资”明细科目的规定。

【例11-172】市中心医院购入1台医疗设备（需要安装），设备总价款654 230元，预付款项100 000元，余款554 230元以财政直接支付方式付款。

借：在建工程——设备投资　　654 230

　贷：预付账款　　100 000

　　　财政拨款收入　　554 230

②设备安装完毕的核算。

A.设备安装完毕，办妥竣工验收交接手续交付使用时，按照设备投资成本（含设备安装工程成本和分摊的待摊投资），借记“固定资产”等科目，贷记本科目（设备投资、建筑安装工程投资——安装工程）。

【例11-173】接例11-172，设备安装完毕，安装费用15 000元，“在建工程——设备投资”账面余额569 230元，验收后交付使用。

借：固定资产　　569 230

　贷：在建工程——设备投资　　569 230

B.将不需要安装的设备和达不到固定资产标准的工具、器具交付使用时，按照相关设备、工具、器具的实际成本，借记“固定资产”“库存物品”科目，贷记本科目（设备投资）。

【例11-174】为落实党的二十大精神，“深入开展健康中国行动和爱国卫生运动”，市中心医院购入一批医用器具，价款125 000元，安装费用1 000元，实际成本共126 000元，验收合格后入库。

借：固定资产　　126 000

　贷：在建工程——设备投资　　126 000

（3）待摊投资

建设工程发生的构成建设项目实际支出的、按照规定应当分摊计入有关工程成本和设备成本的各项间接费用和税费支出，先在本明细科目中归集；建设工程办妥竣工验收手续交付使用时，按照合理的分配方法，摊入相关工程成本、在安装设备成本等。

①单位发生的构成待摊投资的各类费用，按照实际发生金额，借记本科目（待摊投资），贷记“财政拨款收入”“零余额账户用款额度”“银行存款”“应付利息”“长期借款”“其他应交税费”“固定资产累计折旧”“无形资产累计摊销”等科目。

【例11-175】市中心医院建设1栋住院大楼、1栋门诊大楼，设计费1 500 000元，以银行存款支付。

借：在建工程——待摊投资　　1 500 000

　贷：银行存款　　1 500 000

②对于建设过程中试生产、设备调试等产生的收入，按照取得的收入金额，借记“银行存款”等科目，按照依据有关规定应当冲减建设工程成本的部分，贷记本科目（待摊投资），按照其差额贷记“应缴财政款”或“其他收入”科目。

【例 11-176】接例 11-175，市中心医院建设的 2 栋大楼试运营，取得收入 312 600元，冲减建设工程成本，款项存入银行。

借：银行存款　　312 600

　贷：在建工程——待摊投资　　312 600

③由于自然灾害、管理不善等原因造成的单项工程或单位工程报废或毁损，扣除残料价值和过失人或保险公司等赔款后的净损失，报经批准后计入继续施工的工程成本的，按照工程成本扣除残料价值和过失人或保险公司等赔款后的净损失，借记本科目（待摊投资），按照残料变价收入、过失人或保险公司赔款等，借记“银行存款”“其他应收款”等科目，按照报废或毁损的工程成本，贷记本科目（建筑安装工程投资）。

【例 11-177】接例 11-175 和例 11-176，市中心医院建设尚未交付使用的住院大楼和门诊大楼，因台风造成部分房间窗户玻璃毁损，估值 159 500元，保险公司赔款 110 000元，存入银行，净损失 49 500元报经批准后计入继续施工的工程成本。

借：在建工程——待摊投资　　49 500

　　银行存款　　110 000

　贷：在建工程——建筑安装工程投资　　159 500

④工程交付使用时，按照合理的分配方法分配待摊投资，借记本科目（建筑安装工程投资、设备投资），贷记本科目（待摊投资）。

待摊投资的分配方法，可按照下列公式计算：

A.按照实际分配率分配。适用于建设工期较短、整个项目的所有单项工程一次竣工的建设项目。

$$\frac{\text{实际}}{\text{分配率}}=\frac{\text{待摊投资}}{\text{明细科目余额}}\div\left(\frac{\text{建筑工程明细}}{\text{科目余额}}+\frac{\text{安装工程明细}}{\text{科目余额}}+\frac{\text{设备投资明细}}{\text{科目余额}}\right)\times100\%$$

B.按照概算分配率分配。适用于建设工期长、单项工程分期分批建成投入使用的建设项目。

$$\frac{\text{概算}}{\text{分配率}}=\left(\frac{\text{概算中各待摊投资}}{\text{项目的合计数}}-\frac{\text{其中可直接}}{\text{分配部分}}\right)\div\left(\frac{\text{概算中建筑工程、安装}}{\text{工程和设备投资合计}}\right)\times100\%$$

C. $$\frac{\text{某项固定资产}}{\text{应分配的待摊投资}}=\frac{\text{该项固定资产的建筑工程成本或该项固定}}{\text{资产(设备)的采购成本和安装成本合计}}\times\text{分配率}$$

【例 11-178】接例 11-175 至例 11-177，市中心医院建设住院大楼和门诊大楼完工交付使用，按照概算分配率分配分摊待摊投资，建筑工程、安装工程和设备投资的分摊比例为 80%、10% 和 10%。住院大楼和门诊大楼的分摊比例为各 50%。

待摊投资账面余额=1 500 000−312 600+49 500=1 236 900（元）

建筑工程应分摊额=1 236 900×80%=989 520（元）

安装工程应分摊额=1 236 900×10%=123 690（元）

设备投资应分摊额=1 236 900×10%=123 690（元）

借：在建工程——建筑安装工程投资——住院大楼　556 605

　　　　　　　　　　　　　　　　——门诊大楼　556 605

　　　　　　　　——设备投资——住院大楼　61 845

　　　　　　　　　　　　　　——门诊大楼　61 845

　贷：在建工程——待摊投资　1 236 900

（4）其他投资

①单位为建设工程发生的房屋购置支出，基本畜禽、林木等的购置、饲养、培育支出，办公生活用家具、器具购置支出，软件研发和不能计入设备投资的软件购置等支出，按照实际发生金额，借记本科目（其他投资），贷记“财政拨款收入”“零余额账户用款额度”“银行存款”等科目。

【例11-179】市中心医院为建设住院大楼和门诊大楼，购入附着于建筑的办公用家具一批，实际成本391 500元，以银行存款支付。

借：在建工程——其他投资　391 500

　贷：银行存款　391 500

②工程完成将形成的房屋、基本畜禽、林木等各种财产以及无形资产交付使用时，按照其实际成本，借记“固定资产”“无形资产”等科目，贷记本科目（其他投资）。

【例11-180】接例11-179，工程完工转入固定资产。

借：固定资产　391 500

　贷：在建工程——其他投资　391 500

（5）待核销基建支出

①建设项目发生的江河清障、航道清淤、飞播造林、补助群众造林、水土保持、城市绿化等不能形成资产的各类待核销基建支出，按照实际发生金额，借记本科目（待核销基建支出），贷记“财政拨款收入”“零余额账户用款额度”“银行存款”等科目。

【例11-181】市卫生学校为建设学生宿舍发生的江河清障费用216 000元待核销，以银行存款支付。

借：在建工程——待核销基建支出　216 000

　贷：银行存款　216 000

②取消的建设项目发生的可行性研究费用，按照实际发生金额，借记本科目（待核销基建支出），贷记本科目（待摊投资）。

【例11-182】市卫生学校拟建设2栋实验楼，发生可行性研究费用50 000元，可行性论证否定了建设实验楼的建议，经领导研究决定取消该建设项目，可行性研究费用转入待核销基建支出。

借：在建工程——待核销基建支出　　50 000

　贷：在建工程——待摊投资　　50 000

③由于自然灾害等原因发生的建设项目整体报废所形成的净损失，报经批准后转入待核销基建支出，按照项目整体报废所形成的净损失，借记本科目（待核销基建支出），按照报废工程回收的残料变价收入、保险公司赔款等，借记“银行存款”“其他应收款”等科目，按照报废的工程成本，贷记本科目（建筑安装工程投资等）。

【例11-183】市文广局在建的行政楼因洪灾而全部报废，“在建工程——建筑安装工程投资”的账面余额4 652 500元，收到保险公司赔款3 000 000元存入银行，净损失1 652 500元转入待核销基建支出。

借：在建工程——待核销基建支出　　1 652 500

　　银行存款　　3 000 000

　贷：在建工程——建筑安装工程投资　　4 652 500

④建设项目竣工验收交付使用时，对发生的待核销基建支出进行冲销，借记“资产处置费用”科目，贷记本科目（待核销基建支出）。

【例11-184】接例11-181，市卫生学校所建学生宿舍竣工验收交付使用时，对所发生的江河清障费用216 000元予以冲销。

借：资产处置费用　　216 000

　贷：在建工程——待核销基建支出　　216 000

（6）基建转出投资

为建设项目配套而建成的、产权不归属本单位的专用设施，在项目竣工验收交付使用时，按照转出的专用设施的成本，借记本科目（基建转出投资），贷记本科目（建筑安装工程投资）；同时，借记“无偿调拨净资产”科目，贷记本科目（基建转出投资）。

【例11-185】接例11-181和例11-184，市卫生学校为建设学生宿舍而配套建设的变电设施在建成后转给国家电网，变电设施的实际成本为83 600元。

借：在建工程——基建转出投资　　83 600

　贷：在建工程——建筑安装工程投资　　83 600

同时，记：

借：无偿调拨净资产　　83 600

　贷：在建工程——基建转出投资　　83 600

六、无形资产

（一）无形资产

为核算无形资产的原值，设置“无形资产”（1701）科目。本科目期末借方余额，反映单位无形资产的成本。非大批量购入、单价小于1 000元的无形资产，可以于购买的当期将其成本直接计入当期费用。本科目应当按照无形资产的类别、项目等进行明细核算。

无形资产的主要账务处理如下：

1.取得无形资产

无形资产在取得时，应当按照成本进行初始计量。

（1）外购的无形资产，按照确定的成本，借记本科目，贷记“财政拨款收入”“零余额账户用款额度”“应付账款”“银行存款”等科目。

【例11-186】理工大学购入一项商标权，总价款102 000元，以零余额账户用款额度支付。

借：无形资产　102 000

　贷：零余额账户用款额度　102 000

（2）委托软件公司开发软件，视同外购无形资产进行处理。合同中约定预付开发费用的，按照预付金额，借记“预付账款”科目，贷记“财政拨款收入”“零余额账户用款额度”“银行存款”等科目。软件开发完成交付使用并支付剩余或全部软件开发费用时，按照软件开发费用总额，借记本科目，按照相关预付账款金额，贷记“预付账款”科目，按照支付的剩余金额，贷记“财政拨款收入”“零余额账户用款额度”“银行存款”等科目。

【例11-187】理工大学委托软件公司开发教学软件，现软件开发完成并交付使用。全部开发费用100 000元，合同中约定预付开发费用20 000元，余款80 000元以银行存款支付。

借：无形资产　100 000

　贷：预付账款　20 000

　　银行存款　80 000

（3）自行研发无形资产的核算。

①自行研究开发形成的无形资产，按照研究开发项目进入开发阶段后至达到预定用途前所发生的支出总额，借记本科目，贷记“研发支出——开发支出”科目。

【例11-188】为落实党的二十大精神，提升“科技自立自强能力”，理工大学自行研究开发一项专利技术，从研究开发项目进入开发阶段后至达到预定用途前所发生的支出总额为153 400元。

借：无形资产　153 400

　贷：研发支出——开发支出　153 400

②自行研究开发项目尚未进入开发阶段，或者确实无法区分研究阶段支出和开发阶段支出，但按照法律程序已申请取得无形资产的，按照依法取得时发生的注册费、聘请律师费等费用，借记本科目，贷记“财政拨款收入”“零余额账户用款额度”“银行存款”等科目；按照依法取得前所发生的研究开发支出，借记“业务活动费用”等科目，贷记“研发支出”科目。

【例11-189】理工大学一研究团队在进行材料抗冲击实验时开发出一新型合成材料并申请了专利，由于无法区分研究阶段支出和开发阶段支出已计入当期费用，按照依法取得时发生的注册费、聘请律师费等费用16 000元记账，费用以零余额账户用款额度支付。

借：无形资产 16 000

贷：零余额账户用款额度 16 000

（4）接受捐赠的无形资产，按照确定的无形资产成本，借记本科目，按照发生的相关税费等，贷记“零余额账户用款额度”“银行存款”等科目，按照其差额，贷记“捐赠收入”科目。接受捐赠的无形资产按照名义金额入账的，按照名义金额，借记本科目，贷记“捐赠收入”科目；同时，按照发生的相关税费等，借记“其他费用”科目，贷记“零余额账户用款额度”“银行存款”等科目。

【例11-190】理工大学接受某非政府组织捐赠的一项专利技术，该技术没有相关凭据，比照类似专利技术的市场价格，确定其成本为80 000元，相关税费1 000元，以银行存款支付。

借：无形资产 80 000

贷：银行存款 1 000

捐赠收入 79 000

（5）无偿调入的无形资产，按照确定的无形资产成本，借记本科目，按照发生的相关税费等，贷记“零余额账户用款额度”“银行存款”等科目，按照其差额，贷记“无偿调拨净资产”科目。

【例11-191】理工大学无偿调入一项专利技术，该技术估价100 000元，相关税费2 000元，以银行存款支付。

借：无形资产 100 000

贷：银行存款 2 000

无偿调拨净资产 98 000

（6）置换取得的无形资产，参照“库存物品”科目中置换取得库存物品的相关规定进行账务处理。无形资产取得时涉及增值税业务的，相关账务处理参见“应交增值税”科目。

2.与无形资产有关的后续支出

（1）符合无形资产确认条件的后续支出。

①为增加无形资产的使用效能对其进行升级改造或扩展其功能时，如需暂停对无形资产进行摊销的，按照无形资产的账面价值，借记“在建工程”科目，按照无形资产已摊销金额，借记“无形资产累计摊销”科目，按照无形资产的账面余额，贷记本科目。

【例11-192】接例11-189，理工大学对自行研发的专利材料进行升级改造，需暂停对无形资产进行摊销，无形资产的账面余额16 000元，无形资产累计摊销1 125元。

借：在建工程 14 875

无形资产累计摊销 1 125

贷：无形资产 16 000

②无形资产后续支出符合无形资产确认条件的，按照支出的金额，借记本科目［无需暂停摊销的］或“在建工程”科目［需暂停摊销的］，贷记“财政拨款收入”“零余额账户用款额度”“银行存款”等科目。

暂停摊销的无形资产升级改造或扩展功能等完成交付使用时，按照在建工程成本，借记本科目，贷记“在建工程”科目。

【例 11-193】接例 11-189 和例 11-192，理工大学对自行研发的专利材料进行升级改造，发生支出 114 520 元，以零余额账户用款额度支付，升级改造完成并交付使用。

借：在建工程	114 520	
贷：零余额账户用款额度		114 520
借：无形资产	129 395	
贷：在建工程		129 395

（2）不符合无形资产确认条件的后续支出。

为保证无形资产正常使用发生的日常维护等支出，借记“业务活动费用”“单位管理费用”等科目，贷记“财政拨款收入”“零余额账户用款额度”“银行存款”等科目。

【例 11-194】理工大学对教学软件进行日常维护，向软件公司支付费用 800 元，以库存现金支付。

借：业务活动费用	800	
贷：库存现金		800

3.处置无形资产

按照规定报经批准处置无形资产，应当分别以下情况处理：

（1）报经批准出售、转让无形资产，按照被出售、转让无形资产的账面价值，借记“资产处置费用”科目，按照无形资产已计提的摊销，借记“无形资产累计摊销”科目，按照无形资产账面余额，贷记本科目；同时，按照收到的价款，借记“银行存款”等科目，按照处置过程中发生的相关费用，贷记“银行存款”等科目，按照其差额，贷记“应缴财政款”［按照规定应上缴无形资产转让净收入的］或“其他收入”［按照规定将无形资产转让收入纳入本单位预算管理的］科目。

【例 11-195】报经批准，理工大学出售 1 项专利技术，无形资产账面余额 529 000 元，无形资产累计摊销 218 430 元，取得转让收入 1 000 000 元存入银行，交纳相关税费 9 600 元，以银行存款支付，无形资产转让收入按照规定纳入本单位预算管理。

借：资产处置费用	310 570	
无形资产累计摊销	218 430	
贷：无形资产		529 000
借：银行存款	1 000 000	

贷：银行存款　　　　　　　　　　9 600

其他收入　　　　　　　　　　990 400

（2）报经批准对外捐赠无形资产，按照无形资产已计提的摊销，借记“无形资产累计摊销”科目，按照被处置无形资产账面余额，贷记本科目，按照捐赠过程中发生的归属于捐出方的相关费用，贷记“银行存款”等科目，按照其差额，借记“资产处置费用”科目。

【例11-196】报经批准，理工大学对外捐赠1项专利权，无形资产账面余额133 500元，无形资产累计摊销36 773元，过户等费用1 500元以银行存款支付。

借：资产处置费用　　　　　　　　98 227

无形资产累计摊销　　　　　　　　36 773

贷：无形资产　　　　　　　　　　133 500

银行存款　　　　　　　　　　1 500

（3）报经批准无偿调出无形资产，按照无形资产已计提的摊销，借记“无形资产累计摊销”科目，按照被处置无形资产账面余额，贷记本科目，按照其差额，借记“无偿调拨净资产”科目；同时，按照无偿调出过程中发生的归属于调出方的相关费用，借记“资产处置费用”科目，贷记“银行存款”等科目。

【例11-197】报经批准，理工大学无偿调出1块土地的使用权，无形资产账面余额122 569 800元，土地一直没有投入使用因而也未计提无形资产累计摊销，调出时发生律师咨询费2 000元，以银行存款支付。

借：无偿调拨净资产　　　　　　　　122 569 800

贷：无形资产　　　　　　　　　　122 569 800

借：资产处置费用　　　　　　　　2 000

贷：银行存款　　　　　　　　　　2 000

（4）报经批准置换换出无形资产，参照“库存物品”科目中置换换入库存物品的规定进行账务处理。

【例11-198】报经批准，理工大学用1项专利权置换实验用材料，票据显示材料成本90 000元，换出专利权的无形资产账面余额114 100元，无形资产累计摊销47 260元，置换过程中发生相关支出1 700元，以银行存款支付，向对方支付差价6 000元，以银行存款支付，材料已验收入库。

借：库存物品　　　　　　　　　　90 000

无形资产累计摊销　　　　　　　　47 260

贷：无形资产　　　　　　　　　　114 100

银行存款　　　　　　　　　　7 700

其他收入　　　　　　　　　　15 460

（5）无形资产预期不能为单位带来服务潜力或经济利益，按照规定报经批准核销时，按照待核销无形资产的账面价值，借记“资产处置费用”科目，按照已计提摊销，借记“无形资产累计摊销”科目，按照无形资产的账面余额，贷记本科目。

无形资产处置时涉及增值税业务的，相关账务处理参见“应交增值税”科目。

【例11-199】报经批准，理工大学将1项不能为单位带来经济利益的专利权予以核销，专利权的无形资产的账面余额63 610元，无形资产累计摊销13 226元。

借：资产处置费用	50 384	
无形资产累计摊销	13 226	
贷：无形资产		63 610

4.清查盘点无形资产

单位应当定期对无形资产进行清查盘点，每年至少盘点一次。单位资产清查盘点过程中发现的无形资产盘盈、盘亏等，参照“固定资产”科目相关规定进行账务处理。

（二）无形资产累计摊销

为核算单位对使用年限有限的无形资产计提的累计摊销，设置“无形资产累计摊销”（1702）科目。本科目期末贷方余额，反映单位计提的无形资产摊销累计数。

本科目应当按照所对应无形资产的明细分类进行明细核算。其主要账务处理如下：

1.对无形资产进行摊销时

按月对无形资产进行摊销时，按照应摊销金额，借记“业务活动费用”“单位管理费用”“加工物品”“在建工程”等科目，贷记本科目。

【例11-200】月末，理工大学对全校使用的无形资产进行摊销，专利权摊销额368元，商标权摊销额289元，土地使用权摊销额38 922元，共计39 579元，计入单位管理费用科目。

借：单位管理费用	39 579	
贷：无形资产累计摊销——专利权		368
——商标权		289
——土地使用权		38 922

2.处置无形资产时

经批准处置无形资产时，按照所处置无形资产的账面价值，借记“资产处置费用”“无偿调拨净资产”“待处理财产损溢”等科目，按照已计提摊销，借记本科目，按照无形资产的账面余额，贷记“无形资产”科目。

【例11-201】报经批准，理工大学核销1项商标权，无形资产累计摊销67 950元，无形资产账面余额88 700元。

借：资产处置费用	20 750	
无形资产累计摊销	67 950	
贷：无形资产		88 700

（三）研发支出

为核算单位自行研究开发项目研究阶段和开发阶段发生的各项支出，设置“研发支出”（1703）科目。本科目期末借方余额，反映单位预计能达到预定用途的研究开发项目在开发阶段发生的累计支出数。建设项目中的软件研发支出，应当通过“在建工程”科目核算，不通过本科目核算。

本科目应当按照自行研究开发项目，分别“研究支出”“开发支出”进行明细核算。其主要账务处理如下：

1.研究阶段支出

（1）自行研究开发项目研究阶段的支出，应当先在本科目归集。按照从事研究及其辅助活动人员计提的薪酬，研究活动领用的库存物品，发生的与研究活动相关的管理费、间接费和其他各项费用，借记本科目（研究支出），贷记“应付职工薪酬”“库存物品”“财政拨款收入”“零余额账户用款额度”“固定资产累计折旧”“银行存款”等科目。

【例11-202】理工大学自行研究开发燃料油能源转换专利技术，在研究阶段发生支出6 785 436元，其中，研究及其辅助活动人员计提的薪酬3 568 900元，领用的库存物品2 337 965元，计提固定资产累计折旧66 233元，其他费用812 338元，以零余额账户用款额度支付。

借：研发支出——研究支出	6 785 436	
贷：应付职工薪酬		3 568 900
库存物品		2 337 965
固定资产累计折旧		66 233
零余额账户用款额度		812 338

（2）期（月）末，应当将本科目归集的研究阶段的支出金额转入当期费用，借记“业务活动费用”等科目，贷记本科目（研究支出）。

【例11-203】接例11-202，理工大学将归集的研究阶段的支出6 785 436元转入当期费用。

借：业务活动费用	6 785 436	
贷：研发支出——研究支出		6 785 436

2.开发阶段支出

（1）自行研究开发项目开发阶段的支出，先通过本科目进行归集。按照从事开发及其辅助活动人员计提的薪酬，开发活动领用的库存物品，发生的与开发活动相关的管理费、间接费和其他各项费用，借记本科目（开发支出），贷记“应付职工薪酬”“库存物品”“财政拨款收入”“零余额账户用款额度”“固定资产累计折旧”“银行存款”等科目。

【例11-204】理工大学自行研究开发1项专利权，项目开发阶段支付职工薪酬613 450元。

借：研发支出——开发支出	613 450	
贷：应付职工薪酬		613 450

（2）自行研究开发项目完成，达到预定用途形成无形资产的，按照本科目归集的开发阶段的支出金额，借记“无形资产”科目，贷记本科目（开发支出）。

【例11-205】接例11-204，理工大学自行研究开发的专利权项目完成，达到预定用途形成无形资产，开发支出金额共计1 213 468元。

借：无形资产　　1 213 468

　贷：研发支出——开发支出　　1 213 468

（3）单位应于每年年度终了评估研究开发项目是否能达到预定用途，如预计不能达到预定用途（如无法最终完成开发项目并形成无形资产的），应当将已发生的开发支出金额全部转入当期费用，借记“业务活动费用”等科目，贷记本科目（开发支出）。

【例11-206】年末，理工大学对各项研究开发项目进行评估，确定有1项技术无法达到预定用途，无法形成无形资产，开发支出金额334 690元全部转入当期费用。

借：业务活动费用　　334 690

　贷：研发支出——开发支出　　334 690

（4）自行研究开发项目时涉及增值税业务的，相关账务处理参见“应交增值税”科目。

七、其他资产

（一）待摊费用

为核算单位已经支付，但应当由本期和以后各期分别负担的分摊期在1年以内（含1年）的各项费用，如预付航空保险费、预付租金等，设置“待摊费用”（1401）科目。本科目期末借方余额，反映单位各种已支付但尚未摊销的分摊期在1年以内（含1年）的费用。摊销期限在1年以上的租入固定资产改良支出和其他费用，应当通过“长期待摊费用”科目核算，不通过本科目核算。待摊费用应当在其受益期限内分期平均摊销，如预付航空保险费应在保险期的有效期内、预付租金应在租赁期内分期平均摊销，计入当期费用。

本科目应当按照待摊费用种类进行明细核算。其主要账务处理如下：

1.发生待摊费用时，按照实际预付的金额，借记本科目，贷记“财政拨款收入”“零余额账户用款额度”“银行存款”等科目。

【例11-207】市中心小学支付本年取暖费54 860元，以零余额账户用款额度支付。

借：待摊费用　　54 860

　贷：零余额账户用款额度　　54 860

2.按照受益期限分期平均摊销时，按照摊销金额，借记“业务活动费用”“单位管理费用”“经营费用”等科目，贷记本科目。

【例11-208】接例11-207，市中心小学所支付的本年取暖费54 860元分5个月摊销，每月摊销额10 972元，月末予以摊销。

借：业务活动费用　　10 972

　贷：待摊费用　　10 972

3.如果某项待摊费用已经不能使单位受益，应当将其摊余金额一次全部转入当期费用。按照摊销金额，借记“业务活动费用”“单位管理费用”“经营费用”等科目，贷记本科目。

【例11-209】接例11-207和例11-208，为落实党的二十大精神，改善城乡人居环境，建设美丽中国，某市统一实行了煤改气工程。市中心小学取暖与原来所交纳的取暖费无关，尚有21 944元摊余金额一次全部转入当期费用。

借：业务活动费用　　21 944

　贷：待摊费用　　21 944

（二）受托代理资产

为核算单位接受委托方委托管理的各项资产，包括受托指定转赠的物资、受托存储保管的物资等的成本，设置“受托代理资产”（1891）科目。本科目期末借方余额，反映单位受托代理实物资产的成本。本科目单位管理的罚没物资也应当通过本科目核算。单位收到的受托代理资产为现金和银行存款的，不通过本科目核算，应当通过“库存现金”“银行存款”科目进行核算。

本科目应当按照资产的种类和委托人进行明细核算；属于转赠资产的，还应当按照受赠人进行明细核算。其主要账务处理如下：

1.受托转赠物资的核算

（1）接受委托人委托需要转赠给受赠人的物资，其成本按照有关凭据注明的金额确定。接受委托转赠的物资验收入库，按照确定的成本，借记本科目，贷记“受托代理负债”科目。受托协议约定由受托方承担相关税费、运输费等的，还应当按照实际支付的相关税费、运输费等金额，借记“其他费用”科目，贷记“银行存款”等科目。

【例11-210】区民政局接受民营企业家委托向低收入家庭转赠资助物资一批，有关凭据注明该批物资的价款为300 000元，发生运输费2 200元，以银行存款支付。

借：受托代理资产　　300 000

　贷：受托代理负债　　300 000

借：其他费用　　2 200

　贷：银行存款　　2 200

（2）将受托转赠物资交付受赠人时，按照转赠物资的成本，借记“受托代理负债”科目，贷记本科目。

【例11-211】区民政局将价值126 000元的受托转赠物资交付给第一批家庭。

借：受托代理负债　　126 000

　贷：受托代理资产　　126 000

（3）转赠物资的委托人取消了对捐赠物资的转赠要求，且不再收回捐赠物资的，应当将转赠物资转为单位的存货、固定资产等。按照转赠物资的成本，借记“受托代理负债”科目，贷记本科目；同时，借记“库存物品”“固定资产”等科目，贷记“其他收入”科目。

【例11-212】接例11-210和例11-211，在区民政局转赠了共计260 000元的受托物资后，委托人取消了对剩余的40 000元捐赠物资的转赠要求且不再收回。

借：受托代理负债　　40 000
　贷：受托代理资产　　40 000
借：库存物品　　40 000
　贷：其他收入　　40 000

2.受托存储保管物资

（1）接受委托人委托存储保管的物资，其成本按照有关凭据注明的金额确定。接受委托储存的物资验收入库，按照确定的成本，借记本科目，贷记“受托代理负债”科目。发生由受托单位承担的与受托存储保管的物资相关的运输费、保管费等费用时，按照实际发生的费用金额，借记“其他费用”等科目，贷记“银行存款”等科目。

【例11-213】区民政局接受某非政府组织委托存储保管救灾物资，有关凭据注明该批物资的金额为253 000元，租赁仓库的费用1 000元以银行存款支付。

借：受托代理资产　　253 000
　贷：受托代理负债　　253 000
借：其他费用　　1 000
　贷：银行存款　　1 000

（2）根据委托人要求交付或发出受托存储保管的物资时，按照发出物资的成本，借记“受托代理负债”科目，贷记本科目。

【例11-214】接例11-213，根据委托人的要求，区民政局将受托存储保管的物资全部发放给灾民。

借：受托代理负债　　253 000
　贷：受托代理资产　　253 000

3.罚没物资

（1）取得罚没物资时，其成本按照有关凭据注明的金额确定。罚没物资验收（入库），按照确定的成本，借记本科目，贷记“受托代理负债”科目。罚没物资成本无法可靠确定的，单位应当设置备查簿进行登记。

【例11-215】为落实党的二十大精神，“完善产权保护、市场准入、公平竞争、社会信用等市场经济基础制度，优化营商环境”，区行政执法大队取缔一非法经营窝点，取得罚没物资一批，有关凭据注明该批物资的金额为71 600元。

借：受托代理资产　　71 600
　贷：受托代理负债　　71 600

（2）按照规定处置或移交罚没物资时，按照罚没物资的成本，借记“受托代理负债”科目，贷记本科目。处置时取得款项的，按照实际取得的款项金额，借记“银行存款”等科目，贷记“应缴财政款”等科目。

【例11-216】接例11-215，区行政执法大队按照规定处置罚没物资，取得价款65 000元存入银行。

借：受托代理负债　　71 600

　贷：受托代理资产　　71 600

借：银行存款　　65 000

　贷：应缴财政款　　65 000

4.单位受托代理的其他实物资产，参照本科目有关受托转赠物资、受托存储保管物资的规定进行账务处理。

（三）长期待摊费用

为核算单位已经支出，但应由本期和以后各期负担的分摊期限在1年以上（不含1年）的各项费用，如以经营租赁方式租入的固定资产发生的改良支出等，设置"长期待摊费用"（1901）科目。本科目期末借方余额，反映单位尚未摊销完毕的长期待摊费用。

本科目应当按照费用项目进行明细核算。其主要账务处理如下：

1.发生长期待摊费用时，按照支出金额，借记本科目，贷记"财政拨款收入""零余额账户用款额度""银行存款"等科目。

【例11-217】市中心小学以经营租赁方式租入一台大型教学设备，一次性支付租金21 600元，以银行存款支付，摊销期18个月，每月1 200元。

借：长期待摊费用　　21 600

　贷：银行存款　　21 600

2.按照受益期间摊销长期待摊费用时，按照摊销金额，借记"业务活动费用""单位管理费用""经营费用"等科目，贷记本科目。

【例11-218】接例11-217，月末，市中心小学摊销本月的大型教学设备租金1 200元。

借：业务活动费用　　1 200

　贷：长期待摊费用　　1 200

3.如果某项长期待摊费用已经不能使单位受益，应当将其摊余金额一次全部转入当期费用。按照摊销金额，借记"业务活动费用""单位管理费用""经营费用"等科目，贷记本科目。

【例11-219】接例11-217和例11-218，市中心小学收到1台无偿调入的、功能更加强大的教学设备替代原有的经营租入设备，原租入设备租金摊余金额4 800元一次全部转入当期费用。

借：业务活动费用　　4 800

　贷：长期待摊费用　　4 800

（四）待处理财产损溢

为核算单位在资产清查过程中查明的各种资产盘盈、盘亏和报废、毁损的价值，设置"待处理财产损溢"（1902）科目。本科目期末如为借方余额，反映尚未处理完毕的各种资产的净损失；期末如为贷方余额，反映尚未处理完毕的各种资产的净溢余。年末，经批准处理后，本科目一般应无余额。

本科目应当按照待处理的资产项目进行明细核算；对于在资产处理过程中取得收入或发生相关费用的项目，还应当设置“待处理财产价值”“处理净收入”明细科目，进行明细核算。单位资产清查中查明的资产盘盈、盘亏、报废和毁损，一般应当先记入本科目，按照规定报经批准后及时进行账务处理。年末结账前一般应处理完毕。其主要账务处理如下：

1.账款核对时发现的库存现金短缺或溢余

（1）每日账款核对中发现库存现金短缺或溢余，属于现金短缺的，按照实际短缺的金额，借记本科目，贷记“库存现金”科目；属于现金溢余的，按照实际溢余的金额，借记“库存现金”科目，贷记本科目。

【例11-220】市职业技术学院在每日账款核对中发现现金溢余600元，转入待处理财产损溢。

借：库存现金	600	
贷：待处理财产损溢		600

（2）如为现金短缺，属于应由责任人赔偿或向有关人员追回的，借记“其他应收款”科目，贷记本科目；属于无法查明原因的，报经批准核销时，借记“资产处置费用”科目，贷记本科目。

【例11-221】市金融专科学校在每日账款核对中发现现金短缺1 000元，因无法查明原因，报经批准核销。

借：待处理财产损溢	1 000	
贷：库存现金		1 000
借：资产处置费用	1 000	
贷：待处理财产损溢		1 000

（3）如为现金溢余，属于应支付给有关人员或单位的，借记本科目，贷记“其他应付款”科目；属于无法查明原因的，报经批准后，借记本科目，贷记“其他收入”科目。

【例11-222】接例11-220，报经批准后，市职业技术学院将无法查明原因的现金溢余600转入“其他收入”科目。

借：待处理财产损溢	600	
贷：其他收入		600

2.资产清查过程中各种资产盘盈、盘亏或报废、毁损

资产清查过程中发现的存货、固定资产、无形资产、公共基础设施、政府储备物资、文物文化资产、保障性住房等各种资产盘盈、盘亏或报废、毁损，分别具体情况处理：

（1）盘盈

①转入待处理资产时，按照确定的成本，借记“库存物品”“固定资产”“无形

资产”“公共基础设施”“政府储备物资”“文物文化资产”“保障性住房”等科目，贷记本科目。

【例11-223】市职业技术学院盘盈3箱教学材料，每箱的市场价格1 200元，共计3 600元。

借：库存物品　　3 600

　贷：待处理财产损溢　　3 600

②按照规定报经批准后处理时，对于盘盈的流动资产，借记本科目，贷记“单位管理费用”［事业单位］或“业务活动费用”［行政单位］科目。对于盘盈的非流动资产，如属于本年度取得的，按照当年新取得相关资产进行账务处理；如属于以前年度取得的，按照前期差错处理，借记本科目，贷记“以前年度盈余调整”科目。

【例11-224】接例11-223，按照规定报经批准后，市职业技术学院处理盘盈的教学材料，冲销单位管理费用。

借：待处理财产损溢　　3 600

　贷：单位管理费用　　3 600

（2）盘亏或者毁损、报废的各类资产

①转入待处理资产时，借记本科目（待处理财产价值）［盘亏、毁损、报废固定资产、无形资产、公共基础设施、保障性住房的，还应借记“固定资产累计折旧”“无形资产累计摊销”“公共基础设施累计折旧（摊销）”“保障性住房累计折旧”科目］，贷记“库存物品”“固定资产”“无形资产”“公共基础设施”“政府储备物资”“文物文化资产”“保障性住房”“在建工程”等科目。涉及增值税业务的，相关账务处理参见“应交增值税”科目。报经批准处理时，借记“资产处置费用”科目，贷记本科目（待处理财产价值）。

【例11-225】市金融专科学校盘亏一台教学设备，设备的账面余额19 500元，已计提折旧11 760元。报经批准后，予以核销。

转入待处理资产时，记：

借：待处理财产损溢——待处理财产价值　　7 740

　　固定资产累计折旧　　11 760

　贷：固定资产　　19 500

核销时，记：

借：资产处置费用　　7 740

　贷：待处理财产损溢——待处理财产价值　　7 740

②处理毁损、报废实物资产过程中取得的残值或残值变价收入、保险理赔和过失人赔偿等，借记“库存现金”“银行存款”“库存物品”“其他应收款”等科目，贷记本科目（处理净收入）；处理毁损、报废实物资产过程中发生的相关费用，借记本科目（处理净收入），贷记“库存现金”“银行存款”等科目。处理收支结清，

如果处理收入大于相关费用的，按照处理收入减去相关费用后的净收入，借记本科目（处理净收入），贷记“应缴财政款”等科目；如果处理收入小于相关费用的，按照相关费用减去处理收入后的净支出，借记“资产处置费用”科目，贷记本科目（处理净收入）。

【例 11-226】市粮食储运中心在财产清查中发现一批大米发生变质，予以处理。大米的账面余额224 800元，取得变价收入105 000元存入银行，按规定应上缴财政；发生清理费用2 400元，以银行存款支付。

转入待处理，记：

借：待处理财产损溢——待处理财产价值	224 800	
贷：政府储备物资		224 800

收到变价收入，记：

借：银行存款	105 000	
贷：待处理财产损溢——处理净收入		105 000

发生清理费用，记：

借：待处理财产损溢——处理净收入	2 400	
贷：银行存款		2 400

处理收支结清，记：

借：待处理财产损溢——处理净收入	102 600	
贷：应缴财政款		102 600

核销，记：

借：资产处置费用	224 800	
贷：待处理财产损溢——待处理财产价值		224 800

第二节

经管资产的管理与核算

政府经管资产，是指由部门、单位和机构负责经营管理的公共物品，包括公共基础设施、政府储备物资、文物文化资产和保障性住房等。

一、公共基础设施

（一）公共基础设施

为核算单位控制的公共基础设施的原值，设置“公共基础设施”（1801）科目。本科目期末借方余额，反映公共基础设施的原值。

本科目应当按照公共基础设施的类别、项目等进行明细核算。单位应当根据行业主管部门对公共基础设施的分类规定，制定适合于本单位管理的公共基础设施目录、分类方法，作为进行公共基础设施核算的依据。其主要账务处理如下：

1.公共基础设施在取得时，应当按照其成本入账。

（1）自行建造的公共基础设施完工交付使用时，按照在建工程的成本，借记本科目，贷记“在建工程”科目。已交付使用但尚未办理竣工决算手续的公共基础设施，按照估计价值入账，待办理竣工决算后再按照实际成本调整原来的暂估价值。

【例11-227】市交通局自行建造一座立交桥，工程成本1 654 390 000元，完工并交付使用。

借：公共基础设施　　1 654 390 000

　贷：在建工程　　1 654 390 000

（2）接受其他单位无偿调入的公共基础设施，按照确定的成本，借记本科目，按照发生的归属于调入方的相关费用，贷记“财政拨款收入”“零余额账户用款额度”“银行存款”等科目，按照其差额，贷记“无偿调拨净资产”科目。无偿调入的公共基础设施成本无法可靠取得的，按照发生的相关税费、运输费等金额，借记“其他费用”科目，贷记“财政拨款收入”“零余额账户用款额度”“银行存款”等科目。

【例11-228】市交通局接管一段从省交通厅划拨下来的新建高速公路，公路建设成本28 944 820 000元，发生相关费用11 600元，以零余额账户用款额度支付。

借：公共基础设施　　28 944 820 000

　贷：零余额账户用款额度　　11 600

　　　无偿调拨净资产　　28 944 808 400

（3）接受捐赠的公共基础设施，按照确定的成本，借记本科目，按照发生的相关费用，贷记“财政拨款收入”“零余额账户用款额度”“银行存款”等科目，按照其差额，贷记“捐赠收入”科目。接受捐赠的公共基础设施成本无法可靠取得的，按照发生的相关税费等金额，借记“其他费用”科目，贷记“财政拨款收入”“零余额账户用款额度”“银行存款”等科目。

【例11-229】市交通局接受民营企业L公司捐赠的码头，相关资料显示码头的建设成本为9 758 226 000元，发生相关费用150 000元，以财政直接支付方式支付。

借：公共基础设施　　9 758 226 000

　贷：财政拨款收入　　150 000

　　　捐赠收入　　9 758 076 000

（4）外购的公共基础设施，按照确定的成本，借记本科目，贷记“财政拨款收入”“零余额账户用款额度”“银行存款”等科目。

【例11-230】市体育局购入民营企业M公司所建的一体育场，用于市民的全民健身活动。体育场的建设成本557 420 000元，以财政直接支付方式支付。

借：公共基础设施　　557 420 000

　贷：财政拨款收入　　557 420 000

（5）对于成本无法可靠取得的公共基础设施，单位应当设置备查簿进行登记，待成本能够可靠确定后按照规定及时入账。

2.与公共基础设施有关的后续支出。

（1）将公共基础设施转入改建、扩建时，按照公共基础设施的账面价值，借记“在建工程”科目，按照公共基础设施已计提折旧，借记“公共基础设施累计折旧（摊销）”科目，按照公共基础设施的账面余额，贷记本科目。

【例11-231】接例11-229，市交通局对民营企业L公司捐赠的码头进行扩建，公共基础设施的账面余额9 758 226 000元，已计提折旧55 630元，转入“在建工程”科目。

借：在建工程　　9 758 170 370

　　公共基础设施累计折旧　　55 630

　贷：公共基础设施　　9 758 226 000

（2）为增加公共基础设施使用效能或延长其使用年限而发生的改建、扩建等后续支出，借记“在建工程”科目，贷记“财政拨款收入”“零余额账户用款额度”“银行存款”等科目。公共基础设施改建、扩建完成，竣工验收交付使用时，按照在建工程成本，借记本科目，贷记“在建工程”科目。

【例11-232】接例11-229和例11-231，市交通局扩建码头，发生建设费用3 654 973 000元，以财政直接支付方式付款。项目完工并交付使用。

借：在建工程　　3 654 973 000

　贷：财政拨款收入　　3 654 973 000

9 758 170 370+ 3 654 973 000=13 413 143 370（元）

借：公共基础设施　　13 413 143 370

　贷：在建工程　　13 413 143 370

（3）为保证公共基础设施正常使用发生的日常维修等支出，借记“业务活动费用”“单位管理费用”等科目，贷记“财政拨款收入”“零余额账户用款额度”“银行存款”等科目。

【例11-233】市交通局对码头进行日常维护，发生维护费用31 000元，以零余额账户用款额度支付。

借：业务活动费用　　31 000

　贷：零余额账户用款额度　　31 000

3.处置公共基础设施。

按照规定报经批准处置公共基础设施，分别以下情况处理：

（1）报经批准对外捐赠公共基础设施，按照公共基础设施已计提的折旧或摊销，借记“公共基础设施累计折旧（摊销）”科目，按照被处置公共基础设施账面余额，贷记本科目，按照捐赠过程中发生的归属于捐出方的相关费用，贷记“银行存款”等科目，按照其差额，借记“资产处置费用”科目。

【例11-234】市体育局处置一网球场，该设施账面余额88 460元，已计提折旧63 771元，发生处置费用3 000元，以银行存款支付。

借：资产处置费用 27 689
　　公共基础设施累计折旧（摊销） 63 771
　贷：公共基础设施 88 460
　　　银行存款 3 000

（2）报经批准无偿调出公共基础设施，按照公共基础设施已计提的折旧或摊销，借记“公共基础设施累计折旧（摊销）”科目，按照被处置公共基础设施账面余额，贷记本科目，按照其差额，借记“无偿调拨净资产”科目；同时，按照无偿调出过程中发生的归属于调出方的相关费用，借记“资产处置费用”科目，贷记“银行存款”等科目。

【例11-235】报经批准，市交通局无偿调出一座桥梁，桥梁的账面余额6 694 300元，已计提折旧2 645 200元，发生相关费用1 500元，以银行存款支付。

借：无偿调拨净资产 4 049 100
　　公共基础设施累计折旧（摊销） 2 645 200
　贷：公共基础设施 6 694 300
借：资产处置费用 1 500
　贷：银行存款 1 500

4.公共基础设施清查盘点。

单位应当定期对公共基础设施进行清查盘点。对于发生的公共基础设施盘盈、盘亏、毁损或报废，应当先记入“待处理财产损溢”科目，按照规定报经批准后及时进行后续账务处理。

（1）盘盈的公共基础设施，其成本按照有关凭据注明的金额确定；没有相关凭据，但按照规定经过资产评估的，其成本按照评估价值确定；没有相关凭据，也未经过评估的，其成本按照重置成本确定。盘盈的公共基础设施成本无法可靠取得的，单位应当设置备查簿进行登记，待成本确定后按照规定及时入账。盘盈的公共基础设施，按照确定的入账成本，借记本科目，贷记“待处理财产损溢”科目。

【例11-236】市体育局对公共基础设施进行清查盘点，盘盈一小型篮球场地，经资产评估确定其成本为38 000元。

借：公共基础设施 38 000
　贷：待处理财产损溢 38 000

（2）盘亏、毁损或报废的公共基础设施，按照待处置公共基础设施的账面价值，借记“待处理财产损溢”科目，按照已计提折旧或摊销，借记“公共基础设施累计折旧（摊销）”科目，按照公共基础设施的账面余额，贷记本科目。

【例11-237】市体育局所经管的一足球场毁损严重，经批准予以报废。设施的账面余额364 500元，已计提折旧339 200元。

借：待处理财产损溢 25 300
　　公共基础设施累计折旧 339 200
　贷：公共基础设施 364 500

（二）公共基础设施累计折旧（摊销）

为核算单位计提的公共基础设施累计折旧和摊销，设置“公共基础设施累计折旧（摊销）”（1802）科目。本科目期末贷方余额，反映单位提取的公共基础设施折旧和摊销的累计数。

本科目应当按照所对应公共基础设施的明细分类进行明细核算。其主要账务处理如下：

1.按月计提公共基础设施折旧时，按照应计提的折旧额，借记“业务活动费用”科目，贷记本科目。

【例11-238】接例11-232，月末，市交通局计提码头的本月累计折旧，折旧额为55 888 097元。

借：业务活动费用	55 888 097	
贷：公共基础设施累计折旧——码头		55 888 097

2.按月对确认为公共基础设施的单独计价入账的土地使用权进行摊销时，按照应计提的摊销额，借记“业务活动费用”科目，贷记本科目。

【例11-239】市体育局对体育场的土地使用权进行单独计价入账，月末，土地使用权摊销额为354 910元。

借：业务活动费用	354 910	
贷：公共基础设施累计摊销——土地使用权		354 910

3.处置公共基础设施时，按照所处置公共基础设施的账面价值，借记“资产处置费用”“无偿调拨净资产”“待处理财产损溢”等科目，按照已提取的折旧和摊销，借记本科目，按照公共基础设施账面余额，贷记“公共基础设施”科目。

【例11-240】接例11-236，市体育局处置一小型篮球场，篮球场的账面余额38 000元，已计提折旧3 200元。

借：资产处置费用	34 800	
公共基础设施累计折旧	3 200	
贷：公共基础设施		38 000

二、政府储备物资

为核算单位控制的政府储备资产的成本，设置“政府储备物资”（1811）科目。本科目期末借方余额，反映政府储备物资的成本。对政府储备物资不负有行政管理职责但接受委托具体负责执行其存储保管等工作的单位，其受托代储的政府储备物资应当通过“受托代理资产”科目核算，不通过本科目核算。

本科目应当按照政府储备物资的种类、品种、存放地点等进行明细核算。单位根据需要，可在本科目下设置“在库”“发出”等明细科目进行明细核算。其主要账务处理如下：

1.政府储备物资在取得时，应当按照其成本入账。

（1）购入的政府储备物资验收入库，按照确定的成本，借记本科目，贷记“财政拨款收入”“零余额账户用款额度”“银行存款”等科目。

【例 11-241】为落实党的二十大精神，“健全公共卫生体系，提高重大疫情早发现能力，加强重大疫情防控救治体系和应急能力建设”，省卫生防疫中心为应对突发性公共卫生事件购入一批医疗物资，物资价款 155 429 600 元，增值税 20 205 848 元，运输装卸费 38 400 元，保险费 2 000 元，检测费 17 000 元，共计 175 692 848元，以财政直接支付方式付款，物资已验收入库。

借：政府储备物资　　175 692 848

　贷：财政拨款收入　　175 692 848

（2）涉及委托加工政府储备物资业务的，相关账务处理参照“加工物品”科目。

（3）接受捐赠的政府储备物资验收入库，按照确定的成本，借记本科目，按照单位承担的相关税费、运输费等，贷记“零余额账户用款额度”“银行存款”等科目，按照其差额，贷记“捐赠收入”科目。

【例 11-242】省卫生防疫中心接受一民营企业家捐赠的应急卫生物资，相关凭据显示该批物资的成本为3 000 000元，相关税费和运输费用共计24 000元，以零余额账户用款额度支付，物资已验收入库。

借：政府储备物资　　3 000 000

　贷：零余额账户用款额度　　24 000

　　捐赠收入　　2 976 000

（4）接受无偿调入的政府储备物资验收入库，按照确定的成本，借记本科目，按照单位承担的相关税费、运输费等，贷记“零余额账户用款额度”“银行存款”等科目，按照其差额，贷记“无偿调拨净资产”科目。

【例 11-243】省卫生防疫中心接受一批无偿调入物资，物资成本 34 527 300元，相关税费和运输费等共计 11 500元，以零余额账户用款额度支付。

借：政府储备物资　　34 527 300

　贷：零余额账户用款额度　　11 500

　　无偿调拨净资产　　34 515 800

2. 发出政府储备物资时：

（1）因动用而发出无需收回的政府储备物资的，按照发出物资的账面余额，借记“业务活动费用”科目，贷记本科目。

【例 11-244】省卫生防疫中心发出一批医疗物资用于 H1N1 流感防治，物资成本 400 000元。

借：业务活动费用　　400 000

　贷：政府储备物资　　400 000

（2）因动用而发出需要收回或者预期可能收回的政府储备物资的，在发出物资时，按照发出物资的账面余额，借记本科目（发出），贷记本科目（在库）；按照规定的质量验收标准收回物资时，按照收回物资原账面余额，借记本科目（在库），按照未收回物资的原账面余额，借记“业务活动费用”科目，按照物资发出时登记在本科目所属“发出”明细科目中的余额，贷记本科目（发出）。

【例 11-245】省卫生防疫中心发出一批医疗设备用于H1N1流感诊断，按规定用后收回。发出设备100台，每台9 965元，共计996 500元。按照规定的质量验收标准收回96台，账面余额合计956 640元；未收回的4台设备的账面余额合计39 860元。

发出时，记：

借：政府储备物资——发出 996 500

贷：政府储备物资——在库 996 500

收回时，记：

借：政府储备物资——在库 956 640

业务活动费用 39 860

贷：政府储备物资——发出 996 500

（3）因行政管理主体变动等原因而将政府储备物资调拨给其他主体的，按照无偿调出政府储备物资的账面余额，借记“无偿调拨净资产”科目，贷记本科目。

【例 11-246】因行政机构改革发生管理主体变动，省卫生防疫中心将部分储备物资无偿调拨给民政厅，该批物资的账面余额7 500 000元。

借：无偿调拨净资产 7 500 000

贷：政府储备物资 7 500 000

（4）对外销售政府储备物资时：

①对外销售政府储备物资并将销售收入纳入单位预算统一管理的，发出物资时，按照发出物资的账面余额，借记“业务活动费用”科目，贷记本科目；实现销售收入时，按照确认的收入金额，借记“银行存款”“应收账款”等科目，贷记“事业收入”等科目。

【例 11-247】省卫生防疫中心对外销售一批政府储备物资并纳入单位预算统一管理。发出物资的账面余额1 360 000元，取得销售收入1 500 000元，款项已存入银行。

发出时，记：

借：业务活动费用 1 360 000

贷：政府储备物资 1 360 000

实现收入时，记：

借：银行存款 1 500 000

贷：事业收入 1 500 000

②对外销售政府储备物资并按照规定将销售净收入上缴财政的，发出物资时，按照发出物资的账面余额，借记“资产处置费用”科目，贷记本科目；取得销售价款时，按照实际收到的款项金额，借记“银行存款”等科目，按照发生的相关税费，贷记“银行存款”等科目，按照销售价款与所承担的相关税费的差额，贷记“应缴财政款”科目。

【例11-248】省卫生防疫中心对外销售一批政府储备物资并按照规定将销售净收入上缴财政，发出物资的账面余额2 520 000元，取得销售价款2 600 000元存入银行，以银行存款支付相关费用3 000元。

发出时，记：

借：资产处置费用　　2 520 000

　贷：政府储备物资　　2 520 000

实现收入时，记：

借：银行存款　　2 600 000

　贷：银行存款　　3 000

　　应缴财政款　　2 597 000

3.清查盘点时：

单位应当定期对政府储备物资进行清查盘点，每年至少盘点一次。对于发生的政府储备物资盘盈、盘亏或者报废、毁损，应当先记入“待处理财产损溢”科目，按照规定报经批准后及时进行后续账务处理。

（1）盘盈的政府储备物资，按照确定的入账成本，借记本科目，贷记“待处理财产损溢”科目。

【例11-249】省卫生防疫中心盘盈5箱政府储备医疗材料，每箱估价21 200元，共计106 000元。

借：政府储备物资　　106 000

　贷：待处理财产损溢　　106 000

（2）盘亏或者毁损、报废的政府储备物资，按照待处理政府储备物资的账面余额，借记“待处理财产损溢”科目，贷记本科目。

【例11-250】接例11-245，省卫生防疫中心盘亏1台用于病毒诊断的医疗设备，设备的账面余额9 965元。

借：待处理财产损溢　　9 965

　贷：政府储备物资　　9 965

三、文物文化资产

为核算单位为满足社会公共需求而控制的文物文化资产的成本，设置“文物文化资产”（1821）科目。本科目期末借方余额，反映文物文化资产的成本。单位为满足自身开展业务活动或其他活动需要而控制的文物和陈列品，应当通过“固定资产”科目核算，不通过本科目核算。

本科目应当按照文物文化资产的类别、项目等进行明细核算。其主要账务处理如下：

1.文物文化资产在取得时，应当按照其成本入账。

（1）外购的文物文化资产，其成本包括购买价款、相关税费以及可归属于该项资产达到预定用途前所发生的其他支出（如运输费、安装费、装卸费等）。外购的文物文化资产，按照确定的成本，借记本科目，贷记“财政拨款收入”“零余额账户用款额度”“银行存款”等科目。

【例 11-251】市自然博物馆购入一块古化石，购买价款21 000元，相关税费500元，以零余额账户用款额度支付。

借：文物文化资产 21 500

贷：零余额账户用款额度 21 500

（2）接受其他单位无偿调入的文物文化资产，其成本按照该项资产在调出方的账面价值加上归属于调入方的相关费用确定。调入的文物文化资产，按照确定的成本，借记本科目，按照发生的归属于调入方的相关费用，贷记“零余额账户用款额度”“银行存款”等科目，按照其差额，贷记“无偿调拨净资产”科目。无偿调入的文物文化资产成本无法可靠取得的，按照发生的归属于调入方的相关费用，借记“其他费用”科目，贷记“零余额账户用款额度”“银行存款”等科目。

【例 11-252】市自然博物馆接受省博物馆无偿调入的一古生物标本，该标本的调出方账面价值为4 100元，发生运输费用2 000元，以银行存款支付。

借：文物文化资产 4 100

贷：银行存款 2 000

无偿调拨净资产 2 100

（3）接受捐赠的文物文化资产，其成本按照有关凭据注明的金额加上相关费用确定；没有相关凭据可供取得，但按照规定经过资产评估的，其成本按照评估价值加上相关费用确定；没有相关凭据可供取得也未经评估的，其成本比照同类或类似资产的市场价格加上相关费用确定。接受捐赠的文物文化资产，按照确定的成本，借记本科目，按照发生的相关税费、运输费等金额，贷记“零余额账户用款额度”“银行存款”等科目，按照其差额，贷记“捐赠收入”科目。接受捐赠的文物文化资产成本无法可靠取得的，按照发生的相关税费、运输费等金额，借记“其他费用”科目，贷记“零余额账户用款额度”“银行存款”等科目。

【例 11-253】市自然博物馆接受一民营企业家捐赠的出土明代陶罐，经资产评估该陶罐价值50 000元，资产评估费1 000元以零余额账户用款额度支付。

借：文物文化资产 50 000

贷：零余额账户用款额度 1 000

捐赠收入 49 000

（4）对于成本无法可靠取得的文物文化资产，单位应当设置备查簿进行登记，待成本能够可靠确定后按照规定及时入账。与文物文化资产有关的后续支出，参照“公共基础设施”科目相关规定进行处理。

2.按照规定报经批准处置文物文化资产，应当分别以下情况处理：

（1）报经批准对外捐赠文物文化资产，按照被处置文物文化资产账面余额和捐赠过程中发生的归属于捐出方的相关费用合计数，借记“资产处置费用”科目，按照被处置文物文化资产账面余额，贷记本科目，按照捐赠过程中发生的归属于捐出方的相关费用，贷记“银行存款”等科目。

【例11-254】经批准，市自然博物馆向新成立的A县博物馆捐赠一古生物标本，标本的账面余额13 000元，由本单位承担的运输费500元以库存现金支付。

借：资产处置费用　　13 500

　贷：文物文化资产　　13 000

　　　库存现金　　500

（2）报经批准无偿调出文物文化资产，按照被处置文物文化资产账面余额，借记“无偿调拨净资产”科目，贷记本科目；同时，按照无偿调出过程中发生的归属于调出方的相关费用，借记“资产处置费用”科目，贷记“银行存款”等科目。

【例11-255】经批准，市自然博物馆向L市博物馆无偿调出一块陨石，账面余额65 400元，发生相关费用100元，以库存现金支付。

借：无偿调拨净资产　　65 400

　贷：文物文化资产　　65 400

借：资产处置费用　　100

　贷：库存现金　　100

3.文物文化资产盘点。

单位应当定期对文物文化资产进行清查盘点，每年至少盘点一次。对于发生的文物文化资产盘盈、盘亏、毁损或报废等，参照“公共基础设施”科目相关规定进行账务处理。

四、保障性住房

（一）保障性住房

为核算单位为满足社会公共需求而控制的保障性住房的原值，设置“保障性住房”（1831）科目。本科目期末借方余额，反映保障性住房的原值。

本科目应当按照保障性住房的类别、项目等进行明细核算。其主要账务处理如下：

1.保障性住房在取得时，应当按其成本入账。

（1）外购的保障性住房，其成本包括购买价款、相关税费以及可归属于该项资产达到预定用途前所发生的其他支出。外购的保障性住房，按照确定的成本，借记本科目，贷记“财政拨款收入”“零余额账户用款额度”“银行存款”等科目。

【例11-256】市住房保障中心购入10套商品房用于出租给低收入家庭，房屋价款11 225 000元，相关税费11 200元，以财政直接支付方式付款。

借：保障性住房　　11 236 200

　贷：财政拨款收入　　11 236 200

（2）自行建造的保障性住房交付使用时，按照在建工程成本，借记本科目，贷记“在建工程”科目。已交付使用但尚未办理竣工决算手续的保障性住房，按照估计价值入账，待办理竣工决算后再按照实际成本调整原来的暂估价值。

【例11-257】市住房保障中心自行建造2栋保障性住房，在建工程成本57 421 900元，工程完工，验收合格后交付使用。

借：保障性住房　57 421 900

　贷：在建工程　57 421 900

（3）接受其他单位无偿调入的保障性住房，其成本按照该项资产在调出方的账面价值加上归属于调入方的相关费用确定。无偿调入的保障性住房，按照确定的成本，借记本科目，按照发生的归属于调入方的相关费用，贷记“零余额账户用款额度”“银行存款”等科目，按照其差额，贷记“无偿调拨净资产”科目。

【例11-258】市住房保障中心接受5套从科技局无偿调入的房屋，房屋在调出方的账面价值为614 800元，过户费等相关费用500元以库存现金支付。

借：保障性住房　614 800

　贷：库存现金　500

　　无偿调拨净资产　614 300

（4）接受捐赠、融资租赁取得的保障性住房，参照“固定资产”科目相关规定进行处理。

2.与保障性住房有关的后续支出，参照“固定资产”科目相关规定进行处理。

3.按照规定出租保障性住房并将出租收入上缴同级财政，按照收取的租金金额，借记“银行存款”等科目，贷记“应缴财政款”科目。

【例112-259】市住房保障中心收到保障性住房住户缴来的房租收入6 000元存入银行。

借：银行存款　6 000

　贷：应缴财政款　6 000

4.处置保障性住房。

（1）报经批准无偿调出保障性住房，按照保障性住房已计提的折旧，借记“保障性住房累计折旧”科目，按照被处置保障性住房账面余额，贷记本科目，按照其差额，借记“无偿调拨净资产”科目；同时，按照无偿调出过程中发生的归属于调出方的相关费用，借记“资产处置费用”科目，贷记“银行存款”等科目。

【例11-260】报经批准，市住房保障中心无偿调出3套保障性住房，住房的账面余额1 400 000元，已计提折旧361 200元，发生相关费用3 000元，以银行存款支付。

借：无偿调拨净资产　1 038 800

　保障性住房累计折旧　361 200

　贷：保障性住房　1 400 000

借：资产处置费用　3 000

　贷：银行存款　3 000

（2）报经批准出售保障性住房，按照被出售保障性住房的账面价值，借记“资产处置费用”科目，按照保障性住房已计提的折旧，借记“保障性住房累计折旧”科目，按照保障性住房账面余额，贷记本科目；同时，按照收到的价款，借记“银行存款”等科目，按照出售过程中发生的相关费用，贷记“银行存款”等科目，按照其差额，贷记“应缴财政款”科目。

【例11-261】为落实党的二十大精神，“坚持房子是用来住的、不是用来炒的定位，加快建立多主体供给、多渠道保障、租购并举的住房制度”，报经批准，市住房保障中心向符合条件的承租家庭出售保障性住房1套，保障性住房的账面余额294 300元，已计提折旧55 730元，收到价款400 000元，并存入银行。

借：资产处置费用	238 570	
保障性住房累计折旧	55 730	
贷：保障性住房		294 300
借：银行存款	400 000	
贷：应缴财政款		400 000

5.清查盘点保障性住房。

单位应当定期对保障性住房进行清查盘点。对于发生的保障性住房盘盈、盘亏、毁损或报废等，参照“固定资产”科目相关规定进行账务处理。

（二）保障性住房累计折旧

为核算单位计提的保障性住房的累计折旧，设置“保障性住房累计折旧”（1832）科目。本科目期末贷方余额，反映单位计提的保障性住房折旧累计数。

本科目应当按照所对应保障性住房的类别进行明细核算。单位应当参照《政府会计准则第3号——固定资产》及其应用指南的相关规定，按月对其控制的保障性住房计提折旧。其主要账务处理如下：

1.按月计提保障性住房折旧时，按照应计提的折旧额，借记“业务活动费用”科目，贷记本科目。

【例11-262】月末，市住房保障中心计提本月的保障性住房的折旧额125 120元。

借：业务活动费用	125 120	
贷：保障性住房累计折旧		125 120

2.报经批准处置保障性住房时，按照所处置保障性住房的账面价值，借记“资产处置费用”“无偿调拨净资产”“待处理财产损溢”等科目，按照已计提折旧，借记本科目，按照保障性住房的账面余额，贷记“保障性住房”科目。

【例11-263】报经批准，市住房保障中心报废1栋保障性住宅楼，用于原地重建新的保障性住房。该栋楼的账面余额1 169 200元，已计提折旧743 150元。

借：待处理财产损溢	426 050	
保障性住房累计折旧	743 150	
贷：保障性住房		1 169 200

关键概念

财政应返还额度　公共基础设施　保障性住房　经管资产

复习思考题

1. 简述长期股权投资的核算。
2. 简述待处理财产损溢的核算。
3. 简述固定资产核算应注意的问题。

第十二章 行政事业单位财务会计负债的管理与核算

行政事业单位的负债，是指行政事业单位过去的经济业务或者事项形成的，预期会导致经济资源流出政府会计主体的现时义务。

行政事业单位负债的分类与会计科目设置情况参见表12-1。

表12-1 **行政事业单位负债的分类与会计科目设置**

负债分类	会计科目设置
流动负债	短期借款、应交增值税、其他应交税费、应缴财政款、应付职工薪酬、应付票据、应付账款、应付政府补贴款、应付利息、预收账款、其他应付款、预提费用
非流动负债	长期借款、长期应付款、预计负债、受托代理负债

第一节 流动负债的核算

一、短期借款

为核算事业单位经批准向银行或其他金融机构等借入的期限在1年内（含1年）的各种借款，设置“短期借款”（2001）科目。本科目期末贷方余额，反映事业单位尚未偿还的短期借款本金。

本科目应当按照债权人和借款种类进行明细核算。其主要账务处理如下：

1.借入各种短期借款时，按照实际借入的金额，借记“银行存款”科目，贷记本科目。

【例12-1】市晚报社向银行借入短期借款2 000 000元用于购买新闻纸，款项已存入银行。

借：银行存款 2 000 000

贷：短期借款 2 000 000

2.银行承兑汇票到期，本单位无力支付票款的，按照应付票据的账面余额，借记“应付票据”科目，贷记本科目。

【例12-2】市晚报社向纸业公司开出的一张面额为150 000元银行承兑汇票到期，因报社经营困难无力支付票款，改为短期借款。

借：应付票据 150 000

贷：短期借款 150 000

3.归还短期借款时，借记本科目，贷记“银行存款”科目。

【例12-3】接例12-2，市晚报社向纸业公司归还短期借款150 000元，以银行存款支付。

借：短期借款 150 000

贷：银行存款 150 000

二、应交增值税

（一）应交增值税的科目设置

为核算单位按照税法规定计算应交纳的增值税，设置“应交增值税”（2101）科目。本科目期末贷方余额，反映单位应交未交的增值税；期末如为借方余额，反映单位尚未抵扣或多交的增值税。

1.增值税一般纳税人单位

属于增值税一般纳税人的单位，应当在本科目下设置“应交税金”“未交税金”“预交税金”“待抵扣进项税额”“待认证进项税额”“待转销项税额”“简易计税”“转让金融商品应交增值税”“代扣代交增值税”等明细科目。

（1）“应交税金”明细账内应当设置“进项税额”“已交税金”“转出未交增值税”“减免税款”“销项税额”“进项税额转出”“转出多交增值税”等专栏。其中：①“进项税额”专栏，记录单位购进货物、加工修理修配劳务、服务、无形资产或不动产而支付或负担的，准予从当期销项税额中抵扣的增值税税额；②“已交税金”专栏，记录单位当月已交纳的应交增值税税额；③“转出未交增值税”和“转出多交增值税”专栏，分别记录一般纳税人月度终了转出当月应交未交或多交的增值税税额；④“减免税款”专栏，记录单位按照现行增值税制度规定准予减免的增值税税额；⑤“销项税额”专栏，记录单位销售货物、加工修理修配劳务、服务、无形资产或不动产应收取的增值税税额；⑥“进项税额转出”专栏，记录单位购进货物、加工修理修配劳务、服务、无形资产或不动产等发生非正常损失以及其他原因而不应从销项税额中抵扣、按照规定转出的进项税额。

（2）“未交税金”明细科目，核算单位月度终了从“应交税金”或“预交税金”明细科目转入当月应交未交、多交或预缴的增值税税额，以及当月交纳以前期间未交的增值税税额。

（3）“预交税金”明细科目，核算单位转让不动产、提供不动产经营租赁服务等，以及其他按照现行增值税制度规定应预缴的增值税税额。

（4）“待抵扣进项税额”明细科目，核算单位已取得增值税扣税凭证并经税务机关认证，按照现行增值税制度规定准予以后期间从销项税额中抵扣的进项税额。

（5）“待认证进项税额”明细科目，核算单位由于未经税务机关认证而不得从当期销项税额中抵扣的进项税额，包括：一般纳税人已取得增值税扣税凭证并按规定准予从销项税额中抵扣，但尚未经税务机关认证的进项税额；一般纳税人已申请稽核但尚未取得稽核相符结果的海关缴款书进项税额。

（6）“待转销项税额”明细科目，核算单位销售货物、加工修理修配劳务、服务、无形资产或不动产，已确认相关收入（或利得）但尚未发生增值税纳税义务而需于以后期间确认为销项税额的增值税税额。

（7）“简易计税”明细科目，核算单位采用简易计税方法发生的增值税计提、扣减、预缴、缴纳等业务。

（8）“转让金融商品应交增值税”明细科目，核算单位转让金融商品发生的增值税税额。

（9）“代扣代交增值税”明细科目，核算单位购进在境内未设经营机构的境外单位或个人在境内的应税行为代扣代缴的增值税。

2.增值税小规模纳税人单位

属于增值税小规模纳税人的单位只需在本科目下设置“转让金融商品应交增值税”“代扣代交增值税”明细科目。

（二）应交增值税的主要账务处理

1.单位[①]取得资产或接受劳务等业务

（1）采购等业务进项税额允许抵扣。单位购买用于增值税应税项目的资产或服务等时，按照应计入相关成本费用或资产的金额，借记“业务活动费用”“在途物品”“库存物品”“工程物资”“在建工程”“固定资产”“无形资产”等科目，按照当月已认证的可抵扣增值税税额，借记本科目（应交税金——进项税额），按照当月未认证的可抵扣增值税税额，借记本科目（待认证进项税额），按照应付或实际支付的金额，贷记“应付账款”“应付票据”“银行存款”“零余额账户用款额度”等科目。发生退货的，如原增值税专用发票已作认证，应根据税务机关开具的红字增值税专用发票作相反的会计分录；如原增值税专用发票未作认证，应将发票退回并作相反的会计分录。小规模纳税人购买资产或服务等时不能抵扣增值税，发生的增值税计入资产成本或相关成本费用。

【例12-4】省物理研究所为增值税一般纳税人单位，购入一批材料用于加工产品销售（该产品为增值税应税项目），材料价款256 000元，当月已认证的可抵扣增

① 如不特别说明，本部分内容中的“单位”均指增值税一般纳税人。

值税税额33 280元，共计289 280元，以银行存款支付，材料已验收入库。

借：库存物品　256 000

　　应交增值税——应交税金——进项税额　33 280

　贷：银行存款　289 280

（2）采购等业务进项税额不得抵扣。单位购进资产或服务等，用于简易计税方法计税项目、免征增值税项目、集体福利或个人消费等，其进项税额按照现行增值税制度规定不得从销项税额中抵扣的，取得增值税专用发票时，应按照增值税发票注明的金额，借记相关成本费用或资产科目，按照待认证的增值税进项税额，借记本科目（待认证进项税额），按照实际支付或应付的金额，贷记“银行存款”“应付账款”“零余额账户用款额度”等科目。经税务机关认证为不可抵扣进项税时，借记本科目（应交税金——进项税额）科目，贷记本科目（待认证进项税额），同时，将进项税额转出，借记相关成本费用科目，贷记本科目（应交税金——进项税额转出）。

【例12-5】省物理研究所购入一台设备用于职工福利，设备价款22 400元，增值税2 912元，运输费500元，共计25 812元，以零余额账户用款额度支付。

借：固定资产　22 900

　　应交增值税——待认证进项税额　2 912

　贷：零余额账户用款额度　25 812

【例12-6】接例12-5，经税务机关认证，省物理研究所购入的职工福利用设备所承担的增值税为不可抵扣进项税，进行账务调整。

借：应交增值税——应交税金——进项税额　2 912

　贷：应交增值税——待认证进项税额　2 912

借：固定资产　2 912

　贷：应交增值税——应交税金——进项税额转出　2 912

（3）购进不动产或不动产在建工程按照规定进项税额分年抵扣。[①] 单位取得应税项目为不动产或者不动产在建工程，其进项税额按照现行增值税制度规定自取得之日起分2年从销项税额中抵扣的，应当按照取得成本，借记“固定资产”“在建工程”等科目，按照当期可抵扣的增值税税额，借记本科目（应交税金——进项税额），按照以后期间可抵扣的增值税税额，借记本科目（待抵扣进项税额），按照应付或实际支付的金额，贷记“应付账款”“应付票据”“银行存款”“零余额账户用款额度”等科目。尚未抵扣的进项税额待以后期间允许抵扣时，按照允许抵扣的金额，借记本科目（应交税金——进项税额），贷记本科目（待抵扣进项税额）。

【例12-7】省物理研究所自行建设一座实验大楼，建设过程中购买工程物资并

① 本部分内容是依据《政府会计制度——行政事业单位会计科目和报表》的规定编写，其关于“购进不动产或不动产在建工程进项税额分年抵扣”部分的制度依据是国家税务总局于2016年制定的《不动产进项税额分期抵扣暂行办法》。《财政部 税务总局 海关总署关于深化增值税改革有关政策的公告》（2019年第39号）规定：自2019年4月1日起，纳税人取得不动产或者不动产在建工程的进项税额不再分2年抵扣。因此，以后如遇政策调整有分期抵扣业务时，依政策规定计算抵扣额，参照本部分内容进行账务处理。

投入工程1 663 500元，应交增值税税额216 255元，共计1 879 755元，以零余额账户用款额度支付。按照现行增值税制度规定自取得之日起分2年从销项税额中抵扣，本月可抵扣的增值税税额为10 813元，以后期间可抵扣额为205 442元。

本月可抵扣增值税税额=216 255×60%÷12=10 813（元）

借：在建工程　　1 663 500
　　应交增值税——应交税金——进项税额　　10 813
　　　　　　　——待抵扣进项税额　　205 442
　贷：零余额账户用款额度　　1 879 755

（4）进项税额抵扣情况发生改变。单位因发生非正常损失或改变用途等，原已计入进项税额、待抵扣进项税额或待认证进项税额，但按照现行增值税制度规定不得从销项税额中抵扣的，借记“待处理财产损溢”“固定资产”“无形资产”等科目，贷记本科目（应交税金——进项税额转出）、本科目（待抵扣进项税额）或本科目（待认证进项税额）；原不得抵扣且未抵扣进项税额的固定资产、无形资产等，因改变用途等用于允许抵扣进项税额的应税项目的，应按照允许抵扣的进项税额，借记本科目（应交税金——进项税额），贷记“固定资产”“无形资产”等科目。固定资产、无形资产等经上述调整后，应按照调整后的账面价值在剩余尚可使用年限内计提折旧或摊销。单位购进时已全额计入进项税额的货物或服务等转用于不动产在建工程的，对于结转以后期间的进项税额，应借记本科目（待抵扣进项税额），贷记本科目（应交税金——进项税额转出）。

【例12-8】接例12-4，省物理研究所购入的材料因保管不善而发生毁损，该批材料全部转入待处理财产损溢。材料成本256 000元，应交增值税（进项税额）33 280元。

借：待处理财产损溢　　289 280
　贷：库存物品　　256 000
　　　应交增值税——应交税金——进项税额转出　　33 280

【例12-9】接例12-5和例12-6，省物理研究所购入的用于职工福利的设备改变用途，改为用于增值税应税产品的加工生产，原不可抵扣的进项税2 912元改为可抵扣。

借：应交增值税——应交税金——进项税额　　2 912
　贷：固定资产　　2 912

（5）购买方作为扣缴义务人。按照现行增值税制度规定，境外单位或个人在境内发生应税行为，在境内未设有经营机构的，以购买方为增值税扣缴义务人。境内一般纳税人购进服务或资产时，按照应计入相关成本费用或资产的金额，借记“业务活动费用”“在途物品”“库存物品”“工程物资”“在建工程”“固定资产”“无形资产”等科目，按照可抵扣的增值税税额，借记本科目（应交税金——进项税额）[小规模纳税人应借记相关成本费用或资产科目]，按照应付或实际支付的金额，贷记“银行存款”“应付账款”等科目，按照应代扣代缴的增值税税额，贷记本科目（代扣代交增值税）。实际缴纳代扣代缴增值税时，按照代扣代缴的增值税税额，借记本科目（代扣代交增值税），贷记“银行存款”“零余额账户用款额度”等科目。

【例12-10】省物理研究所购入一境外公司生产的设备用于生产产品，该境外公司在境内未设有经营机构，研究所为增值税扣缴义务人。设备的完税价格55 000元以银行存款支付，代扣增值税7 150元（可抵扣）。

借：固定资产	55 000	
应交增值税——应交税金——进项税额	7 150	
贷：银行存款		55 000
应交增值税——代扣代交增值税		7 150

【例12-11】接例12-10，省物理研究所代扣代缴的增值税税款7 150元缴入国库。

借：应交增值税——代扣代交增值税	7 150	
贷：银行存款		7 150

2.单位销售资产或提供服务等业务

（1）销售资产或提供服务业务。

①单位销售货物或提供服务，应当按照应收或已收的金额，借记“应收账款”“应收票据”“银行存款”等科目，按照确认的收入金额，贷记“经营收入”“事业收入”等科目，按照现行增值税制度规定计算的销项税额（或采用简易计税方法计算的应纳增值税税额），贷记本科目（应交税金——销项税额）或本科目（简易计税）[小规模纳税人应贷记本科目]。发生销售退回的，应根据按照规定开具的红字增值税专用发票作相反的会计分录。

【例12-12】省物理研究所对外销售产品，价款40 000元，增值税5 200元，共计45 200元，存入银行。

借：银行存款	45 200	
贷：事业收入		40 000
应交增值税——应交税金——销项税额		5 200

②按照政府会计制度及相关政府会计准则确认收入的时点早于按照增值税制度确认增值税纳税义务发生时点的，应将相关销项税额记入本科目（待转销项税额），待实际发生纳税义务时再转入本科目（应交税金——销项税额）或本科目（简易计税）。按照增值税制度确认增值税纳税义务发生时点早于按照本制度及相关政府会计准则确认收入的时点的，应按照应纳增值税税额，借记“应收账款”科目，贷记本科目（应交税金——销项税额）或本科目（简易计税）。

【例12-13】省物理研究所与A公司签订了一项长期提供有偿服务的合同。应A公司要求，省物理研究所提前提供了本期的服务，并收到服务款50 000元、应交增值税6 500元，共计56 500元存入银行；在合同约定服务日确认本月的纳税义务并予以转账。

实际提供服务时：

借：银行存款　　56 500

　贷：事业收入　　50 000

　　　应交增值税——待转销项税额　　6 500

确认纳税义务时：

借：应交增值税——待转销项税额　　6 500

　贷：应交增值税——应交税金——销项税额　　6 500

（2）金融商品转让按照规定以盈亏相抵后的余额作为销售额。金融商品实际转让月末，如产生转让收益，则按照应纳税额，借记“投资收益”科目，贷记本科目（转让金融商品应交增值税）；如产生转让损失，则按照可结转下月抵扣税额，借记本科目（转让金融商品应交增值税），贷记“投资收益”科目。交纳增值税时，应借记本科目（转让金融商品应交增值税），贷记“银行存款”等科目。年末，本科目（转让金融商品应交增值税）如有借方余额，则借记“投资收益”科目，贷记本科目（转让金融商品应交增值税）。

【例12-14】省物理研究所转让金融产品，盈亏相抵后转让净收益511 200元，月末确认计税。（税率6%）

511 200÷（1+6%）=482 264（元）

482 264×6%=28 936（元）

借：投资收益　　28 936

　贷：应交增值税——转让金融商品应交增值税　　28 936

3.月末转出多交增值税和未交增值税

月度终了，单位应当将当月应交未交或多交的增值税自“应交税金”明细科目转入“未交税金”明细科目。对于当月应交未交的增值税，借记本科目（应交税金——转出未交增值税），贷记本科目（未交税金）；对于当月多交的增值税，借记本科目（未交税金），贷记本科目（应交税金——转出多交增值税）。

【例12-15】月末，省物理研究所将当月应交未交的增值税3 700元转入“未交税金”明细科目。

借：应交增值税——应交税金——转出未交增值税　　3 700

　贷：应交增值税——未交税金　　3 700

4.缴纳增值税

（1）缴纳当月应交增值税。单位缴纳当月应交的增值税，借记本科目（应交税金——已交税金）[小规模纳税人借记本科目]，贷记“银行存款”等科目。

【例12-16】省物理研究所缴纳本月应交增值税14 900元，以银行存款支付。

借：应交增值税——应交税金——已交税金　　14 900

　贷：银行存款　　14 900

（2）缴纳以前期间未交增值税。单位缴纳以前期间未交的增值税，借记本科目（未交税金）[小规模纳税人借记本科目]，贷记“银行存款”等科目。

【例 12-17】接例 12-15，次月，省物理研究所缴纳应交未交的增值税 3 700 元，以银行存款支付。

借：应交增值税——未交税金　　3 700

　贷：银行存款　　3 700

（3）预交增值税。单位预交增值税时，借记本科目（预交税金），贷记“银行存款”等科目。月末，单位应将“预交税金”明细科目余额转入“未交税金”明细科目，借记本科目（未交税金），贷记本科目（预交税金）。

【例 12-18】省物理研究所预交增值税 10 000 元，以银行存款支付。

借：应交增值税——预交税金　　10 000

　贷：银行存款　　10 000

（4）减免增值税。对于当期直接减免的增值税，借记本科目（应交税金——减免税款），贷记“业务活动费用”“经营费用”等科目。按照现行增值税制度规定，单位初次购买增值税税控系统专用设备支付的费用以及缴纳的技术维护费允许在增值税应纳税额中全额抵减的，按照规定抵减的增值税应纳税额，借记本科目（应交税金——减免税款）[小规模纳税人借记本科目]，贷记“业务活动费用”“经营费用”等科目。

【例 12-19】省物理研究所初次购买增值税税控系统专用设备，支付的费用 31 000 元，按照规定该项费用允许在增值税应纳税额中全额抵减，予以调整。

借：应交增值税——应交税金——减免税款　　31 000

　贷：业务活动费用　　31 000

三、其他应交税费

为核算单位按照税法等规定计算应交纳的除增值税以外的各种税费，包括城市维护建设税、教育费附加、地方教育费附加、车船税、房产税、城镇土地使用税和企业所得税等，设置“其他应交税费”（2102）。单位代扣代缴的个人所得税，也通过本科目核算。单位应交纳的印花税不需要预提应交税费，直接通过“业务活动费用”“单位管理费用”“经营费用”等科目核算，不通过本科目核算。本科目期末贷方余额，反映单位应交未交的除增值税以外的税费金额；期末如为借方余额，反映单位多交纳的除增值税以外的税费金额。

本科目应当按照应交纳的税费种类进行明细核算。其主要账务处理如下：

1.计算税费

发生城市维护建设税、教育费附加、地方教育费附加、车船税、房产税、城镇土地使用税等纳税义务的，按照税法规定计算的应缴税费金额，借记“业务活动费用”“单位管理费用”“经营费用”等科目，贷记本科目（应交城市维护建设税、应交教育费附加、应交地方教育费附加、应交车船税、应交房产税、应交城镇土地使用税等）。

【例 12-20】接例 12-16，省物理研究所本月应交增值税 14 900 元，月末依据本月应交增值税计算城市维护建设税（7%）、教育费附加（3%）、地方教育费附加（1%）。

借：业务活动费用 1 639

　贷：其他应交税费——应交城市维护建设税 1 043

　　　　　　　　——应交教育费附加 447

　　　　　　　　——应交地方教育费附加 149

2.代扣代缴职工个人所得税

（1）按照税法规定计算应代扣代缴职工（含长期聘用人员）的个人所得税，借记“应付职工薪酬”科目，贷记本科目（应交个人所得税）。

【例12-21】省物理研究所计算本月应代扣代缴职工个人所得税86 615元。

借：应付职工薪酬 86 615

　贷：其他应交税费——应交个人所得税 86 615

（2）按照税法规定计算应代扣代缴支付给职工（含长期聘用人员）以外人员劳务费的个人所得税，借记“业务活动费用”“单位管理费用”等科目，贷记本科目（应交个人所得税）。

【例12-22】省物理研究所计算本月应代扣代缴支付外聘人员劳务费的个人所得税9 670元。

借：业务活动费用 9 670

　贷：其他应交税费——应交个人所得税 9 670

3.发生企业所得税纳税义务

发生企业所得税纳税义务的，按照税法规定计算的应交所得税额，借记“所得税费用”科目，贷记本科目（单位应交所得税）。

【例12-23】省物理研究所计算本年应交企业所得税165 773元。

借：所得税费用 165 773

　贷：其他应交税费——单位应交所得税 165 773

4.单位实际交纳各种税费

单位实际交纳上述各种税费时，借记本科目（应交城市维护建设税、应交教育费附加、应交地方教育费附加、应交车船税、应交房产税、应交城镇土地使用税、应交个人所得税、单位应交所得税等），贷记“财政拨款收入”“零余额账户用款额度”“银行存款”等科目。

【例12-24】接例12-20至例12-23，省物理研究所缴纳城市维护建设税1 043元、教育费附加447元、地方教育费附加149元、个人所得税86 615元、单位应交所得税165 773元，以银行存款支付。

借：其他应交税费——应交城市维护建设税 1 043

　　　　　　　——应交教育费附加 447

　　　　　　　——应交地方教育费附加 149

　　　　　　　——应交个人所得税 86 615

　　　　　　　——单位应交所得税 165 773

　贷：银行存款 254 027

四、应缴财政款

为本科目核算单位取得或应收的按照规定应当上缴财政的款项，包括应缴国库的款项和应缴财政专户的款项，设置“应缴财政款”(2103)。单位按照国家税法等有关规定应当缴纳的各种税费，通过“应交增值税”“其他应交税费”科目核算，不通过本科目核算。本科目期末贷方余额，反映单位应当上缴财政但尚未缴纳的款项。年终清缴后，本科目一般应无余额。

本科目应当按照应缴财政款项的类别进行明细核算。其主要账务处理如下：

1.单位取得或应收按照规定应缴财政的款项时，借记“银行存款”“应收账款”等科目，贷记本科目。

【例12-25】县工商局收到违章经营罚款1 000元并存入银行，按规定该款项应缴财政。

借：银行存款　　1 000

　贷：应缴财政款　　1 000

2.单位处置资产取得的应上缴财政的处置净收入的账务处理，参见“待处理财产损溢”等科目。

3.单位上缴应缴财政的款项时，按照实际上缴的金额，借记本科目，贷记“银行存款”科目。

【例12-26】接例12-25，县工商局将应缴财政款1 000元上缴财政。

借：应缴财政款　　1 000

　贷：银行存款　　1 000

五、应付职工薪酬

为核算单位按照有关规定应付给职工（含长期聘用人员）及为职工支付的各种薪酬，包括基本工资、国家统一规定的津贴补贴、规范津贴补贴（绩效工资）、改革性补贴、社会保险费（如职工基本养老保险费、职业年金、基本医疗保险费等）、住房公积金等，设置“应付职工薪酬”（2201）科目。本科目期末贷方余额，反映单位应付未付的职工薪酬。

本科目应当根据国家有关规定按照“基本工资（含离退休费）”“国家统一规定的津贴补贴”“规范津贴补贴（绩效工资）”“改革性补贴”“社会保险费”“住房公积金”“其他个人收入”等进行明细核算。其中，“社会保险费”“住房公积金”明细科目核算内容包括单位从职工工资中代扣代缴的社会保险费、住房公积金，以及单位为职工计算缴纳的社会保险费、住房公积金。其主要账务处理如下：

1.计算确认当期应付职工薪酬（含单位为职工计算缴纳的社会保险费、住房公积金）时，要分别情况处理：

（1）计提从事专业及其辅助活动人员的职工薪酬，借记“业务活动费用”“单位管理费用”科目，贷记本科目。

【例12-27】省物理研究所计提从事专业及其辅助活动人员的职工薪酬

1 365 756元。其中，专业人员的基本工资（含离退休费）325 776元、国家统一规定的津贴补贴144 900元、规范津贴补贴（绩效工资）563 600元、部门津贴52 300元，共计1 086 576元；机关人员基本工资（含离退休费）185 480元、国家统一规定的津贴补贴56 700元、规范津贴补贴（绩效工资）29 000元、部门津贴8 000元，共计279 180元。

借：业务活动费用	1 086 576	
单位管理费用	279 180	
贷：应付职工薪酬——基本工资（含离退休费）		511 256
——国家统一规定的津贴补贴		201 600
——规范津贴补贴（绩效工资）		592 600
——其他个人收入		60 300

（2）计提应由在建工程、加工物品、自行研发无形资产负担的职工薪酬，借记“在建工程”“加工物品”“研发支出”等科目，贷记本科目。

【例12-28】省物理研究所自行研发一项专利技术，计提应由研发支出负担的本月职工薪酬107 859元。其中，基本工资（含离退休费）43 659元、国家统一规定的津贴补贴11 200元、规范津贴补贴（绩效工资）48 000元、部门津贴5 000元。

借：研发支出	107 859	
贷：应付职工薪酬——基本工资（含离退休费）		43 659
——国家统一规定的津贴补贴		11 200
——规范津贴补贴（绩效工资）		48 000
——其他个人收入		5 000

（3）计提从事专业及其辅助活动之外的经营活动人员的职工薪酬，借记“经营费用”科目，贷记本科目。

【例12-29】省物理研究所下设一非独立核算职业介绍中心，现计提该中心经营活动人员的职工薪酬39 760元。其中，基本工资34 760元、规范津贴补贴（绩效工资）5 000元。

借：经营费用	39 760	
贷：应付职工薪酬——基本工资		34 760
——规范津贴补贴（绩效工资）		5 000

（4）因解除与职工的劳动关系而给予的补偿，借记“单位管理费用”等科目，贷记本科目。

【例12-30】省物理研究所与一名员工解除劳动关系，向对方补偿50 000元。

借：单位管理费用	50 000	
贷：应付职工薪酬——其他个人收入		50 000

2.向职工支付薪酬。

向职工支付工资、津贴补贴等薪酬时，按照实际支付的金额，借记本科目，贷记"财政拨款收入""零余额账户用款额度""银行存款"等科目。

【例 12-31】接例 12-27 至例 12-30，并续例 12-32 至例 12-34，省物理研究所向职工发放本月薪酬 1 242 527 元，其中，基本工资（含离退休费）268 827 元（扣除代扣个人所得税、垫付水电费等款项后）、国家统一规定的津贴补贴 212 800 元、规范津贴补贴（绩效工资）645 600 元和其他个人收入 115 300 元，以零余额账户用款额度支付。

借：应付职工薪酬——基本工资（含离退休费）　268 827
　　　　　　　　——国家统一规定的津贴补贴　212 800
　　　　　　　　——规范津贴补贴（绩效工资）　645 600
　　　　　　　　——其他个人收入　115 300
　贷：零余额账户用款额度　1 242 527

3. 代扣款项。

（1）按照税法规定代扣职工个人所得税时，借记本科目（基本工资），贷记"其他应交税费——应交个人所得税"科目。

【例 12-32】接例 12-31，省物理研究所按照税法规定代扣职工个人所得税 211 325 元。

借：应付职工薪酬——基本工资　211 325
　贷：其他应交税费——应交个人所得税　211 325

（2）从应付职工薪酬中代扣为职工垫付的水电费、房租等费用时，按照实际扣除的金额，借记本科目（基本工资），贷记"其他应收款"科目。

【例 12-33】接例 12-31，省物理研究所从应付职工薪酬中代扣为职工垫付的水电费 3 000 元。

借：应付职工薪酬——基本工资　3 000
　贷：其他应收款　3 000

（3）从应付职工薪酬中代扣社会保险费和住房公积金，按照代扣的金额，借记本科目（基本工资），贷记本科目（社会保险费、住房公积金）。

【例 12-34】接例 12-31，省物理研究所从应付职工薪酬中代扣社会保险费 55 870 元和住房公积金 50 653 元。

借：应付职工薪酬——基本工资　106 523
　贷：应付职工薪酬——社会保险费　55 870
　　　　　　　　　——住房公积金　50 653

4. 缴纳职工社会保险费和住房公积金。

按照国家有关规定缴纳职工社会保险费和住房公积金时，按照实际支付的金额，借记本科目（社会保险费、住房公积金），贷记"财政拨款收入""零余额账户用款额度""银行存款"等科目。

【例 12-35】接例 12-34，省物理研究所按照国家有关规定缴纳职工社会保险费和住房公积金，从应付职工薪酬中代扣部分和单位为职工缴纳部分各占50%，以财政直接支付方式支付。

借：应付职工薪酬——社会保险费　　111 740
　　　　　　　——住房公积金　　101 306
　贷：财政拨款收入　　213 046

5.从应付职工薪酬中支付其他款项。

从应付职工薪酬中支付的其他款项，借记本科目，贷记“零余额账户用款额度”“银行存款”等科目。

【例12-36】省物理研究所预付本年度工会付费10 000元，等以后月份从应付职工薪酬中扣除，以零余额账户用款额度支付。

借：应付职工薪酬——基本工资　　10 000
　贷：零余额账户用款额度　　10 000

六、应付票据

为核算事业单位因购买材料、物资等而开出、承兑的商业汇票，包括银行承兑汇票和商业承兑汇票，设置“应付票据”（2301）科目。本科目期末贷方余额，反映事业单位开出、承兑的尚未到期的应付票据金额。

单位应当设置“应付票据备查簿”，详细登记每一应付票据的种类、号数、出票日期、到期日、票面金额、交易合同号、收款人姓名或单位名称，以及付款日期和金额等。应付票据到期结清票款后，应当在备查簿内逐笔注销。本科目应当按照债权人进行明细核算。其主要账务处理如下：

1.开出、承兑商业汇票时，借记“库存物品”“固定资产”等科目，贷记本科目。涉及增值税业务的，相关账务处理参见“应交增值税”科目。以商业汇票抵付应付账款时，借记“应付账款”科目，贷记本科目。

【例12-37】省物理研究所开出一张期限90天、金额为54 000元的银行承兑汇票，用于购买实验用材料，材料已验收入库。

借：库存物品　　54 000
　贷：应付票据　　54 000

2.支付银行承兑汇票的手续费时，借记“业务活动费用”“经营费用”等科目，贷记“银行存款”“零余额账户用款额度”等科目。

【例12-38】接例12-37，省物理研究所支付银行承兑汇票的手续费540元，以银行存款支付。

借：业务活动费用　　540
　贷：银行存款　　540

3.商业汇票到期时，应当分别以下情况处理：

(1) 收到银行支付到期票据的付款通知时，借记本科目，贷记“银行存款”科目。

【例12-39】接例12-37和例12-38，省物理研究所收到银行支付到期票据的付款通知，以银行存款54 000元支付到期的银行承兑汇票。

借：应付票据 54 000

贷：银行存款 54 000

（2）银行承兑汇票到期，单位无力支付票款的，按照应付票据账面余额，借记本科目，贷记“短期借款”科目。

【例12-40】接例12-37和例12-38，省物理研究所开出的银行承兑汇票到期，因资金周围困难转为短期借款。

借：应付票据 54 000

贷：短期借款 54 000

（3）商业承兑汇票到期，单位无力支付票款的，按照应付票据账面余额，借记本科目，贷记“应付账款”科目。

【例12-41】省物理研究所开出的金额为34 000元的商业承兑汇票到期，单位近期无力支付票款，转为应付账款。

借：应付票据 34 000

贷：应付账款 34 000

七、应付账款

为核算单位因购买物资、接受服务、开展工程建设等而应付的偿还期限在1年以内（含1年）的款项，设置“应付账款”（2302）科目。本科目期末贷方余额，反映单位尚未支付的应付账款金额。

核销的应付账款应在备查簿中保留登记。本科目应当按照债权人进行明细核算。对于建设项目，还应设置“应付器材款”“应付工程款”等明细科目，并按照具体项目进行明细核算。其主要账务处理如下：

1.发生应付未付账款时：

收到所购材料、物资、设备或服务以及确认完成工程进度但尚未付款时，根据发票及账单等有关凭证，按照应付未付款项的金额，借记“库存物品”“固定资产”“在建工程”等科目，贷记本科目。涉及增值税业务的，相关账务处理参见“应交增值税”科目。

【例12-42】省物理研究所向A公司购买一台实验用设备，价款和相关税费共41 650元，账款暂欠。

借：固定资产 41 650

贷：应付账款——A公司 41 650

2.偿付应付账款时，按照实际支付的金额，借记本科目，贷记“财政拨款收入”“零余额账户用款额度”“银行存款”等科目。

【例12-43】接例12-42，省物理研究所偿付A公司的设备款41 650元，以零余额账户用款额度支付。

借：应付账款——A公司 41 650

贷：零余额账户用款额度　　41 650

3.开出、承兑商业汇票抵付应付账款时，借记本科目，贷记“应付票据”科目。

【例12-44】接例12-42，省物理研究所开出银行承兑汇票抵付A公司的设备款41 650元，期限3个月，无息。

借：应付账款——A公司　　41 650

贷：应付票据　　41 650

4.无法偿付或债权人豁免偿还的应付账款，应当按照规定报经批准后进行账务处理。经批准核销时，借记本科目，贷记“其他收入”科目。

【例12-45】接例12-42，A公司豁免省物理研究所的应付账款，经批准核销。

借：应付账款——A公司　　41 650

贷：其他收入　　41 650

八、应付政府补贴款

为核算负责发放政府补贴的行政单位按照规定应当支付给政府补贴接受者的各种政府补贴款，设置“应付政府补贴款”（2303）科目。本科目期末贷方余额，反映行政单位应付未付的政府补贴金额。

本科目应当按照应支付的政府补贴种类进行明细核算。单位还应当根据需要按照补贴接受者进行明细核算，或者建立备查簿对补贴接受者予以登记。其主要账务处理如下：

1.发生应付政府补贴时，按照依规定计算确定的应付政府补贴金额，借记“业务活动费用”科目，贷记本科目。

【例12-46】为落实党的二十大精神，坚持精准扶贫、尽锐出战，打赢人类历史上规模最大的脱贫攻坚战，市民政局按照规定计算确定本月贫困家庭住房补贴款602 862元。

借：业务活动费用　　602 862

贷：应付政府补贴款　　602 862

2.支付应付政府补贴款时，按照支付金额，借记本科目，贷记“零余额账户用款额度”“银行存款”等科目。

【例12-47】接例12-46，市住房保障中心支付本月贫困家庭住房补贴款602 862元。

借：应付政府补贴款　　602 862

贷：零余额账户用款额度　　602 862

九、应付利息

为核算事业单位按照合同约定应支付的借款利息，包括短期借款、分期付息到期还本的长期借款等应支付的利息，设置“应付利息”（2304）科目。本科目期末贷方余额，反映事业单位应付未付的利息金额。

本科目应当按照债权人等进行明细核算。其主要账务处理如下：

1.为建造固定资产、公共基础设施等借入的专门借款的利息，属于建设期间发生的，按期计提利息费用时，按照计算确定的金额，借记“在建工程”科目，贷记本科目；不属于建设期间发生的，按期计提利息费用时，按照计算确定的金额，借记“其他费用”科目，贷记本科目。

【例12-48】省物理研究所为建造实验大楼向银行贷入一笔款项，本月应付利息21 050元，大楼正在建设中。

借：在建工程	21 050	
贷：应付利息		21 050

2.对于其他借款，按期计提利息费用时，按照计算确定的金额，借记“其他费用”科目，贷记本科目。

【例12-49】为周转需要，省物理研究所向银行借入短期借款1 000 000元，期限为6个月，年利率6%，现计提本月利息费用5 000元。

借：其他费用	5 000	
贷：应付利息		5 000

3.实际支付应付利息时，按照支付的金额，借记本科目，贷记“银行存款”等科目。

【例12-50】接例12-49，省物理研究所的短期借款到期，本金1 000 000元，已计提利息25 000元，本月应付利息5 000元，共计1 030 000元，以银行存款支付。

借：短期借款	1 000 000	
应付利息	25 000	
其他费用	5 000	
贷：银行存款		1 030 000

十、预收账款

为核算事业单位预先收取但尚未结算的款项，设置“预收账款”（2305）科目。本科目期末贷方余额，反映事业单位预收但尚未结算的款项金额。

核销的预收账款应在备查簿中保留登记。本科目应当按照债权人进行明细核算。其主要账务处理如下：

1.从付款方预收款项时，按照实际预收的金额，借记“银行存款”等科目，贷记本科目。

【例12-51】省物理研究所为B企业研制特殊材料，预收订货款50 000元，存入银行。

借：银行存款	50 000	
贷：预收账款——B企业		50 000

2.确认有关收入时，按照预收账款账面余额，借记本科目，按照应确认的收入

金额，贷记“事业收入”“经营收入”等科目，按照付款方补付或退回付款方的金额，借记或贷记“银行存款”等科目。涉及增值税业务的，相关账务处理参见“应交增值税”科目。

【例12-52】接例12-51，省物理研究所向B企业交货，材料总价款238 600元，增值税31 018元，预收款50 000元，余款219 618元存入银行。

借：银行存款　　219 618
　　预收账款——B企业　　50 000
　贷：事业收入　　238 600
　　　应交增值税——应交税金——销项税额　　31 018

3.无法偿付或债权人豁免偿还的预收账款，应当按照规定报经批准后进行账务处理。经批准核销时，借记本科目，贷记“其他收入”科目。

【例12-53】接例12-51，因B企业产业转型，原预订的特殊材料不再需要，解除订货并放弃预付款项追索。经批准，省物理研究所核销预收B企业的账款。

借：预收账款——B企业　　50 000
　贷：其他收入　　50 000

十一、其他应付款

为核算单位除应交增值税、其他应交税费、应缴财政款、应付职工薪酬、应付票据、应付账款、应付政府补贴款、应付利息、预收账款以外，其他各项偿还期限在1年内（含1年）的应付及暂收款项，如收取的押金、存入保证金、已经报销但尚未偿还银行的本单位公务卡欠款等，设置“其他应付款”（2307）科目。本科目期末贷方余额，反映单位尚未支付的其他应付款金额。同级政府财政部门预拨的下期预算款和没有纳入预算的暂付款项，以及采用实拨资金方式通过本单位转拨给下属单位的财政拨款，也通过本科目核算。

核销的其他应付款应在备查簿中保留登记。

本科目应当按照其他应付款的类别以及债权人等进行明细核算。其主要账务处理如下：

1.发生其他应付及暂收款项

发生其他应付及暂收款项时，借记“银行存款”等科目，贷记本科目。支付（或退回）其他应付及暂收款项时，借记本科目，贷记“银行存款”等科目。将暂收款项转为收入时，借记本科目，贷记“事业收入”等科目。

【例12-54】省物理研究所收取临时工王艳的押金1 000元。

借：库存现金　　1 000
　贷：其他应付款　　1 000

2.收到同级政府财政部门预拨款项

（1）收到同级政府财政部门预拨的下期预算款和没有纳入预算的暂付款项，按照实际收到的金额，借记“银行存款”等科目，贷记本科目；待到下一预算期或批准纳入预算时，借记本科目，贷记“财政拨款收入”科目。

【例12-55】县农业局收到同级政府财政部门预拨下月经费100 000元。

借：银行存款 100 000

　贷：其他应付款 100 000

（2）采用实拨资金方式通过本单位转拨给下属单位的财政拨款，按照实际收到的金额，借记“银行存款”科目，贷记本科目；向下属单位转拨财政拨款时，按照转拨的金额，借记本科目，贷记“银行存款”科目。

【例12-56】某县采用实拨资金方式，县农业局收到应转拨给下属单位的财政拨款80 000元，并转拨。

收到时，记：

借：银行存款 80 000

　贷：其他应付款 80 000

转拨时，记：

借：其他应付款 80 000

　贷：银行存款 80 000

3.公务卡持卡人报销

本单位公务卡持卡人报销时，按照审核报销的金额，借记“业务活动费用”“单位管理费用”等科目，贷记本科目；偿还公务卡欠款时，借记本科目，贷记“零余额账户用款额度”等科目。

【例12-57】县农业局公务卡持卡人报销差旅费6 792元，并于月底偿还公务卡欠款。

借：业务活动费用 6 792

　贷：其他应付款——×× 6 792

借：其他应付款——×× 6 792

　贷：银行存款 6 792

4.涉及质保金

涉及质保金形成其他应付款的，相关账务处理参见“固定资产”科目。

【例12-58】县农业局购入一台设备，总价款24 700元，按照协议有5%的质保金，余款23 465元以银行存款支付。

借：固定资产 24 700

　贷：银行存款 23 465

　　　其他应付款 1 235

5.核销其他应收款

无法偿付或债权人豁免偿还的其他应付款项，应当按照规定报经批准后进行账务处理。经批准核销时，借记本科目，贷记“其他收入”科目。

【例12-59】接例12-58，县农业局所购设备的质保金1 235元被债权人豁免，经批准予以核销。

借：其他应付款　　1 235

　贷：其他收入　　1 235

十二、预提费用

为核算单位预先提取的已经发生但尚未支付的费用，如预提租金费用等，设置“预提费用”（2401）科目。本科目期末贷方余额，反映单位已预提但尚未支付的各项费用。事业单位按规定从科研项目收入中提取的项目间接费用或管理费，也通过本科目核算。事业单位计提的借款利息费用，通过“应付利息”“长期借款”科目核算，不通过本科目核算。

本科目应当按照预提费用的种类进行明细核算。对于提取的项目间接费用或管理费，应当在本科目下设置“项目间接费用或管理费”明细科目，并按项目进行明细核算。其主要账务处理如下：

1.项目间接费用或管理费

（1）按规定从科研项目收入中提取项目间接费用或管理费时，按照提取的金额，借记“单位管理费用”科目，贷记本科目（项目间接费用或管理费）。

【例12-60】省物理研究所按规定从科研项目收入中提取项目间接费用167 000元。

借：单位管理费用　　167 000

　贷：预提费用——项目间接费用　　167 000

（2）实际使用计提的项目间接费用或管理费时，按照实际支付的金额，借记本科目（项目间接费用或管理费），贷记“银行存款”“库存现金”等科目。

【例12-61】接例12-60，省物理研究所用项目间接费用100 000元安排职工科研奖励。

借：预提费用——项目间接费用　　100 000

　贷：应付职工薪酬——规范津贴补贴（绩效工资）　　100 000

2.其他预提费用

（1）按期预提租金等费用时，按照预提的金额，借记“业务活动费用”“单位管理费用”“经营费用”等科目，贷记本科目。

【例12-62】省物理研究所租用一大型场地用于材料的冲击实验，租金120 000元/年，计提本月租金10 000元。

借：业务活动费用　　10 000

　贷：预提费用　　10 000

（2）实际支付款项时，按照支付金额，借记本科目，贷记“零余额账户用款额度”“银行存款”等科目。

【例12-63】接例12-62，年末，省物理研究所支付材料冲击实验用场地的租金120 000元，以银行存款支付。

借：预提费用　　120 000

　贷：银行存款　　120 000

第二节

非流动负债的核算

一、长期借款

为核算事业单位经批准向银行或其他金融机构等借入的期限超过1年（不含1年）的各种借款本息，设置“长期借款”（2501）科目。本科目期末贷方余额，反映事业单位尚未偿还的长期借款本息金额。

本科目应当设置“本金”和“应计利息”明细科目，并按照贷款单位和贷款种类进行明细核算。对于建设项目借款，还应按照具体项目进行明细核算。其主要账务处理如下：

1.借入各项长期借款时，按照实际借入的金额，借记“银行存款”科目，贷记本科目（本金）。

【例12-64】省物理研究所为购入大型设备（需安装）而向银行借入长期借款5 000 000元，期限18个月，年利率6%，一次性还本付息，款已到账。

借：银行存款　　5 000 000

　贷：长期借款——本金　　5 000 000

2.为建造固定资产、公共基础设施等应支付的专门借款利息，按期计提利息时，分别以下情况处理：

（1）属于工程项目建设期间发生的利息，计入工程成本，按照计算确定的应支付的利息金额，借记“在建工程”科目，贷记“应付利息”科目。

【例12-65】接例12-64，省物理研究所购买大型设备尚未安装完成，计提本月长期借款利息25 000元。

借：在建工程　　25 000

　贷：长期借款——应计利息　　25 000

（2）属于工程项目完工交付使用后发生的利息，计入当期费用，按照计算确定的应支付的利息金额，借记“其他费用”科目，贷记“应付利息”科目。

【例12-66】接例12-64和例12-65，省物理研究所购买的大型设备安装完成并投入使用，计提本月长期借款利息25 000元。

借：其他费用　　25 000

　贷：长期借款——应计利息　　25 000

3.按期计提其他长期借款的利息时，按照计算确定的应支付的利息金额，借记“其他费用”科目，贷记“应付利息”科目［分期付息、到期还本借款的利息］或本科目（应计利息）［到期一次还本付息借款的利息］。

【例12-67】省物理研究所借入1年期长期借款800 000元用于实验项目资金周

转，年利率6%，到期一次还本付息。现计提本月利息4 000元。

借：其他费用　　4 000

　贷：长期借款——应计利息　　4 000

4. 到期归还长期借款本金、利息时，借记本科目（本金、应计利息），贷记“银行存款”科目。

【例12-68】接例12-64至例12-66，长期借款到期，省物理研究所偿还长期借款本金5 000 000元，应付利息450 000元，共计5 450 000元，以银行存款支付。

借：长期借款——本金　　5 000 000

　　　　　——应计利息　　450 000

　贷：银行存款　　5 450 000

二、长期应付款

为核算单位发生的偿还期限超过1年（不含1年）的应付款项，如以融资租赁方式取得固定资产应付的租赁费等，设置“长期应付款”（2502）科目。本科目期末贷方余额，反映单位尚未支付的长期应付款金额。

本科目应当按照长期应付款的类别以及债权人进行明细核算。其主要账务处理如下：

1. 发生长期应付款时，借记“固定资产”“在建工程”等科目，贷记本科目。

【例12-69】省物理研究所向L公司融资租入一台设备，价款及相关税费180 000元，首付20 000元以银行存款支付，余款160 000元分8个季度还清，每季末偿付20 000元。

借：固定资产　　180 000

　贷：银行存款　　20 000

　　　长期应付款——L公司　　160 000

2. 支付长期应付款时，按照实际支付的金额，借记本科目，贷记“财政拨款收入”“零余额账户用款额度”“银行存款”等科目。涉及增值税业务的，相关账务处理参见“应交增值税”科目。

【例12-70】接例12-69，季末，省物理研究所向L公司支付融资租赁设备款20 000元。

借：长期应付款——L公司　　20 000

　贷：银行存款　　20 000

3. 无法偿付或债权人豁免偿还的长期应付款，应当按照规定报经批准后进行账务处理。经批准核销时，借记本科目，贷记“其他收入”科目。核销的长期应付款应在备查簿中保留登记。

【例12-71】接例12-69和例12-70，省物理研究所已支付L公司融资租入设备款160 000元，尚有20 000元没有付清。L公司提出豁免省物理研究所的偿还义务，经批准予以核销。

借：长期应付款——L公司　　　　20 000

　　贷：其他收入　　　　20 000

4.涉及质保金形成长期应付款的，相关账务处理参见“固定资产”科目。

三、预计负债

为核算单位对因或有事项所产生的现时义务而确认的负债，如对未决诉讼等确认的负债，设置“预计负债”（2601）科目。本科目期末贷方余额，反映单位已确认但尚未支付的预计负债金额。

本科目应当按照预计负债的项目进行明细核算。其主要账务处理如下：

1.确认预计负债时，按照预计的金额，借记“业务活动费用”“经营费用”“其他费用”等科目，贷记本科目。

【例12-72】省物理研究所与A公司之间因材料供应问题有一项未决诉讼，预计省物理研究所需向A公司支付100 000元赔偿款，确认预计负债100 000元。

借：业务活动费用　　　　100 000

　　贷：预计负债　　　　100 000

2.实际偿付预计负债时，按照偿付的金额，借记本科目，贷记“银行存款”“零余额账户用款额度”等科目。

【例12-73】接例12-72，省物理研究所向A公司支付100 000元赔偿款，以银行存款支付。

借：预计负债　　　　100 000

　　贷：银行存款　　　　100 000

3.根据确凿证据需要对已确认的预计负债账面余额进行调整的，按照调整增加的金额，借记有关科目，贷记本科目；按照调整减少的金额，借记本科目，贷记有关科目。

【例12-74】接例12-72，依据法院判决，省物理研究所应向A公司支付120 000元的赔偿款，比原预计负债多20 000元，予以调整。

借：业务活动费用　　　　20 000

　　贷：预计负债　　　　20 000

四、受托代理负债

为核算单位接受委托取得受托代理资产时形成的负债，设置“受托代理负债”（2901）科目。本科目期末贷方余额，反映单位尚未交付或发出受托代理资产形成的受托代理负债金额。

本科目的账务处理参见“受托代理资产”“库存现金”“银行存款”等科目。

关键概念

行政事业单位的负债　应缴财政款　应付职工薪酬　应付政府补贴款

复习思考题

1. 简述应付职工薪酬的核算。
2. 简述应付政府补贴款的核算。
3. 增值税一般纳税人单位应当在应交增值税科目下进行哪些明细设置？

第十三章 行政事业单位财务会计净资产的核算

净资产，是指行政事业单位资产扣除负债后的净额。净资产金额取决于资产和负债的计量。净资产的分类与会计科目设置情况见表13-1。

表13-1　　行政事业单位净资产的分类与会计科目设置

净资产分类	会计科目设置
基金类	累计盈余、专用基金、权益法调整
损益及分配类	本期盈余、本年盈余分配、无偿调拨净资产、以前年度盈余调整

第一节 基金类净资产的核算

一、累计盈余

为核算单位历年实现的盈余扣除盈余分配后滚存的金额，以及因无偿调入调出资产产生的净资产变动额，设置“累计盈余”（3001）科目。本科目年末余额，反映单位未分配盈余（或未弥补亏损）以及无偿调拨净资产变动的累计数。按照规定上缴、缴回、单位间调剂结转结余资金产生的净资产变动额，以及对以前年度盈余的调整金额，也通过本科目核算。

累计盈余的主要账务处理如下：

1.年末结转。

（1）年末，将“本年盈余分配”科目的余额转入累计盈余，借记或贷记“本年盈余分配”科目，贷记或借记本科目。

【例13-1】年末，省物理研究所将“本年盈余分配”科目的贷方余额614 000元转入累计盈余。

借：本年盈余分配　　614 000

　贷：累计盈余　　614 000

（2）年末，将“无偿调拨净资产”科目的余额转入累计盈余，借记或贷记“无偿调拨净资产”科目，贷记或借记本科目。

【例13-2】年末，省物理研究所将“无偿调拨净资产”科目的贷方余额69 500元转入累计盈余。

借：无偿调拨净资产　　69 500

　贷：累计盈余　　69 500

2.上缴结转结余。

（1）按照规定上缴财政拨款结转结余、缴回非财政拨款结转资金、向其他单位调出财政拨款结转资金时，按照实际上缴、缴回、调出金额，借记本科目，贷记“财政应返还额度”“零余额账户用款额度”“银行存款”等科目。

【例13-3】按照规定，省物理研究所上缴财政拨款结转结余59 300元，以零余额账户用款额度支付。

借：累计盈余　　59 300

　贷：零余额账户用款额度　　59 300

（2）按照规定从其他单位调入财政拨款结转资金时，按照实际调入金额，借记“零余额账户用款额度”“银行存款”等科目，贷记本科目。

【例13-4】按照规定，省物理研究所从市物理研究所调入财政拨款结转资金23 000元，存入银行。

借：银行存款　　23 000

　贷：累计盈余　　23 000

3.将“以前年度盈余调整”科目的余额转入本科目，借记或贷记“以前年度盈余调整”科目，贷记或借记本科目。

【例13-5】按照规定，省物理研究所将“以前年度盈余调整”科目的贷方余额5 000元转入“累计盈余”科目。

借：以前年度盈余调整　　5 000

　贷：累计盈余　　5 000

4.按照规定使用专用基金购置固定资产、无形资产的，按照固定资产、无形资产成本金额，借记“固定资产”“无形资产”科目，贷记“银行存款”等科目；同时，按照专用基金使用金额，借记“专用基金”科目，贷记本科目。

【例13-6】按照规定，省物理研究所使用专用基金（职工福利基金）购置专用设备2台，价款及相关税费22 000元，以银行存款支付。

借：固定资产 22 000
  贷：银行存款 22 000
借：专用基金——职工福利基金 22 000
  贷：累计盈余 22 000

二、专用基金

为核算事业单位按照规定提取或设置的具有专门用途的净资产，主要包括职工福利基金、科技成果转换基金等，设置“专用基金”（3101）科目。本科目期末贷方余额，反映事业单位累计提取或设置的尚未使用的专用基金。

本科目应当按照专用基金的类别进行明细核算。其主要账务处理如下：

1.提取、设置专用基金

（1）年末，根据有关规定从本年度非财政拨款结余或经营结余中提取专用基金的，按照预算会计下计算的提取金额，借记“本年盈余分配”科目，贷记本科目。

【例13-7】年末，省物理研究所按照规定从本年度非财政拨款结余中提取专用基金（科技成果转化基金）795 200元。

借：本年盈余分配 795 200
  贷：专用基金——科技成果转化基金 795 200

（2）根据有关规定从收入中提取专用基金并计入费用的，一般按照预算会计下基于预算收入计算提取的金额，借记“业务活动费用”等科目，贷记本科目。国家另有规定的，从其规定。

【例13-8】月末，省物理研究所按规定从事业收入中提取专用基金（修购基金）153 500元。

借：业务活动费用 153 500
  贷：专用基金——修购基金 153 500

（3）根据有关规定设置的其他专用基金，按照实际收到的基金金额，借记“银行存款”等科目，贷记本科目。

【例13-9】省物理研究所按规定设置专用基金（科技成果转化基金），收到主管部门拨付的专项资金20 000 000元，存入银行。

借：银行存款 20 000 000
  贷：专用基金——科技成果转化基金 20 000 000

2.使用专用基金

（1）按照规定使用提取的专用基金时，借记本科目，贷记“银行存款”等科目。

【例13-10】省物理研究所进行机构改革，按照规定使用专用基金（职工福利基金）500 000元，支付职工离职补偿。

借：专用基金——机构改革基金 500 000
  贷：银行存款 500 000

（2）使用提取的专用基金购置固定资产、无形资产的，按照固定资产、无形资产成本金额，借记“固定资产”“无形资产”科目，贷记“银行存款”等科目；同时，按照专用基金使用金额，借记本科目，贷记“累计盈余”科目。

【例13-11】省物理研究所使用提取的专用基金（修购基金）购买一项专利权，价款及相关税费27 000元，以银行存款支付。

借：无形资产　　27 000

　贷：银行存款　　27 000

借：专用基金——修购基金　　27 000

　贷：累计盈余　　27 000

三、权益法调整

为核算事业单位持有的长期股权投资采用权益法核算时，按照被投资单位除净损益和利润分配以外的所有者权益变动份额调整长期股权投资账面余额而计入净资产的金额，设置“权益法调整”（3201）科目。本科目期末余额，反映事业单位在被投资单位除净损益和利润分配以外的所有者权益变动中累积享有（或分担）的份额。

本科目应当按照被投资单位进行明细核算。其主要账务处理如下：

1.年末调整

年末，按照被投资单位除净损益和利润分配以外的所有者权益变动应享有（或应分担）的份额，借记或贷记“长期股权投资——其他权益变动”科目，贷记或借记本科目。

【例13-12】省物理研究所投资的H公司又投资了M公司，M公司在期货交易中失利，引起H公司的长期股权投资公允价值变动，省物理研究所的净损失38 213元，予以调整。

借：权益法调整　　38 213

　贷：长期股权投资——其他权益变动　　38 213

2.其他因素引起净资产变动

采用权益法核算的长期股权投资，因被投资单位除净损益和利润分配以外的所有者权益变动而将应享有（或应分担）的份额计入单位净资产的，处置该项投资时，按照原计入净资产的相应部分金额，借记或贷记本科目，贷记或借记“投资收益”科目。

【例13-13】省物理研究所投资的C公司的子公司被腾讯公司收购，引起所有者权益增加，将应享有的份额625 000元已计入单位净资产。现处置C公司股票，调整相应净资产。

借：权益法调整　　625 000

　贷：投资收益　　625 000

第二节

损益及分配类净资产的核算

一、本期盈余

为核算单位本期各项收入、费用相抵后的余额，设置“本期盈余”（3301）科目。本科目期末如为贷方余额，反映单位自年初至当期期末累计实现的盈余；如为借方余额，反映单位自年初至当期期末累计发生的亏损。年末结账后，本科目应无余额。

本期盈余的主要账务处理如下：

1.将各类收支科目的本期发生额转入本期盈余。

（1）期末，将各类收入科目的本期发生额转入本期盈余，借记“财政拨款收入”“事业收入”“上级补助收入”“附属单位上缴收入”“经营收入”“非同级财政拨款收入”“投资收益”“捐赠收入”“利息收入”“租金收入”“其他收入”科目，贷记本科目。

【例 13-14】年末，省物理研究所将财政拨款收入 63 920 000 元、事业收入 35 662 000 元、上级补助收入 100 000 元、附属单位上缴收入 200 000 元、经营收入 306 000 元、非同级财政拨款收入 44 553 000 元、投资收益 90 000 元、捐赠收入 300 000 元、利息收入 5 000 元、租金收入 70 000 元、其他收入 1 000 元转入“本期盈余”科目。

借：财政拨款收入	63 920 000	
事业收入	35 662 000	
上级补助收入	100 000	
附属单位上缴收入	200 000	
经营收入	306 000	
非同级财政拨款收入	44 553 000	
投资收益	90 000	
捐赠收入	300 000	
利息收入	5 000	
租金收入	70 000	
其他收入	1 000	
贷：本期盈余		145 207 000

（2）将各类费用科目本期发生额转入本期盈余，借记本科目，贷记“业务活动费用”“单位管理费用”“经营费用”“所得税费用”“资产处置费用”“上缴上级费用”“对附属单位补助费用”“其他费用”科目。

【例 13-15】年末，省物理研究所将业务活动费用126 575 000元、单位管理费用9 056 000元、经营费用372 000元、资产处置费用6 000元、上缴上级费用6 000 000元、对附属单位补助费用2 400 000元、所得税费用30 000元、其他费用500元转入“本期盈余”科目。

借：本期盈余　　144 439 500

　贷：业务活动费用　　126 575 000

　　　单位管理费用　　9 056 000

　　　经营费用　　372 000

　　　资产处置费用　　6 000

　　　上缴上级费用　　6 000 000

　　　对附属单位补助费用　　2 400 000

　　　所得税费用　　30 000

　　　其他费用　　500

2.年末，完成上述结转后，将本科目余额转入“本年盈余分配”科目，借记或贷记本科目，贷记或借记“本年盈余分配”科目。

【例 13-16】接例 13-14和例 13-15，年末，省物理研究所将“本期盈余”科目的贷方余额767 500元转入“本年盈余分配”科目。

借：本期盈余　　767 500

　贷：本年盈余分配　　767 500

二、本年盈余分配

为核算单位本年度盈余分配的情况和结果，设置“本年盈余分配”（3302）科目。年末结账后，本科目应无余额。

本年盈余分配的主要账务处理如下：

1.年末，将“本期盈余”科目余额转入本科目，借记或贷记“本期盈余”科目，贷记或借记本科目。

【例 13-17】同例 13-16，年末，省物理研究所将“本期盈余”科目贷方余额767 500元转入“本年盈余分配”科目。

借：本期盈余　　767 500

　贷：本年盈余分配　　767 500

2.年末，根据有关规定从本年度非财政拨款结余或经营结余中提取专用基金的，按照预算会计下计算的提取金额，借记本科目，贷记“专用基金”科目。

【例 13-18】省物理研究所按规定从经营结余中提取职工福利基金20 000元。

借：本年盈余分配　　20 000

　贷：专用基金——职工福利基金　　20 000

3.年末，按照规定完成上述两项处理后，将本科目余额转入累计盈余，借记或贷记本科目，贷记或借记“累计盈余”科目。

【例 13-19】年末，省物理研究所将“本年盈余分配”科目的贷方余额747 500

元转入“累计盈余”科目。

借：本年盈余分配 747 500

贷：累计盈余 747 500

三、无偿调拨净资产

为核算单位无偿调入或调出非现金资产所引起的净资产变动金额，设置“无偿调拨净资产”（3401）科目。年末结账后，本科目应无余额。

无偿调拨净资产的主要账务处理如下：

1.无偿调入资产。

按照规定取得无偿调入的存货、长期股权投资、固定资产、无形资产、公共基础设施、政府储备物资、文物文化资产、保障性住房等，按照确定的成本，借记“库存物品”“长期股权投资”“固定资产”“无形资产”“公共基础设施”“政府储备物资”“文物文化资产”“保障性住房”等科目，按照调入过程中发生的归属于调入方的相关费用，贷记“零余额账户用款额度”“银行存款”等科目，按照其差额，贷记本科目。

【例13-20】省物理研究所无偿调入一项专利技术，对方提供的凭证显示该项专利的成本为90 000元，以库存现金支付相关费用600元。

借：无形资产 90 000

贷：库存现金 600

无偿调拨净资产 89 400

2.无偿调出资产。

按照规定经批准无偿调出存货、长期股权投资、固定资产、无形资产、公共基础设施、政府储备物资、文物文化资产、保障性住房等，按照调出资产的账面余额或账面价值，借记本科目，按照固定资产累计折旧、无形资产累计摊销、公共基础设施累计折旧或摊销、保障性住房累计折旧的金额，借记“固定资产累计折旧”“无形资产累计摊销”“公共基础设施累计折旧（摊销）”“保障性住房累计折旧”科目，按照调出资产的账面余额，贷记“库存物品”“长期股权投资”“固定资产”“无形资产”“公共基础设施”“政府储备物资”“文物文化资产”“保障性住房”等科目；同时，按照调出过程中发生的归属于调出方的相关费用，借记“资产处置费用”科目，贷记“零余额账户用款额度”“银行存款”等科目。

【例13-21】省物理研究所无偿调出一台设备，设备的账面余额26 550元，已计提折旧6 650元。调出过程中发生归属于调出方的运输费200元，以库存现金支付。

借：无偿调拨净资产 19 900

固定资产累计折旧 6 650

贷：固定资产 26 550

借：资产处置费用 200

贷：库存现金 200

3.年末，将本科目余额转入累计盈余，借记或贷记本科目，贷记或借记“累计盈余”科目。

【例13-22】接例13-20和例13-21，年末，省物理研究所将“无偿调拨净资产”科目的贷方余额69 500元转入“累计盈余”科目。

借：无偿调拨净资产 69 500

贷：累计盈余 69 500

四、以前年度盈余调整

为核算单位本年度发生的调整以前年度盈余的事项，包括本年度发生的重要前期差错更正涉及调整以前年度盈余的事项，设置“以前年度盈余调整”（3501）科目。本科目结转后应无余额。

以前年度盈余调整的主要账务处理如下：

1.调整增加以前年度收入时，按照调整增加的金额，借记有关科目，贷记本科目。调整减少的，作相反会计分录。

【例13-23】省物理研究所收回以前年度因计算错误而少收的收入40 000元存入银行，并调整以前年度盈余。

借：银行存款 40 000

贷：以前年度盈余调整 40 000

2.调整增加以前年度费用时，按照调整增加的金额，借记本科目，贷记有关科目。调整减少的，作相反会计分录。

【例13-24】因计算错误，省物理研究所上一年度向S公司的派遣劳务费少支付了50 000元，以零余额账户用款额度补付并调整以前年度盈余。

借：以前年度盈余调整 50 000

贷：零余额账户用款额度 50 000

3.盘盈的各种非流动资产，报经批准后处理时，借记“待处理财产损溢”科目，贷记本科目。

【例13-25】省物理研究所于上年度盘盈一箱材料，估价15 000元，报经批准后入账并调整以前年度盈余。

上年度：

借：库存物品 15 000

贷：待处理财产损溢 15 000

本年度：

借：待处理财产损溢 15 000

贷：以前年度盈余调整 15 000

4.经上述调整后，应将本科目的余额转入累计盈余，借记或贷记“累计盈余”科目，贷记或借记本科目。

【例13-26】接例13-23至例13-25，并同例13-5，按照规定，省物理研究所将“以前年度盈余调整”科目的贷方余额5 000元转入“累计盈余”科目。

借：以前年度盈余调整　　5 000
　贷：累计盈余　　5 000

关键概念

净资产　累计盈余　专用基金

复习思考题

1. 简述本期盈余的核算。
2. 简述累计盈余的核算。

第十四章 行政事业单位财务会计收入和费用的核算

行政事业单位财务会计收入和费用的分类与会计科目设置情况参见表14-1。

表14-1 行政事业单位财务会计收入和费用的分类与会计科目设置

收入和费用分类	会计科目设置
收入类	财政拨款收入、事业收入、上级补助收入、附属单位上缴收入、经营收入、非同级财政拨款收入、投资收益、捐赠收入、利息收入、租金收入、其他收入
费用类	业务活动费用、单位管理费用、经营费用、资产处置费用、上缴上级费用、对附属单位补助费用、所得税费用、其他费用

第一节 收入的核算

收入是指报告期内导致行政事业单位净资产增加的、含有服务潜力或者经济利益的经济资源的流入。行政事业单位的收入有财政拨款收入、事业收入、上级补助收入、附属单位上缴收入、经营收入、非同级财政拨款收入、投资收益、捐赠收入、利息收入、租金收入和其他收入。

一、财政拨款收入

为核算单位从同级政府财政部门取得的各类财政拨款，设置“财政拨款收入”（4001）科目。期末结转后，本科目应无余额。同级政府财政部门预拨的下期预算款和没有纳入预算的暂付款项，以及采用实拨资金方式通过本单位转拨给下属单位的财政拨款，通过“其他应付款”科目核算，不通过本科目核算。

本科目可按照一般公共预算财政拨款、政府性基金预算财政拨款等拨款种类进行明细核算。其主要账务处理如下：

1.财政直接支付下：

（1）财政直接支付方式下，根据收到的“财政直接支付入账通知书”及相关原始凭证，按照通知书中的直接支付入账金额，借记“库存物品”“固定资产”“业务活动费用”“单位管理费用”“应付职工薪酬”等科目，贷记本科目。涉及增值税业务的，相关账务处理参见“应交增值税”科目。

【例14-1】为落实党的二十大精神，加快实施创新驱动发展战略，省物理研究所加强基础研究，现购买一批实验材料，价款及相关费用60 000元，以财政直接支付方式付款。

借：库存物品　　60 000

　贷：财政拨款收入　　60 000

（2）年末，根据本年度财政直接支付预算指标数与当年财政直接支付实际支付数的差额，借记“财政应返还额度——财政直接支付”科目，贷记本科目。

【例14-2】年末，省物理研究所的财政直接支付预算结余200 000元，转入财政应返还额度科目。

借：财政应返还额度——财政直接支付　　200 000

　贷：财政拨款收入　　200 000

2.财政授权支付方式下：

（1）财政授权支付方式下，根据收到的“财政授权支付额度到账通知书”，按照通知书中的授权支付额度，借记“零余额账户用款额度”科目，贷记本科目。

【例14-3】省物理研究所收到“财政授权支付额度到账通知书”，通知书所列的授权支付额度为1 000 000元。

借：零余额账户用款额度　　1 000 000

　贷：财政拨款收入　　1 000 000

（2）年末，本年度财政授权支付预算指标数大于零余额账户用款额度下达数的，根据未下达的用款额度，借记“财政应返还额度——财政授权支付”科目，贷记本科目。

【例14-4】年末，省物理研究所的财政授权支付预算结余150 000元，转入财政应返还额度科目。

借：财政应返还额度——财政授权支付　　150 000

　贷：财政拨款收入　　150 000

3.其他方式下收到财政拨款收入时，按照实际收到的金额，借记“银行存款”等科目，贷记本科目。

【例14-5】某县实行实拨资金方式，县农机站收到财政拨款收入50 000元存入银行。

借：银行存款　　50 000

　贷：财政拨款收入　　50 000

4.因差错更正或购货退回等发生国库直接支付款项退回的，属于以前年度支付的款项，按照退回金额，借记“财政应返还额度——财政直接支付”科目，贷记“以前年度盈余调整”“库存物品”等科目；属于本年度支付的款项，按照退回金额，借记本科目，贷记“业务活动费用”“库存物品”等科目。

【例14-6】因差错，省物理研究所上月以财政直接支付方式支付的电费多了30 000元，现按原渠道退回。

借：财政拨款收入　　30 000

　贷：业务活动费用　　30 000

5.期末，将本科目本期发生额转入本期盈余，借记本科目，贷记“本期盈余”科目。

【例14-7】参见例13-14，年末，省物理研究所将财政拨款收入63 920 000元转入“本期盈余”科目。

借：财政拨款收入　　63 920 000

　贷：本期盈余　　63 920 000

二、事业收入

为核算事业单位开展专业业务活动及其辅助活动实现的收入，不包括从同级政府财政部门取得的各类财政拨款，设置“事业收入”（4101）科目。期末结转后，本科目应无余额。对于因开展科研及其辅助活动从非同级政府财政部门取得的经费拨款，应当在本科目下单设“非同级财政拨款”明细科目进行核算。

本科目应当按照事业收入的类别、来源等进行明细核算。其主要账务处理如下：

1.采用财政专户返还方式管理的事业收入：

（1）实现应上缴财政专户的事业收入时，按照实际收到或应收的金额，借记“银行存款”“应收账款”等科目，贷记“应缴财政款”科目。

【例14-8】省物理研究所收到研究生交纳的学费收入132 000元，存入银行，按照规定，该项收入应上缴财政专户管理。

借：银行存款　　132 000

　贷：应缴财政款　　132 000

（2）向财政专户上缴款项时，按照实际上缴的款项金额，借记“应缴财政款”科目，贷记“银行存款”等科目。

【例14-9】接例14-8，省物理研究所向财政专户上缴款项132 000元。

借：应缴财政款　　132 000

　贷：银行存款　　132 000

（3）收到从财政专户返还的事业收入时，按照实际收到的返还金额，借记“银行存款”等科目，贷记本科目。

【例14-10】接例14-8和例14-9，省物理研究所收到从财政专户返还的事业收入132 000元，存入银行。

借：银行存款　132 000

　贷：事业收入　132 000

2.采用预收款方式确认的事业收入：

（1）实际收到预收款项时，按照收到的款项金额，借记“银行存款”等科目，贷记“预收账款”科目。

【例14-11】省物理研究所预收A公司的订货款100 000元，存入银行。

借：银行存款　100 000

　贷：预收账款——A公司　100 000

（2）以合同完成进度确认事业收入时，按照基于合同完成进度计算的金额，借记“预收账款”科目，贷记本科目。

【例14-12】接例14-11，依据合同完成进度，省物理研究所确认本月的事业收入75 000元。

借：预收账款——A公司　75 000

　贷：事业收入　75 000

3.采用应收款方式确认的事业收入：

（1）根据合同完成进度计算本期应收的款项，借记“应收账款”科目，贷记本科目。

【例14-13】省物理研究所与B企业签订合同为B企业加工特殊材料，合同总金额500 000元。依据合同完成进度，确认本期应收款项110 000元（增值税税率13%）。

110 000÷（1+13%）×13%=12 655（元）

借：应收账款——B企业　110 000

　贷：事业收入　97 345

　　应交增值税——应交税金——销项税额　12 655

（2）实际收到款项时，借记“银行存款”等科目，贷记“应收账款”科目。

【例14-14】接例14-13，省物理研究所收到B企业支付的款项110 000元，存入银行。

借：银行存款　110 000

　贷：应收账款——B企业　110 000

4.其他方式下确认的事业收入，按照实际收到的金额，借记“银行存款”“库存现金”等科目，贷记本科目。

【例14-15】省物理研究所出售一批产品，价款42 000元，增值税6 720元，共计48 720元，款项存入银行。

借：银行存款　48 720

贷：事业收入　　42 000

　　应交增值税——应交税金——销项税额　　6 720

上述（二）至（四）中涉及增值税业务的，相关账务处理参见“应交增值税”科目。

5.期末，将本科目本期发生额转入本期盈余，借记本科目，贷记“本期盈余”科目。

【例14-16】参见例13-14，年末，省物理研究所将事业收入35 662 000元转入“本期盈余”科目。

借：事业收入　　35 662 000

　贷：本期盈余　　35 662 000

三、上级补助收入

为核算事业单位从主管部门和上级单位取得的非财政拨款收入，设置“上级补助收入”（4201）科目。期末结转后，本科目应无余额。

本科目应当按照发放补助单位、补助项目等进行明细核算。其主要账务处理如下：

1.取得收入：

（1）确认上级补助收入时，按照应收或实际收到的金额，借记“其他应收款”“银行存款”等科目，贷记本科目。

【例14-17】依据部门预算，省物理研究所确认上半年应获得上级补助收入50 000元。

借：其他应收款　　50 000

　贷：上级补助收入　　50 000

（2）实际收到应收的上级补助款时，按照实际收到的金额，借记“银行存款”等科目，贷记“其他应收款”科目。

【例14-18】接例14-17，省物理研究所实际收到上级拨入的补助收入50 000元，并存入银行。

借：银行存款　　50 000

　贷：其他应收款　　50 000

2.期末，将本科目本期发生额转入本期盈余，借记本科目，贷记“本期盈余”科目。

【例14-19】参见例13-14，年末，省物理研究所将上级补助收入100 000元转入“本期盈余”科目。

借：上级补助收入　　100 000

　贷：本期盈余　　100 000

四、附属单位上缴收入

为核算事业单位取得的附属独立核算单位按照有关规定上缴的收入，设置“附属单位上缴收入”（4301）科目。期末结转后，本科目应无余额。

本科目应当按照附属单位、缴款项目等进行明细核算。其主要账务处理如下：

1.取得收入：

（1）确认附属单位上缴收入时，按照应收或收到的金额，借记“其他应收款”“银行存款”等科目，贷记本科目。

【例14-20】依据部门预算，省物理研究所确认附属加工厂上半年应上缴收入100 000元。

借：其他应收款　　100 000

　贷：附属单位上缴收入　　100 000

（2）实际收到应收附属单位上缴款时，按照实际收到的金额，借记“银行存款”等科目，贷记“其他应收款”科目。

【例14-21】接例14-20，省物理研究所收到附属加工厂上缴的100 000元，并存入银行。

借：银行存款　　100 000

　贷：其他应收款　　100 000

2.期末，将本科目本期发生额转入本期盈余，借记本科目，贷记“本期盈余”科目。

【例14-22】参见例13-14，年末，省物理研究所将附属单位上缴收入200 000元转入“本期盈余”科目。

借：附属单位上缴收入　　200 000

　贷：本期盈余　　200 000

五、经营收入

为核算事业单位在专业业务活动及其辅助活动之外开展非独立核算经营活动取得的收入，设置“经营收入”（4401）科目。期末结转后，本科目应无余额。

经营收入应当在提供服务或发出存货，同时收讫价款或者取得索取价款的凭据时，按照实际收到或应收的金额予以确认。

本科目应当按照经营活动类别、项目和收入来源等进行明细核算。其主要账务处理如下：

1.实现经营收入时，按照确定的收入金额，借记“银行存款”“应收账款”“应收票据”等科目，贷记本科目。涉及增值税业务的，相关账务处理参见“应交增值税”科目。

【例14-23】省物理研究所为M中心提供投资政策咨询服务，取得经营收入80 000元，增值税4 800元，共计84 800元，存入银行。

借：银行存款　　84 800

　贷：经营收入　　80 000

　　　应交增值税——应交税金——销项税额　　4 800

2.期末，将本科目本期发生额转入本期盈余，借记本科目，贷记“本期盈余”科目。

【例14-24】参见例13-14，年末，省物理研究所将经营收入306 000元转入

"本期盈余"科目。

借：经营收入　　306 000

　贷：本期盈余　　306 000

六、非同级财政拨款收入

为核算单位从非同级政府财政部门取得的经费拨款，包括从同级政府其他部门取得的横向转拨财政款、从上级或下级政府财政部门取得的经费拨款等，设置"非同级财政拨款收入"（4601）科目。期末结转后，本科目应无余额。事业单位因开展科研及其辅助活动从非同级政府财政部门取得的经费拨款，应当通过"事业收入——非同级财政拨款"科目核算，不通过本科目核算。

本科目应当按照本级横向转拨财政款和非本级财政拨款进行明细核算，并按照收入来源进行明细核算。其主要账务处理如下：

1.确认非同级财政拨款收入时，按照应收或实际收到的金额，借记"其他应收款""银行存款"等科目，贷记本科目。

【例14-25】省物理研究所收到自然基金委拨来的自然科学基金课题费6 000 000元，款项存入银行。

借：银行存款　　6 000 000

　贷：非同级财政拨款收入　　6 000 000

2.期末，将本科目本期发生额转入本期盈余，借记本科目，贷记"本期盈余"科目。

【例14-26】参见例13-14，年末，省物理研究所将非同级财政拨款收入44 553 000元转入"本期盈余"科目。

借：非同级财政拨款收入　　44 553 000

　贷：本期盈余　　44 553 000

七、投资收益

为核算事业单位股权投资和债券投资所实现的收益或发生的损失，设置"投资收益"（4602）。期末结转后，本科目应无余额。

本科目应当按照投资的种类等进行明细核算。其主要账务处理如下：

1.收到短期投资持有期间利息。

收到短期投资持有期间的利息，按照实际收到的金额，借记"银行存款"科目，贷记"投资收益"科目。

【例14-27】月末，省物理研究所收到半年期国库券的本月利息1 000元，存入银行。

借：银行存款　　1 000

　贷：投资收益　　1 000

2.出售或到期收回短期债券本息。

出售或到期收回短期债券本息，按照实际收到的金额，借记"银行存款"科目，按照出售或收回短期投资的成本，贷记"短期投资"科目，按照其差额，贷记或借记本科目。涉及增值税业务的，相关账务处理参见“应交增值税”科目。

【例14-28】接例14-27，半年期国库券到期，省物理研究所收到资金1 001 000元，已知短期投资的成本为1 000 000元。

借：银行存款　　1 001 000

　贷：短期投资　　1 000 000

　　　投资收益　　1 000

3.按期确认分期付息、一次还本的长期债券投资利息收入。

持有的分期付息、一次还本的长期债券投资，按期确认利息收入时，按照计算确定的应收未收利息，借记“应收利息”科目，贷记本科目；持有的到期一次还本付息的债券投资，按期确认利息收入时，按照计算确定的应收未收利息，借记“长期债券投资——应计利息”科目，贷记本科目。

【例14-29】省物理研究所确认其持有的到期一次还本付息的2年期债券投资本月利息收入600元。

借：长期债券投资——应计利息　　600

　贷：投资收益　　600

4.出售或到期收回长期债券投资。

出售长期债券投资或到期收回长期债券投资本息，按照实际收到的金额，借记“银行存款”等科目，按照债券初始投资成本和已计未收利息金额，贷记“长期债券投资——成本、应计利息”科目［到期一次还本付息债券］或“长期债券投资”“应收利息”科目［分期付息债券］，按照其差额，贷记或借记本科目。涉及增值税业务的，相关账务处理参见“应交增值税”科目。

【例14-30】接例14-29，省物理研究所到期收回长期债券投资本息共计194 400元，其中，初始投资成本180 000元，已计未收利息14 400元，款项存入银行。

借：银行存款　　194 4000

　贷：长期债券投资　　180 000

　　　投资收益　　14 400

5.长期股权投资持有期间收益：

（1）采用成本法核算的长期股权投资持有期间，被投资单位宣告分派现金股利或利润时，按照宣告分派的现金股利或利润中属于单位应享有的份额，借记“应收股利”科目，贷记本科目。

【例14-31】省物理研究所对长期股权投资实行成本法核算，年末被投资单位L公司宣告分派现金股利，本单位应享有的份额为15 000元。

借：应收股利　　15 000

　贷：投资收益　　15 000

（2）采用权益法核算的长期股权投资持有期间，按照应享有或应分担的被投资单位实现的净损益的份额，借记或贷记“长期股权投资——损益调整”科目，贷记或借记本科目；被投资单位发生净亏损，但以后年度又实现净利润的，单位在其收益分享额弥补未确认的亏损分担额等后，恢复确认投资收益，借记“长期股权投资——损益调整”科目，贷记本科目。

【例14-32】市文化宫对长期股权投资采用权益法核算，年末，确认本单位应享有依据的被投资单位净收益为29 000元。

借：长期股权投资——损益调整	29 000	
贷：投资收益		29 000

6.按照规定处置长期股权投资时有关投资收益的账务处理，参见“长期股权投资”科目。

7.期末，将本科目本期发生额转入本期盈余，借记或贷记本科目，贷记或借记“本期盈余”科目。

【例14-33】参见例13-14，年末，省物理研究所将投资收益90 000元转入“本期盈余”科目。

借：投资收益	90 000	
贷：本期盈余		90 000

八、捐赠收入

为核算单位接受其他单位或者个人捐赠取得的收入，设置“捐赠收入”（4603）科目。期末结转后，本科目应无余额。

本科目应当按照捐赠资产的用途和捐赠单位等进行明细核算。其主要账务处理如下：

1.接受捐赠

（1）接受捐赠的货币资金，按照实际收到的金额，借记“银行存款”“库存现金”等科目，贷记本科目。

【例14-34】省物理研究所接受一民营企业捐赠50 000元，存入银行。

借：银行存款	50 000	
贷：捐赠收入		50 000

（2）接受捐赠的存货、固定资产等非现金资产，按照确定的成本，借记“库存物品”“固定资产”等科目，按照发生的相关税费、运输费等，贷记“银行存款”等科目，按照其差额，贷记本科目。

【例14-35】省物理研究所接受国外研究机构捐赠的实验设备1台，估值180 000元，发生运输费用9 000元，以银行存款支付。

借：固定资产	180 000	
贷：银行存款		9 000
捐赠收入		171 000

（3）接受捐赠的资产按照名义金额入账的，按照名义金额，借记“库存物品”“固定资产”等科目，贷记本科目；同时，按照发生的相关税费、运输费等，借记“其他费用”科目，贷记“银行存款”等科目。

【例14-36】省物理研究所接受国外研究机构捐赠的1块火星岩石标本，因无法估值，以名义金额入账，发生相关税费6 000元，以银行存款支付。

借：文化文物资产　　1
　贷：捐赠收入　　1
借：其他费用　　6 000
　贷：银行存款　　6 000

2.期末结转

期末，将本科目本期发生额转入本期盈余，借记本科目，贷记“本期盈余”科目。

【例14-37】参见例13-14，年末，省物理研究所将捐赠收入300 000元转入“本期盈余”科目。

借：捐赠收入　　300 000
　贷：本期盈余　　300 000

九、利息收入

为核算单位取得的银行存款利息收入，设置“利息收入”（4604）科目。期末结转后，本科目应无余额。

利息收入的主要账务处理如下：

1.取得银行存款利息时，按照实际收到的金额，借记“银行存款”科目，贷记本科目。

【例14-38】省物理研究所取得银行存款利息1 447元。

借：银行存款　　1 447
　贷：利息收入　　1 447

2.期末，将本科目本期发生额转入本期盈余，借记本科目，贷记“本期盈余”科目。

【例14-39】参见例13-14，年末，省物理研究所将利息收入5 000元转入“本期盈余”科目。

借：利息收入　　5 000
　贷：本期盈余　　5 000

十、租金收入

为核算单位经批准利用国有资产出租取得并按照规定纳入本单位预算管理的租金收入，设置“租金收入”（4605）科目。期末结转后，本科目应无余额。

本科目应当按照出租国有资产类别和收入来源等进行明细核算。其主要账务处理如下：

1.国有资产出租收入，应当在租赁期内各个期间按照直线法予以确认。

（1）采用预收租金方式的，预收租金时，按照收到的金额，借记“银行存款”等科目，贷记“预收账款”科目；分期确认租金收入时，按照各期租金金额，借记“预收账款”科目，贷记本科目。

【例14-40】省物理研究所出租临街房屋，预收1年房租60 000元，存入银行。

预收租金时，记：

借：银行存款　　60 000

　贷：预收账款　　60 000

每月确认收入时，记：

借：预收账款　　5 000

　贷：租金收入　　5 000

（2）采用后付租金方式的，每期确认租金收入时，按照各期租金金额，借记“应收账款”科目，贷记本科目；收到租金时，按照实际收到的金额，借记“银行存款”等科目，贷记“应收账款”科目。

【例14-41】市文化宫采用后付租金方式出租剧场，每月租金3 000元，年终一次结清。

每月确认收入时，记：

借：应收账款　　3 000

　贷：租金收入　　3 000

年终收到租金时，记：

借：银行存款　　36 000

　贷：应收账款　　36 000

（3）采用分期收取租金方式的，每期收取租金时，按照租金金额，借记“银行存款”等科目，贷记本科目。

【例14-42】市经贸学校采用分期收取租金方式出租临街房屋，每月租金4 000元，存入银行。

借：银行存款　　4 000

　贷：租金收入　　4 000

涉及增值税业务的，相关账务处理参见“应交增值税”科目。

2.期末结转。

期末，将本科目本期发生额转入本期盈余，借记本科目，贷记“本期盈余”科目。

【例14-43】参见例13-14，年末，省物理研究所将租金收入70 000元转入“本期盈余”科目。

借：租金收入　　70 000

　贷：本期盈余　　70 000

十一、其他收入

为核算单位取得的除财政拨款收入、事业收入、上级补助收入、附属单位上缴收入、经营收入、非同级财政拨款收入、投资收益、捐赠收入、利息收入、租金收入以外的各项收入，包括现金盘盈收入、按照规定纳入单位预算管理的科技成果转化收入、行政单位收回已核销的其他应收款、无法偿付的应付及预收款项、置换换出资产评估增值等，设置“其他收入”（4609）科目。期末结转后，本科目应无余额。

本科目应当按照其他收入的类别、来源等进行明细核算。其主要账务处理如下：

1.取得收入：

（1）现金盘盈收入。每日现金账款核对中发现的现金溢余，属于无法查明原因的部分，报经批准后，借记“待处理财产损溢”科目，贷记本科目。

【例14-44】省物理研究所盘盈现金500元，无法查明原因，报经批准后 转入“待处理财产损溢”科目。

借：待处理财产损溢　　500

　贷：其他收入　　500

（2）科技成果转化收入。单位科技成果转化所取得的收入，按照规定留归本单位的，按照所取得收入扣除相关费用之后的净收益，借记“银行存款”等科目，贷记本科目。

【例14-45】为落实党的二十大精神，理工大学着力“提高科技成果转化和产业化水平”，现有科技成果转化取得收入200 000元存入银行，发生相关费用50 000元以银行存款支付，按照规定收入留归本单位。

借：银行存款　　200 000

　贷：银行存款　　50 000

　　　其他收入　　150 000

（3）收回已核销的其他应收款。行政单位已核销的其他应收款在以后期间收回的，按照实际收回的金额，借记“银行存款”等科目，贷记本科目。

【例14-46】县农业局收回一笔上年已核销的其他应收款50 000元，存入银行。

借：银行存款　　50 000

　贷：其他收入　　50 000

（4）无法偿付的应付及预收款项。无法偿付或债权人豁免偿还的应付账款、预收账款、其他应付款及长期应付款，借记“应付账款”“预收账款”“其他应付款”“长期应付款”等科目，贷记本科目。

【例14-47】理工大学为B企业研制新产品，预收账款100 000元，因B企业破产无法履行合同，款项转为其他收入。

借：预收账款　　100 000

　贷：其他收入　　100 000

（5）置换换出资产评估增值。

①资产置换过程中，换出资产评估增值的，按照评估价值高于资产账面价值或账面余额的金额，借记有关科目，贷记本科目。具体账务处理参见“库存物品”等科目。

【例14-48】理工大学以1台设备换入1批实验材料。换入材料评估价40 000

元，换出固定资产账面余额60 000元，已计提折旧32 825元。

借：库存物品　　40 000

　　固定资产累计折旧　　32 825

　贷：固定资产　　60 000

　　　其他收入　　12 825

②以未入账的无形资产取得的长期股权投资，按照评估价值加相关税费作为投资成本，借记“长期股权投资”科目，按照发生的相关税费，贷记“银行存款”“其他应交税费”等科目，按其差额，贷记本科目。

【例14-49】理工大学以未入账的无形资产置换长期股权投资，无形资产评估价100 000元，相关税费1 000元，以银行存款支付。

借：长期股权投资　　101 000

　贷：银行存款　　1 000

　　　其他收入　　100 000

（6）确认上述收入以外的其他收入时，按照应收或实际收到的金额，借记“其他应收款”“银行存款”“库存现金”等科目，贷记本科目。

【例14-50】理工大学材料学院出售废品，取得现金收入100元。

借：库存现金　　100

　贷：其他收入　　100

涉及增值税业务的，相关账务处理参见“应交增值税”科目。

2.期末，将本科目本期发生额转入本期盈余，借记本科目，贷记“本期盈余”科目。

【例14-51】参见例13-14，年末，省物理研究所将其他收入1 000元转入“本期盈余”科目。

借：其他收入　　1 000

　贷：本期盈余　　1 000

第二节 费用的核算

一、业务活动费用

为核算单位为实现其职能目标，依法履职或开展专业业务活动及其辅助活动所发生的各项费用，设置“业务活动费用”（5001）科目。期末结转后，本科目应无余额。

本科目应当按照项目、服务或者业务类别、支付对象等进行明细核算。为了满足成本核算需要，本科目下还可按照“工资福利费用”“商品和服务费用”“对个人和家庭的补助费用”“对企业补助费用”“固定资产折旧费”“无形资产摊销费”“公共基础设施折旧（摊销）费”“保障性住房折旧费”“计提专用基金”等成本项目设置明细科目，归集能够直接计入业务活动或采用一定方法计算后计入业务活动的费用。其主要账务处理如下：

1.为履职或开展业务活动人员计提的薪酬，按照计算确定的金额，借记本科目，贷记“应付职工薪酬”科目。

【例14-52】月末，省物理研究所计提本月应付职工薪酬，共计589 420元。

借：业务活动费用 589 420

贷：应付职工薪酬 589 420

2.为履职或开展业务活动发生的外部人员劳务费，按照计算确定的金额，借记本科目，按照代扣代缴个人所得税的金额，贷记“其他应交税费——应交个人所得税”科目，按照扣税后应付或实际支付的金额，贷记“其他应付款”“财政拨款收入”“零余额账户用款额度”“银行存款”等科目。

【例14-53】省物理研究所以银行存款支付本月应付外部人员劳务费，共217 300元。

借：业务活动费用 217 300

贷：银行存款 217 300

3.为履职或开展业务活动领用库存物品，以及动用发出相关政府储备物资，按照领用库存物品或发出相关政府储备物资的账面余额，借记本科目，贷记“库存物品”“政府储备物资”科目。

【例14-54】省物理研究所材料二所领用实验材料，按照先进先出法确定该批材料的成本为163 460元。

借：业务活动费用 163 460

贷：库存物品 163 460

4.为履职或开展业务活动所使用的固定资产、无形资产以及为所控制的公共基础设施和保障性住房计提的折旧、摊销，按照计提金额，借记本科目，贷记“固定资产累计折旧”“无形资产累计摊销”“公共基础设施累计折旧（摊销）”“保障性住房累计折旧”科目。

【例14-55】省物理研究所计提本月固定资产累计折旧，业务活动所使用的固定资产折旧额为22 670元。

借：业务活动费用 22 670

贷：固定资产累计折旧 22 670

5.为履职或开展业务活动发生的城市维护建设税、教育费附加、地方教育费附加、车船税、房产税、城镇土地使用税等，按照计算确定应交纳的金额，借记本科目，贷记“其他应交税费”等科目。

【例14-56】省物理研究所计提本月应交房产税23 900元。

借：业务活动费用 23 900

贷：其他应交税费——房产税　　23 900

6. 为履职或开展业务活动发生其他各项费用时，按照费用确认金额，借记本科目，贷记“财政拨款收入”“零余额账户用款额度”“银行存款”“应付账款”“其他应付款”“其他应收款”等科目。

【例14-57】省物理研究所支付本月电费307 000元，以零余额账户用款额度支付。

借：业务活动费用　　307 000

　贷：零余额账户用款额度　　307 000

7. 按照规定从收入中提取专用基金并计入费用的，一般按照预算会计下基于预算收入计算提取的金额，借记本科目，贷记“专用基金”科目。国家另有规定的，从其规定。

【例14-58】省物理研究所从本月事业收入中计提专用基金（修购基金）9 500元。

借：业务活动费用　　9 500

　贷：专用基金——修购基金　　9 500

8. 发生当年购货退回等业务，对于已计入本年业务活动费用的，按照收回或应收的金额，借记“财政拨款收入”“零余额账户用款额度”“银行存款”“其他应收款”等科目，贷记本科目。

【例14-59】省物理研究所退回上月购买的材料一批，价款20 000元，款项退回到零余额账户。

借：零余额账户用款额度　　20 000

　贷：业务活动费用　　20 000

9. 期末，将本科目本期发生额转入本期盈余，借记“本期盈余”科目，贷记本科目。

【例14-60】参见例13-15，年末，省物理研究所将业务活动费用126 575 000元转入“本期盈余”科目。

借：本期盈余　　126 575 000

　贷：业务活动费用　　126 575 000

二、单位管理费用

为核算事业单位本级行政及后勤管理部门开展管理活动发生的各项费用，包括单位行政及后勤管理部门发生的人员经费、公用经费、资产折旧（摊销）等费用，以及由单位统一负担的离退休人员经费、工会经费、诉讼费、中介费等，设置“单位管理费用”（5101）科目。期末结转后，本科目应无余额。

本科目应当按照项目、费用类别、支付对象等进行明细核算。为了满足成本核算需要，本科目下还可按照“工资福利费用”“商品和服务费用”“对个人和家庭的补助费用”“固定资产折旧费”“无形资产摊销费”等成本项目设置明细科目，归集能够直接计入单位管理活动或采用一定方法计算后计入单位管理活动的费用。其主要账务处理如下：

1.为管理活动人员计提的薪酬，按照计算确定的金额，借记本科目，贷记“应付职工薪酬”科目。

【例14-61】省物理研究所计提本月管理人员薪酬，共计103 000元。

借：单位管理费用　　103 000

　贷：应付职工薪酬　　103 000

2.为开展管理活动发生的外部人员劳务费，按照计算确定的费用金额，借记本科目，按照代扣代缴个人所得税的金额，贷记“其他应交税费——应交个人所得税”科目，按照扣税后应付或实际支付的金额，贷记“其他应付款”“财政拨款收入”“零余额账户用款额度”“银行存款”等科目。

【例14-62】省物理研究所支付管理活动发生的外部人员劳务费55 000元，以银行存款支付。

借：单位管理费用　　55 000

　贷：银行存款　　55 000

3.开展管理活动内部领用库存物品，按照领用物品实际成本，借记本科目，贷记“库存物品”科目。

【例14-63】省物理研究所党委办公室领用办公材料，物品实际成本1 400元。

借：单位管理费用　　1 400

　贷：库存物品　　1 400

4.为管理活动所使用固定资产、无形资产计提的折旧、摊销，按照应计提折旧、摊销额，借记本科目，贷记“固定资产累计折旧”“无形资产累计摊销”科目。

【例14-64】省物理研究所计提机关所使用固定资产折旧2 650元。

借：单位管理费用　　2 650

　贷：固定资产累计折旧　　2 650

5.为开展管理活动发生城市维护建设税、教育费附加、地方教育费附加、车船税、房产税、城镇土地使用税等，按照计算确定应交纳的金额，借记本科目，贷记“其他应交税费”等科目。

【例14-65】省物理研究所计算确定管理用房的本月应交房产税500元。

借：单位管理费用　　500

　贷：其他应交税费——房产税　　500

6.为开展管理活动发生的其他各项费用，按照费用确认金额，借记本科目，贷记“财政拨款收入”“零余额账户用款额度”“银行存款”“其他应付款”“其他应收款”等科目。

【例14-66】省物理研究所支付本月管理部门文件印刷费3 000元，以零余额账户用款额度支付。

借：单位管理费用　　3 000

　贷：零余额账户用款额度　　3 000

7.发生当年购货退回等业务，对于已计入本年单位管理费用的，按照收回或应收的金额，借记“财政拨款收入”“零余额账户用款额度”“银行存款”“其他应收款”等科目，贷记本科目。

【例14-67】省物理研究所退回已计入本年单位管理费用的劳务费用10 000元，存入银行。

借：银行存款　　10 000

　贷：单位管理费用　　10 000

8.期末，将本科目本期发生额转入本期盈余，借记“本期盈余”科目，贷记本科目。

【例14-68】参见例13-15，年末，省物理研究所将单位管理费用9 056 000元转入“本期盈余”科目。

借：本期盈余　　9 056 000

　贷：单位管理费用　　9 056 000

三、经营费用

为核算事业单位在专业业务活动及其辅助活动之外开展非独立核算经营活动发生的各项费用，设置“经营费用”（5201）科目。期末结转后，本科目应无余额。

本科目应当按照经营活动类别、项目、支付对象等进行明细核算。为了满足成本核算需要，本科目下还可按照“工资福利费用”“商品和服务费用”“对个人和家庭的补助费用”“固定资产折旧费”“无形资产摊销费”等成本项目设置明细科目，归集能够直接计入单位经营活动或采用一定方法计算后计入单位经营活动的费用。其主要账务处理如下：

1.为经营活动人员计提的薪酬，按照计算确定的金额，借记本科目，贷记“应付职工薪酬”科目。

【例14-69】省物理研究所计提本月的经营活动人员薪酬，共计120 560元。

借：经营费用　　120 560

　贷：应付职工薪酬　　120 560

2.开展经营活动领用或发出库存物品，按照物品实际成本，借记本科目，贷记“库存物品”科目。

【例14-70】省物理研究所为开展经营活动领用材料一批，材料成本30 000元。

借：经营费用　　30 000

　贷：库存物品　　30 000

3.为经营活动所使用固定资产、无形资产计提的折旧、摊销，按照应计提折旧、摊销额，借记本科目，贷记“固定资产累计折旧”“无形资产累计摊销”科目。

【例14-71】省物理研究所计提本月为经营活动所使用固定资产累计折旧1 100元。

借：经营费用　　1 100

贷：固定资产累计折旧　　1 100

4.发生与经营活动相关的其他各项费用时，按照费用确认金额，借记本科目，贷记“银行存款”“其他应付款”“其他应收款”等科目。涉及增值税业务的，相关账务处理参见“应交增值税”科目。

【例14-72】省物理研究所支付为开展经营活动而发生的电费13 000元，以银行存款支付。

借：经营费用　　13 000

　贷：银行存款　　13 000

5.发生当年购货退回等业务，对于已计入本年经营费用的，按照收回或应收的金额，借记“银行存款”“其他应收款”等科目，贷记本科目。

【例14-73】接例14-72，经核查发现，省物理研究所的实际应付电费为10 000元，多缴的3 000元转入“其他应收款”科目用于抵扣以后月份的电费。

借：其他应收款　　3 000

　贷：经营费用　　3 000

6.期末，将本科目本期发生额转入本期盈余，借记“本期盈余”科目，贷记本科目。

【例14-74】参见例13-15，年末，省物理研究所将经营费用372 000元转入“本期盈余”科目。

借：本期盈余　　372 000

　贷：经营费用　　372 000

四、资产处置费用

为核算单位经批准处置资产时发生的费用，包括转销的被处置资产价值，以及在处置过程中发生的相关费用或者处置收入小于相关费用形成的净支出。资产处置的形式按照规定包括无偿调拨、出售、出让、转让、置换、对外捐赠、报废、毁损以及货币性资产损失核销等，设置“资产处置费用”（5301）科目。期末结转后，本科目应无余额。

单位在资产清查中查明的资产盘亏、毁损以及资产报废等，应当先通过“待处理财产损溢”科目进行核算，再将处理资产价值和处理净支出计入本科目。短期投资、长期股权投资、长期债券投资的处置，按照相关资产科目的规定进行账务处理。

本科目应当按照处置资产的类别、资产处置的形式等进行明细核算。其主要账务处理如下：

（一）不通过“待处理财产损溢”科目核算的资产处置

1.按照规定报经批准处置资产时，按照处置资产的账面价值，借记本科目［处置固定资产、无形资产、公共基础设施、保障性住房的，还应借记“固定资产累计折旧”“无形资产累计摊销”“公共基础设施累计折旧（摊销）”“保障性住房累计折旧”科目]，按照处置资产的账面余额，贷记“库存物品”“固定资产”“无形资产”“公共基础设施”“政府储备物资”“文物文化资产”“保障性住房”“其他应收款”“在建工程”等科目。

【例14-75】理工大学按照规定报经批准出售一项专利权，无形资产账面余额51 000元，累计摊销33 000元。

借：资产处置费用　　18 000
　　无形资产累计摊销　　33 000
　贷：无形资产　　51 000

2.处置资产过程中仅发生相关费用的，按照实际发生金额，借记本科目，贷记“银行存款”“库存现金”等科目。

【例14-76】理工大学处置1台超过使用年限的设备，发生处置费用500元，以库存现金支付。(该设备已提足折旧、在账务上核销)

借：资产处置费用　　500
　贷：库存现金　　500

3.处置资产过程中取得收入的，按照取得的价款，借记“库存现金”“银行存款”等科目，按照处置资产过程中发生的相关费用，贷记“银行存款”“库存现金”等科目，按照其差额，借记本科目或贷记“应缴财政款”等科目。涉及增值税业务的，相关账务处理参见“应交增值税”科目。

【例14-77】接例14-76，理工大学处置一台设备，取得废品收入1 200元存入银行，发生清理费用200元以库存现金支付，设备的固定资产账面余额12 000元，已计提折旧10 000元。

借：银行存款　　1 200
　　固定资产累计折旧　　10 000
　　资产处置费用　　1 000
　贷：固定资产　　12 000
　　　库存现金　　200

(二)通过“待处理财产损溢”科目核算的资产处置

1.单位账款核对中发现的现金短缺，属于无法查明原因的，报经批准核销时，借记本科目，贷记“待处理财产损溢”科目。

【例14-78】省物理研究所在单位账款核对中发现现金短缺300元，无法查明原因报经批准核销。

借：待处理财产损溢　　300
　贷：库存现金　　300
借：资产处置费用　　300
　贷：待处理财产损溢　　300

2.单位资产清查过程中盘亏或者毁损、报废的存货、固定资产、无形资产、公共基础设施、政府储备物资、文物文化资产、保障性住房等，报经批准处理时，按照处理资产价值，借记本科目，贷记“待处理财产损溢——待处理财产价值”科目。处理收支结清时，处理过程中所取得收入小于所发生相关费用的，按照相关费用减去处理收入后的净支出，借记本科目，贷记“待处理财产损溢——处理净收入”科目。

【例 14-79】省物理研究所报废一批因洪灾而毁损的材料，报经批准处理。材料成本8 000元，取得变价收入3 000元，存入银行。

转入待处理财产损溢，记：

借：待处理财产损溢——待处理财产价值　　8 000

　贷：库存物品　　8 000

取得变价收入，记：

借：银行存款　　3 000

　贷：待处理财产损溢——处理净收入　　3 000

批准核销，记：

借：资产处置费用　　3 000

　贷：待处理财产损溢——处理净收入　　3 000

借：资产处置费用　　8 000

　贷：待处理财产损溢——待处理财产价值　　8 000

（三）期末结转

期末，将本科目本期发生额转入本期盈余，借记“本期盈余”科目，贷记本科目。

【例 14-80】接例 13-15，年末，省物理研究所将资产处置费用6 000元转入“本期盈余”科目。

借：本期盈余　　6 000

　贷：资产处置费用　　6 000

五、上缴上级费用

为核算事业单位按照财政部门和主管部门的规定上缴上级单位款项发生的费用，设置“上缴上级费用”（5401）科目。期末结转后，本科目应无余额。

本科目应当按照收缴款项单位、缴款项目等进行明细核算。其主要账务处理如下：

1.单位发生上缴上级支出的，按照实际上缴的金额或者按照规定计算出应当上缴上级单位的金额，借记本科目，贷记“银行存款”“其他应付款”等科目。

【例 14-81】依据部门预算，省物理研究所上缴上级3 000 000元，以银行存款支付。

借：上缴上级费用　　3 000 000

　贷：银行存款　　3 000 000

2.期末，将本科目本期发生额转入本期盈余，借记“本期盈余”科目，贷记本科目。

【例14-82】参见例13-15，年末，省物理研究所将上缴上级费用6 000 000元转入“本期盈余”科目。

借：本期盈余　　6 000 000

　贷：上缴上级费用　　6 000 000

六、对附属单位补助费用

为核算事业单位用财政拨款收入之外的收入对附属单位补助发生的费用，设置“对附属单位补助费用”（5501）科目。期末结转后，本科目应无余额。

本科目应当按照接受补助单位、补助项目等进行明细核算。其主要账务处理如下：

1.单位发生对附属单位补助支出的，按照实际补助的金额或者按照规定计算出应当对附属单位补助的金额，借记本科目，贷记“银行存款”“其他应付款”等科目。

【例14-83】“教育是国之大计、党之大计”，省物理研究所为落实党的二十大精神，对附属中学补助支出500 000元，以银行存款支付。

借：对附属单位补助费用　　500 000

　贷：银行存款　　500 000

2.期末，将本科目本期发生额转入本期盈余，借记“本期盈余”科目，贷记本科目。

【例14-84】参见例13-15，年末，省物理研究所将对附属单位补助费用2 400 000元转入“本期盈余”科目。

借：本期盈余　　2 400 000

　贷：对附属单位补助费用　　2 400 000

七、所得税费用

为核算有企业所得税缴纳义务的事业单位按规定缴纳企业所得税所形成的费用，设置“所得税费用”（5801）科目。年末结转后，本科目应无余额。

所得税费用的主要账务处理如下：

1.发生企业所得税纳税义务的，按照税法规定计算的应交税金数额，借记本科目，贷记“其他应交税费——单位应交所得税”科目。

【例14-85】季末，省物理研究所计算预缴经营活动结余应缴纳企业所得税10 000元。

借：所得税费用　　10 000

　贷：其他应交税费——单位应交所得税　　10 000

2.实际缴纳时，按照缴纳金额，借记“其他应交税费——单位应交所得税”科目，贷记“银行存款”科目。

【例14-86】接例14-85，省物理研究所上缴应缴纳企业所得税10 000元，以银行存款支付。

借：其他应交税费——单位应交所得税　　10 000

　贷：银行存款　　10 000

3.年末，将本科目本年发生额转入本期盈余，借记“本期盈余”科目，贷记本科目。

【例14-87】参见例13-15，年末，省物理研究所将所得税费用30 000元转入“本期盈余”科目。

借：本期盈余　　30 000

　贷：所得税费用　　30 000

八、其他费用

为核算单位发生的除业务活动费用、单位管理费用、经营费用、资产处置费用、上缴上级费用、对附属单位补助费用、所得税费用以外的各项费用，包括利息费用、坏账损失、罚没支出、现金资产捐赠支出以及相关税费、运输费等，设置“其他费用”（5901）科目。期末结转后，本科目应无余额。

本科目应当按照其他费用的类别等进行明细核算。单位发生的利息费用较多的，可以单独设置“利息费用”（5701）科目。其主要账务处理如下：

（一）利息费用

按期计算确认借款利息费用时，按照计算确定的金额，借记“在建工程”科目或本科目，贷记“应付利息”“长期借款——应计利息”科目。

【例14-88】理工大学为建造教学大楼借入款项，现大楼已经完工并交付使用，但借款尚未归还。月末，计算确认本月的借款利息费用13 260元。

借：其他费用　　13 260

　贷：应付利息　　13 260

（二）坏账损失

年末，事业单位按照规定对收回后不需上缴财政的应收账款和其他应收款计提坏账准备时，按照计提金额，借记本科目，贷记“坏账准备”科目；冲减多提的坏账准备时，按照冲减金额，借记“坏账准备”科目，贷记本科目。

【例14-89】年末，理工大学按照规定对收回后不需上缴财政的应收账款计提坏账准备32 500元。

借：其他费用　　32 500

　贷：坏账准备　　32 500

（三）罚没支出

单位发生罚没支出的，按照实际缴纳或应当缴纳的金额，借记本科目，贷记“银行存款”“库存现金”“其他应付款”等科目。

【例14-90】理工大学支付车辆交通罚款2 000元，以银行存款支付。

借：其他费用　　2 000

　贷：银行存款　　2 000

（四）现金资产捐赠

单位对外捐赠现金资产的，按照实际捐赠的金额，借记本科目，贷记“银行存款”“库存现金”等科目。

【例14-91】理工大学向非洲希望学校捐赠现金1 000 000元，以银行存款支付。

借：其他费用　　1 000 000

　贷：银行存款　　1 000 000

（五）其他相关费用

1.单位接受捐赠（或无偿调入）以名义金额计量的存货、固定资产、无形资产，以及成本无法可靠取得的公共基础设施、文物文化资产等发生的相关税费、运输费等，按照实际支付的金额，借记本科目，贷记“财政拨款收入”“零余额账户用款额度”“银行存款”“库存现金”等科目。

【例14-92】省物理研究所接受捐赠1箱特殊材料，无法可靠取得成本资料，以名义金额计量。发生运输费200元，以库存现金支付。

借：库存物品　　1

　贷：捐赠收入　　1

借：其他费用　　200

　贷：库存现金　　200

2.单位发生的与受托代理资产相关的税费、运输费、保管费等，按照实际支付或应付的金额，借记本科目，贷记“零余额账户用款额度”“银行存款”“库存现金”“其他应付款”等科目。

【例14-93】省物理研究所收到1批受托代理材料，价值20 000元，发生运输费300元，以库存现金支付。

借：受托代理资产　　20 000

　贷：受托代理负债　　20 000

借：其他费用　　300

　贷：库存现金　　300

（六）期末结转

期末，将本科目本期发生额转入本期盈余，借记“本期盈余”科目，贷记本科目。

【例14-94】参见例13-15，年末，省物理研究所将其他费用500元转入“本期盈余”科目。

借：本期盈余　　500

　贷：其他费用　　500

关键概念

收入　财政拨款收入　事业收入　经营收入　费用　业务活动费用

复习思考题

1. 简述投资收益的核算。
2. 简述资产处置费用的核算。
3. 简述财政拨款收入的核算。

第十五章 行政事业单位预算会计的核算

我国《政府会计准则——基本准则》规定，政府会计由预算会计和财务会计构成。预算会计，是指以收付实现制为基础对政府会计主体预算执行过程中发生的全部收入和全部支出进行会计核算，主要反映和监督预算收支执行情况的会计。其会计要素包括预算收入、预算支出与预算结余。行政事业单位预算会计要素分类与会计科目设置情况参见表15-1。

表15-1　　行政事业单位预算会计要素分类与会计科目设置

分类	会计科目设置
预算收入类	财政拨款预算收入、事业预算收入、上级补助预算收入、附属单位上缴预算收入、经营预算收入、债务预算收入、非同级财政拨款预算收入、投资预算收益、其他预算收入
预算支出类	行政支出、事业支出、经营支出、上缴上级支出、对附属单位补助支出、投资支出、债务还本支出、其他支出
预算结余类	资金结存、财政拨款结转、财政拨款结余、非财政拨款结转、非财政拨款结余、专用结余、经营结余、其他结余、非财政拨款结余分配

第一节 预算收入的核算

预算收入，是指行政事业单位在预算年度内依法取得的并纳入预算管理的现金流入。行政事业单位的预算收入分为财政拨款预算收入、事业预算收入、上级补助预算收入、附属单位上缴预算收入、经营预算收入、债务预算收入、非同级财政拨款预算收入、投资预算收益和其他预算收入等。

一、财政拨款预算收入

为核算单位从同级政府财政部门取得的各类财政拨款，设置“财政拨款预算收入”（6001）科目。年末结转后，本科目应无余额。

本科目应当设置“基本支出”和“项目支出”两个明细科目，并按照《政府收支分类科目》中“支出功能分类科目”的项级科目进行明细核算；同时，在“基本支出”明细科目下按照“人员经费”和“日常公用经费”进行明细核算，在“项目支出”明细科目下按照具体项目进行明细核算。有一般公共预算财政拨款、政府性基金预算财政拨款等两种或两种以上财政拨款的单位，还应当按照财政拨款的种类进行明细核算。其主要账务处理如下：

（一）财政直接支付方式下

1.财政直接支付方式下，单位根据收到的“财政直接支付入账通知书”及相关原始凭证，按照通知书中的直接支付金额，借记“行政支出”“事业支出”等科目，贷记本科目。

【例15-1】市审计局用“审计督察专项经费”购买3台电脑，价款及相关税费13 100元，以财政直接支付方式付款。依据收到的“财政直接支付入账通知书”和相关原始凭证记账。

借：行政支出　　13 100

　贷：财政拨款预算收入——项目支出——审计督察　　13 100

2.年末，根据本年度财政直接支付预算指标数与当年财政直接支付实际支出数的差额，借记“资金结存——财政应返还额度”科目，贷记本科目。

【例15-2】年末，市审计局的年度财政直接支付预算指标数与当年财政直接支付实际支出数的差额为200 000元，其中，基本支出150 000元、项目支出50 000元，转为财政应返还额度。

借：资金结存——财政应返还额度　　200 000

　贷：财政拨款预算收入　　200 000

（二）财政授权支付方式下

1.财政授权支付方式下，单位根据收到的“财政授权支付额度到账通知书”，按照通知书中的授权支付额度，借记“资金结存——零余额账户用款额度”科目，贷记本科目。

【例15-3】市审计局收到“财政授权支付额度到账通知书”，通知书中的授权支付额度为250 000元。

借：资金结存——零余额账户用款额度　　250 000

　贷：财政拨款预算收入　　250 000

2.年末，单位本年度财政授权支付预算指标数大于零余额账户用款额度下达数的，按照两者差额，借记“资金结存——财政应返还额度”科目，贷记本科目。

【例15-4】年末，市审计局的年度财政授权支付预算指标数大于零余额账户用款额度下达数300 000元，转为财政应返还额度。

借：资金结存——财政应返还额度　　300 000

　贷：财政拨款预算收入　　300 000

（三）其他方式下

1.其他方式下，单位按照本期预算收到财政拨款预算收入时，按照实际收到的金额，借记“资金结存——货币资金”科目，贷记本科目。

【例15-5】某县实行实拨资金制度，县审计局收到财政拨款预算收入160 000元，存入银行。

借：资金结存——货币资金　　160 000

　贷：财政拨款预算收入　　160 000

2.单位收到下期预算的财政预拨款，应当在下个预算期，按照预收的金额，借记“资金结存——货币资金”科目，贷记本科目。

【例15-6】县审计局收到下个预算季度的财政预拨款120 000元。

在下个预算期，记：

借：资金结存——货币资金　　120 000

　贷：财政拨款预算收入　　120 000

（四）国库直接支付款项退回

因差错更正、购货退回等发生国库直接支付款项退回的，属于本年度支付的款项，按照退回金额，借记本科目，贷记“行政支出”“事业支出”等科目。

【例15-7】接例15-1，因质量问题，市审计局退回所购电脑，款项退回国库。

借：财政拨款预算收入——项目支出　　13 100

　贷：行政支出　　13 100

（五）年末结转

年末，将本科目本年发生额转入财政拨款结转，借记本科目，贷记“财政拨款结转——本年收支结转”科目。

【例15-8】年末，市审计局将“财政拨款预算收入”本年发生额14 300 000元转入财政拨款结转。

借：财政拨款预算收入　　14 300 000

　贷：财政拨款结转——本年收支结转　　14 300 000

二、事业预算收入

为核算事业单位开展专业业务活动及其辅助活动取得的现金流入，设置“事业预算收入”（6101）科目。年末结转后，本科目应无余额。事业单位因开展科研及其辅助活动从非同级政府财政部门取得的经费拨款，也通过本科目核算。

本科目应当按照事业预算收入类别、项目、来源、《政府收支分类科目》中“支出功能分类科目”项级科目等进行明细核算。对于因开展科研及其辅助活动从非同级政府财政部门取得的经费拨款，应当在本科目下单设“非同级财政拨款”明细科目进行明细核算；事业预算收入中如有专项资金收入，还应按照具体项目进行明细核算。其主要账务处理如下：

1.采用财政专户返还方式管理的事业预算收入，收到从财政专户返还的事业预算收入时，按照实际收到的返还金额，借记“资金结存——货币资金”科目，贷记本科目。

【例15-9】理工大学收取的学费收入采用财政专户返还方式管理。现收到从财政专户返还收入3 000 000元。

借：资金结存——货币资金　　3 000 000

　贷：事业预算收入　　3 000 000

2.收到其他事业预算收入时，按照实际收到的款项金额，借记“资金结存——货币资金”科目，贷记本科目。

【例15-10】理工大学收到合作单位交来的实验室共建费用120 000元，存入银行。

借：资金结存——货币资金　　120 000

　贷：事业预算收入　　120 000

3.年末，将本科目本年发生额中的专项资金收入转入非财政拨款结转，借记本科目下各专项资金收入明细科目，贷记“非财政拨款结转——本年收支结转”科目；将本科目本年发生额中的非专项资金收入转入其他结余，借记本科目下各非专项资金收入明细科目，贷记“其他结余”科目。

【例15-11】年末，理工大学将“事业预算收入——专项资金收入”本年发生额5 612 000元转入非财政拨款结转；将“事业预算收入——非专项资金收入”本年发生额40 800 000元转入其他结余。

借：事业预算收入——专项资金收入　　5 612 000

　贷：非财政拨款结转——本年收支结转　　5 612 000

借：事业预算收入——非专项资金收入　　40 800 000

　贷：其他结余　　40 800 000

三、上级补助预算收入

为核算事业单位从主管部门和上级单位取得的非财政补助现金流入，设置“上级补助预算收入”（6201）科目。年末结转后，本科目应无余额。

本科目应当按照发放补助单位、补助项目、《政府收支分类科目》中“支出功能分类科目”的项级科目等进行明细核算。上级补助预算收入中如有专项资金收入，还应按照具体项目进行明细核算。其主要账务处理如下：

1.收到上级补助预算收入时，按照实际收到的金额，借记“资金结存——货币资金”科目，贷记本科目。

【例15-12】理工大学收到上级主管部门的补助预算收入5 000 000元，存入银行。

借：资金结存——货币资金　　5 000 000

　贷：上级补助预算收入　　5 000 000

2.年末，将本科目本年发生额中的专项资金收入转入非财政拨款结转，借记本科目下各专项资金收入明细科目，贷记“非财政拨款结转——本年收支结转”科目；将本科目本年发生额中的非专项资金收入转入其他结余，借记本科目下各非专项资金收入明细科目，贷记“其他结余”科目。

【例15-13】年末，理工大学将“上级补助预算收入——专项资金收入”10 000 000元转入非财政拨款结转；将“上级补助预算收入——非专项资金收入”20 000 000元转入其他结余。

借：上级补助预算收入——专项资金收入　　10 000 000

　贷：非财政拨款结转——本年收支结转　　10 000 000

借：上级补助预算收入——非专项资金收入　　20 000 000

　贷：其他结余　　20 000 000

四、附属单位上缴预算收入

为核算事业单位取得附属独立核算单位根据有关规定上缴的现金流入，设置“附属单位上缴预算收入”（6301）科目。年末结转后，本科目应无余额。

本科目应当按照附属单位、缴款项目、《政府收支分类科目》中“支出功能分类科目”的项级科目等进行明细核算。附属单位上缴预算收入中如有专项资金收入，还应按照具体项目进行明细核算。其主要账务处理如下：

1.收到附属单位缴来款项时，按照实际收到的金额，借记“资金结存——货币资金”科目，贷记本科目。

【例15-14】理工大学收到附属出版社缴来款项1 000 000元，存入银行。

借：资金结存——货币资金　　1 000 000

　贷：附属单位上缴预算收入　　1 000 000

2.年末，将本科目本年发生额中的专项资金收入转入非财政拨款结转，借记本科目下各专项资金收入明细科目，贷记“非财政拨款结转——本年收支结转”科目；将本科目本年发生额中的非专项资金收入转入其他结余，借记本科目下各非专项资金收入明细科目，贷记“其他结余”科目。

【例15-15】年末，理工大学将“附属单位上缴预算收入——专项资金收入”2 000 000元转入非财政拨款结转；将“附属单位上缴预算收入——非专项资金收入”1 000 000元转入其他结余。

借：附属单位上缴预算收入——专项资金收入　　2 000 000

　贷：非财政拨款结转——本年收支结转　　2 000 000

借：附属单位上缴预算收入——非专项资金收入　　1 000 000

　贷：其他结余　　1 000 000

五、经营预算收入

为核算事业单位在专业业务活动及其辅助活动之外开展非独立核算经营活动取

得的现金流入，设置“经营预算收入”（6401）科目。年末结转后，本科目应无余额。

本科目应当按照经营活动类别、项目、《政府收支分类科目》中“支出功能分类科目”的项级科目等进行明细核算。其主要账务处理如下：

1.收到经营预算收入时，按照实际收到的金额，借记“资金结存——货币资金”科目，贷记本科目。

【例15-16】理工大学非独立核算招待所收到住宿收入11 200元，存入银行。

借：资金结存——货币资金　　11 200

　贷：经营预算收入　　11 200

2.年末，将本科目本年发生额转入经营结余，借记本科目，贷记“经营结余”科目。

【例15-17】年末，理工大学将经营预算收入本年发生额603 000元转入经营结余。

借：经营预算收入　　603 000

　贷：经营结余　　603 000

六、债务预算收入

为核算事业单位按照规定从银行和其他金融机构等借入的、纳入部门预算管理的、不以财政资金作为偿还来源的债务本金，设置“债务预算收入”（6501）科目。年末结转后，本科目应无余额。

本科目应当按照贷款单位、贷款种类、《政府收支分类科目》中“支出功能分类科目”的项级科目等进行明细核算。债务预算收入中如有专项资金收入，还应按照具体项目进行明细核算。其主要账务处理如下：

1.借入各项短期或长期借款时，按照实际借入的金额，借记“资金结存——货币资金”科目，贷记本科目。

【例15-18】理工大学借入3年期银行贷款5 000 000元，用于建设教学大楼。

借：资金结存——货币资金　　5 000 000

　贷：债务预算收入　　5 000 000

2.年末，将本科目本年发生额中的专项资金收入转入非财政拨款结转，借记本科目下各专项资金收入明细科目，贷记“非财政拨款结转——本年收支结转”科目；将本科目本年发生额中的非专项资金收入转入其他结余，借记本科目下各非专项资金收入明细科目，贷记“其他结余”科目。

【例15-19】年末，理工大学将“债务预算收入——专项资金收入”18 000 000元转入非财政拨款结转；将“债务预算收入——非专项资金收入”9 000 000元转入其他结余。

借：债务预算收入——专项资金收入　　18 000 000

　贷：非财政拨款结转——本年收支结转　　18 000 000

借：债务预算收入——非专项资金收入　　9 000 000

贷：其他结余　　9 000 000

七、非同级财政拨款预算收入

为核算单位从非同级政府财政部门取得的财政拨款，包括本级横向转拨财政款和非本级财政拨款，设置“非同级财政拨款预算收入”（6601）科目。年末结转后，本科目应无余额。对于因开展科研及其辅助活动从非同级政府财政部门取得的经费拨款，应当通过“事业预算收入——非同级财政拨款”科目进行核算，不通过本科目核算。

本科目应当按照非同级财政拨款预算收入的类别、来源、《政府收支分类科目》中“支出功能分类科目”的项级科目等进行明细核算。非同级财政拨款预算收入中如有专项资金收入，还应按照具体项目进行明细核算。其主要账务处理如下：

1.取得非同级财政拨款预算收入时，按照实际收到的金额，借记“资金结存——货币资金”科目，贷记本科目。

【例15-20】理工大学为省属高校，现收到中央财政拨入的省部共建资金5 000 000元。

借：资金结存——货币资金　　5 000 000

贷：非同级财政拨款预算收入　　5 000 000

2.年末，将本科目本年发生额中的专项资金收入转入非财政拨款结转，借记本科目下各专项资金收入明细科目，贷记“非财政拨款结转——本年收支结转”科目；将本科目本年发生额中的非专项资金收入转入其他结余，借记本科目下各非专项资金收入明细科目，贷记“其他结余”科目。

【例15-21】年末，理工大学将“非同级财政拨款预算收入——专项资金收入”10 000 000元转入非财政拨款结转；将“非同级财政拨款预算收入——非专项资金收入”2 000 000元转入其他结余。

借：非同级财政拨款预算收入——专项资金收入　　10 000 000

贷：非财政拨款结转——本年收支结转　　10 000 000

借：非同级财政拨款预算收入——非专项资金收入　　2 000 000

贷：其他结余　　2 000 000

八、投资预算收益

为核算事业单位取得的按照规定纳入部门预算管理的属于投资收益性质的现金流入，包括股权投资收益、出售或收回债券投资所取得的收益和债券投资利息收入，设置“投资预算收益”（6602）科目。年末结转后，本科目应无余额。

本科目应当按照《政府收支分类科目》中“支出功能分类科目”的项级科目等进行明细核算。其主要账务处理如下：

（一）出售或到期收回投资

1.出售或到期收回本年度取得的短期、长期债券，按照实际取得的价款或实际收到的本息金额，借记“资金结存——货币资金”科目，按照取得债券时“投资支出”科目的发生额，贷记“投资支出”科目，按照其差额，贷记或借记本科目。

【例15-22】理工大学将本年购入的3年期债券在二级市场上出售，取得价款605 000元。债券的成本为600 000元。

借：资金结存——货币资金 605 000

　贷：投资支出 600 000

　　投资预算收益 5 000

2.出售或到期收回以前年度取得的短期、长期债券，按照实际取得的价款或实际收到的本息金额，借记“资金结存——货币资金”科目，按照取得债券时“投资支出”科目的发生额，贷记“其他结余”科目，按照其差额，贷记或借记本科目。

【例15-23】省物理研究所收回以前年度取得的长期债券，本息金额共计321 000元，取得债券时的投资成本300 000元。

借：资金结存——货币资金 321 000

　贷：其他结余 300 000

　　投资预算收益 21 000

3.出售、转让以货币资金取得的长期股权投资的，其账务处理参照出售或到期收回债券投资。

（二）收到利息

1.持有的短期投资以及分期付息、一次还本的长期债券投资收到利息时，按照实际收到的金额，借记“资金结存——货币资金”科目，贷记本科目。

【例15-24】理工大学收到分期付息、一次还本的5年期债券投资利息2 000元。

借：资金结存——货币资金 2 000

　贷：投资预算收益 2 000

2.持有长期股权投资取得被投资单位分派的现金股利或利润时，按照实际收到的金额，借记“资金结存——货币资金”科目，贷记本科目。

【例15-25】省物理研究所持有的长期股权投资取得现金股利30 000元。

借：资金结存——货币资金 30 000

　贷：投资预算收益 30 000

3.出售、转让以非货币性资产取得的长期股权投资时，按照实际取得的价款扣减支付的相关费用和应缴财政款后的余额（按照规定纳入单位预算管理的），借记“资金结存——货币资金”科目，贷记本科目。

【例15-26】理工大学转让以非货币性资产取得的长期股权投资，取得价款725 000元，支付相关费用500元，应缴财政款650 000元，余额74 500元为投资预算收益。

借：资金结存——货币资金 74 500

　贷：投资预算收益 74 500

（三）期末结转

年末，将本科目本年发生额转入其他结余，借记或贷记本科目，贷记或借记“其他结余”科目。

【例15-27】年末，理工大学将投资预算收益科目本年发生额151 050元转入其他结余。

借：投资预算收益　　151 050

　贷：其他结余　　151 050

九、其他预算收入

为核算单位除财政拨款预算收入、事业预算收入、上级补助预算收入、附属单位上缴预算收入、经营预算收入、债务预算收入、非同级财政拨款预算收入、投资预算收益之外的纳入部门预算管理的现金流入，包括捐赠预算收入、利息预算收入、租金预算收入、现金盘盈收入等，设置"其他预算收入"（6609）科目。年末结转后，本科目应无余额。

单位发生的捐赠预算收入、利息预算收入、租金预算收入金额较大或业务较多的，可单独设置"捐赠预算收入"（6603）、"利息预算收入"（6604）、"租金预算收入"（6605）等科目。

本科目应当按照其他收入类别、《政府收支分类科目》中"支出功能分类科目"的项级科目等进行明细核算。其他预算收入中如有专项资金收入，还应按照具体项目进行明细核算。其主要账务处理如下：

1.接受捐赠现金资产、收到银行存款利息、收到资产承租人支付的租金时，按照实际收到的金额，借记"资金结存——货币资金"科目，贷记本科目。

【例15-28】理工大学收到校友捐赠现金200 000元。

借：资金结存——货币资金　　200 000

　贷：其他预算收入　　200 000

2.每日现金账款核对中如发现现金溢余，按照溢余的现金金额，借记"资金结存——货币资金"科目，贷记本科目。经核实，属于应支付给有关个人和单位的部分，按照实际支付的金额，借记本科目，贷记"资金结存——货币资金"科目。

【例15-29】理工大学在每日现金账款核对中发现现金溢余200元。

借：资金结存——货币资金　　200

　贷：其他预算收入　　200

3.收到其他预算收入时，按照收到的金额，借记"资金结存——货币资金"科目，贷记本科目。

【例15-30】理工大学收到银行存款利息收入350元。

借：资金结存——货币资金　　350

　贷：其他预算收入　　350

4.年末，将本科目本年发生额中的专项资金收入转入非财政拨款结转，借记本科目下各专项资金收入明细科目，贷记"非财政拨款结转——本年收支结转"科目；将本科目本年发生额中的非专项资金收入转入其他结余，借记本科目下各非专项资金收入明细科目，贷记"其他结余"科目。

【例15-31】年末，理工大学将"其他预算收入——专项资金收入"350 000元转入非财政拨款结转；将“其他预算收入——非专项资金收入”3 000元转入其他结余。

借：其他预算收入——专项资金收入　　350 000
　贷：非财政拨款结转——本年收支结转　　350 000
借：其他预算收入——非专项资金收入　　3 000
　贷：其他结余　　3 000

第二节 预算支出的核算

预算支出，是指政府会计主体在预算年度内依法发生并纳入预算管理的现金流出。预算支出一般在实际支付时予以确认，以实际支付的金额计量。行政事业单位的预算支出包括行政支出、事业支出、经营支出、上缴上级支出、对附属单位补助支出、投资支出、债务还本支出和其他支出等。

一、行政支出

为核算行政单位履行其职责实际发生的各项现金流出，设置“行政支出”（7101）科目。年末结转后，本科目应无余额。

本科目应当分别按照“财政拨款支出”“非财政专项资金支出”“其他资金支出”，“基本支出”“项目支出”等进行明细核算，并按照《政府收支分类科目》中“支出功能分类科目”的项级科目进行明细核算；“基本支出”和“项目支出”明细科目下应当按照《政府收支分类科目》中“部门预算支出经济分类科目”的款级科目进行明细核算，同时在“项目支出”明细科目下按照具体项目进行明细核算。

有一般公共预算财政拨款、政府性基金预算财政拨款等两种或两种以上财政拨款的行政单位，还应当在“财政拨款支出”明细科目下按照财政拨款的种类进行明细核算。

对于预付款项，可通过在本科目下设置“待处理”明细科目进行核算，待确认具体支出项目后再转入本科目下相关明细科目。年末结账前，应将本科目“待处理”明细科目余额全部转入本科目下相关明细科目。

行政支出的主要账务处理如下：

（一）支付单位职工薪酬

1.向单位职工个人支付薪酬时，按照实际支付的金额，借记本科目，贷记“财政拨款预算收入”“资金结存”科目。

【例15-32】市审计局向单位职工个人支付薪酬314 620元，以财政直接支付方式支付。

借：行政支出　　314 620

贷：财政拨款预算收入 314 620

2.按照规定代扣代缴个人所得税以及代扣代缴或为职工缴纳职工社会保险费、住房公积金等时，按照实际缴纳的金额，借记本科目，贷记"财政拨款预算收入""资金结存"科目。

【例15-33】接例15-32，市审计局按照规定为职工缴纳职工社会保险费15 000元，以零余额账户用款额度支付。

借：行政支出 15 000

贷：资金结存——零余额账户用款额度 15 000

（二）支付外部人员劳务费

1.按照实际支付给外部人员个人的金额，借记本科目，贷记"财政拨款预算收入""资金结存"科目。

【例15-34】市审计局支付外部人员劳务费44 860元，以银行存款支付。

借：行政支出 44 860

贷：资金结存——货币资金 44 860

2.按照规定代扣代缴个人所得税时，按照实际缴纳的金额，借记本科目，贷记"财政拨款预算收入""资金结存"科目。

【例15-35】市审计局按照规定代扣代缴外部人员个人所得税600元，以银行存款付款。

借：行政支出 500

贷：资金结存——货币资金 500

（三）购买存货、固定资产、无形资产等

1.为购买存货、固定资产、无形资产等以及在建工程支付相关款项时，按照实际支付的金额，借记本科目，贷记"财政拨款预算收入""资金结存"科目。

【例15-36】市审计局购买电脑5台，总价款和相关税费31 000元，由财政直接支付方式支付。

借：行政支出 31 000

贷：财政拨款预算收入 31 000

2.发生预付账款时，按照实际支付的金额，借记本科目，贷记"财政拨款预算收入""资金结存"科目。

【例15-37】市审计局委托软件公司开发审计专用软件，预付款项50 000元，以银行存款支付。

借：行政支出——待处理 50 000

贷：资金结存——货币资金 50 000

3.对于暂付款项，在支付款项时可不作预算会计处理，待结算或报销时，按照结算或报销的金额，借记本科目，贷记"资金结存"科目。

【例15-38】市审计局工作人员王勇出差，预借差旅费20 000元，出差回来报销18 400元，余款1 600元交回。

借：行政支出　　18 400
　贷：资金结存——货币资金　　18 400

4.发生其他各项支出时，按照实际支付的金额，借记本科目，贷记“财政拨款预算收入”“资金结存”科目。

【例15-39】市审计局以银行存款支付本月电费8 000元。

借：行政支出　　8 000
　贷：资金结存——货币资金　　8 000

5.因购货退回等发生款项退回，或者发生差错更正的，属于当年支出收回的，按照收回或更正金额，借记“财政拨款预算收入”“资金结存”科目，贷记本科目。

【例15-40】接例15-36，市审计局退回所购电脑，所付款项31 000元也退回国库。

借：财政拨款预算收入　　31 000
　贷：行政支出　　31 000

（四）期末结转

年末，将本科目本年发生额中的财政拨款支出转入财政拨款结转，借记“财政拨款结转——本年收支结转”科目，贷记本科目下各财政拨款支出明细科目；将本科目本年发生额中的非财政专项资金支出转入非财政拨款结转，借记“非财政拨款结转——本年收支结转”科目，贷记本科目下各非财政专项资金支出明细科目；将本科目本年发生额中的其他资金支出（非财政非专项资金支出）转入其他结余，借记“其他结余”科目，贷记本科目下其他资金支出明细科目。

【例15-41】年末，市审计局将行政支出科目下财政拨款支出36 500 000元转入财政拨款结转，非财政专项资金支出942 000元转入非财政拨款结转，其他资金支出100 000元转入其他结余。

借：财政拨款结转——本年收支结转　　36 500 000
　贷：行政支出——财政拨款支出　　36 500 000
借：非财政拨款结转——本年收支结转　　942 000
　贷：行政支出——非财政专项资金支出　　942 000
借：其他结余　　100 000
　贷：行政支出——其他资金支出　　100 000

二、事业支出

为核算事业单位开展专业业务活动及其辅助活动实际发生的各项现金流出，设置“事业支出”（7201）科目。年末结转后，本科目应无余额。

单位发生教育、科研、医疗、行政管理、后勤保障等活动的，可在本科目下设置相应的明细科目进行核算，或单设“教育支出”（7201）、“科研支出”（7202）、“医疗支出”（7203）、“行政管理支出”（7204）、“后勤保障支出”（7205）等一级会计科目进行核算。

本科目应当分别按照“财政拨款支出”、“非财政专项资金支出”和“其他资金支出”，“基本支出”和“项目支出”等进行明细核算，并按照《政府收支分类科目》中“支出功能分类科目”的项级科目进行明细核算；“基本支出”和“项目支出”明细科目下应当按照《政府收支分类科目》中“部门预算支出经济分类科目”的款级科目进行明细核算，同时在“项目支出”明细科目下按照具体项目进行明细核算。

有一般公共预算财政拨款、政府性基金预算财政拨款等两种或两种以上财政拨款的事业单位，还应当在“财政拨款支出”明细科目下按照财政拨款的种类进行明细核算。

对于预付款项，可通过在本科目下设置“待处理”明细科目进行明细核算，待确认具体支出项目后再转入本科目下相关明细科目。年末结账前，应将本科目“待处理”明细科目余额全部转入本科目下相关明细科目。

事业支出的主要账务处理如下：

（一）支付单位职工（经营部门职工除外）薪酬

1.向单位职工个人支付薪酬时，按照实际支付的数额，借记本科目，贷记“财政拨款预算收入”“资金结存”科目。

【例15-42】理工大学向单位职工个人支付薪酬2 465 000元，以零余额账户用款额度支付。

借：事业支出　　2 465 000

　贷：资金结存——零余额账户用款额度　　2 465 000

2.按照规定代扣代缴个人所得税以及代扣代缴或为职工缴纳职工社会保险费、住房公积金等时，按照实际缴纳的金额，借记本科目，贷记“财政拨款预算收入”“资金结存”科目。

【例15-43】按照规定，理工大学缴纳代扣代缴个人所得税160 300元，由财政直接支付方式支付。

借：事业支出　　160 300

　贷：财政拨款预算收入　　160 300

（二）支付外部人员劳务费

1.按照实际支付给专业业务活动及其辅助活动外部人员个人的金额，借记本科目，贷记“财政拨款预算收入”“资金结存”科目。

【例15-44】理工大学支付外部人员劳务费167 300元，以银行存款支付。

借：事业支出　　167 300

　贷：资金结存——货币资金　　167 300

2.按照规定代扣代缴个人所得税时，按照实际缴纳的金额，借记本科目，贷记“财政拨款预算收入”“资金结存”科目。

【例15-45】按照规定，理工大学代扣代缴外部人员个人所得税100 500元，以银行存款支付。

借：事业支出　　100 500

贷：资金结存——货币资金　　100 500

（三）购买存货、固定资产、无形资产等

开展专业业务活动及其辅助活动过程中为购买存货、固定资产、无形资产等以及在建工程支付相关款项时，按照实际支付的金额，借记本科目，贷记“财政拨款预算收入”“资金结存”科目。

【例15-46】理工大学购买办公用品一批，价款及相关税费共计65 000元，由财政直接支付方式支付。

借：事业支出　　65 000

贷：财政拨款预算收入　　65 000

（四）发生预付账款

1.开展专业业务活动及其辅助活动过程中发生预付账款时，按照实际支付的金额，借记本科目，贷记“财政拨款预算收入”“资金结存”科目。

【例15-47】理工大学向M公司订购教学设备一批，预付款200 000元由财政直接支付方式支付。

借：事业支出——待处理　　200 000

贷：财政拨款预算收入　　200 000

2.对于暂付款项，在支付款项时可不作预算会计处理，待结算或报销时，按照结算或报销的金额，借记本科目，贷记“资金结存”科目。

【例15-48】理工大学高分子材料实验室向财务预借100 000元用于实验室改造，改造完成后报销121 600元，差额以库存现金补足。

借：事业支出　　121 600

贷：资金结存——货币资金　　121 600

（五）缴纳税费

开展专业业务活动及其辅助活动过程中缴纳的相关税费以及发生的其他各项支出，按照实际支付的金额，借记本科目，贷记“财政拨款预算收入”“资金结存”科目。

【例15-49】理工大学缴纳房产税1 000元，以银行存款支付。

借：事业支出　　1 000

贷：资金结存——货币资金　　1 000

（六）款项退回

开展专业业务活动及其辅助活动过程中因购货退回等发生款项退回，或者发生差错更正的，属于当年支出收回的，按照收回或更正金额，借记“财政拨款预算收入”“资金结存”科目，贷记本科目。

【例15-50】接例15-48，理工大学高分子材料实验室改造工程完工，因质量问题，对方退回10 000元。

借：资金结存——货币资金　　10 000

贷：事业支出　　10 000

（七）期末结转

年末，将本科目本年发生额中的财政拨款支出转入财政拨款结转，借记“财政拨款结转——本年收支结转”科目，贷记本科目下各财政拨款支出明细科目；将本科目本年发生额中的非财政专项资金支出转入非财政拨款结转，借记“非财政拨款结转——本年收支结转”科目，贷记本科目下各非财政专项资金支出明细科目；将本科目本年发生额中的其他资金支出（非财政非专项资金支出）转入其他结余，借记“其他结余”科目，贷记本科目下其他资金支出明细科目。

【例15-51】年末，理工大学将事业支出本年发生额中的财政拨款支出30 322 400元转入财政拨款结转；将非财政专项资金支出72 856 000元转入非财政拨款结转；将其他资金支出6 120 000元转入其他结余。

借：财政拨款结转——本年收支结转	30 322 400	
贷：事业支出——财政拨款支出		30 322 400
借：非财政拨款结转——本年收支结转	72 856 000	
贷：事业支出——非财政专项资金支出		72 856 000
借：其他结余	6 120 000	
贷：事业支出——其他资金支出		6 120 000

三、经营支出

为核算事业单位在专业业务活动及其辅助活动之外开展非独立核算经营活动实际发生的各项现金流出，设置“经营支出”（7301）科目。年末结转后，本科目应无余额。

本科目应当按照经营活动类别、项目、《政府收支分类科目》中“支出功能分类科目”的项级科目和“部门预算支出经济分类科目”的款级科目等进行明细核算。对于预付款项，可通过在本科目下设置“待处理”明细科目进行明细核算，待确认具体支出项目后再转入本科目下相关明细科目。年末结账前，应将本科目“待处理”明细科目余额全部转入本科目下相关明细科目。其主要账务处理如下：

（一）支付经营部门职工薪酬

1.向职工个人支付薪酬时，按照实际的金额，借记本科目，贷记“资金结存”科目。

【例15-52】理工大学附属非独立核算招待所向职工个人支付薪酬65 000元，以银行存款支付。

借：经营支出	65 000	
贷：资金结存——货币资金		65 000

2.按照规定代扣代缴个人所得税以及代扣代缴或为职工缴纳社会保险费、住房公积金时，按照实际缴纳的金额，借记本科目，贷记“资金结存”科目。

【例15-53】理工大学按照规定代扣代缴招待所职工个人所得税3 000元，以银行存款支付。

借：经营支出　　3 000
　贷：资金结存——货币资金　　3 000

（二）为经营活动支付外部人员劳务费

1.按照实际支付给外部人员个人的金额，借记本科目，贷记“资金结存”科目。

【例15-54】理工大学支付给经营活动的外部人员劳务费81 200元，以银行存款支付。

借：经营支出　　81 200
　贷：资金结存——货币资金　　81 200

2.按照规定代扣代缴个人所得税时，按照实际缴纳的金额，借记本科目，贷记“资金结存”科目。

【例15-55】理工大学按照规定代扣代缴外部人员个人所得税300元，以银行存款支付。

借：经营支出　　300
　贷：资金结存——货币资金　　300

（三）购买存货、固定资产、无形资产等

开展经营活动过程中为购买存货、固定资产、无形资产等以及在建工程支付相关款项时，按照实际支付的金额，借记本科目，贷记“资金结存”科目。

【例15-56】理工大学招待所购买3台空调机，共计11 000元，以银行存款支付。

借：经营支出　　11 000
　贷：资金结存——货币资金　　11 000

（四）发生预付账款

1.开展经营活动过程中发生预付账款时，按照实际支付的金额，借记本科目，贷记“资金结存”科目。

【例15-57】理工大学招待所扩建，预付给工程队款项50 000元，以银行存款支付。

借：经营支出——待处理　　50 000
　贷：资金结存——货币资金　　50 000

2.对于暂付款项，在支付款项时可不作预算会计处理，待结算或报销时，按照结算或报销的金额，借记本科目，贷记“资金结存”科目。

【例15-58】理工大学招待所临时工王国涛因家庭突发事故生活困难，预支下月薪酬4 000元，待次月末扣回。

借：经营支出　　4 000
　贷：资金结存——货币资金　　4 000

（五）因开展经营活动缴纳的相关税费

因开展经营活动缴纳的相关税费以及发生的其他各项支出，按照实际支付的金额，借记本科目，贷记“资金结存”科目。

【例15-59】理工大学招待所缴纳增值税26 300元，以银行存款支付。

借：经营支出　26 300

　贷：资金结存——货币资金　26 300

（六）发生款项退回

开展经营活动中因购货退回等发生款项退回，或者发生差错更正的，属于当年支出收回的，按照收回或更正金额，借记“资金结存”科目，贷记本科目。

【例15-60】接例15-56，理工大学招待所购买的3台空调机，因质量问题有2台退货，所退价款6 400元。

借：资金结存——货币资金　6 400

　贷：经营支出　6 400

（七）期末结转

年末，将本科目本年发生额转入经营结余，借记“经营结余”科目，贷记本科目。

【例15-61】年末，理工大学经营支出本年发生额551 500元转入经营结余。

借：经营结余　551 500

　贷：经营支出　551 500

四、上缴上级支出

为核算事业单位按照财政部门和主管部门的规定上缴上级单位款项发生的现金流出，设置“上缴上级支出”（7401）科目。年末结转后，本科目应无余额。

本科目应当按照收缴款项单位、缴款项目、《政府收支分类科目》中“支出功能分类科目”的项级科目和“部门预算支出经济分类科目”的款级科目等进行明细核算。其主要账务处理如下：

1.按照规定将款项上缴上级单位的，按照实际上缴的金额，借记本科目，贷记“资金结存”科目。

【例15-62】理工大学按照规定上缴上级单位，款项500 000元以银行存款支付。

借：上缴上级支出　500 000

　贷：资金结存——货币资金　500 000

2.年末，将本科目本年发生额转入其他结余，借记“其他结余”科目，贷记本科目。

【例15-63】年末，理工大学将上缴上级支出科目本年发生额500 000元转入其他结余。

借：其他结余　500 000

　贷：上缴上级支出　500 000

五、对附属单位补助支出

为核算事业单位用财政拨款预算收入之外的收入对附属单位补助发生的现金流

出，设置“对附属单位补助支出”（7501）科目。年末结转后，本科目应无余额。

本科目应当按照接受补助单位、补助项目、《政府收支分类科目》中“支出功能分类科目”的项级科目和“部门预算支出经济分类科目”的款级科目等进行明细核算。其主要账务处理如下：

1.发生对附属单位补助支出的，按照实际补助的金额，借记本科目，贷记“资金结存”科目。

【例15-64】理工大学向附属小学拨付补助款500 000元，以银行存款支付。

借：对附属单位补助支出　　500 000

　贷：资金结存——货币资金　　500 000

2.年末，将本科目本年发生额转入其他结余，借记“其他结余”科目，贷记本科目。

【例15-65】年末，理工大学将对附属单位补助支出科目本年发生额3 000 000元转入其他结余。

借：其他结余　　3 000 000

　贷：对附属单位补助支出　　3 000 000

六、投资支出

为核算事业单位以货币资金对外投资发生的现金流出，设置“投资支出”（7601）科目。年末结转后，本科目应无余额。

本科目应当按照投资类型、投资对象、《政府收支分类科目》中“支出功能分类科目”的项级科目和“部门预算支出经济分类科目”的款级科目等进行明细核算。其主要账务处理如下：

1.以货币资金对外投资时，按照投资金额和所支付的相关税费金额的合计数，借记本科目，贷记“资金结存”科目。

【例15-66】理工大学以货币资金对外投资，取得C公司股票，价款和相关税费共计2 600 000元。

借：投资支出　　2 600 000

　贷：资金结存——货币资金　　2 600 000

2.收回以货币资金取得对外投资。

（1）出售、对外转让或到期收回本年度以货币资金取得的对外投资的，如果按规定将投资收益纳入单位预算，按照实际收到的金额，借记“资金结存”科目，按照取得投资时“投资支出”科目的发生额，贷记本科目，按照其差额，贷记或借记“投资预算收益”科目；如果按规定将投资收益上缴财政的，按照取得投资时“投资支出”科目的发生额，借记“资金结存”科目，贷记本科目。

【例15-67】接例15-66，因资金紧张，理工大学对外转让本年度以货币资金取得的C公司股票，收到资金2 654 000元，投资成本2 600 000元，按规定将投资收益纳入单位预算。

借：资金结存——货币资金　　2 654 000

贷：投资支出　　2 600 000
　　投资预算收益　　54 000

（2）出售、对外转让或到期收回以前年度以货币资金取得的对外投资的，如果按规定将投资收益纳入单位预算，按照实际收到的金额，借记“资金结存”科目，按照取得投资时“投资支出”科目的发生额，贷记“其他结余”科目，按照其差额，贷记或借记“投资预算收益”科目；如果按规定将投资收益上缴财政的，按照取得投资时“投资支出”科目的发生额，借记“资金结存”科目，贷记“其他结余”科目。

【例15-68】理工大学到期收回以前年度以货币资金取得的对外投资，取得资金524 300元，投资成本500 000元，按规定投资收益上缴财政。

借：资金结存——货币资金　　500 000
　贷：其他结余　　500 000

3.年末，将本科目本年发生额转入其他结余，借记“其他结余”科目，贷记本科目。

【例15-69】年末，理工大学将投资支出科目本年发生额2 600 000元转入其他结余。

借：其他结余　　2 600 000
　贷：投资支出　　2 600 000

七、债务还本支出

为核算事业单位偿还自身承担的纳入预算管理的从金融机构举借的债务本金的现金流出，设置“债务还本支出”（7701）科目。年末结转后，本科目应无余额。

本科目应当按照贷款单位、贷款种类、《政府收支分类科目》中“支出功能分类科目”的项级科目和“部门预算支出经济分类科目”的款级科目等进行明细核算。其主要账务处理如下：

1.偿还各项短期或长期借款时，按照偿还的借款本金，借记本科目，贷记“资金结存”科目。

【例15-70】理工大学偿还短期借款1 000 000元，利息10 000元，共计1 010 000元，以银行存款支付。

借：债务还本支出　　1 000 000
　　其他支出　　10 000
　贷：资金结存——货币资金　　1 010 000

2.年末，将本科目本年发生额转入其他结余，借记“其他结余”科目，贷记本科目。

【例15-71】年末，理工大学将债务还本支出的本年发生额35 410 000元转入其他结余。

借：其他结余　　35 410 000
　贷：债务还本支出　　35 410 000

八、其他支出

为核算单位除行政支出、事业支出、经营支出、上缴上级支出、对附属单位补助支出、投资支出、债务还本支出以外的各项现金流出，包括利息支出、对外捐赠现金支出、现金盘亏损失、接受捐赠（调入）和对外捐赠（调出）非现金资产发生的税费支出、资产置换过程中发生的相关税费支出、罚没支出等，设置“其他支出”（7901）科目。年末结转后，本科目应无余额。

本科目应当按照其他支出的类别，“财政拨款支出”、“非财政专项资金支出”和“其他资金支出”，《政府收支分类科目》中“支出功能分类科目”的项级科目和“部门预算支出经济分类科目”的款级科目等进行明细核算。其他支出中如有专项资金支出，还应按照具体项目进行明细核算。

有一般公共预算财政拨款、政府性基金预算财政拨款等两种或两种以上财政拨款的事业单位，还应当在“财政拨款支出”明细科目下按照财政拨款的种类进行明细核算。单位发生利息支出、捐赠支出等其他支出金额较大或业务较多的，可单独设置“利息支出”（7902）、“捐赠支出”（7903）等科目。

其他支出的主要账务处理如下：

1.支付银行借款利息时，按照实际支付金额，借记本科目，贷记“资金结存”科目。

【例15-72】理工大学支付长期借款利息12 000元。

借：其他支出　　12 000

　贷：资金结存——货币资金　　12 000

2.对外捐赠现金资产时，按照捐赠金额，借记本科目，贷记“资金结存——货币资金”科目。

【例15-73】理工大学对外捐赠现金资产，向农民工子弟学校捐赠现金20 000元。

借：其他支出　　20 000

　贷：资金结存——货币资金　　20 000

3.每日现金账款核对中如发现现金短缺，按照短缺的现金金额，借记本科目，贷记“资金结存——货币资金”科目。经核实，属于应当由有关人员赔偿的，按照收到的赔偿金额，借记“资金结存——货币资金”科目，贷记本科目。

【例15-74】理工大学在每日现金账款核对中发现现金短缺500元。

借：其他支出　　500

　贷：资金结存——货币资金　　500

4.接受捐赠（无偿调入）非现金资产发生的归属于捐入方（调入方）的相关税费、运输费等，以及对外捐赠（无偿调出）非现金资产发生的归属于捐出方（调出方）的相关税费、运输费等，按照实际支付金额，借记本科目，贷记“资金结存”科目。

【例15-75】理工大学接受捐赠教学设备2台，发生的税费支出1 000元，以银行存款支付。

借：其他支出 1 000

贷：资金结存——货币资金 1 000

5.资产置换过程中发生的相关税费，按照实际支付金额，借记本科目，贷记“资金结存”科目。

【例15-76】理工大学以2项专利技术转换L公司的股权，发生相关税费支出1 700元，以银行存款支付。

借：其他支出 1 700

贷：资金结存——货币资金 1 700

6.发生罚没等其他支出时，按照实际支出金额，借记本科目，贷记“资金结存”科目。

【例15-77】理工大学支付车辆违章罚款2 400元，以银行存款支付。

借：其他支出 2 400

贷：资金结存——货币资金 2 400

7.期末结转。

年末，将本科目本年发生额中的财政拨款支出转入财政拨款结转，借记“财政拨款结转——本年收支结转”科目，贷记本科目下各财政拨款支出明细科目；将本科目本年发生额中的非财政专项资金支出转入非财政拨款结转，借记“非财政拨款结转——本年收支结转”科目，贷记本科目下各非财政专项资金支出明细科目；将本科目本年发生额中的其他资金支出（非财政非专项资金支出）转入其他结余，借记“其他结余”科目，贷记本科目下各其他资金支出明细科目。

【例15-78】年末，理工大学将“其他支出——财政拨款支出”129 520元转入财政拨款结转；将“其他支出——非财政专项资金支出”35 000元转入非财政拨款结转；将“其他支出——非财政非专项资金支出”2 000元转入其他结余。

借：财政拨款结转——本年收支结转 129 520

贷：其他支出——财政拨款支出 129 520

借：非财政拨款结转——本年收支结转 35 000

贷：其他支出——非财政专项资金支出 35 000

借：其他结余 2 000

贷：其他支出——其他资金支出 2 000

第三节

预算结余的核算

预算结余，是指行政事业单位预算年度内预算收入扣除预算支出后的资金余额，以及历年滚存的资金余额。预算结余包括结余资金和结转资金。结余资金，是指年度预算执行终了，预算收入实际完成数扣除预算支出和结转资金后剩余的资金。结转资金，是指预算安排项目的支出年终尚未执行完毕或者因故未执行且下年需要按原用途继续使用的资金。

符合预算收入、预算支出和预算结余定义及确认条件的项目应当列入政府决算报表。行政事业单位的预算结余包括资金结存、财政拨款结转、财政拨款结余、非财政拨款结转、非财政拨款结余、专用结余、经营结余、其他结余和非财政拨款结余分配等。

一、资金结存

为核算单位纳入部门预算管理的资金的流入、流出、调整和滚存等情况，设置"资金结存"（8001）科目。本科目年末借方余额，反映单位预算资金的累计滚存情况。

（一）资金结存的明细科目设置

1."零余额账户用款额度"：本明细科目核算实行国库集中支付的单位根据财政部门批复的用款计划收到和支用的零余额账户用款额度。年末结账后，本明细科目应无余额。

2."货币资金"：本明细科目核算单位以库存现金、银行存款、其他货币资金形态存在的资金。本明细科目年末借方余额，反映单位尚未使用的货币资金。

3."财政应返还额度"：本明细科目核算实行国库集中支付的单位可以使用的以前年度财政直接支付资金额度和财政应返还的财政授权支付资金额度。本明细科目下可设置"财政直接支付""财政授权支付"两个明细科目进行明细核算。本明细科目年末借方余额，反映单位应收财政返还的资金额度。

（二）资金结存的主要账务处理

1.取得预算资金

（1）财政授权支付方式下，单位根据代理银行转来的财政授权支付额度到账通知书，按照通知书中的授权支付额度，借记本科目（零余额账户用款额度），贷记"财政拨款预算收入"科目。

【例15-79】市审计局收到代理银行转来的财政授权支付额度到账通知书，通知书中的授权支付额度为200 000元。

借：资金结存——零余额账户用款额度　　200 000

　贷：财政拨款预算收入　　200 000

（2）以国库集中支付以外的其他支付方式取得预算收入时，按照实际收到的金额，借记本科目（货币资金），贷记"财政拨款预算收入""事业预算收入""经营预算收入"等科目。

【例15-80】县农科所以实拨资金的方式取得预算收入60 000元，存入银行。

借：资金结存——货币资金　　60 000

　贷：财政拨款预算收入　　60 000

2.各种支出

（1）财政授权支付方式下，发生相关支出时，按照实际支付的金额，借记“行政支出”“事业支出”等科目，贷记本科目（零余额账户用款额度）。

【例15-81】市审计局以零余额账户用款额度支付会议费31 000元。

借：行政支出　31 000

　贷：资金结存——零余额账户用款额度　31 000

（2）从零余额账户提取现金时，借记本科目（货币资金），贷记本科目（零余额账户用款额度）。退回现金时，作相反会计分录。

【例15-82】市审计局从零余额账户提取现金50 000元。

借：资金结存——货币资金　50 000

　贷：资金结存——零余额账户用款额度　50 000

（3）使用以前年度财政直接支付额度发生支出时，按照实际支付金额，借记“行政支出”“事业支出”等科目，贷记本科目（财政应返还额度）。

【例15-83】市审计局用以前年度财政直接支付额度购买电脑2台，价款8 000元。

借：行政支出　8 000

　贷：资金结存——财政应返还额度　8 000

（4）国库集中支付以外的其他支付方式下，发生相关支出时，按照实际支付的金额，借记“事业支出”“经营支出”等科目，贷记本科目（货币资金）。

【例15-84】理工大学附属非独立核算招待所购买被服60 500元，以银行存款支付。

借：经营支出　60 500

　贷：资金结存——货币资金　60 500

3.按规定上缴或注销财政拨款结转结余资金

（1）按照规定上缴财政拨款结转结余资金或注销财政拨款结转结余资金额度的，按照实际上缴资金数额或注销的资金额度数额，借记“财政拨款结转——归集上缴”或“财政拨款结余——归集上缴”科目，贷记本科目（财政应返还额度、零余额账户用款额度、货币资金）。

【例15-85】理工大学按照规定上缴财政拨款结转结余资金100 000元，以财政应返还额度冲抵。

借：财政拨款结转——归集上缴　100 000

　贷：资金结存——财政应返还额度　100 000

（2）按规定向原资金拨入单位缴回非财政拨款结转资金的，按照实际缴回资金数额，借记“非财政拨款结转——缴回资金”科目，贷记本科目（货币资金）。

【例15-86】理工大学按规定向上级部门缴回非财政拨款结转50 000元，以银行存款支付。

借：非财政拨款结转——缴回资金　50 000

贷：资金结存——货币资金　　50 000

（3）收到从其他单位调入的财政拨款结转资金的，按照实际调入资金数额，借记本科目（财政应返还额度、零余额账户用款额度、货币资金），贷记“财政拨款结转——归集调入”科目。

【例 15-87】市审计局从科技局调入财政拨款结转资金50 000元，增加授权支付额度。

借：资金结存——零余额账户用款额度　　50 000

贷：财政拨款结转——归集调入　　50 000

4.使用专用基金

按照规定使用专用基金时，按照实际支付金额，借记“专用结余”科目［从非财政拨款结余中提取的专用基金］或“事业支出”等科目［从预算收入中计提的专用基金］，贷记本科目（货币资金）。

【例 15-88】理工大学按照规定使用专用结余（从非财政拨款结余中提取的专用基金）购买空调2台，用于改善教师休息室环境。空调价款共计16 400元，以银行存款支付。

借：专用结余——从非财政拨款结余中提取的专用基金　　16 400

贷：资金结存——货币资金　　16 400

5.购货退回、发生差错更正等

（1）因购货退回、发生差错更正等退回国库直接支付、授权支付款项，或者收回货币资金的，属于本年度支付的，借记“财政拨款预算收入”科目或本科目（零余额账户用款额度、货币资金），贷记相关支出科目。

【例 15-89】接例 15-84，因质量问题，理工大学附属非独立核算招待所退回当年购买被服60 500元，款项存入银行。

借：资金结存——货币资金　　60 500

贷：经营支出　　60 500

（2）属于以前年度支付的，借记本科目（财政应返还额度、零余额账户用款额度、货币资金），贷记“财政拨款结转”“财政拨款结余”“非财政拨款结转”“非财政拨款结余”科目。

【例 15-90】接例 15-84，因质量问题，理工大学附属非独立核算招待所退回上一年度购买被服60 500元，款项存入银行。

借：资金结存——货币资金　　60 500

贷：非财政拨款结余——年初余额调整　　60 500

6.缴纳所得税

有企业所得税缴纳义务的事业单位缴纳所得税时，按照实际缴纳金额，借记“非财政拨款结余——累计结余”科目，贷记本科目（货币资金）。

【例 15-91】理工大学附属非独立核算招待所缴纳企业所得税26 830元，以银行存款支付。

借：非财政拨款结余——累计结余　26 830

　贷：资金结存——货币资金　26 830

7.财政直接支付结余资金

年末，根据本年度财政直接支付预算指标数与当年财政直接支付实际支出数的差额，借记本科目（财政应返还额度），贷记“财政拨款预算收入”科目。

【例15-92】年末，理工大学本年度财政直接支付预算指标数与当年财政直接支付实际支出数的差额300 000元，转入财政应返还额度科目。

借：资金结存——财政应返还额度　300 000

　贷：财政拨款预算收入　300 000

8.财政授权支付结余资金

年末，单位依据代理银行提供的对账单作注销额度的相关账务处理，借记本科目（财政应返还额度），贷记本科目（零余额账户用款额度）；本年度财政授权支付预算指标数大于零余额账户用款额度下达数的，根据未下达的用款额度，借记本科目（财政应返还额度），贷记“财政拨款预算收入”科目。

【例15-93】年末，理工大学依据代理银行提供的对账单注销零余额账户用款额度215 400元。

借：资金结存——财政应返还额度　215 400

　贷：资金结存——零余额账户用款额度　215 400

9.恢复零余额账户用款额度

下年初，单位依据代理银行提供的额度恢复到账通知书作恢复额度的相关账务处理，借记本科目（零余额账户用款额度），贷记本科目（财政应返还额度）。单位收到财政部门批复的上年末未下达零余额账户用款额度的，借记本科目（零余额账户用款额度），贷记本科目（财政应返还额度）。

【例15-94】接例15-93，下年初，理工大学依据代理银行提供的额度215 400元恢复到账通知书作恢复额度的相关账务处理。

借：资金结存——零余额账户用款额度　215 400

　贷：资金结存——财政应返还额度　215 400

二、财政拨款结转

为核算单位取得的同级财政拨款结转资金的调整、结转和滚存情况，设置“财政拨款结转”（8101）科目。本科目年末贷方余额，反映单位滚存的财政拨款结转资金数额。

（一）财政拨款结转的明细科目设置

1.与会计差错更正、以前年度支出收回相关的明细科目

“年初余额调整”：本明细科目核算因发生会计差错更正、以前年度支出收回等原因，需要调整财政拨款结转的金额。年末结账后，本明细科目应无余额。

2.与财政拨款调拨业务相关的明细科目

（1）“归集调入”：本明细科目核算按照规定从其他单位调入财政拨款结转资金

时，实际调增的额度数额或调入的资金数额。年末结账后，本明细科目应无余额。

（2）“归集调出”：本明细科目核算按照规定向其他单位调出财政拨款结转资金时，实际调减的额度数额或调出的资金数额。年末结账后，本明细科目应无余额。

（3）“归集上缴”：本明细科目核算按照规定上缴财政拨款结转资金时，实际核销的额度数额或上缴的资金数额。年末结账后，本明细科目应无余额。

（4）“单位内部调剂”：本明细科目核算经财政部门批准对财政拨款结余资金改变用途，调整用于本单位其他未完成项目等的调整金额。年末结账后，本明细科目应无余额。

3.与年末财政拨款结转业务相关的明细科目

（1）“本年收支结转”：本明细科目核算单位本年度财政拨款收支相抵后的余额。年末结账后，本明细科目应无余额。

（2）“累计结转”：本明细科目核算单位滚存的财政拨款结转资金。本明细科目年末贷方余额，反映单位财政拨款滚存的结转资金数额。

本科目还应当设置“基本支出结转”“项目支出结转”两个明细科目，并在“基本支出结转”明细科目下按照“人员经费”“日常公用经费”进行明细核算，在“项目支出结转”明细科目下按照具体项目进行明细核算；同时，本科目还应按照《政府收支分类科目》中“支出功能分类科目”的相关科目进行明细核算。

有一般公共预算财政拨款、政府性基金预算财政拨款等两种或两种以上财政拨款的，还应当在本科目下按照财政拨款的种类进行明细核算。

（二）财政拨款结转的主要账务处理

1.与会计差错更正、以前年度支出收回相关的账务处理

（1）因发生会计差错更正退回以前年度国库直接支付、授权支付款项或财政性货币资金，或者因发生会计差错更正增加以前年度国库直接支付、授权支付支出或财政性货币资金支出，属于以前年度财政拨款结转资金的，借记或贷记“资金结存——财政应返还额度”“资金结存——零余额账户用款额度”“资金结存——货币资金”科目，贷记或借记本科目（年初余额调整）。

【例 15-95】因计算错误，理工大学上一年度用专项资金（项目未完工，以财政直接支付方式支付）购买的材料多付款项35 000元，现予以退回。

借：资金结存——财政应返还额度　　35 000

　　贷：财政拨款结转——年初余额调整　　35 000

（2）因购货退回、预付款项收回等发生以前年度支出又收回国库直接支付、授权支付款项或收回财政性货币资金，属于以前年度财政拨款结转资金的，借记“资金结存——财政应返还额度”“资金结存——零余额账户用款额度”“资金结存——货币资金”科目，贷记本科目（年初余额调整）。

【例 15-96】因质量问题，理工大学上一年度以国库直接支付方式购买的设备退货，货款44 300元退回国库。

借：资金结存——财政应返还额度　　44 300

贷：财政拨款结转——年初余额调整　　44 300

2.与财政拨款结转结余资金调整业务相关的账务处理

（1）按照规定从其他单位调入财政拨款结转资金的，按照实际调增的额度数额或调入的资金数额，借记“资金结存——财政应返还额度”“资金结存——零余额账户用款额度”“资金结存——货币资金”科目，贷记本科目（归集调入）。

【例15-97】理工大学按照规定从师范大学调入财政拨款结转资金80 000元，并调增财政应返还额度。

借：资金结存——财政应返还额度　　80 000

贷：财政拨款结转——归集调入　　80 000

（2）按照规定向其他单位调出财政拨款结转资金的，按照实际调减的额度数额或调出的资金数额，借记本科目（归集调出），贷记“资金结存——财政应返还额度”“资金结存——零余额账户用款额度”“资金结存——货币资金”科目。

【例15-98】理工大学按照规定调出财政拨款结转资金510 000元，并调减财政应返还额度。

借：财政拨款结转——归集调出　　510 000

贷：资金结存——财政应返还额度　　510 000

（3）按照规定上缴财政拨款结转资金或注销财政拨款结转资金额度的，按照实际上缴资金数额或注销的资金额度数额，借记本科目（归集上缴），贷记“资金结存——财政应返还额度”“资金结存——零余额账户用款额度”“资金结存——货币资金”科目。

【例15-99】按照规定，理工大学注销某完工项目的专项资金财政拨款结转资金额度150 000元，上缴财政。

借：财政拨款结转——归集上缴　　150 000

贷：资金结存——财政应返还额度　　150 000

（4）经财政部门批准对财政拨款结余资金改变用途，调整用于本单位基本支出或其他未完成项目支出的，按照批准调剂的金额，借记“财政拨款结余——单位内部调剂”科目，贷记本科目（单位内部调剂）。

【例15-100】经财政部门批准，理工大学改变某一完工项目的财政拨款结余资金400 000元的用途，调整用于单位本年的基本支出。

借：财政拨款结余——单位内部调剂　　400 000

贷：财政拨款结转——单位内部调剂　　400 000

3.与年末财政拨款结转和结余业务相关的账务处理

（1）年末，将财政拨款预算收入本年发生额转入本科目，借记“财政拨款预算收入”科目，贷记本科目（本年收支结转）；将各项支出中财政拨款支出本年发生额转入本科目，借记本科目（本年收支结转），贷记各项支出（财政拨款支出）科目。

【例15-101】年末，理工大学将“财政拨款预算收入”科目贷方余额

35 000 000元转入财政拨款结转科目。

借：财政拨款预算收入　　35 000 000

　贷：财政拨款结转——本年收支结转　　35 000 000

【例15-102】接例15-51和例15-78，年末，理工大学将“事业支出——财政拨款支出”科目借方余额30 322 400元、“其他支出——财政拨款支出”科目借方余额129 520元转入财政拨款结转。

借：财政拨款结转——本年收支结转　　30 451 920

　贷：事业支出——财政拨款支出　　30 322 400

　　　其他支出——财政拨款支出　　129 520

（2）年末冲销有关明细科目余额。将本科目（本年收支结转、年初余额调整、归集调入、归集调出、归集上缴、单位内部调剂）余额转入本科目（累计结转）。结转后，本科目除“累计结转”明细科目外，其他明细科目应无余额。

【例15-103】接例15-95至例15-102，年末，理工大学“财政拨款结转”科目中本年收支结转贷方余额4 548 080元、年初余额调整贷方余额79 300元、归集调入贷方余额80 000元、归集调出借方余额510 000元、归集上缴借方余额150 000元、单位内部调剂贷方余额400 000元转入“财政拨款结转——累计结转”科目。

借：财政拨款结转——本年收支结转　　4 548 080

　　　　　　　　——年初余额调整　　79 300

　　　　　　　　——归集调入　　80 000

　　　　　　　　——单位内部调剂　　400 000

　贷：财政拨款结转——归集调出　　510 000

　　　　　　　　　——归集上缴　　150 000

　　　　　　　　　——累计结转　　4 447 380

（3）年末完成上述结转后，应当对财政拨款结转各明细项目执行情况进行分析，按照有关规定将符合财政拨款结余性质的项目余额转入财政拨款结余，借记本科目（累计结转），贷记“财政拨款结余——结转转入”科目。

【例15-104】接例15-103，年末，理工大学将符合财政拨款结余性质的项目余额500 000元转入财政拨款结余。

借：财政拨款结转——累计结转　　500 000

　贷：财政拨款结余——结转转入　　500 000

三、财政拨款结余

为核算单位取得的同级财政拨款项目支出结余资金的调整、结转和滚存情况，设置“财政拨款结余”（8102）科目。本科目年末贷方余额，反映单位滚存的财政拨款结余资金数额。

（一）财政拨款结余的明细科目设置

1.与会计差错更正、以前年度支出收回相关的明细科目

“年初余额调整”：本明细科目核算因发生会计差错更正、以前年度支出收回等

原因，需要调整财政拨款结余的金额。年末结账后，本明细科目应无余额。

2. 与财政拨款结余资金调整业务相关的明细科目

（1）“归集上缴”：本明细科目核算按照规定上缴财政拨款结余资金时，实际核销的额度数额或上缴的资金数额。年末结账后，本明细科目应无余额。

（2）“单位内部调剂”：本明细科目核算经财政部门批准对财政拨款结余资金改变用途，调整用于本单位其他未完成项目等的调整金额。年末结账后，本明细科目应无余额。

3. 与年末财政拨款结余业务相关的明细科目

（1）“结转转入”：本明细科目核算单位按照规定转入财政拨款结余的财政拨款结转资金。年末结账后，本明细科目应无余额。

（2）“累计结余”：本明细科目核算单位滚存的财政拨款结余资金。本明细科目年末贷方余额，反映单位财政拨款滚存的结余资金数额。

本科目还应当按照具体项目、《政府收支分类科目》中“支出功能分类科目”的相关科目等进行明细核算。

有一般公共预算财政拨款、政府性基金预算财政拨款等两种或两种以上财政拨款的，还应当在本科目下按照财政拨款的种类进行明细核算。

（二）财政拨款结余的主要账务处理

1. 与会计差错更正、以前年度支出收回相关的账务处理

（1）因发生会计差错更正退回以前年度国库直接支付、授权支付款项或财政性货币资金，或者因发生会计差错更正增加以前年度国库直接支付、授权支付支出或财政性货币资金支出，属于以前年度财政拨款结余资金的，借记或贷记“资金结存——财政应返还额度”“资金结存——零余额账户用款额度”“资金结存——货币资金”科目，贷记或借记本科目（年初余额调整）。

【例 15-105】因发生会计差错，理工大学以前年度应支付的劳务公司保洁费少付了 50 000 元，予以更正，以零余额账户用款额度支付。

借：财政拨款结余——年初余额调整　　50 000

　贷：资金结存——零余额账户用款额度　　50 000

（2）因购货退回、预付款项收回等发生以前年度支出又收回国库直接支付、授权支付款项或收回财政性货币资金，属于以前年度财政拨款结余资金的，借记“资金结存——财政应返还额度”“资金结存——零余额账户用款额度”“资金结存——货币资金”科目，贷记本科目（年初余额调整）。

【例 15-106】理工大学上一年度支付给 T 公司的预订设备款 30 000 元，因对方技术原因无法履行合同而退回，款项退回至零余额账户。

借：资金结存——零余额账户用款额度　　30 000

　贷：财政拨款结余——年初余额调整　　30 000

2. 与财政拨款结余资金调整业务相关的账务处理

（1）经财政部门批准对财政拨款结余资金改变用途，调整用于本单位基本支出

或其他未完成项目支出的，按照批准调剂的金额，借记本科目（单位内部调剂），贷记“财政拨款结转——单位内部调剂”科目。

【例15-107】同例15-100，经财政部门批准，理工大学改变某一完工项目的财政拨款结余资金400 000元的用途，调整用于单位本年的基本支出。

借：财政拨款结余——单位内部调剂　　400 000

　贷：财政拨款结转——单位内部调剂　　400 000

（2）按照规定上缴财政拨款结余资金或注销财政拨款结余资金额度的，按照实际上缴资金数额或注销的资金额度数额，借记本科目（归集上缴），贷记“资金结存——财政应返还额度”“资金结存——零余额账户用款额度”“资金结存——货币资金”科目。

【例15-108】按照规定，理工大学向财政上缴财政拨款结余资金100 000元，冲减财政应返还额度。

借：财政拨款结余——归集上缴　　100 000

　贷：资金结存——财政应返还额度　　100 000

3.与年末财政拨款结转和结余业务相关的账务处理

（1）年末，对财政拨款结转各明细项目执行情况进行分析，按照有关规定将符合财政拨款结余性质的项目余额转入财政拨款结余，借记“财政拨款结转——累计结转”科目，贷记本科目（结转转入）。

【例15-109】同例15-104，年末，理工大学将符合财政拨款结余性质的项目余额500 000元转入财政拨款结余。

借：财政拨款结转——累计结转　　500 000

　贷：财政拨款结余——结转转入　　500 000

（2）年末冲销有关明细科目余额。将本科目（年初余额调整、归集上缴、单位内部调剂、结转转入）余额转入本科目（累计结余）。结转后，本科目除“累计结余”明细科目外，其他明细科目应无余额。

【例15-110】接例15-105至例15-109，年末，理工大学将“财政拨款结余”科目的年初余额调整借方余额20 000元、归集上缴借方余额100 000元、单位内部调剂借方余额400 000元、结转转入贷方余额4 447 380元转入“财政拨款结余——累计结余”明细科目。

借：财政拨款结余——结转转入　　500 000

　　　　　　　　——累计结余　　20 000

　贷：财政拨款结余——年初余额调整　　20 000

　　　　　　　　　——归集上缴　　100 000

　　　　　　　　　——单位内部调剂　　400 000

四、非财政拨款结转

为核算单位除财政拨款收支、经营收支以外各非同级财政拨款专项资金的调整、结转和滚存情况，设置“非财政拨款结转”（8201）科目。本科目年末贷方余额，反映单位滚存的非同级财政拨款专项结转资金数额。

（一）非财政拨款结转的明细科目设置

1.“年初余额调整”：本明细科目核算因发生会计差错更正、以前年度支出收回等原因，需要调整非财政拨款结转的资金。年末结账后，本明细科目应无余额。

2.“缴回资金”：本明细科目核算按照规定缴回非财政拨款结转资金时，实际缴回的资金数额。年末结账后，本明细科目应无余额。

3.“项目间接费用或管理费”：本明细科目核算单位取得的科研项目预算收入中，按照规定计提项目间接费用或管理费的数额。年末结账后，本明细科目应无余额。

4.“本年收支结转”：本明细科目核算单位本年度非同级财政拨款专项收支相抵后的余额。年末结账后，本明细科目应无余额。

5.“累计结转”：本明细科目核算单位滚存的非同级财政拨款专项结转资金。本明细科目年末贷方余额，反映单位非同级财政拨款滚存的专项结转资金数额。

本科目还应当按照具体项目、《政府收支分类科目》中“支出功能分类科目”的相关科目等进行明细核算。

（二）非财政拨款结转的主要账务处理

1.按照规定从科研项目预算收入中提取项目管理费或间接费时，按照提取金额，借记本科目（项目间接费用或管理费），贷记“非财政拨款结余——项目间接费用或管理费”科目。

【例15-111】为落实党的二十大精神，“深化财政科技经费分配使用机制改革，激发创新活力”，理工大学从科研项目预算收入中提取项目管理费2 600 000元。

借：非财政拨款结转——项目间接费用或管理费　　2 600 000

　贷：非财政拨款结余——项目间接费用或管理费　　2 600 000

2.差错更正或支出收回。

（1）因会计差错更正收到或支出非同级财政拨款货币资金，属于非财政拨款结转资金的，按照收到或支出的金额，借记或贷记“资金结存——货币资金”科目，贷记或借记本科目（年初余额调整）。

【例15-112】理工大学收回上年度某课题组多支付的材料费20 000元，存入银行。

借：资金结存——货币资金　　20 000

　贷：非财政拨款结转——年初余额调整　　20 000

（2）因收回以前年度支出等收到非同级财政拨款货币资金，属于非财政拨款结转资金的，按照收到的金额，借记“资金结存——货币资金”科目，贷记本科目（年初余额调整）。

【例15-113】经核查，理工大学以前年度用中央财政拨款购买的设备存在质量问题，经协调，对方退回50 000元作为补偿。

借：资金结存——货币资金　　50 000

贷：非财政拨款结转——年初余额调整 50 000

3.按照规定缴回非财政拨款结转资金的，按照实际缴回资金数额，借记本科目（缴回资金），贷记“资金结存——货币资金”科目。

【例15-114】按照规定，理工大学缴回某课题组结转资金500 000元。

借：非财政拨款结转——缴回资金 500 000

贷：资金结存——货币资金 500 000

4.年末，将事业预算收入、上级补助预算收入、附属单位上缴预算收入、非同级财政拨款预算收入、债务预算收入、其他预算收入本年发生额中的专项资金收入转入本科目，借记“事业预算收入”“上级补助预算收入”“附属单位上缴预算收入”“非同级财政拨款预算收入”“债务预算收入”“其他预算收入”科目下各专项资金收入明细科目，贷记本科目（本年收支结转）；借记本科目（本年收支结转），贷记“行政支出”“事业支出”“其他支出”科目下各非财政拨款专项资金支出明细科目。

【例15-115】年末，理工大学将“事业预算收入——专项资金收入”70 000 000元、“上级补助预算收入——专项资金收入”500 000元、“附属单位上缴预算收入——专项资金收入”200 000元、“非同级财政拨款预算收入——专项资金收入”6 000 000元、“债务预算收入——专项资金收入”1 000 000元、“其他预算收入——专项资金收入”7 000元转入“非财政拨款结转——本年收支结转”科目。

借：事业预算收入——专项资金收入 70 000 000

上级补助预算收入——专项资金收入 500 000

附属单位上缴预算收入——专项资金收入 200 000

非同级财政拨款预算收入——专项资金收入 6 000 000

债务预算收入——专项资金收入 1 000 000

其他预算收入——专项资金收入 7 000

贷：非财政拨款结转——本年收支结转 77 707 000

【例15-116】参见例15-51和例15-78，年末，理工大学将“事业支出——非财政专项资金支出”72 856 000元、“其他支出——非财政专项资金支出”35 000元转入“非财政拨款结转——本年收支结转”科目。

借：非财政拨款结转——本年收支结转 72 891 000

贷：事业支出——非财政专项资金支出 72 856 000

其他支出——非财政专项资金支出 35 000

5.年末冲销有关明细科目余额。将本科目（年初余额调整、项目间接费用或管理费、缴回资金、本年收支结转）余额转入本科目（累计结转）。结转后，本科目除“累计结转”明细科目外，其他明细科目应无余额。

【例15-117】接例15-111至例15-116，年末，理工大学将“非财政拨款结转”科目的年初余额调整贷方余额70 000元、项目间接费用或管理费借方余额2 600 000元、缴回资金借方余额500 000元、本年收支结转贷方余额4 816 000元转入“非财政拨款结转——累计结转”明细科目。

借：非财政拨款结转——年初余额调整　　70 000
　　　　　　　　　——本年收支结转　　4 816 000
　贷：非财政拨款结转——缴回资金　　500 000
　　　　　　　　　　——项目间接费用或管理费　　2 600 000
　　　　　　　　　　——累计结转　　1 786 000

6.年末完成上述结转后，应当对非财政拨款专项结转资金各项目情况进行分析，将留归本单位使用的非财政拨款专项（项目已完成）剩余资金转入非财政拨款结余，借记本科目（累计结转），贷记“非财政拨款结余——结转转入”科目。

【例15-118】年末，理工大学对非财政拨款专项结转资金各项目情况进行分析，将留归本单位使用的非财政拨款专项（项目已完成）剩余资金200 000元转入非财政拨款结余。

借：非财政拨款结转——累计结转　　200 000
　贷：非财政拨款结余——结转转入　　200 000

五、非财政拨款结余

为核算单位历年滚存的非限定用途的非同级财政拨款结余资金，主要为非财政拨款结余扣除结余分配后滚存的金额，设置“非财政拨款结余”（8202）科目。本科目年末贷方余额，反映单位非同级财政拨款结余资金的累计滚存数额。

（一）非财政拨款结余的明细科目设置

1.“年初余额调整”：本明细科目核算因发生会计差错更正、以前年度支出收回等原因，需要调整非财政拨款结余的资金。年末结账后，本明细科目应无余额。

2.“项目间接费用或管理费”：本明细科目核算单位取得的科研项目预算收入中，按照规定计提的项目间接费用或管理费数额。年末结账后，本明细科目应无余额。

3.“结转转入”：本明细科目核算按照规定留归单位使用，由单位统筹调配，纳入单位非财政拨款结余的非同级财政拨款专项剩余资金。年末结账后，本明细科目应无余额。

4.“累计结余”：本明细科目核算单位历年滚存的非同级财政拨款、非专项结余资金。本明细科目年末贷方余额，反映单位非同级财政拨款滚存的非专项结余资金数额。

本科目还应当按照《政府收支分类科目》中“支出功能分类科目”的相关科目进行明细核算。

（二）非财政拨款结余的主要账务处理

1.按照规定从科研项目预算收入中提取项目间接费用或管理费时，借记“非财政拨款结转——项目间接费用或管理费”科目，贷记本科目（项目间接费用或管理费）。

【例 15-119】同例 15-111，理工大学从科研项目预算收入中提取项目管理费 2 600 000元。

借：非财政拨款结转——项目间接费用或管理费　　2 600 000

　贷：非财政拨款结余——项目间接费用或管理费　　2 600 000

2.有企业所得税缴纳义务的事业单位实际缴纳企业所得税时，按照缴纳金额，借记本科目（累计结余），贷记“资金结存——货币资金”科目。

【例 15-120】同例 15-91，理工大学附属非独立核算招待所缴纳企业所得税 26 830元，以银行存款支付。

借：非财政拨款结余——累计结余　　26 830

　贷：资金结存——货币资金　　26 830

3.差错更正和退回。

（1）因会计差错更正收到或支出非同级财政拨款货币资金，属于非财政拨款结余资金的，按照收到或支出的金额，借记或贷记“资金结存——货币资金”科目，贷记或借记本科目（年初余额调整）。

【例 15-121】因会计差错，理工大学补付上一年度采购材料款 60 000元，该批材料用单位自筹资金购买。

借：非财政拨款结余——年初余额调整　　60 000

　贷：资金结存——货币资金　　60 000

（2）因收回以前年度支出等收到非同级财政拨款货币资金，属于非财政拨款结余资金的，按照收到的金额，借记“资金结存——货币资金”科目，贷记本科目（年初余额调整）。

【例 15-122】理工大学（省属）收回以前年度与J企业的合作资金 200 000元，该资金当初以中央财政拨款支付。

借：资金结存——货币资金　　200 000

　贷：非财政拨款结余——年初余额调整　　200 000

4.年末，将留归本单位使用的非财政拨款专项（项目已完成）剩余资金转入本科目，借记“非财政拨款结转——累计结转”科目，贷记本科目（结转转入）。

【例 15-123】同例 15-118，年末，理工大学对非财政拨款专项结转资金各项目情况进行分析，将留归本单位使用的非财政拨款专项（项目已完成）剩余资金 200 000元转入非财政拨款结余。

借：非财政拨款结转——累计结转　　200 000

　贷：非财政拨款结余——结转转入　　200 000

5.年末冲销有关明细科目余额。将本科目（年初余额调整、项目间接费用或管理费、结转转入）余额结转入本科目（累计结余）。结转后，本科目除“累计结余”明细科目外，其他明细科目应无余额。

【例 15-124】接例 15-119至例 15-123，年末，理工大学将“非财政拨款结余”科目的年初余额调整贷方余额 140 000元、项目间接费用或管理费贷方余额

2 600 000元、结转转入贷方余额1 100 000元转入“非财政拨款结余——累计结余”明细科目。

借：非财政拨款结余——年初余额调整　　140 000
　　　　　　　　　——项目间接费用或管理费　　2 600 000
　　　　　　　　　——结转转入　　1 100 000
　贷：非财政拨款结余——累计结余　　3 840 000

6.年末处理。

（1）事业单位将“非财政拨款结余分配”科目余额转入非财政拨款结余。“非财政拨款结余分配”科目为借方余额的，借记本科目（累计结余），贷记“非财政拨款结余分配”科目；“非财政拨款结余分配”科目为贷方余额的，借记“非财政拨款结余分配”科目，贷记本科目（累计结余）。

【例15-125】年末，理工大学将“非财政拨款结余分配”科目贷方余额1 725 000元转入非财政拨款结余。

借：非财政拨款结余分配　　1 725 000
　贷：非财政拨款结余——累计结余　　1 725 000

（2）年末，行政单位将“其他结余”科目余额转入非财政拨款结余。“其他结余”科目为借方余额的，借记本科目（累计结余），贷记“其他结余”科目；“其他结余”科目为贷方余额的，借记“其他结余”科目，贷记本科目（累计结余）。

【例15-126】年末，市审计局将“其他结余”科目借方余额22 500元转入非财政拨款结余。

借：非财政拨款结余——累计结余　　22 500
　贷：其他结余　　22 500

六、专用结余

为核算事业单位按照规定从非财政拨款结余中提取的具有专门用途的资金的变动和滚存情况，设置“专用结余”（8301）科目。本科目年末贷方余额，反映事业单位从非同级财政拨款结余中提取的专用基金的累计滚存数额。

本科目应当按照专用结余的类别进行明细核算。其主要账务处理如下：

1.根据有关规定从本年度非财政拨款结余或经营结余中提取基金的，按照提取金额，借记“非财政拨款结余分配”科目，贷记本科目。

【例15-127】根据有关规定，理工大学从本年度非财政拨款结余中提取职工福利基金150 000元。

借：非财政拨款结余分配　　150 000
　贷：专用结余——从非财政拨款结余中提取　　150 000

2.根据规定使用从非财政拨款结余或经营结余中提取的专用基金时，按照使用金额，借记本科目，贷记“资金结存——货币资金”科目。

【例15-128】根据有关规定，理工大学使用从本年度非财政拨款结余中提取的职工福利基金30 000元，以银行存款支付。

借：专用结余——从非财政拨款结余中提取　　30 000

　贷：资金结存——货币资金　　30 000

七、经营结余

为核算事业单位本年度经营活动收支相抵后的余额弥补以前年度经营亏损后的余额，设置“经营结余”（8401）科目。年末结账后，本科目一般无余额；如为借方余额，反映事业单位累计发生的经营亏损。

本科目可以按照经营活动类别进行明细核算。其主要账务处理如下：

1.年末，将经营预算收入本年发生额转入本科目，借记“经营预算收入”科目，贷记本科目；将经营支出本年发生额转入本科目，借记本科目，贷记“经营支出”科目。

【例15-129】年末，理工大学将经营预算收入本年发生额4 967 000元转入“经营结余”科目。

借：经营预算收入　　4 967 000

　贷：经营结余　　4 967 000

【例15-130】年末，理工大学将经营支出本年发生额3 855 000元转入“经营结余”科目。

借：经营结余　　3 855 000

　贷：经营支出　　3 855 000

2.年末，完成上述结转后，如本科目为贷方余额，将本科目贷方余额转入“非财政拨款结余分配”科目，借记本科目，贷记“非财政拨款结余分配”科目；如本科目为借方余额，为经营亏损，不予结转。

【例15-131】接例15-129和例15-130，理工大学将经营结余贷方余额1 112 000元转入“非财政拨款结余分配”科目。

借：经营结余　　1 112 000

　贷：非财政拨款结余分配　　1 112 000

八、其他结余

为核算单位本年度除财政拨款收支、非同级财政专项资金收支和经营收支以外各项收支相抵后的余额，设置“其他结余”（8501）科目。年末结账后，本科目应无余额。

其他结余的主要账务处理如下：

1.年末，将事业预算收入、上级补助预算收入、附属单位上缴预算收入、非同级财政拨款预算收入、债务预算收入、其他预算收入本年发生额中的非专项资金收入以及投资预算收益本年发生额转入本科目，借记“事业预算收入”“上级补助预算收入”“附属单位上缴预算收入”“非同级财政拨款预算收入”“债务预算收入”“其他预算收入”科目下各非专项资金收入明细科目和“投资预算收益”科目，贷记本科目（“投资预算收益”科目本年发生额为借方净额时，借记本科目，贷记“投资预算收益”科目）。

【例 15-132】年末，理工大学将“事业预算收入——非专项资金收入”24 685 000元、“上级补助预算收入——非专项资金收入”200 000元、“附属单位上缴预算收入——非专项资金收入”100 000元、“非同级财政拨款预算收入——非专项资金收入”3 000 000元、“债务预算收入——非专项资金收入”1 000 000元、“其他预算收入——非专项资金收入”120 000元和“投资预算收益”84 000元转入“其他结余”科目。

借：事业预算收入——非专项资金收入	24 685 000	
上级补助预算收入——非专项资金收入	200 000	
附属单位上缴预算收入——非专项资金收入	100 000	
非同级财政拨款预算收入——非专项资金收入	3 000 000	
债务预算收入——非专项资金收入	1 000 000	
其他预算收入——非专项资金收入	120 000	
投资预算收益	84 000	
贷：其他结余		29 189 000

2.年末，将行政支出、事业支出、其他支出本年发生额中的非同级财政、非专项资金支出，以及上缴上级支出、对附属单位补助支出、投资支出、债务还本支出本年发生额转入本科目，借记本科目，贷记“行政支出”“事业支出”“其他支出”科目下各非同级财政、非专项资金支出明细科目和“上缴上级支出”“对附属单位补助支出”“投资支出”“债务还本支出”科目。

【例 15-133】年末，理工大学将“事业支出——非财政专项资金支出”21 901 000元、“其他支出——非财政专项资金支出”225 000元、“上缴上级支出”200 000元、“对附属单位补助支出”300 000元、“投资支出”800 000元、“债务还本支出”5 000 000元转入“其他结余”科目。

借：其他结余	28 426 000	
贷：事业支出——其他资金支出		21 901 000
其他支出——其他资金支出		225 000
上缴上级支出		200 000
对附属单位补助支出		300 000
投资支出		800 000
债务还本支出		5 000 000

3.年末，完成上述结转后，行政单位将本科目余额转入“非财政拨款结余——累计结余”科目；事业单位将本科目余额转入“非财政拨款结余分配”科目。当本科目为贷方余额时，借记本科目，贷记“非财政拨款结余——累计结余”或“非财政拨款结余分配”科目；当本科目为借方余额时，借记“非财政拨款结余——累计结余”或“非财政拨款结余分配”科目，贷记本科目。

【例 15-134】接例 15-132 和例 15-133，年末，理工大学将“其他结余”科目贷方余额763 000元转入“非财政拨款结余分配”科目。

借：其他结余　　763 000

　贷：非财政拨款结余分配　　763 000

九、非财政拨款结余分配

为核算事业单位本年度非财政拨款结余分配的情况和结果，设置“非财政拨款结余分配”（8701）科目。年末结账后，本科目应无余额。

非财政拨款结余分配的主要账务处理如下：

1.年末，将“其他结余”科目余额转入本科目，当“其他结余”科目为贷方余额时，借记“其他结余”科目，贷记本科目；当“其他结余”科目为借方余额时，借记本科目，贷记“其他结余”科目。年末，将“经营结余”科目贷方余额转入本科目，借记“经营结余”科目，贷记本科目。

【例15-135】同例15-134，年末，理工大学将“其他结余”科目贷方余额763 000元转入“非财政拨款结余分配”科目。

借：其他结余　　763 000

　贷：非财政拨款结余分配　　763 000

【例15-136】同例15-131，年末，理工大学将经营结余贷方余额1 112 000元转入“非财政拨款结余分配”科目。

借：经营结余　　1 112 000

　贷：非财政拨款结余分配　　1 112 000

2.根据有关规定提取专用基金的，按照提取的金额，借记本科目，贷记“专用结余”科目。

【例15-137】同例15-127，年末，根据有关规定，理工大学从本年度非财政拨款结余中提取职工福利基金150 000元。

借：非财政拨款结余分配　　150 000

　贷：专用结余——从非财政拨款结余中提取　　150 000

3.年末，按照规定完成上述处理后，将本科目余额转入非财政拨款结余。当本科目为借方余额时，借记“非财政拨款结余——累计结余”科目，贷记本科目；当本科目为贷方余额时，借记本科目，贷记“非财政拨款结余——累计结余”科目。

【例15-138】同例15-125，年末，理工大学将“非财政拨款结余分配”科目贷方余额1 725 000元转入非财政拨款结余。

借：非财政拨款结余分配　　1 725 000

　贷：非财政拨款结余——累计结余　　1 725 000

关键概念

预算会计　预算收入　预算支出　预算结余

复习思考题

1.行政事业单位预算会计的要素包括哪些?

2.简述事业预算收入的核算。

3.简述行政支出的核算。

4.简述资金结存的核算。

第十六章 行政事业单位会计报表

行政事业单位会计包括财务会计和预算会计，因此，行政事业单位会计年末转账也分为行政事业单位财务会计年末转账和行政事业单位预算会计年末转账；行政事业单位会计报表编审也分为行政事业单位财务会计报表编审和行政事业单位预算会计报表编审。

第一节 财务会计年末转账

由于行政单位和事业单位的业务特点不同，行政单位财务会计年末转账和事业单位财务会计年末转账差别较大，我们将分别介绍。

一、事业单位财务会计年末转账

与企业财务会计相似，事业单位财务会计年末转账分为收入费用结转、盈余分配和专用基金提取等环节（如图16-1所示）。

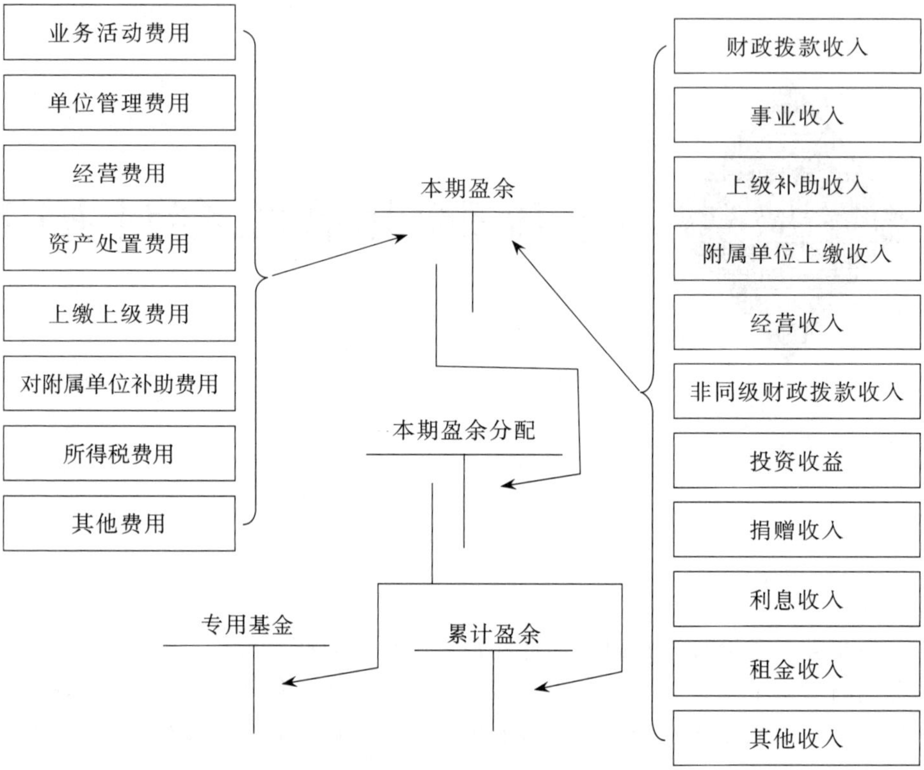

图16-1 事业单位财务会计年末转账示意图

【例16-1】2023年12月31日，省物理研究所财务会计结账前收入费用余额见表16-1，请进行年末结转。(年末按本年盈余的10%计提职工福利基金)

表16-1 **省物理研究所财务会计结账前收入费用余额** 单位：元

费用	金额	收入	金额
业务活动费用	32 215 000	财政拨款收入	15 000 000
单位管理费用	2 298 000	事业收入	10 420 000
经营费用	6 500 000	上级补助收入	100 000
资产处置费用	150 000	附属单位上缴收入	300 000
上缴上级费用	500 000	经营收入	9 600 000
对附属单位补助费用	200 000	非同级财政拨款收入	5 300 000
所得税费用	21 000	投资收益	1 260 000
其他费用	50 000	捐赠收入	3 000 000

续表

费用	金额	收入	金额
		利息收入	50 000
		租金收入	62 000
		其他收入	7 000
合计	41 934 000	合计	45 099 000

（1）将各收入科目的贷方余额转入“本期盈余”科目的贷方。

借：财政拨款收入　15 000 000
　　事业收入　10 420 000
　　上级补助收入　100 000
　　附属单位上缴收入　300 000
　　经营收入　9 600 000
　　非同级财政拨款收入　5 300 000
　　投资收益　1 260 000
　　捐赠收入　3 000 000
　　利息收入　50 000
　　租金收入　62 000
　　其他收入　7 000
　贷：本期盈余　45 099 000

（2）将各费用科目的借方余额转入“本期盈余”科目的借方。

借：本期盈余　41 934 000
　贷：业务活动费用　32 215 000
　　　单位管理费用　2 298 000
　　　经营费用　6 500 000
　　　资产处置费用　150 000
　　　上缴上级费用　500 000
　　　对附属单位补助费用　200 000
　　　所得税费用　21 000
　　　其他费用　50 000

（3）将“本期盈余”科目贷方余额3 165 000元转入“本年盈余分配”科目贷方。

借：本期盈余　3 165 000
　贷：本年盈余分配　3 165 000

（4）年末，按本年盈余的10%计提职工福利基金。

3 165 000×10%=316 500（元）

借：本年盈余分配　　316 500

　贷：专用基金　　316 500

（5）将“本年盈余分配”科目贷方余额2 848 500元转入“累计盈余”科目。

借：本年盈余分配　　2 848 500

　贷：累计盈余　　2 848 500

二、行政单位财务会计年末转账

与事业单位类似，行政单位财务会计年末转账也分为收入费用结转、盈余分配和专用基金提取等环节，只是涉及的科目较少，业务相对简单（如图16-2所示）。

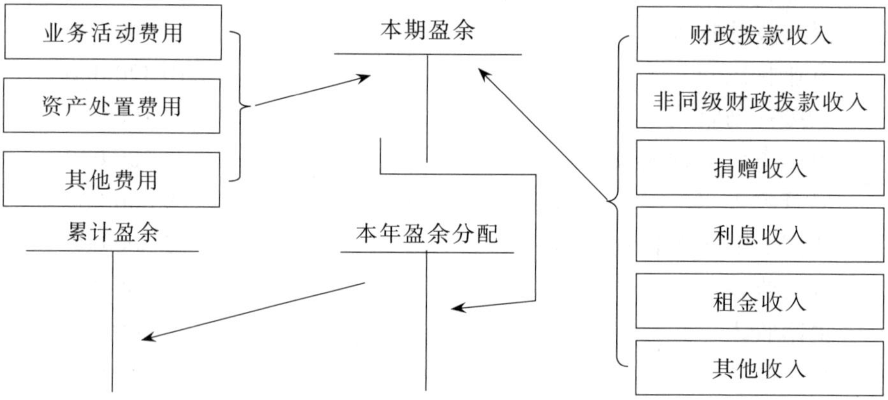

图16-2　行政单位财务会计年末转账示意图

【例16-2】2023年12月31日，市卫生局财务会计结账前收入费用余额见表16-2，请进行年末结转。

表16-2　市卫生局财务会计结账前收入费用余额　单位：元

费用	金额	收入	金额
业务活动费用	5 640 000	财政拨款收入	5 600 000
资产处置费用	57 000	非同级财政拨款收入	200 000
其他费用	60 000	捐赠收入	20 000
		利息收入	200
		租金收入	10 000
		其他收入	4 000
合计	5 757 000	合计	5 834 200

（1）将各收入科目贷方余额转入“本期盈余”科目。

借：财政拨款收入	5 600 000	
非同级财政拨款收入	200 000	
捐赠收入	20 000	
利息收入	200	
租金收入	10 000	
其他收入	4 000	
贷：本期盈余		5 834 200

（2）将各费用科目借方余额转入“本期盈余”科目。

借：本期盈余	5 757 000	
贷：业务活动费用		5 640 000
资产处置费用		57 000
其他费用		60 000

（3）将“本期盈余”科目贷方余额77 200元转入“本年盈余分配”科目贷方。

借：本期盈余	77 200	
贷：本年盈余分配		77 200

（4）将“本年盈余分配”科目贷方余额77 200元转入“累计盈余”科目。

借：本年盈余分配	77 200	
贷：累计盈余		77 200

第二节

预算会计年末转账

年末，行政事业单位预算会计需要对财政预算资金和非财政预算资金进行分别核算，并结算出财政拨款结余资金和非财政拨款结余资金，便于部门预算管理。

一、事业单位预算会计年末转账

事业单位预算会计年末转账，需要先对财政拨款资金进行结转，并对出财政拨款资金结余。对非财政拨款资金，则需要区分经营性活动收支和事业性活动收支，并通过结余分配计提专用基金，最终结出非财政拨款资金结余（如图16-3所示）。

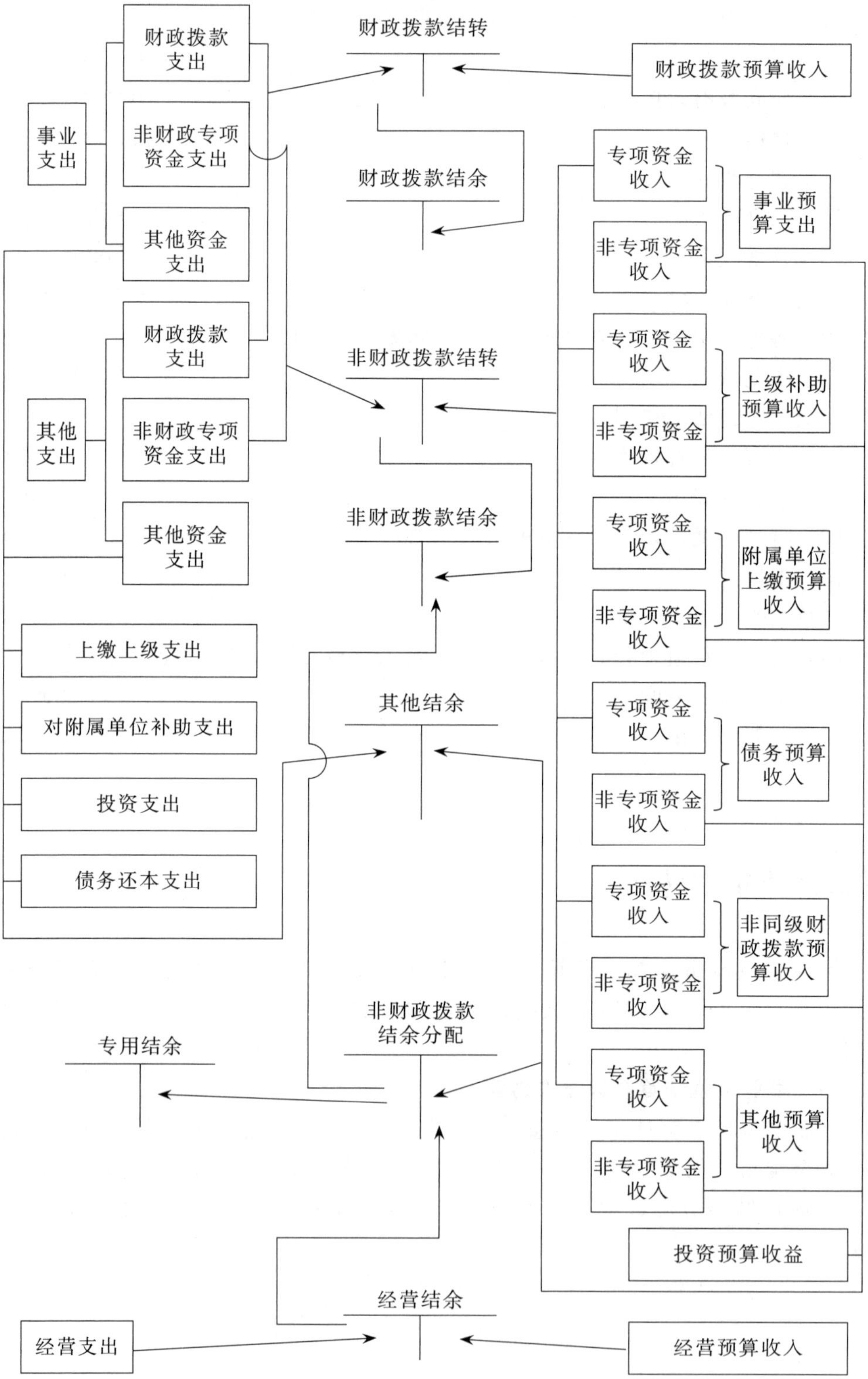

图16-3 事业单位预算会计年末转账示意图

【例16-3】2023年12月31日，省物理研究所预算会计结账前收入支出余额见表16-3，并且：(1) 年末计提职工福利基金316 500元。(2) 项目尚未完工的财政拨款专项资金结余80 000元。(3) 按照规定，已完工非财政拨款专项资金有10 000元留归本单位使用。请进行年末结转。

表16-3 省物理研究所预算会计结账前收入支出余额 单位：元

支出	金额	收入	金额
事业支出	34 413 000	财政拨款预算收入	15 000 000
财政拨款支出	14 853 000	事业预算收入	10 420 000
非财政专项资金支出	16 065 000	专项资金收入	10 000 000
其他资金支出	3 495 000	非专项资金收入	420 000
经营支出	6 500 000	上级补助预算收入	100 000
上缴上级支出	500 000	专项资金收入	100 000
对附属单位补助支出	200 000	附属单位上缴预算收入	300 000
投资支出	1 000 000	非专项资金收入	300 000
债务还本支出	4 600 000	经营预算收入	9 600 000
其他支出	221 000	债务预算收入	5 000 000
财政拨款支出	56 000	非专项资金收入	5 000 000
非财政专项资金支出	52 000	非同级财政拨款预算收入	5 300 000
其他资金支出	113 000	专项资金收入	5 300 000
		投资预算收益	1 260 000
		其他预算收入	3 119 000
		专项资金收入	1 000 000
		非专项资金收入	2 119 000
合计	47 434 000	合计	50 099 000

(1) 将“财政拨款预算收入”科目贷方余额15 000 000元转入“财政拨款结转”科目。

借：财政拨款预算收入　15 000 000

　贷：财政拨款结转——本年收支结转　15 000 000

（2）将“事业支出——财政拨款支出”科目借方余额14 853 000元、“其他支出——财政拨款支出”科目借方余额56 000元转入“财政拨款结转”科目。

借：财政拨款结转——本年收支结转　14 909 000

　贷：事业支出——财政拨款支出　14 853 000

　　其他支出——财政拨款支出　56 000

（3）单位尚未完工的财政拨款专项资金结余80 000元，现将基本预算结余资金11 000元转入“财政拨款结余”科目。

15 000 000-14 909 000-80 000=11 000（元）

借：财政拨款结转　11 000

　贷：财政拨款结余　11 000

（4）将“事业预算收入——专项资金收入”科目贷方余额10 000 000元、“上级补助预算收入——专项资金收入”科目贷方余额100 000元、“非同级财政拨款预算收入——专项资金收入”科目贷方余额5 300 000元、“其他预算收入——专项资金收入”科目贷方余额1 000 000元转入“非财政拨款结转”科目。

借：事业预算收入——专项资金收入　10 000 000

　上级补助预算收入——专项资金收入　100 000

　非同级财政拨款预算收入——专项资金收入　5 300 000

　其他预算收入——专项资金收入　1 000 000

　贷：非财政拨款结转　16 400 000

（5）将“事业支出——非财政专项资金支出”科目借方余额16 065 000元、“其他支出——非财政专项资金支出”科目借方余额52 000元转入“非财政拨款结转”科目。

借：事业支出——非财政专项资金支出　16 065 000

　其他支出——非财政专项资金支出　52 000

　贷：非财政拨款结转　16 117 000

（6）按照规定，已完工非财政拨款专项资金有10 000元留归本单位使用，转入“非财政拨款结余”科目。

借：非财政拨款结转　10 000

　贷：非财政拨款结余　10 000

（7）将“事业预算收入——非专项资金收入”科目贷方余额420 000元、“附属单位上缴预算收入——非专项资金收入”科目贷方余额300 000元、“债务预算收入——非专项资金收入”科目贷方余额5 000 000元、“其他预算收入——非专项资金收入”科目贷方余额2 119 000元、“投资预算收益”科目贷方余额1 260 000元，转入“其他结余”科目。

借：事业预算收入——非专项资金收入　　420 000
　　附属单位上缴预算收入——非专项资金收入　　300 000
　　债务预算收入——非专项资金收入　　5 000 000
　　其他预算收入—— 非专项资金收入　　2 119 000
　　投资预算收益　　1 260 000
　贷：其他结余　　9 099 000

（8）将“事业支出——其他资金支出”科目借方余额3 495 000元、“上缴上级支出”科目借方余额500 000元、“对附属单位补助支出”科目借方余额200 000元、“投资支出”科目借方余额1 000 000元、“债务还本支出”科目借方余额4 600 000元、“其他支出——其他资金支出”科目借方余额113 000元，转入“其他结余”科目。

借：其他结余　　9 908 000
　贷：事业支出——其他资金支出　　3 495 000
　　　上缴上级支出　　500 000
　　　对附属单位补助支出　　200 000
　　　投资支出　　1 000 000
　　　债务还本支出　　4 600 000
　　　其他支出——其他资金支出　　113 000

（9）将“其他结余”科目借方余额809 000元转入“非财政拨款结余分配”科目。

借：非财政拨款结余分配　　809 000
　贷：其他结余　　809 000

（10）将“经营预算收入”科目贷方余额9 600 000元转入“经营结余”科目。

借：经营预算收入　　9 600 000
　贷：经营结余　　9 600 000

（11）将“经营支出”科目借方余额6 500 000元转入“经营结余”科目。

借：经营结余　　6 500 000
　贷：经营支出　　6 500 000

（12）将“经营结余”科目贷方余额3 100 000元转入“非财政拨款结余分配”科目。

借：经营结余　　3 100 000
　贷：非财政拨款结余分配　　3 100 000

（13）年末，计提职工福利基金316 500元。

借：非财政拨款结余分配　　316 500
　贷：专用基金　　316 500

（14）将“非财政拨款结余分配”科目贷方余额1 974 500元转入“非财政拨款结余”科目。

借：非财政拨款结余分配　　1 974 500

　贷：非财政拨款结余　　1 974 500

二、行政单位预算会计年末转账

行政单位预算会计的年末转账程序较事业单位简单，但也需要区分财政拨款和非财政拨款、专项收入和非专项收入（如图16-4所示）。

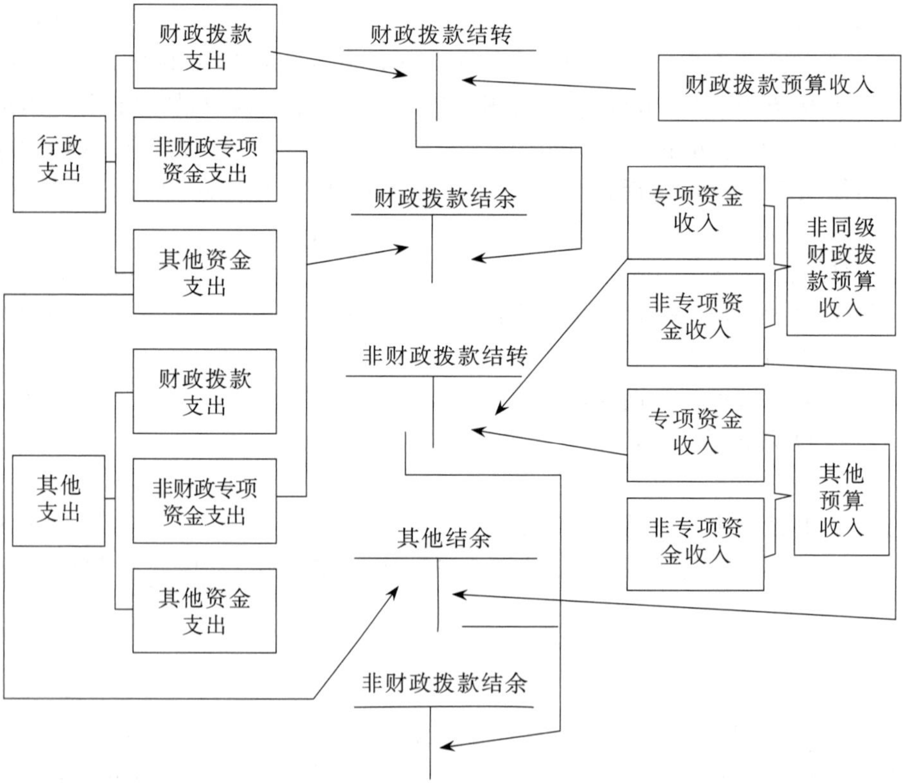

图16-4　行政单位预算会计年末转账示意图

【例16-4】2023年12月31日，市卫生局预算会计结账前收入支出余额见表16-4，并且：（1）单位的财政拨款全部为基本预算拨款。（2）单位只有一项非财政拨款专项工程，工程已完成，剩余资金全部留归单位使用。请进行年末结转。

表16-4　**市卫生局预算会计结账前收入支出余额**　单位：元

支出	金额	收入	金额
行政支出	5 610 000	财政拨款预算收入	5 600 000
财政拨款支出	4 964 000	非同级财政拨款预算收入	200 000
非财政专项资金支出	204 000	专项资金收入	200 000
其他资金支出	442 000	其他预算收入	54 200
其他支出	117 000	专项资金收入	40 200

续表

支出	金额	收入	金额
财政拨款支出	50 000	非专项资金收入	14 000
非财政专项资金支出	27 000		
其他资金支出	40 000		
合计	5 727 000	合计	5 854 200

(1) 将“财政拨款预算收入”科目贷方余额5 600 000元转入“财政拨款结转”科目。

借：财政拨款预算收入　　5 600 000

　贷：财政拨款结转——本年结转　　5 600 000

(2) 将“行政支出——财政拨款支出”科目借方余额4 964 000元、“其他支出——财政拨款支出”科目借方余额50 000元转入“财政拨款结转”科目。

借：财政拨款结转——本年结转　　5 014 000

　贷：行政支出——财政拨款支出　　4 964 000

　　其他支出——财政拨款支出　　50 000

(3) 将“财政拨款结转”科目贷方余额586 000元转入“财政拨款结余”科目。

借：财政拨款结转　　586 000

　贷：财政拨款结余　　586 000

(4) 将“非同级财政拨款预算收入——专项资金收入”科目贷方余额200 000元、“其他预算收入——专项资金收入”科目贷方余额40 200元，转入“非财政拨款结转”科目。

借：非同级财政拨款预算收入——专项资金收入　　200 000

　其他预算收入——专项资金收入　　40 200

　贷：非财政拨款结转　　240 200

(5) 将“行政支出——非财政专项资金支出”科目借方余额204 000元、“其他支出——非财政专项资金支出”科目借方余额27 000元，转入“非财政拨款结转”科目。

借：非财政拨款结转　　231 000

　贷：行政支出——非财政专项资金支出　　204 000

　　其他支出——非财政专项资金支出　　27 000

(6) 将“非财政拨款结转”科目贷方余额9 200元转入“非财政拨款结余”科目。

借：非财政拨款结转　　9 200

　贷：非财政拨款结余　　9 200

(7) 将“其他预算收入——非专项资金收入”科目贷方余额14 000元转入“其他结余”科目。

借：其他预算收入——非专项资金收入　　14 000

　贷：其他结余　　14 000

（8）将“行政支出——其他资金支出”科目借方余额442 000元、“其他支出——其他资金支出”科目借方余额40 000元，转入“其他结余”科目。

借：其他结余　　482 000

　贷：行政支出——其他资金支出　　442 000

　　　其他支出——其他资金支出　　40 000

（9）将“其他结余”科目借方余额468 000元转入“非财政拨款结余”科目。

借：非财政拨款结余　　468 000

　贷：其他结余　　468 000

第三节

财务报表的分类与编制要求

一、行政事业单位财务报表的分类

二、行政事业单位编制报表应当遵守的规定

三、单位应当重视并不断推进会计信息化的应用

第四节

财务会计报表的编制

一、财务会计报表格式

（一）资产负债表

资产负债表是反映政府会计主体在某一特定日期的财务状况的报表。格式参见表16-5。

表16-5　　**资产负债表**　　会政财01表

编制单位：　　____年____月____日　　单位：元

资　产	期末余额	年初余额	负债和净资产	期末余额	年初余额
流动资产：			流动负债：		
货币资金			短期借款		
短期投资			应交增值税		
财政应返还额度			其他应交税费		
应收票据			应缴财政款		

续表

资 产	期末余额	年初余额	负债和净资产	期末余额	年初余额
应收账款净额			应付职工薪酬		
预付账款			应付票据		
应收股利			应付账款		
应收利息			应付政府补贴款		
其他应收款净额			应付利息		
存货			预收账款		
待摊费用			其他应付款		
一年内到期的非流动资产			预提费用		
其他流动资产			一年内到期的非流动负债		
流动资产合计			其他流动负债		
非流动资产：			流动负债合计		
长期股权投资			非流动负债：		
长期债券投资			长期借款		
固定资产原值			长期应付款		
减：固定资产累计折旧			预计负债		
固定资产净值			其他非流动负债		
工程物资			非流动负债合计		
在建工程			受托代理负债		
无形资产原值			负债合计		
减：无形资产累计摊销					
无形资产净值					
研发支出					
公共基础设施原值					
减：公共基础设施累计折旧（摊销）					
公共基础设施净值					
政府储备物资					
文物文化资产					

续表

资 产	期末余额	年初余额	负债和净资产	期末余额	年初余额
保障性住房原值					
减：保障性住房累计折旧			净资产：		
保障性住房净值			累计盈余		
长期待摊费用			专用基金		
待处理财产损溢			权益法调整		
其他非流动资产			无偿调拨净资产*		——
非流动资产合计			本期盈余*		——
受托代理资产			净资产合计		
资产总计			负债和净资产总计		

注：“*”标识项目为月报项目，年报中不需列示。

（二）收入费用表

收入费用表是反映政府会计主体在一定会计期间运行情况的报表。格式参见表16-6。

表16-6　　**收入费用表**　　会政财02表

编制单位：　　____年____月　　单位：元

项 目	本月数	本年累计数
一、本期收入		
（一）财政拨款收入		
其中：政府性基金收入		
（二）事业收入		
（三）上级补助收入		
（四）附属单位上缴收入		
（五）经营收入		
（六）非同级财政拨款收入		
（七）投资收益		
（八）捐赠收入		
（九）利息收入		
（十）租金收入		

续表

项　目	本月数	本年累计数
（十一）其他收入		
二、本期费用		
（一）业务活动费用		
（二）单位管理费用		
（三）经营费用		
（四）资产处置费用		
（五）上缴上级费用		
（六）对附属单位补助费用		
（七）所得税费用		
（八）其他费用		
三、本期盈余		

（三）净资产变动表

净资产变动表是反映单位净资产变动数额及其因素的报表。格式参见表16-7。

表16-7　　**净资产变动表**　　会政财03表

编制单位：________　　____年　　单位：元

项　目	本年数				上年数			
	累计盈余	专用基金	权益法调整	净资产合计	累计盈余	专用基金	权益法调整	净资产合计
一、上年年末余额								
二、以前年度盈余调整（减少以“-”号填列）		—	—			—	—	
三、本年年初余额								
四、本年变动金额（减少以“-”号填列）								
（一）本年盈余		—	—			—	—	
（二）无偿调拨净资产		—	—			—	—	
（三）归集调整预算结转结余		—	—			—	—	
（四）提取或设置专用基金			—				—	
其中：从预算收入中提取	—		—		—		—	

续表

项目	本年数				上年数			
	累计盈余	专用基金	权益法调整	净资产合计	累计盈余	专用基金	权益法调整	净资产合计
从预算结余中提取			—				—	
设置的专用基金	—		—		—		—	
（五）使用专用基金			—				—	
（六）权益法调整	—	—			—	—		
五、本年年末余额								

注："—"标识单元格不需填列。

（四）现金流量表

现金流量表是反映政府会计主体在一定会计期间现金及现金等价物流入和流出情况的报表。格式参见表16-8。

表16-8　**现金流量表**　会政财04表

编制单位：________　____年　单位：元

项目	本年金额	上年金额
一、日常活动产生的现金流量：		
财政基本支出拨款收到的现金		
财政非资本性项目拨款收到的现金		
事业活动收到的除财政拨款以外的现金		
收到的其他与日常活动有关的现金		
日常活动的现金流入小计		
购买商品、接受劳务支付的现金		
支付给职工以及为职工支付的现金		
支付的各项税费		
支付的其他与日常活动有关的现金		
日常活动的现金流出小计		
日常活动产生的现金流量净额		
二、投资活动产生的现金流量：		
收回投资收到的现金		

续表

项　目	本年金额	上年金额
取得投资收益收到的现金		
处置固定资产、无形资产、公共基础设施等收回的现金净额		
收到的其他与投资活动有关的现金		
投资活动的现金流入小计		
购建固定资产、无形资产、公共基础设施等支付的现金		
对外投资支付的现金		
上缴处置固定资产、无形资产、公共基础设施等净收入支付的现金		
支付的其他与投资活动有关的现金		
投资活动的现金流出小计		
投资活动产生的现金流量净额		
三、筹资活动产生的现金流量：		
财政资本性项目拨款收到的现金		
取得借款收到的现金		
收到的其他与筹资活动有关的现金		
筹资活动的现金流入小计		
偿还借款支付的现金		
偿还利息支付的现金		
支付的其他与筹资活动有关的现金		
筹资活动的现金流出小计		
筹资活动产生的现金流量净额		
四、汇率变动对现金的影响额		
五、现金净增加额		

二、财务会计报表编制说明

第五节

预算会计报表的编制

行政事业单位预算会计报表至少包括预算收入支出表、预算结转结余变动表和财政拨款预算收入支出表。

一、预算会计报表格式

（一）预算收入支出表

预算收入支出表是反映单位在一定会计期间运行情况的报表。格式参见表16-9。

表16-9　**预算收入支出表**　会政预01表

编制单位：________　____年　单位：元

项　目	本年数	上年数
一、本年预算收入		
（一）财政拨款预算收入		
其中：政府性基金收入		
（二）事业预算收入		
（三）上级补助预算收入		
（四）附属单位上缴预算收入		
（五）经营预算收入		
（六）债务预算收入		
（七）非同级财政拨款预算收入		
（八）投资预算收益		
（九）其他预算收入		
其中：利息预算收入		
捐赠预算收入		
租金预算收入		
二、本年预算支出		
（一）行政支出		
（二）事业支出		

续表

项 目	本年数	上年数
（三）经营支出		
（四）上缴上级支出		
（五）对附属单位补助支出		
（六）投资支出		
（七）债务还本支出		
（八）其他支出		
其中：利息支出		
捐赠支出		
三、本年预算收支差额		

（二）预算结转结余变动表

预算结转结余变动表是反映单位财政拨款结转结余和其他资金结转结余及其变化情况的报表。格式参见表16-10。

表16-10　**预算结转结余变动表**　会政预02表

编制单位：________　____年　单位：元

项 目	本年数	上年数
一、年初预算结转结余		
（一）财政拨款结转结余		
（二）其他资金结转结余		
二、年初余额调整（减少以“-”号填列）		
（一）财政拨款结转结余		
（二）其他资金结转结余		
三、本年变动金额（减少以“-”号填列）		
（一）财政拨款结转结余		
1.本年收支差额		
2.归集调入		
3.归集上缴或调出		
（二）其他资金结转结余		
1.本年收支差额		

续表

项　目	本年数	上年数
2.缴回资金		
3.使用专用结余		
4.支付所得税		
四、年末预算结转结余		
（一）财政拨款结转结余		
1.财政拨款结转		
2.财政拨款结余		
（二）其他资金结转结余		
1.非财政拨款结转		
2.非财政拨款结余		
3.专用结余		
4.经营结余（如有余额，以“-”号填列）		

（三）财政拨款预算收入支出表

财政拨款预算收入支出表是反映单位本年财政拨款预算资金收入、支出及相关变动的报表。格式参见表16-11。

表16-11　　**财政拨款预算收入支出表**　　会政预03表

编制单位：________　　____年　　单位：元

项目	年初财政拨款结转结余		调整年初财政拨款结转结余	本年归集调入	本年归集上缴或调出	单位内部调剂		本年财政拨款收入	本年财政拨款支出	年末财政拨款结转结余	
	结转	结余				结转	结余			结转	结余
一、一般公共预算财政拨款											
（一）基本支出											
1.人员经费											
2.日常公用经费											
（二）项目支出											
1.××项目											
2.××项目											

续表

项目	年初财政拨款结转结余		调整年初财政拨款结转结余	本年归集调入	本年归集上缴或调出	单位内部调剂		本年财政拨款收入	本年财政拨款支出	年末财政拨款结转结余	
	结转	结余				结转	结余			结转	结余
⋮											
二、政府性基金预算财政拨款											
（一）基本支出											
1.人员经费											
2.日常公用经费											
（二）项目支出											
1.××项目											
2.××项目											
⋮											
总计											

二、预算会计报表编制说明

第六节

财务报表附注的编审

附注是对在会计报表中列示的项目所做的进一步说明，以及对未能在会计报表中列示项目的说明。附注是财务报表的重要组成部分。凡对报表使用者的决策有重要影响的会计信息，不论本制度是否有明确规定，单位均应当充分披露。

一、附注的主要内容

二、会计报表重要项目说明

三、本年盈余与预算结余的差异情况说明

四、其他重要事项说明

关键概念

财务报表　资产负债表　收入费用表　现金流量表　附注

复习思考题

1. 简述行政事业单位财务会计报表的编制。
2. 简述行政事业单位预算会计报表的编制。

第四篇　民间非营利组织会计

第十七章 民间非营利组织会计概述

第一节 什么是民间非营利组织会计

一、民间非营利组织的重要性

非营利部门是市场经济中不可或缺的部分，它是现代社会中推动制度变迁、实现利益均衡化的重要部门。在我国，非营利部门有公营非营利部门和民营非营利部门，公营非营利部门为事业单位，民营非营利部门为民间非营利组织。

“民间非营利组织”（简称“民间组织”），包括各种社会团体、民间非企业单位、宗教团体等不以营利为目的的民间组织。民间非营利组织虽然类型庞杂，但具有组织性、志愿性、非营利性、民间性、自治性和非政治性等特点。

民间非营利组织又有“第三部门”（the third sector）之称，在西方发达经济体的GDP增长中贡献较大，也提供了大量的就业岗位，我国的民间非营利组织处于发展时期。关于非营利组织研究的理论有政府失灵和市场失灵理论、合约失灵理论、慈善理论、自利理论等。

二、我国对民间非营利组织的一般会计规范

1.适用范围。我国《民间非营利组织会计制度》（以下简称《制度》）适用范围包括依照国家法律、行政法规登记的社会团体、基金会、民办非企业单位和寺院、宫观、清真寺、教堂等。

2.会计核算基础和记账方法。民间非营利组织会计制度规定所有民间非营利组织的会计核算应当以权责发生制为基础，记账方法应采用借贷记账法。

3.会计要素。与政府会计的财务会计一样，民间非营利组织会计要素也分为资产、负债、净资产、收入和费用。

4.会计核算基本原则。民间非营利组织会计《制度》规定，民间非营利组织在进行会计核算时，应当遵循客观性原则、相关性原则、实质重于形式原则、一贯性原则、可比性原则、及时性原则、可理解性原则、配比原则、历史成本原则、谨慎性原则、划分费用性支出与资本性支出原则以及重要性原则等，以保证会计信息质量。

第二节 民间非营利组织会计科目设置

我国民间非营利组织会计科目共有4类48个科目，参见表17-1。

表17-1 民间非营利组织会计科目及核算内容

编号	科目名称	核算内容
		一、资产类
1001	1.现金	核算民间非营利组织的库存现金
1002	2.银行存款	核算民间非营利组织存入银行或其他金融机构的存款
1009	3.其他货币资金	核算民间非营利组织的外埠存款、银行汇票存款、银行本票存款、信用卡存款、信用证保证金存款、存出投资款（或者存入其他金融机构）等各种其他货币资金
1101	4.短期投资	核算民间非营利组织持有的能够随时变现并且持有时间不准备超过1年（含1年）的投资，包括股票、债券投资等
1102	5.短期投资跌价准备	核算民间非营利组织提取的短期投资跌价准备
1111	6.应收票据	核算民间非营利组织因销售商品、提供服务等而收到的商业汇票，包括银行承兑汇票和商业承兑汇票
1121	7.应收账款	核算民间非营利组织因销售商品、提供服务等主要业务活动，应当向会员、购买单位或接受服务单位等收取的，但尚未实际收到的款项
1122	8.其他应收款	核算民间非营利组织除应收票据、应收账款以外的其他各项应收、暂付款项，包括应收股利、应收利息、应向职工收取的各种垫付款项、职工借款、应收保险公司赔款等
1131	9.坏账准备	核算民间非营利组织提取的坏账准备
1141	10.预付账款	核算民间非营利组织预付给商品供应单位或者服务提供单位的款项

续表

编号	科目名称	核算内容
1201	11.存货	核算民间非营利组织在日常业务活动中持有以备出售或捐赠的，或者为了出售或捐赠仍处在生产过程中的，或者将在生产、提供服务或者日常管理过程中耗用的材料、物资、商品等，包括材料、库存商品、委托加工材料，以及达不到固定资产标准的工具、器具等
1202	12.存货跌价准备	核算民间非营利组织提取的存货跌价准备
1301	13.待摊费用	核算民间非营利组织已经支出，但应当由本期和以后各期分别负担的分摊期在1年以内（含1年）的各项费用，如预付保险费、预付租金等
1401	14.长期股权投资	核算民间非营利组织持有时间准备超过1年（不含1年）的各种股权性质的投资，包括长期股票投资和其他长期股权投资
1402	15.长期债权投资	核算民间非营利组织购入的在1年内（不含1年）不能变现或不准备随时变现的债券和其他债权投资
1421	16.长期投资减值准备	核算民间非营利组织提取的长期投资减值准备
1501	17.固定资产	核算民间非营利组织固定资产的原价
1502	18.累计折旧	核算民间非营利组织固定资产的累计折旧
1505	19.在建工程	核算民间非营利组织进行在建工程（包括施工前期准备、正在施工中的建筑工程、安装工程、技术改造工程等）所发生的实际支出
1506	20.文物文化资产	核算民间非营利组织文物文化资产的价值。文物文化资产是指用于展览、教育或研究等目的的历史文物、艺术品以及其他具有文化或者历史价值并作长期或者永久保存的典藏等
1509	21.固定资产清理	核算民间非营利组织因出售、报废和毁损或其他处置等原因转入清理的固定资产价值及其清理过程中所发生的清理费用和清理收入等
1601	22.无形资产	核算民间非营利组织为开展业务活动、出租给他人或为管理目的而持有的且没有实物形态的非货币性长期资产，包括专利权、非专利技术、商标权、著作权、土地使用权等
1701	23.受托代理资产	核算民间非营利组织接受委托方委托从事受托代理业务而收到的资产
	二、负债类	
2101	24.短期借款	核算民间非营利组织向银行或其他金融机构等借入的期限在1年以内（含1年）的各种借款

续表

编号	科目名称	核算内容
2201	25.应付票据	核算民间非营利组织因购买材料、商品和接受服务供应等而开出、承兑的商业汇票，包括银行承兑汇票和商业承兑汇票
2202	26.应付账款	核算民间非营利组织因购买材料、商品和接受服务供应等而应付给供应单位的款项
2203	27.预收账款	核算民间非营利组织向服务和商品购买单位预收的各种款项
2204	28.应付工资	核算民间非营利组织应付给职工的工资总额，包括在工资总额内的各种工资、奖金、津贴等，不论是否在当月支付，都应当通过本科目核算
2206	29.应交税金	核算民间非营利组织按照有关国家税法规定应当交纳的各种税费，如增值税、所得税、房产税、个人所得税等
2209	30.其他应付款	核算民间非营利组织应付、暂收其他单位或个人的款项，如应付经营租入固定资产的租金等
2301	31.预提费用	核算民间非营利组织按照规定预先提取的已经发生但尚未支付的费用，如预提的租金、保险费、借款利息等
2401	32.预计负债	核算民间非营利组织对因或有事项所产生的现时义务而确认的负债，包括因对外提供担保、商业承兑票据贴现、未决诉讼等确认的负债
2501	33.长期借款	核算民间非营利组织向银行或其他金融机构借入的期限在1年以上（不含1年）的各项借款
2502	34.长期应付款	核算民间非营利组织的各项长期应付款项，如融资租入固定资产的租赁费等
2601	35.受托代理负债	核算民间非营利组织因从事受托代理业务、接受受托代理资产而产生的负债
		三、净资产类
3101	36.非限定性净资产	核算民间非营利组织的非限定性净资产，即民间非营利组织净资产中除限定性净资产之外的其他净资产
3102	37.限定性净资产	核算民间非营利组织的限定性净资产。如果资产或者资产的经济利益（如资产的投资收益和利息等）的使用和处置受到资源提供者或者国家有关法律、行政法规所设置的时间限制或（和）用途限制，则由此形成的净资产为限定性净资产

续表

编号	科目名称	核算内容
		四、收入费用类
4101	38.捐赠收入	核算民间非营利组织接受其他单位或者个人捐赠所取得的收入
4201	39.会费收入	核算民间非营利组织根据章程等的规定向会员收取的会费收入
4301	40.提供服务收入	核算民间非营利组织根据章程等的规定向其服务对象提供服务取得的收入，包括学杂费收入、医疗费收入、培训收入等
4401	41.政府补助收入	核算民间非营利组织因为政府拨款或者政府机构给予的补助而取得的收入
4501	42.商品销售收入	核算民间非营利组织销售商品（如出版物、药品）等所形成的收入
4601	43.投资收益	核算民间非营利组织因对外投资取得的投资净损益
4901	44.其他收入	核算民间非营利组织除捐赠收入、会费收入、提供服务收入、商品销售收入、政府补助收入和投资收益等主要业务活动收入以外的其他收入，如确实无法支付的应付款项、存货盘盈、固定资产盘盈、固定资产处置净收入、无形资产处置净收入等
5101	45.业务活动成本	核算民间非营利组织为了实现其业务活动目标、开展其项目活动或者提供服务所发生的费用
5201	46.管理费用	核算民间非营利组织为组织和管理其业务活动所发生的各项费用，包括民间非营利组织董事会（或者理事会或者类似权力机构）经费和行政管理人员的工资、奖金、津贴、福利费、住房公积金、住房补贴、社会保障费、离退休人员工资与补助，以及办公费、水电费、邮电费、物业管理费、差旅费、折旧费、修理费、无形资产摊销费、存货盘亏损失、资产减值损失、因预计负债所产生的损失、聘请中介机构费和应偿还的受赠资产等
5301	47.筹资费用	核算民间非营利组织为筹集业务活动所需资金而发生的费用，包括民间非营利组织获得捐赠资产而发生的费用以及应当计入当期费用的借款费用、汇兑损失（减汇兑收益）等
5401	48.其他费用	核算民间非营利组织发生的、无法归属到上述业务活动成本、管理费用或者筹资费用中的费用，包括固定资产处置净损失、无形资产处置净损失等

关键概念

民间非营利组织　民间非营利组织会计

复习思考题

1. 简述我国对民间非营利组织的一般会计规范。
2. 简述民间非营利组织会计科目设置。

第十八章 民间非营利组织资产的核算

民间非营利组织的资产是指过去的交易或者事项形成并由民间非营利组织拥有或者控制的资源，该资源预期会给民间非营利组织带来经济利益或者服务潜力。我们将其划分为货币资金、对外投资、应收预付款项、存货、固定资产、无形资产和其他资产等，参见表18-1。

表18-1 民间非营利组织资产分类与会计科目设置

资产分类		会计科目设置
货币资金		现金、银行存款、其他货币资金
对外投资	短期对外投资	短期投资、短期投资跌价准备
	长期对外投资	长期股权投资、长期债权投资、长期投资减值准备
应收及预付款项		应收票据、应收账款、其他应收款、坏账准备、预付账款、待摊费用
存货		存货、存货跌价准备
固定资产		固定资产、累计折旧、在建工程、文物文化资产、固定资产清理
无形资产和受托代理资产		无形资产、受托代理资产

第一节 货币资金的核算

民间非营利组织的货币资金有现金、银行存款和其他货币资金等。

一、现金

为核算民间非营利组织的库存现金，设置“现金”（1001）科目。本科目期末借方余额，反映民间非营利组织实际持有的库存现金。

民间非营利组织应当严格按照国家有关现金管理的规定收支现金，并严格按照本制度规定核算现金的各项收支业务。其主要账务处理如下：

1.民间非营利组织从银行提取现金，按照支票存根所记载的提取金额，借记本科目，贷记“银行存款”科目；将现金存入银行，根据银行退回的进账单第一联，借记“银行存款”科目，贷记本科目。

【例18-1】某红十字会开出现金支票，从银行提取现金50 000元。

借：现金　　50 000

　贷：银行存款　　50 000

2.民间非营利组织因支付内部职工出差等原因所需的现金，按照支出凭证所记载的金额，借记“其他应收款”科目，贷记本科目；收到出差人员交回的差旅费剩余款并结算时，按实际收回的现金，借记本科目，按应报销的金额，借记有关科目，按实际借出的现金，贷记“其他应收款”科目。

【例18-2】某红十字会的张林出差归来，报销差旅费用2 500元，原预借款2 000元，多支出的500元以现金支付。

借：业务活动成本　　2 500

　贷：现金　　500

　　其他应收款——张林　　2 000

3.民间非营利组织因其他原因收到现金，借记本科目，贷记有关科目；支出现金，借记有关科目，贷记本科目。

【例18-3】林荫寺向市民提供佛法培训服务，收到学员交纳的培训费现金8 000元。

借：现金　　8 000

　贷：提供服务收入　　8 000

4.现金短缺或溢余民间非营利组织应当设置“库存现金日记账”，由出纳人员根据收付款凭证，按照业务发生顺序逐笔登记。每日终了，应当计算当日的现金收入合计数、现金支出合计数和结余数，并将结余数与实际库存数核对，做到账款相符。

每日终了结算现金收支、财产清查等发现的现金短缺或溢余，应当及时查明原因，并根据管理权限，报经批准后，在期末结账前处理完毕：

（1）如为现金短缺，属于应由责任人或保险公司赔偿的部分，借记“其他应收款”科目，贷记“现金”科目；属于无法查明的其他原因的部分，借记“管理费用”科目，贷记“现金”科目。

【例18-4】某NGO清查现金发现短缺600元，无法查明原因，经批准予以核销。

借：管理费用 600

贷：现金 600

（2）如为现金溢余，属于应支付给有关人员或单位的部分，借记“现金”科目，贷记“其他应付款”科目；属于无法查明的其他原因的部分，借记“现金”科目，贷记“其他收入”科目。

【例18-5】林荫寺清查现金，发现现金溢余1 000元，无法查明原因，经批准作为其他收入。

借：现金 1 000

贷：其他收入 1 000

二、银行存款

为核算民间非营利组织存入银行或其他金融机构的存款，设置“银行存款”（1002）科目。民间非营利组织的外埠存款、银行本票存款、银行汇票存款、信用卡存款等在“其他货币资金”科目核算，不在本科目核算。本科目期末借方余额，反映民间非营利组织实际存在银行或其他金融机构的款项。

民间非营利组织应当严格按照国家有关支付结算办法，正确地进行银行存款收支业务的结算，并按照本制度规定核算银行存款的各项收支业务。其主要账务处理如下：

1.将款项存入银行和其他金融机构，借记本科目，贷记“现金”“应收账款”“捐赠收入”“会费收入”等有关科目。

【例18-6】青年救灾志愿者协会收到某集团公司的抗震捐款150 000元，并存入银行。

借：银行存款 150 000

贷：捐赠收入 150 000

2.提取和支出存款时，借记“现金”“应付账款”“业务活动成本”“管理费用”等有关科目，贷记本科目。

【例18-7】青年救灾志愿者协会购买抗震帐篷200顶送往地震灾区，该批帐篷每顶价款300元，共计60 000元，以银行存款支付。

借：业务活动成本 60 000

贷：银行存款 60 000

3.收到的存款利息，借记本科目，贷记“其他应收款”“筹资费用”等科目。但是，收到的属于在借款费用应予资本化的期间内发生的与购建固定资产专门借款有关的存款利息，借记本科目，贷记“其他应收款”“在建工程”等科目。

【例18-8】某教堂收到银行存款通知单，本月教堂的银行存款利息收入共500元，其中，一般账户利息100元，扩建教堂的专款账户收入400元。

借：银行存款 500

贷：筹资费用 100

在建工程 400

4.外币业务。

（1）以外币购入商品、设备、服务等，按照购入当日（或当期期初）的市场汇率将支付的外币或应支付的外币折算为人民币金额，借记“固定资产”“存货”等科目，贷记“库存现金”“银行存款”“应付账款”等科目的外币账户。

【例18-9】某NGO用2 000美元购入材料一批，货已验收入库。该笔美元的账面兑换率为1：6.9。

借：存货　13 800

　贷：银行存款——美元　13 800

（2）以外币销售商品、提供服务或者获得外币捐赠等，按照收入确认当日（或当期期初）的市场汇率将收取的外币或应收取的外币折算为人民币金额，借记“银行存款”“应收账款”等科目的外币账户，贷记“捐赠收入”“提供服务收入”“商品销售收入”等科目。

【例18-10】某NGO对外销售药品一批，取得美元收入600元并存入银行，当日的美元与人民币兑换率为1：6.8。

借：银行存款——美元　4 080

　贷：商品销售收入　4 080

（3）借入外币借款时，按照借入当日（或当期期初）的市场汇率将借入的款项折算为人民币金额，借记“银行存款”科目的外币账户，贷记“短期借款”“长期借款”等科目的外币账户；偿还外币借款时，按照偿还当日（或当期期初）的市场汇率将偿还款项折算为人民币金额，借记“短期借款”“长期借款”等科目的外币账户，贷记“银行存款”科目的外币账户。

【例18-11】某NGO向银行借入短期借款50 000美元，当日的美元与人民币兑换率为1：6.7。

借：银行存款——美元　335 000

　贷：短期借款　335 000

（4）发生外币兑换业务时，如为购入外币，按照购入当日（或当期期初）的市场汇率将购入的外币折算为人民币金额，借记“银行存款”科目的外币账户，按照实际支付的人民币金额，贷记“银行存款”科目的人民币账户，两者之间的差额，借记或贷记“筹资费用”等科目；如为卖出外币，按照实际收到的人民币金额，借记“银行存款”科目的人民币账户，按照卖出当日（或当期期初）的市场汇率将卖出的外币折算为人民币金额，贷记“银行存款”科目的外币账户，两者之间的差额，借记或贷记“筹资费用”等科目。

【例18-12】某NGO按照市场汇率1：6.8的价格卖出美元100 000元，该笔外汇的账面人民币值为660 000元，汇兑收益20 000元记入“筹资费用”科目贷方。

借：银行存款——人民币　680 000

　贷：银行存款——美元　660 000

　　　筹资费用　20 000

（5）各种外币账户的外币余额，期末时应当按照期末汇率折合为人民币。按照期末汇率折合的人民币金额与账面人民币金额之间的差额，作为汇兑损益计入当期费用。但是，属于在借款费用应予资本化的期间内发生的与购建固定资产有关的外币专门借款本金及其利息所产生的汇兑差额，应当予以资本化，记入“在建工程”科目。

【例18-13】某NGO为建设服务大楼向银行贷款500 000美元，月末尚有未用的外币存款150 000美元，期末的美元与人民币兑换率是1∶6.65，该笔外币的账面金额是人民币1 005 000元。折算后的人民币为997 500元（150 000×6.65），与账面金额的差额为7 500元。

借：在建工程　　7 500

　贷：银行存款——美元　　7 500

三、其他货币资金

为核算民间非营利组织的外埠存款、银行汇票存款、银行本票存款、信用卡存款、信用证保证金存款、存出投资款（或者存入其他金融机构）等各种其他货币资金，设置“其他货币资金”（1009）科目。本科目期末借方余额，反映民间非营利组织实际持有的其他货币资金。

本科目应设置“外埠存款”“银行汇票”“银行本票”“信用卡存款”“信用证保证金存款”“存出投资款”等明细科目，进行明细核算。

并按外埠存款的开户银行、银行汇票或银行本票的收款单位等设置明细账。其主要账务处理如下：

1.外埠存款将款项委托当地银行汇往采购地开立专户时，借记本科目，贷记“银行存款”科目。收到采购员交来供应单位发票账单等报销凭证时，借记“存货”等科目，贷记本科目。将多余的外埠存款转回当地银行时，根据银行的收账通知，借记“银行存款”科目，贷记本科目。

【例18-14】某NGO到外地临时采购材料一批，现将64 500元的资金汇往采购地银行开立采购专户。

借：其他货币资金——外埠存款　　64 500

　贷：银行存款　　64 500

2.将款项交存银行取得银行本票、银行汇票，按照取得的银行本票、银行汇票金额，借记本科目，贷记“银行存款”科目。使用银行本票、银行汇票购买库存物品等资产时，按照实际支付金额，借记“库存物品”等科目，贷记本科目。如有余款或因本票、汇票超过付款期等原因而退回款项，按照退款金额，借记“银行存款”科目，贷记本科目。

【例18-15】某NGO为取得银行汇票，按规定将80 000元的款项存入银行。

借：其他货币资金——银行汇票　　80 000

　贷：银行存款　　80 000

3.将款项交存银行取得信用卡，按照交存金额，借记本科目，贷记“银行存款”科目。用信用卡购物或支付有关费用，按照实际支付金额，借记在关科目，贷记本科目。单位信用卡在使用过程中，需向其账户续存资金的，按照续存金额，借记本科目，贷记“银行存款”科目。

【例18-16】某NGO为取得某银行的“法人贵宾信用卡”，按照规定将50 000元的款项存入银行。

借：其他货币资金——信用卡存款　　50 000

　贷：银行存款　　50 000

4.其他货币资金的转回应加强对其他货币资金的管理，及时办理结算，对于逾期尚未办理结算的银行汇票、银行本票等，应按规定及时转回，借记“银行存款”科目，贷记本科目。

【例18-17】某NGO将逾期尚未办理结算的银行汇票存款50 000元划回。

借：银行存款　　50 000

　贷：其他货币资金——银行汇票　　50 000

第二节

对外投资的核算

民间非营利组织的对外投资有短期投资和长期投资之分，每类投资都有相应的减值准备。

一、短期对外投资

（一）短期投资

为核算民间非营利组织的短期股票、债券等投资，设置“短期投资”（1101）科目。民间非营利组织如果有委托贷款或者委托投资（包括委托理财）且作为短期投资核算的，应当在本科目下单设明细科目核算。本科目期末借方余额，反映民间非营利组织持有的各种股票、债券等短期投资的成本。

本科目应当按照短期投资种类设置明细账，进行明细核算。其主要账务处理如下：

1.短期投资在取得时应当按照投资成本计量。

（1）以现金购入的短期投资，按照实际支付的全部价款，包括税金、手续费等相关费用作为其投资成本，借记本科目，贷记“银行存款”等科目。如果实际支付的价款中包含已宣告但尚未领取的现金股利或已到付息期但尚未领取的债券利息，则按照实际支付的全部价款减去其中已宣告但尚未领取的现金股利或已到付息期但尚未领取的债券利息后的金额作为短期投资成本，借记本科目，按照应领取的现金股利或债券利息，借记“其他应收款”科目，按照实际支付的全部价款，贷记“银行存款”等科目。

【例 18-18】某 NGO 购入债券，债券款 96 000 元，其中包括已到付息期但尚未领取的债券利息 5 000 元。另支付手续费 300 元，共计 96 300 元，以银行存款支付。

借：短期投资——××债券　　91 300

　　其他应收款——××债券利息　　5 000

　贷：银行存款　　96 300

（2）接受捐赠的短期投资，按照所确定的投资成本，借记本科目，贷记“捐赠收入”科目。

【例 18-19】某 NGO 接受 M 集团公司所捐赠的股票 500 股，每股市值约 40 元，共计 20 000 元，产生手续费 300 元，以现金支付。

借：短期投资——M 集团股票投资　　20 000

　贷：捐赠收入　　20 000

借：筹资费用　　300

　贷：现金　　300

2. 收到利息或现金股利收到被投资单位发放的利息或现金股利，按照实际收到的金额借记“银行存款”等科目，贷记本科目。但是，实际收到在购买时已记入“其他应收款”科目的利息或现金股利时，借记“银行存款”等科目，贷记“其他应收款”科目。持有股票期间所获得的股票股利，不作账务处理，但应在辅助账簿中登记所增加的股份。

【例 18-20】接例 18-18，某 NGO 收到被投资单位发放的利息 5 000 元，并存入银行。

借：银行存款　　5 000

　贷：其他应收款　　5 000

3. 收回投资。

出售短期投资或到期收回债券本息，按照实际收到的金额，借记“银行存款”科目，按照已计提的减值准备，借记“短期投资跌价准备”科目，按照所出售或收回短期投资的账面余额，贷记本科目，按照未领取的现金股利或利息，贷记“其他应收款”科目，按照其差额，借记或贷记“投资收益”科目。

【例 18-21】某 NGO 收回到期的债券投资本息共计 53 720 元，该债券账面余额 43 000 元，已计提的减值准备 2 500 元，差额 13 220 元记入“投资收益”科目。

借：银行存款　　53 720

　　短期投资跌价准备　　2 500

　贷：短期投资——××债券投资　　43 000

　　　投资收益　　13 220

4. 计提短期投资跌价准备。

期末，民间非营利组织应当对短期投资是否发生了减值进行检查。如果短期投资的市价低于其账面价值，应当按照市价低于账面价值的差额计提短期投资跌价准备。如果短期投资的市价高于其账面价值，应当在该短期投资期初已计提跌价准备的范围内转回市价高于账面价值的差额。

（二）短期投资跌价准备

为核算民间非营利组织提取的短期投资跌价准备，设置“短期投资跌价准备”（1102）科目。本科目期末贷方余额，反映民间非营利组织已计提的短期投资跌价准备。

民间非营利组织应当定期或者至少于每年年度终了时，对短期投资是否发生了减值进行检查，如果发生了减值，应当计提短期投资跌价准备。如果已计提跌价准备的短期投资价值在以后期间得以恢复，则应当在已计提跌价准备的范围内部分或全部转回已确认的跌价损失，冲减当期费用。其主要账务处理如下：

1.计提短期投资跌价准备

如果短期投资的期末市价低于账面价值，按照市价低于账面价值的差额，借记“管理费用——短期投资跌价损失”科目，贷记本科目。

【例 18-22】年末，某 NGO 所投资的某项股票市价为 81 000 元，比账面价值 86 200 元低 5 200 元，计提短期投资跌价准备。

借：管理费用——短期投资跌价损失	5 200	
贷：短期投资跌价准备		5 200

2.冲转短期投资跌价准备

如果以前期间已计提跌价准备的短期投资的价值在当期得以恢复，即短期投资的期末市价高于账面价值，按照市价高于账面价值的差额，在原已计提跌价准备的范围内，借记本科目，贷记“管理费用——短期投资跌价损失”科目。

【例 18-23】年末，某 NGO 所投资的某项股票市价为 86 200 元，比账面价值 81 000 元高 5 200 元，在原已计提跌价准备的范围内冲转短期投资跌价准备 5 200 元。

借：短期投资跌价准备	5 200	
贷：管理费用——短期投资跌价损失		5 200

3.民间非营利组织出售或收回短期投资，或者以其他方式处置短期投资时，应当同时结转已计提的跌价准备。

【例 18-24】某 NGO 售出股票，本息共计 76 720 元，该股票账面余额 73 000 元，已计提的减值准备 2 500 元，差额 6 220 元记入投资收益科目。

借：银行存款	76 720	
短期投资跌价准备	2 500	
贷：短期投资——××债券投资		73 000
投资收益		6 220

二、长期股权投资

本科目核算民间非营利组织持有时间准备超过 1 年（不含 1 年）的各种股权性质的投资，包括长期股票投资和其他长期股权投资，设置“长期股权投资”（1401）科目。本科目期末借方余额，反映民间非营利组织持有的长期股权投资的价值。

民间非营利组织如果有委托贷款或者委托投资（包括委托理财）且作为长期股权投资核算的，应当在本科目下单设明细科目核算。长期股权投资应当区别不同情况，分别采用成本法或者权益法核算。如果民间非营利组织对被投资单位没有控制、共同控制和重大影响，长期股权投资应当采用成本法进行核算；如果民间非营利组织对被投资单位具有控制、共同控制或重大影响，长期股权投资应当采用权益法进行核算。本科目应当按照被投资单位设置明细账，进行明细核算。其主要账务处理如下：

（一）取得长期股权投资

长期股权投资在取得时，应当按照取得时的实际成本作为初始投资成本。

1.以现金购入的长期股权投资

以现金购入的长期股权投资，按照实际支付的全部价款，包括税金、手续费等相关费用作为其初始投资成本，借记本科目，贷记“银行存款”等科目。如果实际支付的价款中包含已宣告但尚未领取的现金股利，则按照实际支付的全部价款减去其中已宣告但尚未领取的现金股利后的金额作为其初始投资成本，借记本科目，按照应领取的现金股利，借记“其他应收款”科目，按照实际支付的全部价款，贷记“银行存款”等科目。

【例18-25】某NGO购买L集团公司发行的公司股票，股票市值50 000元，包含已宣告但尚未领取的现金股利300元，手续费200元，共50 200元以银行存款支付。

借：长期股权投资——L集团股票投资	50 200	
贷：银行存款		50 200

2.接受捐赠的长期股权投资

接受捐赠的长期股权投资，按照所确定的初始投资成本，借记本科目，贷记“捐赠收入”科目。

【例18-26】某慈善机构接受A集团公司的股票600股，每股100元，手续费300元，共计60 300元，以银行存款支付。

借：长期股权投资——A集团股票	60 000	
贷：捐赠收入		60 000
借：筹资费用	300	
贷：现金		300

（二）长期股权投资持有期间

长期股权投资持有期间，按照不同情况分别采用成本法或者权益法核算：

1.采用成本法核算时

采用成本法核算时，除非追加（或收回）投资或者发生减值，长期股权投资的账面价值一般保持不变。

（1）被投资单位宣告发放现金股利或利润时，按照宣告发放的现金股利或利润中属于民间非营利组织应享有的部分，确认当期投资收益，借记“其他应收款”科目，贷记“投资收益”科目。

【例18-27】接例18-26，慈善机构对长期投资实行成本核算法，A集团公司宣布发放股利，每股5元，慈善总会可得到3 000元股利。

借：其他应收款——A集团股票投资收益　　3 000

　贷：投资收益　　3 000

（2）实际收到现金股利或利润时，按照实际收到的金额，借记“银行存款”等科目，贷记“其他应收款”科目。

【例18-28】接例18-27，慈善机构收到A集团股票的现金股利3 000元，并存入银行。

借：银行存款　　3 000

　贷：其他应收款——A集团股票投资收益　　3 000

2.采用权益法核算时

采用权益法核算时，长期股权投资的账面价值应当根据被投资单位当期净损益中民间非营利组织应享有或分担的份额，以及被投资单位宣告分派的现金股利或利润中属于民间非营利组织应享有的份额进行调整。

（1）期末，按照应当享有或应当分担的被投资单位当年实现的净利润或发生的净亏损的份额，调整长期股权投资账面价值，如被投资单位实现净利润，借记本科目，贷记“投资收益”科目，如被投资单位发生净亏损，借记“投资收益”科目，贷记本科目，但以长期股权投资账面价值减记至零为限。

【例18-29】接例18-26，慈善机构对长期投资实行权益法核算，年末，依据A集团公司的财务报告，A集团公司实现利润，本机构可分得的份额3 000元。

借：长期股权投资——A集团股票投资　　3 000

　贷：投资收益　　3 000

（2）被投资单位宣告分派利润或现金股利时，按照宣告分派的现金股利或利润中属于民间非营利组织应享有的份额，调整长期股权投资账面价值，借记“其他应收款”科目，贷记本科目。在实际收到现金股利或利润时，借记“银行存款”等科目，贷记“其他应收款”科目。

【例18-30】接例18-29，A集团公司宣告发放股利，本机构的可得到股利3 000元。

借：其他应收款——A集团股票投资收益　　3 000

　贷：长期股权投资——A集团股票投资　　3 000

【例18-31】接例18-30，收到A集团公司发放的现金股利3 000元，并存入银行。

借：银行存款　　3 000

　贷：其他应收款——A集团股票投资收益　　3 000

（3）被投资单位宣告分派的股票股利，不作账务处理，但应当设置辅助账，进行数量登记。

（三）处置长期股权投资

处置长期股权投资时，按照实际取得的价款，借记“银行存款”等科目，按照已计提的减值准备，借记“长期投资减值准备”科目，按照所处置长期股权投资的账面余额，贷记本科目，按照尚未领取的已宣告发放的现金股利或利润，贷记“其他应收款”科目，按照其差额，借记或贷记“投资收益”科目。

【例18-32】接例18-26，慈善机构将L集团公司股票出售，取得收入65 000元，该股票的账面余额60 000元，已计提长期投资减值准备1 000元。

借：银行存款	65 000	
长期投资减值准备	1 000	
贷：长期股权投资——L集团股票投资		60 000
投资收益		6 000

（四）改变投资目的

改变投资目的，将短期股权投资划转为长期股权投资，应当按短期股权投资的成本与市价孰低结转，并按此确定的价值作为长期股权投资的成本，借记本科目，按照已计提的相关短期投资跌价准备，借记“短期投资跌价准备”科目，按照原短期股权投资的账面余额，贷记“短期投资”科目，按照其差额，借记或贷记“管理费用”科目。

【例18-33】接例18-19，某NGO将M集团公司所捐赠的股票500股转为长期投资，该笔股票的当前市值为每股42元，共计21 000元。“短期投资”账面余额20 000元，已计提相关短期投资跌价准备1 500元。

借：长期股权投资——M集团股票投资	21 000	
短期投资跌价准备	1 500	
贷：短期投资——M集团股票投资		20 000
管理费用		2 500

（五）期末计提长期投资减值准备

期末，民间非营利组织应当对长期股权投资是否发生了减值进行检查。如果长期股权投资的可收回金额低于其账面价值，应当按照可收回金额低于账面价值的差额计提长期投资减值准备。如果长期股权投资的可收回金额高于其账面价值，应当在该长期股权投资期初已计提减值准备的范围内转回可收回金额高于账面价值的差额。

【例18-34】年末，某NGO所持的股票市值高于账面价值。该股票已计提长期投资减值准备5 000元，现将已计提的长期投资减值准备转回。

借：长期投资减值准备	5 000	
贷：管理费用——长期投资减值损失		5 000

三、长期债权投资

为核算民间非营利组织购入的在1年内（不含1年）不能变现或不准备随时变现的债券和其他债权投资，设置“长期债权投资”（1402）科目。本科目期末借方余额，反映民间非营利组织持有的长期债权投资价值。

民间非营利组织可以根据具体情况设置明细科目，进行明细核算，如债券投资、可转换公司债券和其他债权投资等，其中，债券投资下设面值、溢价或折价、债券费用、应收利息等明细科目。民间非营利组织如果有委托贷款或者委托投资（包括委托理财）且作为长期债权投资核算的，应当在本科目下单设明细科目核算。其主要账务处理如下：

1.取得长期债权投资

长期债权投资在取得时，应当按照取得时的实际成本作为初始投资成本，具体如下：

（1）以现金购入的长期债权投资，按照实际支付的全部价款，包括税金、手续费等相关费用作为其初始投资成本，借记本科目，贷记“银行存款”等科目。如果实际支付的价款中包含已到付息日但尚未领取的债券利息，则按照实际支付的全部价款减去其中已到付息日但尚未领取的债券利息后的金额作为其初始投资成本，借记本科目，按照应领取的利息，借记“其他应收款”科目，按照实际支付的全部价款，贷记“银行存款”等科目。

【例18-35】某NGO在债券市场上购买一笔国债券，包括税金、手续费等相关费用在内共计84 000元，其中，尚有已到付息日但尚未领取的债券利息3 200元，以银行存款支付。

借：长期债权投资——债券投资　　80 800
　　其他应收款　　3 200
　贷：银行存款　　84 000

（2）接受捐赠的长期债权投资，按照所确定的初始投资成本，借记本科目，贷记“捐赠收入”科目。

【例18-36】市白内障患者协会接受H制药厂赠送的可转换公司债券，债券市值为60 000元。

借：长期债权投资——可转换公司债券　　60 000
　贷：捐赠收入　　60 000

2.长期债权投资持有期间

长期债权投资持有期间，应当按照票面价值与票面利率按期计算确认利息收入。

（1）如为到期一次还本付息的债券投资，借记本科目“债券投资（应收利息）”明细科目，贷记“投资收益”科目。

【例18-37】接例18-35，某NGO所购的债券为到期一次还本付息债券，当年应得利息为1 800元。

借：长期债权投资——债券投资（应收利息）　　1 800
　贷：投资收益　　1 800

（2）如为分期付息、到期还本的债权投资，借记“其他应收款”科目，贷记

“投资收益”科目。

【例 18-38】接例 18-35，某 NGO 所购的债券为分期付息、到期还本债券，当年应得利息为 1 800元。

借：其他应付款　　1 800

　贷：投资收益　　1 800

（3）长期债权投资的初始投资成本与债券面值之间的差额，应当在债券存续期间，按照直线法于确认相关债券利息收入时摊销，如初始投资成本高于债券面值，按照应当分摊的金额，借记“投资收益”科目，贷记本科目，如初始投资成本低于债券面值，按照应当分摊的金额，借记本科目，贷记“投资收益”科目。

【例 18-39】接例 18-35，某 NGO 所购债券的初始投资成本 80 800元，债券面值为 79 600元，经计算，本年应当分摊的金额为 300元。

借：投资收益　　300

　贷：长期债权投资　　300

3.可转换公司债券转换为股份

购入的可转换公司债券在转换为股份之前，应当按一般债券投资进行处理。可转换公司债券转换为股份时，按照所转换债券投资的账面价值减去收到的现金后的余额，借记“长期股权投资”科目，按照收到的现金等，借记“现金”“银行存款”科目，按照所转换债券投资的账面价值，贷记本科目。

【例 18-40】接例 18-36，市白内障患者协会将 H 制药厂赠送的可转换公司债券转换为股份。转换债券投资的账面价值 60 000元，收到现金 3 218元。

借：长期股权投资　　56 782

　　现金　　3 218

　贷：长期债权投资——可转换公司债券　　60 000

4.处置长期债权投资

处置长期债权投资时，按照实际取得的价款，借记“银行存款”等科目，按照已计提的减值准备，借记“长期投资减值准备”科目，按照所处置长期债权投资的账面余额，贷记本科目，按照未领取的债券利息，贷记本科目“债券投资（应收利息）”明细科目或“其他应收款”科目，按照其差额，借记或贷记“投资收益”科目。

【例 18-41】接例 18-35 和例 18-37，将尚未到期的国债券出售，取得款项 83 000元。该债券的账面价值 84 000元，未计提长期投资减值准备。

借：银行存款　　83 000

　　投资收益　　1 000

　贷：长期债权投资——债券投资　　84 000

5.将短期债权投资划转为长期债权投资

改变投资目的，将短期债权投资划转为长期债权投资，应当按短期债权投资的成本与市价孰低结转，并按此确定的价值作为长期债权投资的成本，借记本科目，按照已计提的相关短期投资跌价准备，借记“短期投资跌价准备”科目，按照原短期债权投资的账面余额，贷记“短期投资”科目，按照其差额，借记或贷记“管理费用”科目。

【例18-42】某NGO将一笔账面余额为76 000元的短期债券投资转为长期投资，该笔债券的市值为89 200元，已计提短期投资跌价准备760元。

借：长期债权投资	89 200	
短期投资跌价准备	760	
贷：短期投资——债券投资		76 000
管理费用		13 960

6.计提长期投资减值准备

期末，民间非营利组织应当对长期债权投资是否发生了减值进行检查。如果长期债权投资的可收回金额低于其账面价值，应当按照可收回金额低于账面价值的差额计提长期投资减值准备。如果长期债权投资的可收回金额高于其账面价值，应当在该长期债权投资期初已计提减值准备的范围内转回可收回金额高于账面价值的差额。

四、长期投资减值准备

为核算民间非营利组织提取的长期投资减值准备，设置“长期投资减值准备”（1421）科目。本科目的期末贷方余额，反映民间非营利组织已计提的长期投资减值准备。

民间非营利组织应当定期或者至少于每年年度终了时，对长期投资是否发生了减值进行检查，如果发生了减值，应当计提长期投资减值准备。如果已计提减值准备的长期投资价值在以后期间得以恢复，则应当在已计提减值准备的范围内部分或全部转回已确认的减值损失，冲减当期费用。其主要账务处理如下：

1.长期投资的期末可收回金额低于账面价值

如果长期投资的期末可收回金额低于账面价值，按照可收回金额低于账面价值的差额，借记“管理费用——长期投资减值损失”科目，贷记本科目。

【例18-43】某NGO所购的公司债券账面价值64 000元，预计可收回金额为59 000元，计提长期投资减值准备500元。

借：管理费用——长期投资减值损失	500	
贷：长期投资减值准备		500

2.长期投资的期末可收回金额高于账面价值

如果以前期间已计提减值准备的长期投资价值在当期得以恢复，即长期投资的期末可收回金额高于账面价值，按照可收回金额高于账面价值的差额，在原计提减值准备的范围内，借记本科目，贷记“管理费用——长期投资减值损失”科目。

【例18-44】某NGO的一项股权投资的期末可收回金额80 000元，股票的账面价值78 800元。该投资已计提长期投资减值准备1 730元，现冲回530元。

借：长期投资减值准备	530	

贷：管理费用——长期投资减值损失　530

3.民间非营利组织出售或收回长期投资，或者以其他方式处置长期投资时，应当同时结转已计提的减值准备。

【例18-45】某NGO收回到期的长期债权投资，本息共计32 100元，该债券的账面价值为31 000元，已计提长期投资减值准备800元。

借：银行存款　32 100

　　长期投资减值准备　800

　贷：长期债权投资　31 000

　　　投资收益　1 900

第三节

应收及预付款项的核算

民间非营利组织的应收及预付款项，包括应收票据、应收账款、其他应收款、坏账准备、预付账款和待摊费用等。

一、应收票据

应收票据是指民间非营利组织。为核算民间非营利组织因销售商品、提供服务等而收到的商业汇票，包括银行承兑汇票和商业承兑汇票，设置“应收票据”（1111）科目。本科目期末借方余额，反映民间非营利组织持有的商业汇票的票面价值和应计利息。

1.取得商业汇票

因销售商品、提供服务等收到开出、承兑的商业汇票，按照应收票据的面值，借记本科目，贷记“商品销售收入”“提供服务收入”等科目。收到应收票据以抵偿应收账款时，按照应收票据的面值，借记本科目，贷记“应收账款”科目。

【例18-46】某NGO对外提供服务，取得收入30 000元，对方开出一张90天到期的银行承兑汇票（无息）。

借：应收票据　30 000

　贷：提供服务收入　30 000

2.贴现商业汇票

（1）持未到期的应收票据向银行贴现，应当根据银行盖章退回的贴现凭证第四联收账通知，按实际收到的金额（即减去贴现息后的净额），借记“银行存款”科目，按照应收票据的账面余额，贷记本科目，按照差额，借记“筹资费用”科目。

【例18-47】在商业汇票到期前，某NGO将贴现给银行，获得资金28 100元，贴现息为1 900元。

借：银行存款　28 100

　　筹资费用　1 900

贷：应收票据　　30 000

（2）贴现的商业承兑汇票到期，因承兑人的银行账户不足支付，申请贴现的民间非营利组织收到银行退回的应收票据、支款通知和拒绝付款理由书或付款人未付票款通知书时，按照所付本息，借记“应收账款”科目，贷记“银行存款”科目；如果申请贴现的民间非营利组织的银行存款账户余额不足，银行作逾期贷款处理时，按照转作贷款的本息，借记“应收账款”科目，贷记“短期借款”科目。

【例18-48】某NGO销售产品所收到的商业汇票到期，本息共计20 000元。因对方账户余额不足，退回应收票据。

借：应收账款　　20 000

贷：银行存款　　20 000

3.背书转让商业票据

将持有的应收票据背书转让，已取得所需物资时，按照所取得物资应确认的成本，借记“存货”等科目，按照应收票据的账面余额，贷记本科目，按照实际收到或支付的银行存款等，借记或贷记“银行存款”等科目。

【例18-49】某NGO背书转让未到期应收票据，购买材料一批，材料价款13 500元，应收票据账面金额12 000元，余款1 500元，以银行存款支付。

借：存货　　13 500

贷：应收票据　　12 000

银行存款　　1 500

4.应收票据到期

（1）收回应收票据，按照实际收到的金额，借记“银行存款”科目，按照应收票据的账面余额，贷记本科目。

【例18-50】某NGO收到的面额41 000元应收票据到期（无息），通过银行委托收款，款已到账。

借：银行存款　　41 000

贷：应收票据　　41 000

（2）因付款人无力支付票款，收到银行退回的商业承兑汇票、委托收款凭证、未付票款通知书或拒绝付款证明等，按照应收票据的账面余额，借记“应收账款”科目，贷记本科目。

【例18-51】某NGO收到的面额30 000元应收票据到期，年利息率2%，半年期。因付款人无力支付票款，收到银行退回的商业承兑汇票，本息共计80 300元，转为应收账款。

借：应收账款　　80 300

贷：应收票据　　80 300

5.无法兑现的应收票据

如果有确凿证据表明所持有的未到期应收票据不能够收回或收回的可能性不

大，按照应收票据账面余额，借记“应收账款”科目，贷记“应收票据”科目。

【例 18-52】某 NGO 所收到应收票据 36 000 元尚未到期，媒体报道对方资金链断裂，收回的可能性不大，转为应收账款。

借：应收账款　　36 000
　贷：应收票据　　36 000

6.带息票据

（1）如果应收票据为带息票据，应当在持有期间的期末、贴现、背书转让或票据到期时，按照带息应收票据的票面价值和确定的利率计提利息，计提的利息增加带息应收票据的账面余额，借记本科目，贷记“筹资费用”科目。

【例 18-53】某 NGO 收到面额 100 000 元的应收票据，年利率 3%，期限 1 年。年末，计算该票据当年应得利息为 2 100 元，增加应收票据的账面余额。

借：应收票据　　2 100
　贷：筹资费用　　2 100

（2）到期不能收回的带息应收票据，转入“应收账款”科目核算后，期末不再计提利息，其所包含的利息，在有关备查簿中进行登记，待实际收到时再冲减收到当期的筹资费用，借记“银行存款”等科目，贷记“筹资费用”科目。

【例 18-54】接例 18-53，某 NGO 所收到的票据到期，对方账面资金不足不能收回，转入“应收账款”科目，本息共计 103 000 元。

借：应收账款　　103 000
　贷：应收票据　　103 000

【例 18-55】接例 18-53 和例 18-54，某 NGO 收到逾期的应收票据款项 105 000 元存入银行，应收票据账面余额 103 000 元，逾期利息 2 000 元。

借：银行存款　　105 000
　贷：应收票据　　103 000
　　　筹资费用　　2 000

7.应收票据备查簿

民间非营利组织应当设置“应收票据备查簿”，逐笔登记每一应收票据的种类、号数和出票日期、票面金额、票面利率、交易合同号和付款人、承兑人、背书人的姓名或单位名称、到期日、背书转让日、贴现日期、贴现率和贴现净额、计提的利息，以及收款日期和收回金额、退票情况等资料，应收票据到期结清票款或退票后，应当在备查簿内逐笔注销。

二、应收账款

为核算民间非营利组织因销售商品、提供服务等主要业务活动，应当向会员、购买单位或接受服务单位等收取的，但尚未实际收到的款项，设置“应收账款”（1121）科目。本科目期末借方余额，反映民间非营利组织尚未收回的应收账款。

本科目应当按照债务人设置明细账，进行明细核算。其主要账务处理如下：

1.发生应收账款时，按照应收未收金额，借记本科目，贷记“会费收入”“提供服务收入”“商品销售收入”等科目。

【例18-56】为落实党的二十大精神，“完善办事公开制度，拓宽基层各类群体有序参与基层治理渠道，保障人民依法管理基层公共事务和公益事业”，某NGO为开展公益活动吸收一单位会员入会，本年会费15 000元，该会员预付现金3 000元，余款12 000元尚未支付。

借：现金　　3 000

　　应收账款　　12 000

　贷：会费收入　　15 000

2.收回应收账款时，按照实际收到的款项金额，借记“银行存款”等科目，贷记本科目。

【例18-57】接例18-56，收到单位会员交来一张转账支票12 000元，收款入账。

借：银行存款　　12 000

　贷：应收账款　　12 000

3.如果应收账款改用商业汇票结算，在收到承兑的商业汇票时，按照票面价值，借记“应收票据”科目，贷记本科目。

【例18-58】接例18-57，收到会员单位的一张60日到期的银行承兑汇票12 000元。

借：应收票据　　12 000

　贷：应收账款　　12 000

4.计提坏账准备

（1）民间非营利组织应当定期或者至少于每年年度终了，对应收账款进行全面检查，计提坏账准备。对于确实无法收回的应收账款应当及时查明原因，并根据管理权限，报经批准后，按照无法收回的应收账款金额，借记“坏账准备”科目，贷记本科目。

【例18-59】年末，某NGO计提坏账准备13 400元。

借：管理费用　　13 400

　贷：坏账准备　　13 400

【例18-60】接例18-59，年末，报经批准，对一笔无法收回的金额为3 660应收账款予以核销。

借：坏账准备　　3 660

　贷：应收账款　　3 660

（2）如果已转销的应收账款在以后期间又收回，按照实际收回的金额，借记本科目，贷记“坏账准备”科目；同时，借记“银行存款”科目，贷记本科目。

【例18-61】接例18-60，已转销的应收账款3 660元在以后期间又收回，并存入银行。

借：应收账款　　3 660

　贷：坏账准备　　3 660

借：银行存款　　3 660

　贷：应收账款　　3 660

三、其他应收款

为核算民间非营利组织除应收票据、应收账款以外的其他各项应收、暂付款项，包括应收股利、应收利息、应向职工收取的各种垫付款项、职工借款、应收保险公司赔款等，设置“其他应收款”（1122）科目。本科目期末借方余额，反映尚未收回的其他应收款。

本科目应按其他应收款的项目进行分类，并按不同的债务人设置明细账，进行明细核算。其主要账务处理如下：

1.对外进行短期或长期股权投资应收取的现金股利

（1）购入股票时，如果实际支付的价款中包含已宣告但尚未领取的现金股利，按照实际支付的全部价款减去其中已宣告但尚未领取的现金股利后的金额，借记“短期投资”“长期股权投资”科目，按照应当领取的现金股利，借记本科目，按照实际支付的价款，贷记“银行存款”等科目。

【例18-62】某NGO以53 000元购入股票准备年内转让出手，其中包含已宣告但尚未领取的现金股利2 100元。

借：短期投资　　50 900

　　其他应收款　　2 100

　贷：银行存款　　53 000

（2）对外长期股权投资应分得的现金股利或利润，应当于被投资单位宣告发放现金股利或分派利润时，借记本科目，贷记“投资收益”或“长期股权投资”等科目。

【例18-63】某NGO长期持有A集团公司股票，实行权益法核算，A集团公司宣布分派利润，经计算，组织可获得6 000元的分派利润。

借：其他应收款　　6 000

　贷：长期股权投资　　6 000

（3）实际收到的现金股利或利润，按照实际收到的金额，借记“银行存款”科目，贷记本科目。

【例18-64】接例18-63，实际收到A集团公司分派利润6 000元，款已存入银行。

借：银行存款　　6 000

　贷：其他应收款　　6 000

2.对外进行短期或长期债权投资应收取的利息

对外进行短期或长期债权投资应收取的利息（到期一次还本付息的长期债券投

资应收取的利息，在“长期债权投资”科目核算，不在本科目核算）：

（1）购入债券，如果实际支付的价款中包含已到付息期但尚未领取的债券利息，按照实际支付的全部价款减去其中已到付息期但尚未领取的利息后的金额，借记“短期投资”“长期债权投资”科目，按照应当领取的利息，借记本科目，按照实际支付的价款，贷记“银行存款”等科目。

【例18-65】某NGO购入债券45 000元，其中包含已到付息期但尚未领取的债券利息600元。

借：长期债权投资　　44 400

　　其他应收款　　600

　贷：银行存款　　45 000

（2）分期付息、到期还本的债券以及分期付息的其他长期债权投资持有期间，已到付息期而应收未收的利息，应于确认投资收益时，按照应获得的利息，借记本科目，贷记“投资收益”科目。

【例18-66】接例18-65，次年末，计算所持有的长期债权投资利息900元。

借：其他应收款　　900

　贷：投资收益　　900

（3）实际收到的利息，按照实际收到的利息金额，借记“银行存款”科目，贷记本科目。

【例18-67】接例18-66，实际收到债券利息900元，并存入银行。

借：银行存款　　900

　贷：其他应收款　　900

3.发生的其他各项应收、暂付款项等，借记本科目，贷记“现金”“银行存款”等科目；收回上述各项款项时，借记“现金”“银行存款”等科目，贷记本科目。

【例18-68】职工刘强出差，预借差旅费20 000元。

借：其他应收款——刘强　　20 000

　贷：现金　　20 000

4.计提坏账准备

（1）民间非营利组织应当定期或者至少于每年年度终了，对其他应收款进行全面检查，计提坏账准备。对于确实无法收回的其他应收款应当及时查明原因，并根据管理权限，报经批准后，按照无法收回的其他应收款金额，借记“坏账准备”科目，贷记本科目。

（2）如果已转销的其他应收款在以后期间又收回，按照实际收回的金额，借记本科目，贷记“坏账准备”科目；同时，借记“银行存款”科目，贷记本科目。

四、坏账准备

为核算民间非营利组织提取的坏账准备，设置“坏账准备”（1131）科目。本科目期末贷方余额，反映民间非营利组织已提取的坏账准备。

民间非营利组织应当定期或者至少于每年年度终了，对应收款项进行全面检查，分析其可收回性，对预计可能产生的坏账损失计提坏账准备，确认坏账损失并计入当期费用。当期应补提或冲减的坏账准备按照以下公式计算：

$$\text{当期应补提或冲减的坏账准备} = \text{当期按应收款项计算应计提的坏账准备金额} - \text{本科目期初贷方余额（或+本科目期初借方余额）}$$

坏账准备的主要账务处如下：

1.计提坏账准备

提取坏账准备时，借记“管理费用——坏账损失”科目，贷记本科目；冲减坏账准备时，借记本科目，贷记“管理费用——坏账损失”科目。

【例18-69】月末，某NGO依据应收账款、其他应收款等账户余额，计提坏账准备16 420元。

借：管理费用——坏账损失　　16 420

　贷：坏账准备　　16 420

【例18-70】年末，某NGO依据应收账款、其他应收款等账户余额，冲减已计提坏账准备3 400元。

借：坏账准备　　3 400

　贷：管理费用——坏账损失　　3 400

2.核销坏账准备

（1）对于确实无法收回的应收款项，应当及时查明原因，并根据管理权限，报经批准后，按照无法收回的应收账款金额，借记本科目，贷记“应收账款”“其他应收款”等科目。

【例18-71】有一笔应收账款31 000元确认无法收回，经批准予以核销。

借：坏账准备　　31 000

　贷：应收账款　　31 000

（2）如果已确认并转销的应收款项在以后期间又收回，按照实际收回的金额，借记“应收账款”“其他应收款”科目，贷记本科目；同时，借记“银行存款”科目，贷记“应收账款”“其他应收款”科目。

【例18-72】接例18-71，已经核销的应收账款在以后期间又收回，款项31 000元存入银行。

借：应收账款　　31 000

　贷：坏账准备　　31 000

同时，记：

借：银行存款　　31 000

　贷：应收账款　　31 000

五、预付账款

为核算民间非营利组织预付给商品供应单位或者服务提供单位的款项，设置“预付账款”（1141）科目。本科目期末借方余额，反映民间非营利组织实际预付的款项。

本科目应按供应单位设置明细账，进行明细核算。其主要账务处理如下：

1.因购货而预付款项时，按照实际预付的金额，借记本科目，贷记“银行存款”等科目。

【例18-73】某NGO为购买一专用设备而向供货方预付货款20 000元。

借：预付账款　　20 000

　贷：银行存款　　20 000

2.收到所购货物时，按照应确认所购货物成本的金额，借记“存货”等科目，按照本科目账面余额，贷记本科目，按照退回或补付的款项，借记或贷记“银行存款”等科目。

【例18-74】接例18-73，所购设备到货，设备总价款63 000元，余款43 000元以银行存款支付。

借：固定资产　　63 000

　贷：预付账款　　20 000

　　　银行存款　　43 000

3.如果有确凿证据表明预付账款并不符合预付款项性质，或者因供货单位破产、撤销等原因已无望再收到所购货物的，按照预付账款账面余额，借记“其他应收款”科目，贷记本科目。

【例18-75】接例18-73，向供货方预订的设备，因供方的技术原因无法提供，所付的20 000元货款也难以尽快收回，转为其他应收款。

借：其他应收款　　20 000

　贷：预付账款　　20 000

4.民间非营利组织对其预付账款，一般不计提坏账准备。如果有确凿证据表明预付账款并不符合预付款项性质，或者因供货单位破产、撤销等原因已无望再收到所购货物的，应当先将其转入其他应收款，然后再按规定计提坏账准备。

六、待摊费用

为核算民间非营利组织已经支出，但应当由本期和以后各期分别负担的分摊期在1年以内（含1年）的各项费用，如预付保险费、预付租金等，设置“待摊费用”（1301）科目。本科目期末借方余额，反映民间非营利组织各种已支出但尚未摊销的费用。

民间非营利组织的待摊费用应当按照其受益期限在1年内分期平均摊销，计入当期费用。如果某项待摊费用已经不能使民间非营利组织受益，应当将其摊余价值一次全部转入当期费用。其主要账务处理如下：

本科目应当按照摊销费用种类设置明细账，进行明细核算。

1.发生待摊费用，如预付保险费、预付租金时，借记本科目，贷记“现金”“银行存款”等科目。

【例18-76】某NGO交纳冬季取暖费20 000元，以银行存款支付。

借：待摊费用　　20 000

贷：银行存款 20 000

2.按照受益期限分期平均摊销时，借记“管理费用”等科目，贷记本科目。

【例18-77】接例18-76，取暖期5个月。月末，某NGO推销本月取暖费用。

借：管理费用 4 000

贷：待摊费用 4 000

第四节 存货的核算

一、存货

为核算民间非营利组织在日常业务活动中持有以备出售或捐赠的，或者为了出售或捐赠仍处在生产过程中的，或者将在生产、提供服务或者日常管理过程中耗用的材料、物资、商品等，包括材料、库存商品、委托加工材料，以及达不到固定资产标准的工具、器具等，设置“存货”（1201）科目。本科目期末借方余额，反映存货实际库存价值。

1.存货在取得时，应当以其成本入账，具体如下：

（1）外购的存货，按照采购成本（一般包括实际支付的采购价格、相关税费、运输费、装卸费、保险费以及其他可直接归属于存货采购的费用），借记本科目，贷记“银行存款”“应付账款”等科目。民间非营利组织可以根据需要在本科目下设置“材料”“库存商品”等明细科目。

【例18-78】某NGO购进一批材料，采购价款12 000元，增值税1 560元，装卸费500元，共计14 060元，以银行存款支付。

借：存货 14 060

贷：银行存款 14 060

（2）自行加工或委托加工完成的存货，按照采购成本、加工成本（包括直接人工以及按照合理方法分配的与存货加工有关的间接费用）和其他成本（指除采购成本、加工成本以外的，使存货达到目前场所和状态所发生的其他支出），借记本科目，贷记“银行存款”“应付账款”“应付工资”等科目。民间非营利组织可以根据实际情况，在本科目下设置“生产成本”等明细科目，归集相关成本。

【例18-79】某非营利组织委托加工一批工具，向加工单位支付加工费2 000元，以银行存款支付。

借：存货——委托加工材料 2 000

贷：银行存款 2 000

（3）接受捐赠的存货，按照所确定的成本，借记本科目，贷记“捐赠收入”科目。

【例18-80】某NGO接受捐赠一批器具，价值为9 400元，器具验收入库。

借：存货　9 400

　贷：捐赠收入　9 400

2.存货在发出时，应当根据实际情况采用个别计价法、先进先出法或者加权平均法，确定发出存货的实际成本，具体如下：

（1）业务活动过程中领用存货，按照确定的成本，借记“管理费用”等科目，贷记本科目。

【例18-81】某NGO办公室领用材料一批，采用先进先出法计价，该批材料的价值为800元。

借：管理费用　800

　贷：存货　800

（2）对外出售或捐赠存货，按照确定的出售存货成本，借记“业务活动成本”等科目，贷记本科目。

【例18-82】为落实党的二十大精神，“引导、支持有意愿有能力的企业、社会组织和个人积极参与公益慈善事业”，某慈善机构将一批药品捐赠给病人，该批药品成本为6 000元。

借：业务活动成本　6 000

　贷：存货　6 000

3.民间非营利组织的各种存货，应当定期进行清查盘点，每年至少盘点一次。对于发生的盘盈、盘亏以及变质、毁损等存货，应当及时查明原因，并根据管理权限，报经批准后，在期末结账前处理完毕：

（1）如为存货盘盈，按照其公允价值，借记本科目，贷记“其他收入”科目。

（2）如为存货盘亏或者毁损，按照存货账面价值扣除残料价值、可以收回的保险赔偿和过失人的赔偿等后的金额，借记“管理费用”科目，按照可以收回的保险赔偿和过失人赔偿等，借记“现金”“银行存款”“其他应收款”等科目，按照存货的账面余额，贷记本科目。

【例18-83】某NGO进行月末盘点，盘盈A器具5件，每件价值60元；盘亏B材料30千克，每千克价值20元。

盘盈A器具：

借：存货——A器具　300

　贷：其他收入　300

盘亏B材料：

借：管理费用　600

　贷：存货　600

4.计提存货跌价准备

期末，民间非营利组织应当对存货是否发生了减值进行检查。如果存货的可变现净值低于其账面价值，应当按照可变现净值低于账面价值的差额计提存货跌价准备。如果存货的可变现净值高于其账面价值，应当在该存货期初已计提跌价准备的范围内转回可变现净值高于账面价值的差额。

二、存货跌价准备

为核算民间非营利组织提取的存货跌价准备，设置“存货跌价准备”（1202）科目。本科目期末贷方余额，反映民间非营利组织已计提的存货跌价准备。

民间非营利组织应当定期或者至少于每年年度终了时，对存货是否发生了减值进行检查，如果发生了减值，应当计提存货跌价准备。如果已计提跌价准备的存货价值在以后期间得以恢复，则应当在已计提跌价准备的范围内部分或全部转回已确认的跌价损失，冲减当期费用。其主要账务处理如下：

1.如果存货的期末可变现净值低于账面价值，按照可变现净值低于账面价值的差额，借记“管理费用——存货跌价损失”科目，贷记本科目。

【例18-84】某NGO的一项存货的期末可变现净值低于账面价值，计提存货跌价准备4 300元。

借：管理费用——存货跌价损失	4 300	
贷：存货跌价准备		4 300

2.如果以前期间已计提跌价准备的存货价值在当期得以恢复，即存货的期末可变现净值高于账面价值，按照可变现净值高于账面价值的差额，在原已计提跌价准备的范围内，借记本科目，贷记“管理费用——存货跌价损失”科目。

【例18-85】接例18-84，由于存货价格变化，某NGO已计提跌价准备的存货价值在当期得以恢复，并远高于账面价值达12 000元，按照可变现净值高于账面价值的差额，在原已计提跌价准备的范围内（4 300元）调整计提存货跌价准备。

借：存货跌价准备	4 300	
贷：管理费用——存货跌价损失		4 300

第五节 固定资产的核算

一、固定资产

为核算民间非营利组织固定资产的原价，设置“固定资产”（1501）科目。本科目期末借方余额，反映民间非营利组织期末固定资产的账面原价。

固定资产是指民间非营利组织同时具有以下特征的有形资产：（1）为行政管理、提供服务、生产商品或者出租目的而持有的；（2）预计使用年限超过1年；（3）单位价值较高。

民间非营利组织应当根据固定资产定义，结合本组织的具体情况，制定适合于本组织的固定资产目录、分类方法、每类或每项固定资产的折旧年限、折旧方法，作为进行固定资产核算的依据。民间非营利组织的固定资产如果发生了重大减值，计提减值准备的，应当单独设置“固定资产减值准备”科目进行核算。民间非营利组织应当设置“固定资产登记簿”和“固定资产卡片”，按固定资产类别设置明细账，进行明细核算。经营租入的固定资产，应当另设辅助簿进行登记，不在本科目核算。其主要账务处理如下：

1.取得固定资产

固定资产在取得时，应当按照取得时的实际成本入账。取得时的实际成本包括买价、包装费、运输费、交纳的有关税金等相关费用，以及为使固定资产达到预定可使用状态前所必要的支出。具体如下：

（1）外购的固定资产，按照实际支付的买价、相关税费以及为使固定资产达到预定可使用状态前发生的可直接归属于该固定资产的其他支出（如运输费、安装费、装卸费等)，借记本科目，贷记“银行存款”“应付账款”等科目。如果以一笔款项购入多项没有单独标价的固定资产，按照各项固定资产公允价值的比例对总成本进行分配，分别确定各项固定资产的入账价值。

【例18-86】某NGO购入一台设备，买入价30 000元，相关税费1 000元，共计31 000元，以银行存款支付。

借：固定资产　　31 000

　贷：银行存款　　31 000

（2）自行建造的固定资产，按照建造该项固定资产达到预定可使用状态前所发生的全部支出，借记本科目，贷记“在建工程”科目。

【例18-87】某NGO自行建筑一栋服务大楼，建筑期间共发生各项支出总计34 826 300元，现交付使用。

借：固定资产　　34 826 300

　贷：在建工程　　34 826 300

（3）融资租入的固定资产，按照租赁协议或者合同确定的价款、运输费、途中保险费、安装调试费以及融资租入固定资产达到预定可使用状态前发生的借款费用等，借记本科目“融资租入固定资产”明细科目，贷记“长期应付款”科目。

【例18-88】某NGO融资租入专用设备2台，租赁协议价100 000元，分4年偿还。

借：固定资产——融资租入固定资产　　100 000

　贷：长期应付款　　100 000

（4）接受捐赠的固定资产，按照所确定的成本，借记本科目，贷记“捐赠收入”科目。

【例18-89】某NGO接受捐赠仪器3台，每台价值1 500元。

借：固定资产　　4 500

　贷：捐赠收入　　4 500

2.按月提取固定资产折旧时，按照应提取的折旧金额，借记“存货——生产成本”“管理费用”等科目，贷记“累计折旧”科目。

【例18-90】月末，依据固定资产使用部门计提固定资产折旧，生产部门的折旧费用3 216元，管理部门的折旧费用673元。

借：存货——生产成本　　3 216

　　管理费用　　673

　贷：累计折旧　　3 889

3.与固定资产有关的后续支出。

与固定资产有关的后续支出，如果使可能流入民间非营利组织的经济利益或者服务潜力超过了原先的估计，如延长了固定资产的使用寿命，或者使服务质量有实质性提高，或者使商品成本有实质性降低，则应当计入固定资产账面价值，但其增计后的金额不应当超过该固定资产的可收回金额。其他后续支出，应当计入当期费用。发生后续支出时，按照应当计入固定资产账面价值的金额，借记“在建工程”“固定资产”科目，贷记“银行存款”等科目，按照应当计入当期费用的金额，借记“管理费用”等科目，贷记“银行存款”等科目。

【例18-91】某NGO对服务大楼进行装饰装修改造，装饰装修支出130 500元，提升了大楼的服务功能。

借：固定资产　　130 500

　贷：银行存款　　130 500

4.固定资产出售、报废或者毁损。

固定资产出售、报废或者毁损，或者以其他方式处置时，按照所处置固定资产的账面价值，借记“固定资产清理”科目，按照已提取的折旧，借记“累计折旧”科目，按照固定资产账面余额，贷记本科目。

【例18-92】某NGO报废一台设备，该设备的账面余额12 000元，已提折旧10 842元。

借：固定资产清理　　1 158

　　累计折旧　　10 842

　贷：固定资产　　12 000

5.盘盈盘亏。

民间非营利组织对固定资产应当定期或者至少每年实地盘点一次。对盘盈、盘亏的固定资产，应当及时查明原因，并根据管理权限，报经批准后，在期末结账前处理完毕：

（1）如为固定资产盘盈，按照其公允价值，借记本科目，贷记“其他收入”科目。

【例18-93】某NGO盘盈一台设备，同类产品的市场价格为3 400元。

借：固定资产　　3 400

　贷：其他收入　　3 400

（2）如为固定资产盘亏，按照固定资产账面价值扣除可以收回的保险赔偿和过失人的赔偿等后的金额，借记“管理费用”科目，按照可以收回的保险赔偿和过失人赔偿等，借记“现金”“银行存款”“其他应收款”等科目，按照已提取的累计折旧，借记“累计折旧”科目，按照固定资产的账面余额，贷记本科目。

【例18-94】年末，对固定资产进行盘点，盘亏设备一台，账面余额4 560元，已提折旧1 600元，经批准予以核销。

借：管理费用	2 960	
累计折旧	1 600	
贷：固定资产		4 560

二、累计折旧

为核算民间非营利组织固定资产的累计折旧，设置“累计折旧”（1502）科目。本科目期末贷方余额，反映民间非营利组织提取的固定资产折旧累计数。

累计折旧的主要账务处理如下：

按月计提固定资产折旧时，按照应当计提的金额，借记“存货——生产成本”“管理费用”等科目，贷记本科目

【例18-95】某NGO按月计提固定资产折旧，本月生产成本承担折旧费用2 300元，管理部门承担折旧费用350元。

借：存货——生产成本	2 300	
管理费用	350	
贷：累计折旧		2 650

三、在建工程

为核算民间非营利组织进行在建工程（包括施工前期准备、正在施工中的建筑工程、安装工程、技术改造工程等）所发生的实际支出，设置“在建工程”（1505）科目。发生支出时记入借方，完工结转时记入贷方，本科目期末借方余额，反映民间非营利组织尚未完工的各项在建工程发生的实际支出。

民间非营利组织可以根据需要，在本科目下设置明细科目，进行明细核算。其主要账务处理如下：

1.在建工程应当按照实际发生的支出确定其工程成本，并单独核算。

（1）自营工程，按照直接材料、直接人工、直接机械使用费等确定其成本。

①领用材料物资时，按照所领用材料物资的账面余额，借记本科目，贷记“存货”科目。

【例18-96】某NGO自行建造一台设备，领用材料若干，价值4 200元。

借：在建工程	4 200	
贷：存货		4 200

②发生应负担的职工工资时，按照实际应负担的工资金额，借记本科目，贷记“应付工资”科目。

【例18-97】计发本月职工工资35 420元。

借：在建工程　35 420

　贷：应付工资　35 420

③工程应当分摊的水、电等其他费用，按照实际应分摊的金额，借记本科目，贷记“银行存款”等科目。

【例 18-98】某 NGO 支付电费 6 310 元，办公用电和在建工程用电分摊的比例为 40% 和 60%。

借：在建工程　3 786

　　管理费用　2 524

　贷：银行存款　6 310

（2）出包工程，应当按照应支付的工程价款等确定其成本。

①按照合同规定向承包商预付工程款、备料款时，按照实际预付的金额，借记本科目，贷记“银行存款”科目。

【例 18-99】所建工程的某一部分包给 M 工程公司，预付工程款 23 680 元。

借：在建工程　23 680

　贷：银行存款　23 680

②与承包商办理工程价款结算时，按照补付的工程款，借记本科目，贷记“银行存款”“应付账款”等科目。

【例 18-100】出包工程完工，支付工程尾款 16 793 元。

借：在建工程　16 793

　贷：银行存款　16 793

（3）在建工程发生的工程管理费、征地费、可行性研究费等，借记本科目，贷记“银行存款”等科目。

【例 18-101】在建工程发生的工程监理费 5 000 元，以银行存款支付。

借：在建工程　5 000

　贷：银行存款　5 000

（4）为购建固定资产而发生的专门借款的借款费用，在允许资本化的期间内，按照专门借款的借款费用的实际发生额，借记本科目，贷记“长期借款”等科目。

【例 18-102】为建造某设备向银行贷款 1 000 000 元，本月应支付贷款利息 5 000 元。

借：在建工程　5 000

　贷：长期借款　5 000

2. 出售在建工程，在建工程报废、毁损或者以其他方式处置在建工程时，按照所处置在建工程的账面价值，借记“固定资产清理”科目，按照在建工程账面余额，贷记本科目。

【例 18-103】某 NGO 将一项正在建造的特殊设备予以出售，该在建工程账面余额为 3 421 693 元。

借：固定资产清理　3 421 693

贷：在建工程　3 421 693

3.所购建的固定资产已达到预定可使用状态时，按照在建工程的成本，借记“固定资产”科目，贷记本科目。

【例18-104】接例18-96至例18-102，某NGO自行建造的设备完工，在建工程的总成本为5 367 482元，经验收合格后正式交付使用。

借：固定资产　5 367 482

贷：在建工程　5 367 482

四、文物文化资产

为核算民间非营利组织用于展览、教育或研究等目的的历史文物、艺术品以及其他具有文化或者历史价值并作长期或者永久保存的典藏等资产的价值，设置“文物文化资产”（1506）科目。本科目期末借方余额，反映民间非营利组织期末文物文化资产的价值。

民间非营利组织应当设置文物文化资产登记簿和文物文化资产卡片，按文物文化资产类别等设置明细账，进行明细核算。其主要账务处理如下：

1.文物文化资产在取得时，应当按照取得时的实际成本入账。取得时的实际成本包括买价、包装费、运输费、缴纳的有关税金等相关费用，以及为使文物文化资产达到预定可使用状态前所必要的支出。

（1）外购的文物文化资产，按照实际支付的买价、相关税费以及为使文物文化资产达到预定可使用状态前发生的可直接归属于该文物文化资产的其他支出（如运输费、安装费、装卸费等），借记本科目，贷记“银行存款”“应付账款”等科目。如果以一笔款项购入多项没有单独标价的文物文化资产，按照各项文物文化资产公允价值的比例对总成本进行分配，分别确定各项文物文化资产的入账价值。

【例18-105】某寺院外购一尊清代佛像，买价、相关税费以及运输费、安装费等共计460 000元，以银行存款支付260 000元，余款200 000元尚未支付。

借：文物文化资产　460 000

贷：银行存款　260 000

应付账款　200 000

（2）接受捐赠的文物文化资产，按照所确定的成本，借记本科目，贷记“捐赠收入”科目。

【例18-106】某寺院接受海外华人捐赠的在战争期间本寺流失的僧像一尊，估价150 000元。

借：文物文化资产　150 000

贷：捐赠收入　150 000

2.出售文物文化资产，文物文化资产毁损或者以其他方式处置文物文化资产时，按照所处置文物文化资产的账面余额，借记“固定资产清理”科目，贷记本科目。

【例18-107】某寺院的一部藏经受损，难以修复，账面价值53 000元。

借：固定资产清理　　53 000

　贷：文物文化资产　　53 000

3.民间非营利组织对文物文化资产应当定期或者至少每年实地盘点一次。对盘盈、盘亏的文物文化资产，应当及时查明原因，并根据管理权限，报经批准后，在期末前结账处理完毕：

（1）如为文物文化资产盘盈，按照其公允价值，借记本科目，贷记“其他收入”科目。

【例18-108】某寺院盘盈一部典藏经书，没有相应的市场价格可参照，谨以名义金额1元入账。

借：文物文化资产　　1

　贷：其他收入　　1

（2）如为文物文化资产盘亏，按照固定资产账面余额扣除可以收回的保险赔偿和过失人的赔偿等后的金额，借记“管理费用”科目，按照可以收回的保险赔偿和过失人赔偿等，借记“现金”“银行存款”“其他应收款”等科目，按照文物文化资产的账面余额，贷记本科目。

【例18-109】某NGO年末对其文物文化资产进行盘点，盘亏一件账面价值19 000元的文物资产，须确认过失人并要求赔偿。

借：其他应收款　　19 000

　贷：文物文化资产　　19 000

五、固定资产清理

为核算民间非营利组织因出售、报废和毁损或其他处置等原因转入清理的固定资产价值及其清理过程中所发生的清理费用和清理收入等，设置“固定资产清理”（1509）科目。本科目期末余额，反映尚未清理完毕的固定资产的价值以及清理净收入（清理收入减去清理费用）。

本科目应当按照被清理的固定资产设置明细账，进行明细核算。其主要账务处理如下：

1.所处置固定资产转入清理时，按照所处置固定资产的账面价值，借记本科目，按照已提取的折旧，借记“累计折旧”科目，按照固定资产账面余额，贷记“固定资产”科目。

【例18-110】某NGO的一台设备即将出售，转入清理，该设备的账面价值14 200元，已提折旧7 360元。

借：固定资产清理　　6 840

　　累计折旧　　7 360

　贷：固定资产　　14 200

2.清理过程中发生的费用和相关税金，按照实际发生额，借记本科目，贷记“银行存款”等科目。

【例18-111】接例18-110，拆卸设备发生清理费用500元，以现金支付。

借：固定资产清理 500

贷：现金 500

3.收回所处置固定资产的价款、残料价值和变价收入等，借记“银行存款”等科目，贷记本科目；应当由保险公司或过失人赔偿的损失，借记“现金”“银行存款”“其他应收款”等科目，贷记本科目。

【例18-112】接例18-110和例18-111，拆卸后的设备以5 000元的价款对外售出，款项已存入银行。

借：银行存款 5 000

贷：固定资产清理 5 000

4.固定资产清理后的净收益，借记本科目，贷记“其他收入”科目；固定资产清理后的净损失，借记“其他费用”科目，贷记本科目。

【例18-113】接例18-110至例18-112，某NGO清理出售的设备净损失2 340元（6 840+500-5 000）。

借：其他费用 2 340

贷：固定资产清理 2 340

第六节

无形资产和受托代理资产的核算

一、无形资产

为核算民间非营利组织为开展业务活动、出租给他人或为管理目的而持有的且没有实物形态的非货币性长期资产，包括专利权、非专利技术、商标权、著作权、土地使用权等，设置“无形资产”（1601）科目。本科目期末借方余额，反映民间非营利组织已入账但尚未摊销的无形资产的摊余价值。

民间非营利组织的无形资产如果发生了重大减值，计提减值准备的，应当单独设置“无形资产减值准备”科目进行核算。本科目应当按照无形资产类别设置明细账，进行明细核算。其主要账务处理如下：

1.无形资产在取得时，应当按照取得时的实际成本入账。具体如下：

（1）购入的无形资产，按照实际支付的价款，借记本科目，贷记“银行存款”等科目。

【例18-114】某NGO购入一项专利技术，价款100 000元，以银行存款支付。

借：无形资产——××专利 100 000

贷：银行存款 100 000

（2）接受捐赠的无形资产，按照所确定的成本，借记本科目，贷记“捐赠收入”科目。

【例18-115】某NGO接受计算机软件公司捐赠的正版软件，市值40 000元。

借：无形资产　　40 000

　贷：捐赠收入　　40 000

（3）自行开发并按法律程序申请取得的无形资产，按依法取得时发生的注册费、聘请律师费等费用，借记本科目，贷记“银行存款”等科目。

依法取得前，在研究与开发过程中发生的材料费用、直接参与开发人员的工资及福利费、开发过程中发生的租金、借款费用等直接计入当期费用，借记“管理费用”等科目，贷记“银行存款”等科目。

【例18-116】某NGO自行开发一项专利技术，开发过程中支付材料费5 000元，人工费20 000元，按法律程序申请专利时的注册费2 000元，律师费10 000元。

材料费、人工费记：

借：管理费用　　25 000

　贷：存货　　5 000

　　　现金　　20 000

注册费、律师费记：

借：无形资产　　12 000

　贷：银行存款　　12 000

2.摊销无形资产

（1）无形资产应当自取得当月起在预计使用年限内分期平均摊销，按照应提取的摊销金额，借记“管理费用”科目，贷记本科目。

【例18-117】接例18-114，上述专利技术的合同使用年限为10年，月摊销无形资产833元。

借：管理费用　　833

　贷：无形资产　　833

（2）无形资产的摊销年限的确定。如预计使用年限超过了相关合同规定的受益年限或法律规定的有效年限，该无形资产的摊销年限按如下原则确定：①合同规定了受益年限但法律没有规定有效年限的，摊销期不应超过合同规定的受益年限；②合同没有规定受益年限但法律规定了有效年限的，摊销期不应超过法律规定的有效年限；③合同规定了受益年限，法律也规定了有效年限的，摊销期不应超过受益年限和有效年限两者之中较短者。如果合同没有规定受益年限，法律也没有规定有效年限的，摊销期不应超过10年。

3.出售或处置无形资产

出售或以其他方式处置无形资产，按照实际取得的价款，借记“银行存款”等科目，按照该项无形资产的账面余额，贷记本科目，按照其差额，贷记“其他收入”科目或借记“其他费用”科目。

【例18-118】接例18-117，某NGO决定将专利技术对外转让，无形资产账面余额为83 340元，对外销售价150 000元。

借：银行存款　　150 000
　贷：无形资产　　83 340
　　其他收入　　66 660

二、受托代理资产

为核算民间非营利组织接受委托方委托从事受托代理业务而收到的资产，设置“受托代理资产”（1701）科目。本科目期末借方余额，反映民间非营利组织期末尚未转出的受托代理资产价值。

民间非营利组织受托代理资产的确认和计量比照接受捐赠资产的确认和计量原则处理。民间非营利组织应当设置“受托代理资产登记簿”，并根据具体情况设置明细账，进行明细核算。其主要账务处理如下：

1.收到受托代理资产时，按照应确认的入账金额，借记本科目，贷记“受托代理负债”科目。

【例18-119】某NGO接受会员委托，受托代理一项资产，确认价值200 000元。

借：受托代理资产　　200 000
　贷：受托代理负债　　200 000

2.转赠或者转出受托代理资产，按照转出受托代理资产的账面余额，借记“受托代理负债”科目，贷记本科目。

【例18-120】接例18-119，经研究协商，某非营利组织将上述受托资产转给专业受托公司经营。

借：受托代理负债　　200 000
　贷：受托代理资产　　200 000

3.受托代理资产为货币资金

民间非营利组织收到的受托代理资产如果为现金、银行存款或其他货币资金，可以不通过本科目核算，而在“现金”“银行存款”“其他货币资金”科目下设置“受托代理资产”明细科目进行核算。即在取得这些受托代理资产时，借记“现金——受托代理资产”“银行存款——受托代理资产”“其他货币资金——受托代理资产”科目，贷记“受托代理负债”科目；在转赠或者转出受托代理资产时，借记“受托代理负债”科目，贷记“现金——受托代理资产”“银行存款——受托代理资产”“其他货币资金——受托代理资产”科目。

【例18-121】某动物保护组织收到国际机构的受托代理资金500 000元，用于保护中华鲟，并存入银行。

借：银行存款——受托代理资产　　500 000
　贷：受托代理负债　　500 000

【例18-122】接例18-121，该动物保护组织向某动物饲养基地转赠国际机构的受托代理资金100 000元。

借：受托代理负债　　100 000
　贷：银行存款——受托代理资产　　100 000

关键概念

其他货币资金　投资跌价准备　文物文化资产　受托代理资产

复习思考题

1. 简述民间非营利组织货币资金的核算。
2. 简述民间非营利组织对外投资的核算。
3. 简述民间非营利组织应收预付款项的核算。
4. 简述民间非营利组织存货的核算。
5. 简述民间非营利组织固定资产的核算。

第十九章 民间非营利组织负债的核算

负债是指过去的交易或者事项形成的现时义务，履行该义务预期会导致含有经济利益或者服务潜力的资源流出民间非营利组织。按流动性，负债分为流动负债、长期负债和受托代理负债等。其分类和会计科目设置参见表19-1。

表19-1 民间非营利组织负债的分类与会计科目设置

负债分类	会计科目设置
流动负债	短期借款、应付票据、应付账款、预收账款、应付工资、应交税金、其他应付款、预提费用、预计负债
长期负债	长期借款、长期应付款
受托代理负债	受托代理负债

第一节 流动负债的核算

民间非营利组织的流动负债有短期借款、应付票据、应付账款、预收账款、长期借款、应付工资、应交税金、其他应付款、预提费用和预计负债等。

一、短期借款

为核算民间非营利组织向银行或其他金融机构等借入的期限在1年以下（含1年）的各种借款，设置“短期借款”（2101）科目。本科目期末贷方余额，反映民间非营利组织尚未偿还的短期借款本金。

本科目应当按照债权人设置明细账，并按照借款种类及期限等进行明细核算。其主要账务处理如下：

1.借入各种短期借款时，按照实际借得的金额，借记“银行存款”科目，贷记本科目。

【例19-1】某NGO向银行借入1年期短期借款300 000元，年利率6%，到期后本息一次性偿付。

借：银行存款　　300 000
　贷：短期借款　　300 000

2.发生短期借款利息时，借记“筹资费用”科目，贷记“预提费用”“银行存款”等科目。

【例19-2】接例19-1，期末，计算本月利息费用1 500元。

借：筹资费用　　1 500
　贷：预提费用　　1 500

3.归还借款时，借记本科目，贷记“银行存款”科目。

【例19-3】接例19-1和例19-2，借款到期，偿还本金300 000元，利息18 000元。

借：短期借款　　300 000
　　预提费用　　18 000
　贷：银行存款　　318 000

二、应付票据

为核算民间非营利组织购买材料、商品和接受服务供应等而开出、承兑的商业汇票，包括银行承兑汇票和商业承兑汇票，设置“应付票据”（2201）科目。本科目期末贷方余额，反映民间非营利组织持有的尚未到期的应付票据本息。

民间非营利组织应当设置“应付票据备查簿”，详细登记每一应付票据的种类、号数、签发日期、到期日、票面金额、票面利率、合同交易号、收款人姓名或单位名称，以及付款日期和金额等资料。应付票据到期结清时，应当在备查簿内逐笔注销。其主要账务处理如下：

1.开出、承兑商业汇票

（1）因购买材料、商品和接受服务等开出、承兑商业汇票时，借记“存货”等科目，贷记本科目。

【例19-4】某NGO购买材料一批，价款50 000元，开出银行承兑汇票。

借：存货　　50 000
　贷：应付票据　　50 000

（2）以承兑商业汇票抵付应付账款时，借记“应付账款”科目，贷记本科目。

【例19-5】某NGO以承兑商业汇票抵付应付账款，开出一张40 000元的银行承兑汇票。

借：应付账款　　40 000

贷：应付票据　40 000

2.支付银行承兑汇票的手续费时，借记“筹资费用”科目，贷记“银行存款”科目。

【例19-6】某NGO向银行支付银行承兑汇票的手续费1 000元。

借：筹资费用　1 000

贷：银行存款　1 000

3.应付票据到期时，应当分别情况处理：

（1）收到银行支付到期票据的付款通知时，借记本科目，贷记“银行存款”科目。

【例19-7】接例19-5，收到银行支付到期票据的付款通知，从银行存款中支付应付票据40 000元。

借：应付票据　40 000

贷：银行存款　40 000

（2）如无力支付票款，按照应付票据的账面余额，借记本科目，贷记“应付账款”科目。

【例19-8】接例19-4，开出的50 000元银行承兑汇票到期，因银行存款额度不足，转为应付账款。

借：应付票据　50 000

贷：应付账款　50 000

4.如果为带息应付票据，应当在期末或到期时计算应付利息，借记“筹资费用”科目，贷记本科目。到期不能支付的带息应付票据，转入“应付账款”科目核算后，期末时不再计提利息。

【例19-9】某NGO开出的一张60 000元商业汇票为带息票据，期限6个月，年利率8%，现到期，还本付息。

利息 $=60\,000\times8\%\times\frac{180}{360}=2\,400$（元）

借：应付票据　60 000

筹资费用　2 400

贷：银行存款　62 400

三、应付账款

为核算民间非营利组织因购买材料、商品和接受服务供应等而应付给供应单位的款项，设置“应付账款”（2202）科目。本科目期末贷方余额，反映民间非营利组织尚未支付的应付账款。

本科目应当按照债权人设置明细账，进行明细核算。其主要账务处理如下：

1.发生应付账款时，按照应付未付金额，借记“存货”“管理费用”等科目，贷记本科目。

【例19-10】艾滋病预防协会邀请老年秧歌队为艾滋病预防知识宣传活动助阵，

应付费用5 000元，暂欠。

借：业务活动成本　　5 000

　贷：应付账款　　5 000

2.偿付应付账款时，借记本科目，贷记“银行存款”等科目。

【例19-11】接例19-10，偿付应付账款5 000元。

借：应付账款　　5 000

　贷：银行存款　　5 000

3.开出、承兑商业汇票抵付应付账款时，借记本科目，贷记“应付票据”科目。

【例19-12】某NGO开出一张银行承兑汇票10 000元应付账款。

借：应付账款　　10 000

　贷：应付票据　　10 000

4.确实无法支付或由其他单位承担的应付账款，借记本科目，贷记“其他收入”科目。

【例19-13】接例19-10，老年秧歌队免除所欠费用5 000元。

借：应付账款　　5 000

　贷：其他收入　　5 000

四、预收账款

为核算民间非营利组织向服务和商品购买单位预收的各种款项，设置“预收账款”（2203）科目。本科目期末贷方余额，反映民间非营利组织向购货单位预收的款项。

本科目应当按照购货单位设置明细账，进行明细核算。其主要账务处理如下：

1.向购货单位预收款项时，按照实际预收的金额，借记“银行存款”等科目，贷记本科目。

【例19-14】某寺院为一企业大楼封顶提供宗教服务，服务收费50 000元，按照合同，企业须预先支付20 000元订金。

借：银行存款　　20 000

　贷：预收账款　　20 000

2.确认收入时，按照本科目账面余额，借记本科目，按照应确认的收入金额，贷记“商品销售收入”等科目，按照补付或退回的款项，借记或贷记“银行存款”等科目。

【例19-15】接例19-14，宗教服务完成，企业补足余款30 000元。

借：银行存款　　30 000

　　预收账款　　20 000

　贷：提供服务收入　　50 000

五、应付工资

为核算民间非营利组织应付给职工的工资总额，设置“应付工资”（2204）科目。本科目期末一般应无余额，应付工资大于实发工资的，期末贷方余额反映尚未领取的工资余额，包括在工资总额内的各种工资、奖金、津贴等，不论是否在当月支付，都应当通过本科目核算。发生应付工资时记入贷方，支付工资时记入借方，本科目期末一般应无余额，如果应付工资大于实发工资的，期末贷方余额反映尚未领取的工资余额。

民间非营利组织应当按照相关规定，根据考勤记录、工时记录、工资标准等，编制"工资单"，计算各种工资，并应当将"工资单"进行汇总，编制"工资汇总表"。民间非营利组织应当设置"应付工资明细账"，按照职工类别分设账页，按照工资的组成内容分设专栏，根据"工资单"或"工资汇总表"进行登记。其主要账务处理如下：

1.支付工资时，借记本科目，贷记"现金""银行存款"等科目。从应付工资中扣还的各种款项（如代垫的房租、家属药费、个人所得税等），借记本科目，贷记"其他应收款""应交税金"等科目。

【例19-16】某NGO向职工支付上月工资36 435元，代扣个人所得税1 411元。

借：应付工资　　36 435

　贷：现金　　35 024

　　应交税金　　1 411

2.期末，应当将本期应付工资进行分配。行政管理人员的工资，借记"管理费用"科目，贷记本科目；应当计入各项业务活动成本的人员工资，借记"业务活动成本""存货——生产成本"科目，贷记本科目；应当由在建工程负担的人员工资，借记"在建工程"等科目，贷记本科目。

【例19-17】某NGO对本月应付工资进行分配，行政人员工资9 430元，业务活动人员工资26 945元，在建工程人员工资16 647元，共计53 022元。

借：管理费用　　9 430

　业务活动成本　　26 945

　在建工程　　16 647

　贷：应付工资　　53 022

六、应交税金

为核算民间非营利组织按照有关国家税法规定应当交纳的各种税费，如增值税、企业所得税、个人所得税、房产税等，设置"应交税金"（2206）科目。本科目期末贷方余额，反映民间非营利组织尚未交纳的税费；期末借方余额，反映民间非营利组织多交的税费。

民间非营利组织应当根据具体情况，设置明细科目，进行明细核算。其主要账务处理如下：

1.增值税

如果发生了增值税纳税义务时，应当按税收有关规定计算应缴纳的增值税，并通过本科目核算。

【例19-18】某NGO对外销售一批产品，售价5 000元，向对方收取增值税650元，货款已存入银行。

借：银行存款　　5 650

　贷：商品销售收入　　5 000

　　　应交税金——增值税（销项税额）　　650

2.所得税

如果发生了所得税纳税义务时，按照应交纳的所得税，借记“其他费用”科目，贷记本科目；交纳所得税时，借记本科目，贷记“银行存款”科目。

【例19-19】年末，某NGO计算应交企业所得税6 200元。

借：其他费用　　6 200

　贷：应交税金——企业所得税　　6 200

3.个人所得税

如果发生了个人所得税纳税义务时，按照规定计算应代扣代交的个人所得税，借记“应付工资”等科目，贷记本科目；交纳个人所得税时，借记本科目，贷记“银行存款”科目。

【例19-20】某NGO职工当月应交个人所得税3 600元。

借：应付工资　　3 600

　贷：应交税金——个人所得税　　3 600

七、其他应付款

为核算民间非营利组织应付、暂收其他单位或个人的款项，如应付经营租入固定资产的租金等，设置“其他应付款”（2209）科目。

本科目应当按照应付和暂收款项的类别和单位或个人设置明细账，进行明细核算。其主要账务处理如下：

1.发生的各项应付、暂收款项，借记“银行存款”“管理费用”等科目，贷记本科目。

【例19-21】某NGO租入设备1台用于举办活动，该设备每月租金300元。月末计提本月租金500元。

借：业务活动成本　　500

　贷：其他应付款　　500

2.支付款项时，借记本科目，贷记“银行存款”等科目。本科目期末贷方余额，反映尚未支付的其他应付款项。

【例19-22】接例19-21，以现金向设备出租方支付租金500元。

借：其他应付款　　500

　贷：现金　　500

八、预提费用

为核算民间非营利组织按照规定预先提取的已经发生但尚未支付的费用，如预提的租金、保险费、借款利息等，设置“预提费用”（2301）科目。本科目期末贷方余额，反映民间非营利组织已预提但尚未支付的各项费用。

本科目应当按照费用种类设置明细账，进行明细核算。其主要账务处理如下：

1.按照规定预提计入本期费用时，借记“筹资费用”“管理费用”等科目，贷记本科目。

【例19-23】月末，某NGO计提长期借款利息（分次付息），日常业务活动承担1 000元，在建工程承担1 500元。

借：业务活动成本　　1 000

　　在建工程　　1 500

　贷：预提费用　　2 500

2.实际支出时，借记本科目，贷记“银行存款”等科目。

【例19-24】接例19-23，支付利息2 500元，以银行存款支付。

借：预提费用　　2 500

　贷：银行存款　　2 500

九、预计负债

为核算民间非营利组织因或有事项所产生的现时义务而确认的负债，包括因对外提供担保、商业承兑票据贴现、未决诉讼等确认的负债，设置“预计负债”（2401）科目。本科目期末贷方余额，反映民间非营利组织已预计尚未支付的债务。

本科目应当按照预计负债项目设置明细账，进行明细核算。其主要账务处理如下：

1.确认预计负债时，按照应确认的预计负债金额，借记“管理费用”等科目，贷记本科目。

【例19-25】某NGO为关系单位提供贷款担保400 000元，因关系单位资金紧张，成为本组织的预计负债，予以确认。

借：管理费用　　400 000

　贷：预计负债　　400 000

2.实际偿付负债时，借记本科目，贷记“银行存款”等科目。

【例19-26】接例19-25，因关系单位资金状况没有好转，该NGO代为偿付贷款本金400 000元，利息15 000元。

借：预计负债　　400 000

　　管理费用　　15 000

　贷：银行存款　　415 000

3.转回预计负债时，借记本科目，贷记“管理费用”等科目。

【例19-27】接例19-26，关系单位经营状况好转后，归还代为偿付贷款本金和利息，共计415 000元，存入银行。

借：银行存款　　415 000

　贷：预计负债　　415 000

借：预计负债　　415 000

　贷：管理费用　　415 000

第二节

长期负债和受托代理负债的核算

一、长期借款

为核算民间非营利组织向银行或其他金融机构借入的期限在1年以上（不含1年）的各项借款，设置“长期借款”（2501）科目。本科目期末贷方余额，反映民间非营利组织尚未偿还的长期借款本息。

长期借款应当按照实际发生额入账。长期借款的借款费用应当在发生时计入当期费用，但是，为购建固定资产而发生的专门借款的借款费用在规定的允许资本化的期间内，应当按照专门借款的借款费用的实际发生额予以资本化，计入在建工程成本。这里的借款费用包括因借款而发生的利息、辅助费用以及因外币借款而发生的汇兑差额等。

民间非营利组织应当按照规定确定专门借款的借款费用允许资本化的期间及其金额。本科目应当按照贷款单位设置明细账，并按贷款种类进行明细核算。其主要账务处理如下：

1.借入长期借款时，按照实际借入额，借记“银行存款”等科目，贷记本科目。

【例19-28】某NGO为购建办公大楼而借入长期借款1 000 000元，期限3年，年利息7%。

借：银行存款　　1 000 000

　贷：长期借款　　1 000 000

2.发生的借款费用，借记“筹资费用”科目，贷记本科目。如为购建固定资产而发生的专门借款的借款费用，在允许资本化的期间内，按照专门借款的借款费用的实际发生额，借记“在建工程”科目，贷记本科目。

【例19-29】接例19-28，月末计提本月利息费用5 833元。

借：筹资费用　　5 833

　贷：长期借款　　5 833

3.归还长期借款时，借记本科目，贷记“银行存款”科目。

【例19-30】接例19-28和例19-29，借款到期，偿还本金1 000 000元，当月利息5 833元。

借：长期借款　　1 005 833

　贷：银行存款　　1 005 833

二、长期应付款

为核算民间非营利组织的各项长期应付款项，如融资租入固定资产的租赁费等，设置“长期应付款”（2502）科目。本科目期末贷方余额，反映尚未支付的各种长期应付款。

本科目应当按照长期应付款的种类设置明细账，进行明细核算。其主要账务处理如下：

1.发生长期应付款时，借记有关科目，贷记本科目。

【例19-31】某NGO融资租入设备3台，每台价款12 000元，分3年付款，每月1 000元。

购入时：

借：固定资产　　36 000

　贷：长期应付款　　36 000

2.支付长期应付款项时，借记本科目，贷记“银行存款”科目。

【例19-32】接例19-31，以银行存款支付当月应付款1 000元。

借：长期应付款　　1 000

　贷：银行存款　　1 000

三、受托代理负债

为核算民间非营利组织因从事受托代理业务、接受受托代理资产而产生的负债，设置“受托代理负债”（2601）科目。本科目期末贷方余额，反映民间非营利组织尚未清偿的受托代理负债。

受托代理负债应当按照相对应的受托代理资产的金额予以确认和计量。本科目应当按照指定的受赠组织或个人，或者指定的应转交的组织或个人设置明细账，进行明细核算。其主要账务处理如下：

1.收到受托代理资产，按照应确认的入账金额，借记“受托代理资产”科目，贷记本科目。

【例19-33】某NGO接受委托，代理运营一项5 000 000元的基金。

借：受托代理资产　　5 000 000

　贷：受托代理负债　　5 000 000

2.转赠或者转出受托代理资产，按照转出受托代理资产的账面余额，借记本科目，贷记“受托代理资产”科目。

【例19-34】接例19-33，按照基金管理规定，将受托管理基金中的300 000元转赠给另一NGO运营。

借：受托代理负债　　300 000

　贷：受托代理资产　　300 000

关键概念

受托代理负债　预计负债　预提费用

复习思考题

1. 简述民间非营利组织借入款项的核算。
2. 简述民间非营利组织应付预收款项的核算。
3. 简述民间非营利组织其他负债的核算。

第二十章 民间非营利组织净资产的核算

民间非营利组织的净资产分为限定性净资产和非限定性净资产。

第一节 非限定性净资产的核算

为核算民间非营利组织的非限定性净资产，即民间非营利组织净资产中除限定性净资产之外的其他净资产，设置“非限定性净资产”（3101）科目。本科目期末贷方余额，反映民间非营利组织历年积存的非限定性净资产。

民间非营利组织应当在期末将当期非限定性收入的实际发生额、当期费用的实际发生额和当期由限定性净资产转为非限定性净资产的金额转入非限定性净资产。其主要账务处理如下：

一、期末结转

期末，将各收入类科目所属“非限定性收入”明细科目的余额转入本科目，借记“捐赠收入——非限定性收入”“会费收入——非限定性收入”“提供服务收入——非限定性收入”“政府补助收入——非限定性收入”“商品销售收入——非限定性收入”“投资收益——非限定性收入”“其他收入——非限定性收入”科目，贷记本科目。同时，将各费用类科目的余额转入本科目，借记本科目，贷记“业务活动成本”“管理费用”“筹资费用”“其他费用”科目。

【例20-1】某NGO年末收入费用科目余额见表20-1，进行年末结转。

表20-1 **某NGO年末收入费用科目** 余额单位：元

收入科目	余额	费用科目	余额
捐赠收入——非限定性收入	321 000	业务活动成本	1 195 424
会费收入——非限定性收入	895 630	管理费用	112 771
提供服务收入——非限定性收入	51 800	筹资费用	21 300
政府补助收入——非限定性收入	100 000	其他费用	16 531
商品销售收入——非限定性收入	210 340		
投资收益——非限定性收入	60 000		
其他收入——非限定性收入	1 000		
收入合计	1 639 770	费用合计	1 346 026

（1）将收入科目贷方余额转入“非限定性净资产”科目的贷方：

借：捐赠收入——非限定性收入	321 000	
会费收入——非限定性收入	895 630	
提供服务收入——非限定性收入	51 800	
政府补助收入——非限定性收入	100 000	
商品销售收入——非限定性收入	210 340	
投资收益——非限定性收入	60 000	
其他收入——非限定性收入	1 000	
贷：非限定性净资产		1 639 770

（2）将费用科目借方余额转入“非限定性净资产”科目的借方：

借：非限定性净资产	1 346 026	
贷：业务活动成本		1 195 424
管理费用		112 771
筹资费用		21 300
其他费用		16 531

二、限定性净资产解除限制

如果限定性净资产的限制已经解除，应当对净资产进行重新分类，将限定性净资产转为非限定性净资产，借记“限定性净资产”科目，贷记本科目。

【例20-2】某NGO收到捐赠组织于2021年捐赠的500 000元，当时该捐赠为限定用途捐赠，从2023年起捐赠组织取消了上述限制，该项净资产由限定性净资产转为非限定性净资产。

借：限定性净资产	500 000	
贷：非限定性净资产		500 000

三、调整以前期间收入费用

如果因调整以前期间收入、费用项目而涉及调整非限定性净资产的，应当就需要调整的金额，借记或贷记有关科目，贷记或借记本科目。

【例20-3】因国家政策调整，某NGO上一年度交纳的河道治理费5 000元得以返还。

借：银行存款	5 000	
贷：非限定性净资产		5 000

第二节

限定性净资产的核算

一、什么是限定性净资产

民间非营利组织的资产或者资产的经济利益（如资产的投资收益和利息等）的使用和处置受到资源提供者或者国家有关法律、行政法规所设置的时间限制或（和）用途限制，则由此形成的净资产为限定性净资产。

所谓时间限制，是指资产提供者或者国家有关法律、行政法规要求民间非营利组织在收到资产后的某一时期或某一特定日期之后才能使用该项资产；用途限制，是指资产提供者或者国家有关法律、行政法规要求民间非营利组织将收到的资产用于某一特定的用途。

民间非营利组织的董事会、理事会或类似机构对净资产的使用所做的限定性决策、决议或拨款限额等，属于民间非营利组织内部管理上对资产使用所做的限制，它不属于《制度》所界定的限定性净资产。

二、限定性净资产的主要账务处理

为核算民间非营利组织的限定性净资产，设置“限定性净资产”（3102）科目。本科目期末贷方余额，反映民间非营利组织历年积存的限定性净资产。

（一）期末结转

期末，将各收入类科目所属“限定性收入”明细科目的余额转入本科目，借记“捐赠收入——限定性收入”“政府补助收入——限定性收入”“会费收入——限定性收入”“提供服务收入——限定性收入”“商品销售收入——限定性收入”“投资收益——限定性收入”等科目，贷记本科目。

【例20-4】某NGO本年共收入有限定用途的捐赠收入200 000元，政府补助收入300 000元，转入限定性净资产科目。

借：捐赠收入——限定性收入	200 000	
政府补助收入——限定性收入	300 000	
贷：限定性净资产		500 000

(二) 解除限定性净资产的限制

如果限定性净资产的限制已经解除，应当对净资产进行重新分类，将限定性净资产转为非限定性净资产，借记本科目，贷记“非限定性净资产”科目。

如果资产提供者或者国家有关法律、行政法规要求民间非营利组织在特定时期之内或特定日期之后将限定性净资产或者相关资产用于特定用途，该限定性净资产应当在相应期间之内或相应日期之后按照实际使用的相关资产金额或者实际发生的相关费用金额转为非限定性净资产。

【例20-5】接例20-4，次年，政府政策发生变化，上年政府补助的300 000元款项用途不再予以限定，转为非限定性净资产。

借：限定性净资产　　300 000

　贷：非限定性净资产　　300 000

(三) 调整以前期间收入费用

如果因调整以前期间收入、费用项目而涉及调整限定性净资产的，应当就需要调整的金额，借记或贷记有关科目，贷记或借记本科目。

【例20-6】接例20-4，次年，某NGO发现上年的捐赠收入中有20 000元是捐赠人直接捐给本组织的一个服务对象的，予以调整账目。

借：限定性净资产　　20 000

　贷：银行存款　　20 000

关键概念

非限定性净资产　限定性净资产　净资产

复习思考题

1. 简述民间非营利组织非限定性净资产的核算。
2. 简述民间非营利组织限定性净资产的核算。
3. 简述民间非营利组织由限定性净资产转为非限定性净资产的核算。

第二十一章 民间非营利组织的收入和费用的核算

民间非营利组织会计的收入和费用分类与会计科目设置情况参见表21-1。

表21-1 民间非营利组织会计的收入和费用分类与会计科目设置

分类	会计科目设置
收入类	捐赠收入、会费收入、提供服务收入、政府补助收入、商品销售收入、投资收益、其他收入
费用类	业务活动成本、管理费用、筹资费用、其他费用

第一节 收入的核算

民间非营利组织的收入有捐赠收入、会费收入、提供服务收入、政府补助收入、商品销售收入、投资收益和其他收入等。

一、捐赠收入

为核算民间非营利组织接受其他单位或者个人捐赠所取得的收入，设置"捐赠收入"（4101）科目。期末结转后，本科目应无余额。民间非营利组织因受托代理业务而从委托方收到的受托代理资产，不在本科目核算。

民间非营利组织的捐赠收入应当按照是否存在限定，区分为非限定性收入和限定性收入设置明细科目，进行明细核算。如果资产提供者对资产的使用设置了时间限制或者（和）用途限制，则所确认的相关收入为限定性收入；除此之外的其他所有收入，为非限定性收入。民间非营利组织接受捐赠，应当在满足规定的收入确认条件时确认捐赠收入。

捐赠收入的主要账务处理如下：

1.接受捐赠

（1）接受的捐赠，按照应确认的金额，借记“现金”“银行存款”“短期投资”“存货”“长期股权投资”“长期债权投资”“固定资产”“无形资产”等科目，贷记本科目“限定性收入”或“非限定性收入”明细科目。

【例21-1】某NGO接受D集团公司捐赠的有限定条件的物资一批，价值600 000元。

借：存货　　600 000

　贷：捐赠收入——限定性收入　　600 000

（2）对于接受的附条件捐赠，如果存在需要偿还全部或部分捐赠资产或者相应金额的现时义务时（比如因无法满足捐赠所附条件而必须将部分捐赠款退还给捐赠人时），按照需要偿还的金额，借记“管理费用”科目，贷记“其他应付款”等科目。

【例21-2】某NGO接受N公司捐赠的设备一台，价值250 000元。

借：固定资产　　250 000

　贷：捐赠收入——非限定性收入　　250 000

2.解除限定性捐赠收入的限制

如果限定性捐赠收入的限制在确认收入的当期得以解除，应当将其转为非限定性捐赠收入，借记本科目“限定性收入”明细科目，贷记本科目“非限定性收入”明细科目。

【例21-3】接例21-1，年末，按照捐赠约定，D集团公司捐赠的有限定条件物资中的部分捐赠解除限制，该部分物资价值为165 000元。

借：捐赠收入——限定性收入　　165 000

　贷：捐赠收入——非限定性收入　　165 000

3.期末结转

期末，将本科目各明细科目的余额分别转入限定性净资产和非限定性净资产，借记本科目“限定性收入”明细科目，贷记“限定性净资产”科目，借记本科目“非限定性收入”明细科目，贷记“非限定性净资产”科目。

【例21-4】年末，将本年“捐赠收入——限定性收入”贷方余额6 435 000元转入“限定性净资产”科目贷方，“捐赠收入——非限定性收入”贷方余额6 415 000元转入“非限定性净资产”科目的贷方。

借：捐赠收入——限定性收入　　6 435 000

　贷：限定性净资产　　6 435 000

借：捐赠收入——非限定性收入　　6 415 000

　贷：非限定性净资产　　6 415 000

二、会费收入

为核算民间非营利组织根据章程等的规定向会员收取的会费收入，设置“会费收入”（4201）科目。期末结转后，本科目应无余额。

一般情况下，民间非营利组织的会费收入为非限定性收入，除非相关资产提供者对资产的使用设置了限制。民间非营利组织应当在满足规定的收入确认条件时确认会费收入。

本科目应当按照会费种类（如团体会费、个人会费等）设置明细账，进行明细核算。其主要账务处理如下：

1.向会员收取会费，在满足收入确认条件时，借记“现金”“银行存款”“应收账款”等科目，贷记本科目“非限定性收入”明细科目，如果存在限定性会费收入，应当贷记本科目“限定性收入”明细科目。

【例21-5】某NGO向会员收取会费30 000元，并存入银行。

借：银行存款	30 000	
贷：会费收入——非限定性收入		30 000

【例21-6】某NGO收到单位会员交来的有限定条件的会费80 000元，存入银行。

借：银行存款	80 000	
贷：会费收入——限定性收入		80 000

2.期末，将本科目的余额转入非限定性净资产，借记本科目“非限定性收入”明细科目，贷记“非限定性净资产”科目。如果存在限定性会费收入，则将其金额转入限定性净资产，借记本科目“限定性收入”明细科目，贷记“限定性净资产”科目。

【例21-7】年末，将“会费收入——非限定性收入”贷方余额673 400元转入“非限定性净资产”科目贷方，将“会费收入——限定性收入”贷方余额18 000元转入“限定性净资产”科目贷方。

借：会费收入——非限定性收入	673 400	
贷：非限定性净资产		673 400
借：会费收入——限定性收入	18 000	
贷：限定性净资产		18 000

三、提供服务收入

为核算民间非营利组织根据章程等的规定向其服务对象提供服务所取得的收入，包括学杂费收入、医疗费收入、培训收入等，设置“提供服务收入”（4301）科目。期末结转后，本科目应无余额。

一般情况下，民间非营利组织的提供服务收入为非限定性收入，除非相关资产提供者对资产的使用设置了限制。民间非营利组织应当在满足规定的收入确认条件时确认提供服务收入。

本科目应当按照提供服务的种类设置明细账，进行明细核算。其主要账务处理如下：

1.提供服务取得收入时，按照实际收到或应当收取的价款，借记“现金”“银行存款”“应收账款”等科目，按照应当确认的提供服务收入金额，贷记本科目，按照预收的价款，贷记“预收账款”科目。在以后期间确认提供服务收入时，借记“预收账款”科目，贷记本科目“非限定性收入”明细科目，如果存在限定性提供服务收入，应当贷记本科目“限定性收入”明细科目。

【例21-8】某NGO提供服务，取得服务收入100 000元，收到银行存款40 000元，另外60 000元暂欠。

借：银行存款	40 000	
应收账款	60 000	
贷：提供服务收入——非限定性收入		100 000

【例21-9】某NGO以有限定条件的资产从事某项服务活动，取得限定性的提供服务收入3 200元，存入银行。

借：银行存款	3 200	
贷：提供服务收入——限定性收入		3 200

2.期末，将本科目的余额转入非限定性净资产，借记本科目“非限定性收入”明细科目，贷记“非限定性净资产”科目。如果存在限定性提供服务收入，则将其金额转入限定性净资产，借记本科目“限定性收入”明细科目，贷记“限定性净资产”科目。

【例21-10】期末，将“提供服务收入——非限定性收入”科目贷方余额513 000元转入“非限定性净资产”科目贷方，将“提供服务收入——限定性收入”科目贷方余额17 560元转入“限定性净资产”科目贷方。

借：提供服务收入——非限定性收入	513 000	
贷：非限定性净资产		513 000
借：提供服务收入——限定性收入	17 560	
贷：限定性净资产		17 560

四、政府补助收入

为核算民间非营利组织因为政府拨款或者政府机构给予的补助而取得的收入，设置“政府补助收入”（4401）科目。期末结转后，本科目应无余额。

民间非营利组织的政府补助收入应当按照是否存在限定，区分为非限定性收入和限定性收入设置明细科目，进行明细核算。如果资产提供者对资产的使用设置了时间限制或（和）用途限制，则所确认的相关收入为限定性收入；除此之外的其他所有收入为非限定性收入。民间非营利组织应当在满足规定的收入确认条件时确认政府补助收入。

政府补助收入的主要账务处理如下：

1.接受政府补助

（1）接受的政府补助，按照应确认的金额，借记“现金”“银行存款”等科目，贷记本科目“限定性收入”或“非限定性收入”明细科目。

【例21-11】某NGO收到政府的有条件补助300 000元。

借：银行存款　　300 000

　贷：政府补助收入——限定性收入　　300 000

（2）对于接受的附条件政府补助，如果民间非营利组织存在需要偿还全部或部分政府补助资产或者相应金额的现时义务时（比如因无法满足政府补助所附条件而必须退还部分政府补助时），按照需要偿还的金额，借记“管理费用”科目，贷记“其他应付款”等科目。

【例21-12】接例21-11，由于无法达到政府补助所附条件，某非营利组织退还政府补助100 000元。

借：管理费用　　100 000

　贷：其他应付款　　100 000

2.如果限定性政府补助收入的限制在确认收入的当期得以解除，应当将其转为非限定性收入，借记本科目“限定性收入”明细科目，贷记本科目“非限定性收入”明细科目。

【例21-13】接例21-11，政府政策变化，取消了其中100 000元补助收入的限制条件。

借：政府补助收入——限定性收入　　100 000

　贷：政府补助收入——非限定性收入　　100 000

3.期末，将本科目各明细科目的余额分别转入限定性净资产和非限定性净资产，借记本科目“限定性收入”明细科目，贷记“限定性净资产”科目，借记本科目“非限定性收入”明细科目，贷记“非限定性净资产”科目。

【例21-14】期末，将“政府补助收入——限定性收入”科目贷方余额100 000元转入“限定性净资产”科目贷方，“政府补助收入——非限定性收入”科目贷方余额100 000元转入“非限定性净资产”科目贷方。

借：政府补助收入——限定性收入　　100 000

　贷：限定性净资产　　100 000

借：政府补助收入——非限定性收入　　100 000

　贷：非限定性净资产　　100 000

五、商品销售收入

为核算民间非营利组织销售商品（如出版物、药品）等所形成的收入，设置“商品销售收入”（4501）科目。期末结转后，本科目应无余额。

一般情况下，民间非营利组织的提供服务收入为非限定性收入，除非相关资产提供者对资产的使用设置了限制。民间非营利组织应当在满足规定的收入确认条件时确认商品销售收入。

本科目应当按照商品的种类设置明细账，进行明细核算。其主要账务处理如下：

1.取得商品销售收入。

销售商品取得收入时，按照实际收到或应当收取的价款，借记“现金”“银行存款”“应收票据”“应收账款”等科目，按照应当确认的商品销售收入金额，贷记本科目“非限定性收入”明细科目（如果存在限定性商品销售收入，应当贷记本科目“限定性收入”明细科目），按照预收的价款，贷记“预收账款”科目。在以后期间确认商品销售收入时，借记“预收账款”科目，贷记本科目“非限定性收入”明细科目，如果存在限定性商品销售收入，应当贷记本科目“限定性收入”明细科目。

【例21-15】某NGO为增值税一般纳税人单位，现销售货物一批，取得商品销售收入60 000元，向对方收取增值税7 800元，该批货物是由限定性资产加工生产，属限定性商品销售收入，货款暂欠。该批商品的销售成本为42 000元。

借：应收账款　67 800
　贷：商品销售收入——限定性收入　60 000
　　　应交税金——增值税（销项税额）　7 800
借：业务活动成本　42 000
　贷：存货　42 000

【例21-16】某NGO为小规模纳税人单位，现销售货物一批，取得商品销售收入23 200元，该收入为非限定性商品销售收入，货款已收并存入银行。该批货物的销售成本为14 000元。

借：银行存款　23 200
　贷：商品销售收入——非限定性收入　23 200
借：业务活动成本　14 000
　贷：存货　14 000

2.销售退回，是指民间非营利组织售出的商品，由于质量、品种不符合要求等原因而发生的退货。销售退回应当分别情况处理：

（1）未确认收入的已发出商品的退回，不需要进行会计处理。

（2）已确认收入的销售商品退回，一般情况下直接冲减退回当月的商品销售收入、商品销售成本等：按照应当冲减的商品销售收入，借记本科目，按照已收或应收的金额，贷记“银行存款”“应收账款”“应收票据”等科目；按照退回商品的成本，借记“存货”科目，贷记“业务活动成本”科目。如果该项销售发生现金折扣，应当在退回当月一并处理。

【例21-17】接例21-16，销售货物因品种不符合要求而发生退货。

借：商品销售收入——非限定性收入　23 200
　贷：银行存款　23 200
借：存货　14 000
　贷：业务活动成本　14 000

（3）报告期间资产负债表日至财务报告批准报出日之间发生的报告期间或以前

期间的销售退回，应当作为资产负债表日后事项的调整事项处理，调整报告期间会计报表的相关项目：按照应冲减的商品销售收入，借记“非限定性净资产”科目（如果所调整收入属于限定性收入，应当借记“限定性净资产”科目），按照已收或应收的金额，贷记“银行存款”“应收账款”“应收票据”等科目；按照退回商品的成本，借记“存货”科目，贷记“非限定性净资产”科目。如果该项销售已发生现金折扣，应当一并处理。

【例20-18】某NGO以前年度的销售退回，为限定性收入。收回的商品销售收入50 000元，商品成本36 000元。

借：限定性净资产　　50 000

　贷：银行存款　　50 000

借：存货　　36 000

　贷：业务活动成本　　36 000

3.现金折扣。

现金折扣，是指民间非营利组织为了尽快回笼资金而发生的理财费用。现金折扣在实际发生时直接计入当期筹资费用：按照实际收到的金额，借记“银行存款”等科目，按照应给予的现金折扣，借记“筹资费用”科目，按照应收的账款，贷记“应收账款”“应收票据”等科目。

购买方实际获得的现金折扣，冲减取得当期的筹资费用：按照应付的账款，借记“应付账款”“应付票据”等科目，按照实际获得的现金折扣，贷记“筹资费用”科目，按照实际支付的价款，贷记“银行存款”等科目。

【例21-19】接例21-15，为尽快回笼资金，某非营利组织向欠款单位给予现金折扣9 600元，实际收到款项60 000元。

借：银行存款　　60 000

　　筹资费用　　9 600

　贷：应收账款　　69 600

4.销售折让。

销售折让，是指在商品销售时直接给予购买方的折让。销售折让应当在实际发生时直接从当期实现的销售收入中抵减。

【例21-20】某NGO销售一批货物，价格15 300元，向对方提供销售折让1 300元，实际收到款项14 000元。

借：银行存款　　14 000

　贷：商品销售收入　　14 000

5.期末处理。

期末，将本科目的余额转入非限定性净资产，借记本科目，贷记“非限定性净资产”科目。如果存在限定性商品销售收入，则将其金额转入限定性净资产，借记本科目，贷记“限定性净资产”科目。

【例21-21】年末，将“商品销售收入——限定性收入”贷方余额921 500元转入“限定性净资产”科目贷方，“商品销售收入——非限定性收入”贷方余额761 500元转入“非限定性净资产”科目贷方。

借：商品销售收入——限定性收入　　921 500
　贷：限定性净资产　　921 500
借：商品销售收入——非限定性收入　　761 500
　贷：非限定性净资产　　761 500

六、投资收益

为核算民间非营利组织因对外投资取得的投资净损益，设置“投资收益”（4601）科目。期末结转后，本科目应无余额。

一般情况下，民间非营利组织的投资收益为非限定性收入，除非相关资产提供者对资产的使用设置了限制。其主要账务处理如下：

1.短期投资收益

出售短期投资或到期收回债券本息，按照实际收到的金额，借记“银行存款”科目，按照已计提的减值准备，借记“短期投资跌价准备”科目，按照所出售或收回短期投资的账面余额，贷记“短期投资”科目，按照未领取的现金股利或利息，贷记“其他应收款”科目，按照其差额，借记或贷记本科目。

【例21-22】某NGO收回短期债券本金100 000元，利息5 000元，已提短期投资跌价准备2 000元。

借：银行存款　　105 000
　　短期投资跌价准备　　2 000
　贷：短期投资　　100 000
　　　投资收益　　7 000

2.长期股权投资收益

（1）成本法核算。采用成本法核算的，被投资单位宣告发放现金股利或利润时，按照宣告发放的现金股利或利润中属于民间非营利组织应享有的部分，确认当期投资收益，借记“其他应收款”科目，贷记本科目。

【例21-23】某NGO持有A集团公司股票5 000股（实行成本核算法），A集团公司宣布发放股利每股10元。

借：其他应收款——A集团公司　　50 000
　贷：投资收益　　50 000

（2）权益法核算。采用权益法核算的，在期末，按照应当享有或应当分担的被投资单位当年实现的净利润或发生的净亏损的份额，调整长期股权投资账面价值，如被投资单位实现净利润，借记“长期股权投资”科目，贷记本科目，如被投资单位发生净亏损，借记本科目，贷记“长期股权投资”科目，但以长期股权投资账面价值减记至零为限。

【例21-24】某NGO持有B公司的股票5 000股（实行权益法核算），账面价值50 000元，年末，B公司实现盈利，该NGO所得份额为10 000元，调整长期股权投资账面价值。

借：长期股权投资　　10 000

　贷：投资收益　　10 000

（3）处置长期股权投资时，按照实际取得的价款，借记“银行存款”等科目，按照已计提的减值准备，借记“长期投资减值准备”科目，按照所处置长期股权投资的账面余额，贷记“长期股权投资”科目，按照未领取的现金股利，贷记“其他应收款”科目，按照其差额，借记或贷记本科目。

【例21-25】接例21-24，某NGO将所持有的B股份公司股票5 000股出售，包括已宣告发放但尚未领取的股利5 000元，共得款项63 000元。该股票的账面价值60 000元，已提长期投资减值准备4 000元。

借：银行存款　　63 000

　　长期投资减值准备　　4 000

　贷：长期股权投资　　60 000

　　　其他应收款　　5 000

　　　投资收益　　2 000

3.长期债权投资收益

（1）长期债权投资持有期间，应当按照票面价值与票面利率按期计算确认利息收入，如为到期一次还本付息的债券投资，借记“长期债权投资——债券投资（应收利息）”科目，贷记本科目，如为分期付息、到期还本的债权投资，借记“其他应收款”科目，贷记本科目。

【例21-26】某NGO持有国库券面值100 000元，年利率5%，到期一次还本付息。该笔国库券购入时投资成本高于债券面值10 000元，5年后到期，每年分摊的金额2 000元。

年末确认利息：

借：长期债权投资——债券投资（应收利息）　　5 000

　贷：投资收益　　5 000

摊销初始溢价投资：

借：投资收益　　2 000

　贷：长期债权投资　　2 000

（2）长期债券投资的初始投资成本与债券面值之间的差额，应当在债券存续期间，按照直线法于确认相关债券利息收入时摊销，如初始投资成本高于债券面值，按照应当分摊的金额，借记本科目，贷记“长期债权投资”科目，如初始投资成本低于债券面值，按照应当分摊的金额，借记“长期债权投资”科目，贷记本科目。

【例21-27】某NGO持有J公司债券面值100 000元，年利率5%，为分期付息到期还本的债权投资。该笔债券购入时初始投资成本低于债券面值10 000元，5年后到期，每年分摊的金额2 000元。

年末确认利息：

借：其他应收款　　5 000

　贷：投资收益　　5 000

摊销初始折价投资：

借：长期债权投资　　2 000

　贷：投资收益　　2 000

（3）处置长期债权投资时，按照实际取得的价款，借记“银行存款”等科目，按照已计提的减值准备，借记“长期投资减值准备”科目，按照所处置长期债券投资的账面余额，贷记“长期债权投资”科目，按照未领取的现金股利，贷记“其他应收款”科目或“长期债权投资——债券投资（应收利息）”科目，按照其差额，借记或贷记本科目。

【例21-28】接例21-27，某NGO将J公司债券出售，取得价款125 000元，该债券已计提减值准备3 000元，长期债券投资的账面余额110 000元，未领取的债券利息10 000元。

借：银行存款　　125 000

　　长期投资减值准备　　3 000

　贷：其他应收款　　10 000

　　　长期债权投资　　110 000

　　　投资收益　　8 000

4.期末结转

期末，将本科目的余额转入非限定性净资产，借记本科目，贷记“非限定性净资产”科目。如果存在限定性投资收益，则将其金额转入限定性净资产，借记本科目，贷记“限定性净资产”科目。

【例21-29】年末，将“投资收益——非限定性收入”科目贷方余额45 600元转入“非限定性净资产”科目贷方，“投资收益——限定性收入”科目贷方余额5 000元转入“限定性净资产”科目贷方。

借：投资收益——非限定性收入　　45 600

　贷：非限定性净资产　　45 600

借：投资收益——限定性收入　　5 000

　贷：限定性净资产　　5 000

七、其他收入

为核算民间非营利组织的除捐赠收入、会费收入、提供服务收入、商品销售收入、政府补助收入、投资收益等主要业务活动收入以外的其他收入，如确实无法支付的应付款项、存货盘盈、固定资产盘盈、固定资产处置净收入、无形资产处置净收入等，设置“其他收入”（4901）科目。期末结转后，本科目应无余额。

一般情况下，民间非营利组织的其他收入为非限定性收入，除非相关资产提供者对资产的使用设置了限制。

本科目应当按照其他收入种类设置明细账，进行明细核算。其主要账务处理如下：

1. 现金、存货、固定资产等盘盈的，根据管理权限报经批准后，借记“现金”“存货”“固定资产”“文物文化资产”等科目，贷记本科目“非限定性收入”明细科目。如果存在限定性其他收入，应当贷记本科目“限定性收入”明细科目。

【例21-30】某NGO进行全面盘点，盘盈现金15元，盘盈A存货价值200元，盘盈打印机一台估价800元，盘盈典藏书籍一部估价2 000元。

借：现金	15	
存货	200	
固定资产	800	
文物文化资产	2 000	
贷：其他收入		3 015

2. 对于固定资产处置净收入，借记“固定资产清理”科目，贷记本科目。

【例21-31】某NGO处置一台专用设备，账面价值50 000元，已提折旧35 000元，发生清理费用200元，变价收入20 000元。

转入清理：

借：固定资产清理	15 000	
累计折旧	35 000	
贷：固定资产		50 000

发生清理费用：

借：固定资产清理	200	
贷：现金		200

收到变价收入：

借：银行存款	20 000	
贷：固定资产清理		20 000

固定资产处置净收入：

借：固定资产清理	4 800	
贷：其他收入		4 800

3. 对于无形资产处置净收入，按照实际取得的价款，借记“银行存款”等科目，按照该项无形资产的账面余额，贷记“无形资产”科目，按照其差额，贷记本科目。

【例21-32】某NGO出售一项专利技术，取得款项25 000元，该项资产的账面价值20 000元。

借：银行存款	25 000	
贷：无形资产		20 000
其他收入		5 000

4.确认无法支付的应付款项，借记“应付账款”等科目，贷记本科目。

【例21-33】某NGO的所欠货款5 000元，因企业倒闭确认为无法支付，转为其他收入。

借：应付账款　5 000

　贷：其他收入　5 000

5.在非货币性交易中收到补价情况下应确认的损益，借记有关科目，贷记“其他收入”科目。

【例21-34】某寺庙为L公司提供宗教服务，L公司亦为寺庙提供义工服务，L公司向寺庙补价2 000元。

借：银行存款　2 000

　贷：其他收入　2 000

6.期末，将本科目的余额转入非限定性净资产，借记本科目，贷记“非限定性净资产”科目。如果存在限定性的其他收入，则将其金额转入限定性净资产，借记本科目，贷记“限定性净资产”科目。

【例21-35】年末，将“其他收入”科目贷方余额12 000元转入“非限定性净资产”科目贷方。

借：其他收入　12 000

　贷：非限定性净资产　12 000

第二节

费用的核算

民间非营利组织的费用有业务活动成本、管理费用、筹资费用和其他费用。

一、业务活动成本

为核算民间非营利组织为了实现其业务活动目标、开展其项目活动或者提供服务所发生的费用，设置“业务活动成本”（5101）科目。期末结转后，本科目应无余额。

如果民间非营利组织从事的项目、提供的服务或者开展的业务比较单一，可以将相关费用全部归集在“业务活动成本”项目下进行核算和列报；如果民间非营利组织从事的项目、提供的服务或者开展的业务种类较多，民间非营利组织应当在“业务活动成本”项目下分别项目、服务或者业务大类进行核算和列报。

民间非营利组织发生的业务活动成本，应当按照其发生额计入当期费用。其主要账务处理如下：

1.发生的业务活动成本，借记本科目，贷记“现金”“银行存款”“存货”“应付账款”等科目。

【例21-36】某NGO开出转账支票购买一批材料30 000元，材料直接用于业务活动之需。

借：业务活动成本　　30 000

　贷：银行存款　　30 000

2.期末，将本科目的余额转入非限定性净资产，借记“非限定性净资产”科目，贷记本科目。

【例21-37】期末，将“业务活动成本”科目借方余额718 900元转入“非限定性净资产”科目借方。

借：非限定性净资产　　718 900

　贷：业务活动成本　　718 900

二、管理费用

为核算民间非营利组织的管理费用为组织和管理其业务活动所发生的各项费用，包括民间非营利组织董事会（理事会或者类似权力机构）经费和行政管理人员的工资、奖金、津贴、福利费、住房公积金、住房补贴、社会保障费、离退休人员工资与补助，以及办公费、水电费、邮电费、物业管理费、差旅费、折旧费、修理费、无形资产摊销费、存货盘亏损失、资产减值损失、因预计负债所产生的损失、聘请中介机构费和应偿还的受赠资产等，设置“管理费用”（5201）科目。期末结转后，本科目应无余额。

本科目应当按照管理费用种类设置明细账，进行明细核算。其主要账务处理如下：

1.现金、存货、固定资产等盘亏

现金、存货、固定资产等盘亏，根据管理权限报经批准后，按照相关资产账面价值扣除可以收回的保险赔偿和过失人的赔偿等后的金额，借记本科目，按照可以收回的保险赔偿和过失人赔偿等，借记“现金”“银行存款”“其他应收款”等科目，按照已提取的累计折旧，借记“累计折旧”科目，按照相关资产的账面余额，贷记相关资产科目。

【例21-38】某NGO进行全面盘点，盘亏现金20元；B材料一批，账面价值600元；设备一台，账面价值20 000元，已提折旧12 000元。经领导批准予以核销。

借：管理费用　　8 620

　　累计折旧　　12 000

　贷：现金　　20

　　　存货　　600

　　　固定资产　　20 000

2.对于因提取资产减值准备而确认的资产减值损失，借记本科目，贷记相关资产减值准备科目。冲减或转回资产减值准备，借记相关资产减值准备科目，贷记本科目。

【例21-39】某NGO提取资产减值准备26 800元，其中，短期投资跌价准备5 000元，存货跌价准备11 000元，长期投资减值准备10 800元。

借：管理费用　　26 800
　贷：短期投资跌价准备　　5 000
　　　存货跌价准备　　11 000
　　　长期投资减值准备　　10 800

3.提取行政管理用固定资产折旧，借记本科目，贷记“累计折旧”科目。

【例21-40】某NGO提取本月折旧，行政管理用固定资产折旧916元，生产用固定资产折旧1 223元。

借：管理费用　　916
　　业务活动成本　　1 223
　贷：累计折旧　　2 139

4.无形资产摊销时，借记本科目，贷记“无形资产”科目。

【例21-41】月末，某NGO摊销无形资产，管理费用承担500元，业务活动成本承担600元。

借：管理费用　　500
　　业务活动成本　　600
　贷：无形资产　　1 100

5.发生的应归属于管理费用的应付工资、应交税金等，借记本科目，贷记“应付工资”“应交税金”等科目。

【例21-42】某NGO计算本月应交房产税65元，城镇土地使用税35元。

借：管理费用　　100
　贷：应交税金——房产税　　65
　　　　　　　——城镇土地使用税　　35

6.对于因确认预计负债而确认的损失，借记本科目，贷记“预计负债”科目。

【例21-43】某NGO向银行贴现的50 000元票据由于开出单位支付困难，形成本组织的预计负债。

借：管理费用　　50 000
　贷：预计负债　　50 000

7.发生的其他管理费用，借记本科目，贷记“现金”“银行存款”等科目。

【例21-44】某NGO以现金购买办公用品200元。

借：管理费用　　200
　贷：现金　　200

8.期末，将本科目的余额转入非限定性净资产，借记本科目，贷记“非限定性净资产”科目。

【例21-45】期末，某NGO将“管理费用”科目借方余额154 680元转入“非限定性净资产”科目借方。

借：非限定性净资产　　154 680

　贷：管理费用　　154 680

三、筹资费用

为核算民间非营利组织为筹集业务活动所需资金而发生的费用，包括民间非营利组织获得捐赠资产而发生的费用以及应当计入当期费用的借款费用、汇兑损失（减汇兑收益）等，设置“筹资费用”（5301）科目。期末结转后，本科目应无余额。

民间非营利组织为了获得捐赠资产而发生的费用包括举办募款活动费，准备、印刷和发放募款宣传资料费以及其他与募款或者争取捐赠有关的费用。

本科目应当按照筹资费用种类设置明细账，进行明细核算。其主要账务处理如下：

1.发生筹资费用，借记本科目，贷记“预提费用”“银行存款”“长期借款”等科目。发生的应冲减筹资费用的利息收入、汇兑收益，借记“银行存款”“长期借款”等科目，贷记本科目。

【例21-46】月末，某NGO预提短期借款利息800元。

借：筹资费用　　800

　贷：预提费用　　800

【例21-47】某NGO为募集捐款而印刷宣传材料一批，费用开支600元。

借：筹资费用　　600

　贷：现金　　600

2.期末，将本科目的余额转入非限定性净资产，借记“非限定性净资产”科目，贷记本科目。

【例21-48】期末，将“筹资费用”科目借方余额8 400元转入“非限定性净资产”科目借方。

借：非限定性净资产　　8 400

　贷：筹资费用　　8 400

四、其他费用

为核算民间非营利组织发生的、无法归属到上述业务活动成本、管理费用或者筹资费用中的费用，包括固定资产处置净损失、无形资产处置净损失等，设置“其他费用”（5401）科目。期末结转后，本科目应无余额。

本科目应当按照费用种类设置明细账，进行明细核算。其主要账务处理如下：

1.发生的固定资产处置净损失，借记本科目，贷记“固定资产清理”科目。

【例21-49】某NGO处置设备一台，固定资产账面价值20 000元，已提折旧8 000元，发生清理费用150元，变价收入10 000元。

转入清理：

借：固定资产清理　　12 000

　　累计折旧　　8 000

　贷：固定资产　　20 000

发生清理费用：

借：固定资产清理　150

　贷：现金　150

变价收入：

借：银行存款　10 000

　贷：固定资产清理　10 000

固定资产处置净损失：

借：其他费用　1 850

　贷：固定资产清理　1 850

2.发生的无形资产处置净损失，按照实际取得的价款，借记“银行存款”等科目，按照该项无形资产的账面余额，贷记“无形资产”科目，按照其差额，借记本科目。

【例21-50】某NGO处置一项专利权，无形资产账面余额16 000元，售价15 000元。

借：银行存款　15 000

　　其他费用　1 000

　贷：无形资产　16 000

3.期末，将本科目的余额转入非限定性净资产，借记“非限定性净资产”科目，贷记本科目。

【例21-51】期末，某NGO将“其他费用”科目借方余额2 000元，转入“非限定性净资产”科目借方。

借：非限定性净资产　2 000

　贷：其他费用　2 000

关键概念

捐赠收入　会费收入　投资收益　业务活动成本　筹资费用

复习思考题

1.简述民间非营利组织收入的核算。

2.简述民间非营利组织限定性收入的核算。

3.简述民间非营利组织业务活动成本的核算。

4.简述民间非营利组织筹资费用的核算。

第二十二章 民间非营利组织年终结账和会计报表

第一节 年终清理结算和结账

一、民间非营利组织年终转账图示

民间非营利组织年终转账程序参如图22-1所示。

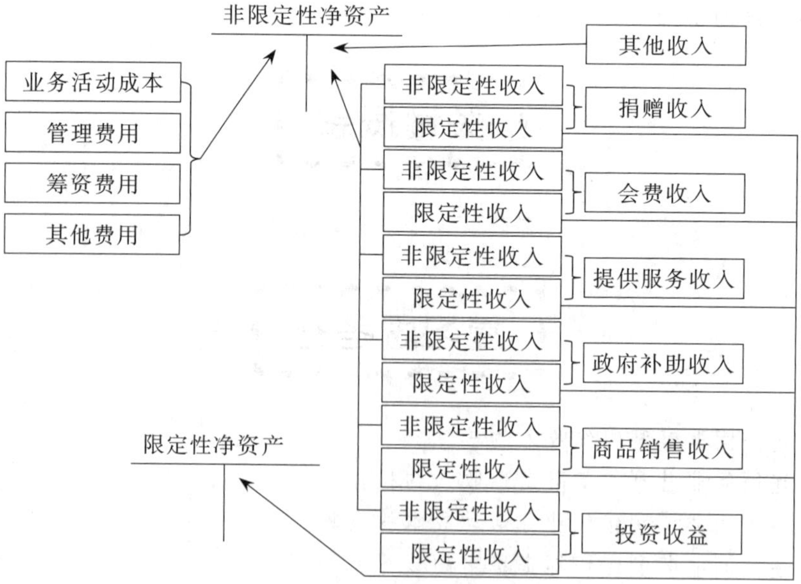

图22-1 民间非营利组织会计年终转账程序图示

二、民间非营利组织年终转账举例

【例22-1】某民间非营利组织年末转账前“非限定性净资产”科目贷方余额154 023元，“限定性净资产”科目贷方余额50 000元。本组织年末收入费用情况参见表22-1，进行年末转账。

表22-1　**某民间非营利组织年末收入费用科目**　余额单位：元

收入科目	余额	费用科目	余额
捐赠收入——非限定性收入 ——限定性收入	321 000 5 000	业务活动成本	1 395 424
会费收入——非限定性收入 ——限定性收入	895 630 6 000	管理费用	112 771
提供服务收入——非限定性收入 ——限定性收入	51 800 4 000	筹资费用	21 300
政府补助收入——非限定性收入 ——限定性收入	100 000 100 000	其他费用	16 531
商品销售收入——非限定性收入 ——限定性收入	210 340 20 000		
投资收益——非限定性收入 ——限定性收入	60 000 10 000		
其他收入	1 000		
非限定性收入合计 限定性收入合计	1 639 770 145 000	费用合计	1 546 026

（1）将各收入科目下“非限定性收入”明细科目贷方余额转入“非限定性净资产”科目贷方。

借：捐赠收入——非限定性收入　321 000
　　会费收入——非限定性收入　895 630
　　提供服务收入——非限定性收入　51 800
　　政府补助收入——非限定性收入　100 000
　　商品销售收入——非限定性收入　210 340
　　投资收益——非限定性收入　60 000
　　其他收入　1 000
　贷：非限定性净资产　1 639 770

（2）将各费用科目借方余额转入“非限定性净资产”科目借方。

借：非限定性净资产　1 546 026

贷：业务活动成本　　1 395 424
　　管理费用　　112 771
　　筹资费用　　21 300
　　其他费用　　16 531

（3）将各收入科目下“限定性收入”明细科目贷方余额转入“限定性净资产”科目贷方。

借：捐赠收入——限定性收入　　5 000
　　会费收入——限定性收入　　6 000
　　提供服务收入——限定性收入　　4 000
　　政府补助收入——限定性收入　　100 000
　　商品销售收入——限定性收入　　20 000
　　投资收益——限定性收入　　10 000
贷：限定性净资产　　145 000

（4）计算“非限定性净资产”和“限定性净资产”科目余额。

“非限定性净资产”科目余额=154 023+（321 000+895 630+51 800+100 000+210 340+60 000+1 000）－（1 395 424+112 771+21 300+16 531）
=154 023+1 639 770−1 546 026
=247 767（元）

“限定性净资产”科目余额=50 000+（5 000+6 000+4 000+100 000+20 000+10 000）
=50 000+145 000
=195 000（元）

第二节
会计报表编制

根据《会计法》的要求和民间非营利组织的会计目标，《民间非营利组织会计制度》规定我国民间非营利组织的财务会计报告应当包括资产负债表、业务活动表、现金流量表三张基本报表和会计报表附注等内容，从报告期限上看，前两个表有中期报告和年度报告之分，现金流量表则只有年度报告。我国《会计法》规定，任何单位必须定期编制财务会计报告，财务会计报告应当包括会计报表、会计报表附注等内容，而且财务会计报告必须真实、完整。财务会计报告应当向其使用者提供与其决策有用的信息，真实、完整地反映民间非营利组织的财务状况、经营成果和现金流量。

一、资产负债表编制说明

二、业务活动表的编制

三、现金流量表的编制

四、会计报表附注

关键概念

业务活动表　现金流量表　会计报表附注

复习思考题

1. 简述民间非营利组织年终转账程序。
2. 简述民间非营利组织资产负债表的编制。

主要参考文献

[1] 赵建勇. 政府与非营利组织会计 [M]. 5版. 北京：中国人民大学出版社，2021.

[2] 王彦，王建英，赵西卜. 政府与非营利组织会计 [M]. 7版. 北京：中国人民大学出版社，2021.

[3] 常丽，何东平. 政府与非营利组织会计 [M]. 北京：中国人民大学出版社，2021.

[4] 杨明，晋晓琴，卢凤娟. 政府与非营利组织会计 [M]. 2版. 北京：中国财政经济出版社，2020.

[5] 袁继安. 政府与非营利组织会计 [M]. 北京：机械工业出版社，2021.

[6] 李建发，包璐璐，陈文川，等. 职工变革认知、内部控制与政府会计准则制度执行效果 [J]. 会计研究，2022（2）.

[7] 罗庆，白彦锋，李哲. 政府会计改革对政府购买服务决策的影响 [J]. 会计研究，2021（10）.

[8] 张军，刘波，陈文川，等. 现代财政制度构建中政府会计功能作用机制研究 [J]. 会计研究，2020（9）.

[9] 兰建旺. 新政府会计制度下预算会计“待处理”科目核算研究 [J]. 财会通讯，2023（6）.

[10] 冯春阳. 政府会计制度下费用与预算支出确认时点差异处理探讨 [J]. 财会通讯，2023（3）.

[11] 李秋娟，冯丹妹. 事业单位财务会计科目与预算会计科目关系探讨 [J]. 财务与会计，2023（3）.